证券业从业人员一般从业资格考试统编教材（2018）

证券市场基本法律法规

中国证券业协会 编

中国财经出版传媒集团
中国财政经济出版社

图书在版编目（CIP）数据

证券市场基本法律法规 / 中国证券业协会编 . —北京：中国财政经济出版社，2018.8

证券业从业人员一般从业资格考试统编教材 . 2018

ISBN 978 – 7 – 5095 – 8479 – 8

Ⅰ.①证⋯ Ⅱ.①中⋯ Ⅲ.①证券法 – 中国 – 资格考试 – 自学参考资料 Ⅳ.①D922.287

中国版本图书馆 CIP 数据核字（2018）第 202893 号

责任编辑：郁东敏　张　莹　　　　　责任校对：杨瑞琦

封面设计：中通世奥

中国财政经济出版社 出版

URL：http://www.cfeph.cn

E – mail：cfeph @ cfeph.cn

（版权所有　翻印必究）

社址：北京市海淀区阜成路甲 28 号　邮政编码：100142

营销中心电话：010 – 88191537　北京财经书店电话：64033436　84041336

北京汇林印务有限公司印刷　各地新华书店经销

787×1092 毫米　16 开　30.5 印张　551 000 字

2018 年 9 月第 1 版　2018 年 9 月北京第 1 次印刷

定价：60.00 元

ISBN 978 – 7 – 5095 – 8479 – 8

（图书出现印装问题，本社负责调换）

本社质量投诉电话：010 – 88190744

打击盗版举报热线：010 – 88191661　QQ：2242791300

前　言

高质量发展是新时代对资本市场提出的新要求，面对专业化、市场化、国际化的竞争，不断提升证券业从业人员和广大证券市场参与者的素质显得尤为重要。《中华人民共和国证券法》以及中国证监会颁布的《证券业从业人员资格管理办法》规定，在依法从事证券业务的机构中从事证券业务的专业人员，应当取得从业资格和执业证书。中国证券业协会自2003年开始组织证券业从业人员资格考试，截至2018年6月底，约277万人通过证券业从业人员资格考试取得从业资格，其中在中国证券业协会注册取得执业证书的从业人员约35万人。

为进一步适应行业发展和人才培养需求，不断完善从业资格考试体系和标准，中国证券业协会于2015年7月对证券业从业人员资格考试进行了改革，将考试划分为一般从业资格考试、专项业务类资格考试和管理类资格考试三种类别，其中一般从业资格考试科目设定为《证券市场基本法律法规》和《金融市场基础知识》两门，通过两个考试科目的可以取得从业资格。同时，中国证券业协会发布了《证券业从业人员一般从业资格考试大纲》，并自2016年起全面实施改革后的从业资格考试体系。

为有效指导考生进行学习备考，中国证券业协会于2018年初启动证券业从业人员一般从业资格考试统编教材编写出版工作，组织专家编写了《证券市场基本法律法规》和《金融市场基础知识》两本教材。教材着重体现四方面的特点：一是注重内容体系的完整性、逻辑性。全面涵盖证券行业相关的基本概念、市场概况、证券品种、风险知识,以及主要法规、管理规范、业务规范、违法责任等,由总到分、由浅入深,旨在帮助读者梳理、学习从事证券业务应知应会的基础知识和法律法规,为参加从业资格考试和证券行业执业提供参考。二是体现教材的严谨性、权威性。编写过程中汇集了学界和业界的专家,并得到中国证监会相关部门的指导与帮助,编写专家组对教材的框架、内容进行了多轮集中讨论,对重点问题进行专门研究,对具体表述进行反复斟酌和修改,对概念、数据的援引进行审慎核实,力求体现教材的严谨性和权威性。三是展现证券行业最新进展。结合近期证券行业发展变化、法律法规制定修订及境内外市场最新概况等,充分吸收新的概念、案例、数据、业务、规则等,侧重理论与实践相结合,力求做到教材内容的与时俱进,便于读者及时、有效地了解新知识、新法规,有关内容更新时间截至2018年8月。四是力求教材内容简明易读。编写中力求对于所涉及的专业性知识、法规作通俗易懂的解读或择其精要的说明,便于不同专业背景的读者理解,以符合"入门资格"考试教材的定位,并期望本教材能够成为了解证券行业的普及性教育读物。

在历时约7个月的编写过程中,各位专家以高度的专业精神和责任心,对两本教材共12章51节的内容逐字逐句地研读、斟酌、修改,力求做到内容准确、协调统一。但由于编写工作浩繁,时间紧迫,书中难免有所疏漏、不足甚至错误之处,恳请读者指正。

中国证券业协会
2018年9月

目 录

第一章 证券市场基本法律法规 ………………………………… （ 1 ）
  第一节 证券市场的法律法规体系 ………………………………… （ 1 ）
    一、法的概念与特征 ………………………………………………… （ 1 ）
    二、法律关系的概念、特征、种类与基本构成 ………………… （ 3 ）
    三、证券市场法律法规体系的构成 ………………………………… （ 7 ）
  第二节 公司法 ………………………………………………………… （ 9 ）
    一、法规概述 ………………………………………………………… （ 10 ）
    二、总论 ……………………………………………………………… （ 11 ）
    三、有限责任公司 …………………………………………………… （ 15 ）
    四、股份有限公司 …………………………………………………… （ 20 ）
    五、董事、监事和高级管理人员的义务和责任 ………………… （ 27 ）
    六、公司财务会计制度的基本要求和内容 ……………………… （ 28 ）
    七、公司合并、分立的种类及程序 ………………………………… （ 29 ）
    八、高级管理人员、控股股东、实际控制人、关联关系的概念
       ……………………………………………………………………… （ 30 ）
    九、法律责任 ………………………………………………………… （ 31 ）
  第三节 合伙企业法 …………………………………………………… （ 33 ）
    一、法规概述 ………………………………………………………… （ 33 ）
    二、总论 ……………………………………………………………… （ 34 ）
    三、普通合伙企业 …………………………………………………… （ 36 ）
    四、有限合伙企业 …………………………………………………… （ 41 ）
    五、合伙企业解散、清算 …………………………………………… （ 44 ）
    六、法律责任 ………………………………………………………… （ 46 ）
  第四节 证券法 ………………………………………………………… （ 48 ）
    一、法规概述 ………………………………………………………… （ 49 ）

二、总则 …………………………………………………………（50）
　　三、证券发行 ………………………………………………………（51）
　　四、证券交易 ………………………………………………………（54）
　　五、上市公司收购 …………………………………………………（61）
　　六、证券交易所 ……………………………………………………（63）
　　七、证券登记结算机构 ……………………………………………（65）
　　八、法律责任 ………………………………………………………（66）
第五节　证券投资基金法 ………………………………………………（72）
　　一、法规概述 ………………………………………………………（72）
　　二、基金合同当事人的概念、权利与职责 ………………………（74）
　　三、基金管理公司的设立条件与基金管理人的禁止行为 ………（77）
　　四、基金财产的独立性 ……………………………………………（79）
　　五、基金的公开募集与非公开募集 ………………………………（80）
　　六、法律责任 ………………………………………………………（85）
第六节　期货交易管理条例 ……………………………………………（97）
　　一、法规概述 ………………………………………………………（97）
　　二、期货相关概念、种类及常用术语 ……………………………（98）
　　三、期货交易所 ……………………………………………………（100）
　　四、期货公司 ………………………………………………………（103）
　　五、期货交易的基本规则 …………………………………………（105）
　　六、期货市场监督管理的基本内容 ………………………………（108）
　　七、法律责任 ………………………………………………………（112）
第七节　证券公司监督管理条例 ………………………………………（116）
　　一、法规概述 ………………………………………………………（116）
　　二、证券公司的一般性规定 ………………………………………（118）
　　三、证券公司的设立与变更 ………………………………………（119）
　　四、证券公司的组织机构 …………………………………………（123）
　　五、证券公司业务规则与风险控制的一般规定 …………………（125）
　　六、证券公司客户资产的保护 ……………………………………（127）
　　七、证券公司的监督管理 …………………………………………（129）
　　八、法律责任 ………………………………………………………（133）

第二章 证券经营机构管理规范 (142)

第一节 公司治理、内部控制与合规管理 (142)
一、证券公司治理 (143)
二、证券公司内部控制 (150)
三、证券公司合规管理 (162)
四、证券公司信息隔离墙制度 (170)
五、证券公司分类监管 (176)
六、证券公司反洗钱工作 (182)

第二节 证券公司风险管理 (187)
一、证券公司风险控制指标管理 (187)
二、证券公司全面风险管理 (190)
三、证券公司流动性风险管理 (193)
四、典型案例 (196)

第三节 投资者适当性管理 (196)
一、证券经营机构执行投资者适当性的基本原则 (197)
二、经营机构向投资者销售产品或提供服务应了解的投资者信息 (198)
三、普通投资者享有特别保护的规定 (199)
四、专业投资者的范围 (199)
五、确定普通投资者风险承受能力的主要因素 (201)
六、划分产品或服务风险等级时应考虑的因素 (202)
七、经营机构在投资者坚持购买风险等级高于其承受能力的产品时的职责 (202)
八、经营机构销售产品或提供服务的禁止性行为 (203)
九、经营机构向普通投资者销售产品或提供服务前应告知的信息 (203)
十、经营机构需进行现场录音或录像留痕的要求 (204)
十一、对经营机构违反适当性管理规定的监管措施 (204)
十二、典型案例 (206)

第四节 从业人员管理 (207)
一、从事证券业务的专业人员 (207)
二、证券业从业人员执业行为准则 (211)
三、证券经纪业务相关人员 (221)

四、证券经纪业务营销人员 …………………………………………（222）
　　五、证券投资基金销售人员 …………………………………………（226）
　　六、证券投资咨询人员 ………………………………………………（227）
　　七、保荐代表人 ………………………………………………………（232）
　　八、财务顾问主办人 …………………………………………………（237）
　　九、客户资产管理业务投资主办人 …………………………………（239）
　　十、证券资信评级业务人员 …………………………………………（241）

第三章　证券公司业务规范 …………………………………………（245）
　第一节　证券经纪 ………………………………………………………（245）
　　一、法规概述 …………………………………………………………（245）
　　二、证券经纪业务的概念与特点 ……………………………………（246）
　　三、证券经纪业务的营销管理 ………………………………………（247）
　　四、证券经纪业务的营运管理 ………………………………………（250）
　　五、沪港通、深港通业务 ……………………………………………（262）
　　六、证券经纪业务的主要风险及其防范 ……………………………（264）
　　七、监管措施和法律责任 ……………………………………………（268）
　第二节　证券投资咨询 …………………………………………………（270）
　　一、法规概述 …………………………………………………………（270）
　　二、证券投资咨询、证券投资顾问、发布证券研究报告的概念
　　　　和基本关系 ………………………………………………………（271）
　　三、证券投资咨询机构及人员资格管理 ……………………………（273）
　　四、发布证券研究报告业务的有关规定 ……………………………（274）
　　五、证券投资顾问业务的有关规定 …………………………………（280）
　　六、证券投资咨询机构及其执业人员向社会公众开展证券投资
　　　　咨询业务活动的有关规定 ………………………………………（285）
　　七、利用"荐股软件"从事证券投资咨询业务的规范要求 ………（286）
　　八、证券投资咨询人员执业行为准则 ………………………………（288）
　　九、监管措施和自律管理措施 ………………………………………（292）
　第三节　与证券交易、证券投资活动有关的财务顾问 ………………（295）
　　一、法规概述 …………………………………………………………（295）
　　二、财务顾问业务资格的核准 ………………………………………（295）
　　三、财务顾问业务的业务规则 ………………………………………（297）

四、财务顾问的监管和法律责任 …………………………………（301）
第四节　证券承销与保荐 …………………………………………………（304）
　　一、证券公司发行与承销业务的主要法律法规 …………………（304）
　　二、证券发行保荐业务的一般规定 ………………………………（305）
　　三、证券发行与承销信息披露的有关规定 ………………………（310）
　　四、证券公司发行与承销业务的内部控制规定 …………………（316）
　　五、监管部门对证券发行与承销的监管措施 ……………………（316）
　　六、违反证券发行与承销有关规定的法律责任 …………………（318）
第五节　证券自营 …………………………………………………………（324）
　　一、法规概述 ………………………………………………………（324）
　　二、证券自营业务的含义及投资范围 ……………………………（324）
　　三、证券自营业务管理及操作 ……………………………………（326）
　　四、证券自营业务的监管措施和法律责任 ………………………（328）
第六节　资产管理业务 ……………………………………………………（331）
　　一、法规概述 ………………………………………………………（331）
　　二、资产管理业务的含义与分类 …………………………………（332）
　　三、资产管理业务基本要求 ………………………………………（332）
　　四、证券资产管理业务的一般规定 ………………………………（333）
　　五、私募资产管理业务的专项监管要求 …………………………（338）
　　六、关于规范金融机构资产管理业务的指导意见 ………………（339）
　　七、资产证券化业务 ………………………………………………（344）
　　八、合格境外机构投资者境内证券投资业务 ……………………（349）
　　九、合格境内机构投资者境外证券投资业务 ……………………（352）
　　十、监管措施及法律责任 …………………………………………（355）
第七节　证券公司信用业务 ………………………………………………（357）
　　一、法规概述 ………………………………………………………（357）
　　二、融资融券业务 …………………………………………………（358）
　　三、转融通业务 ……………………………………………………（371）
　　四、股票质押式回购、约定式购回、质押式报价回购业务 ……（377）
　　五、信用业务的监管措施及法律责任 ……………………………（383）
第八节　证券公司场外业务 ………………………………………………（385）
　　一、法律法规概述 …………………………………………………（385）
　　二、证券公司全国股份转让系统业务 ……………………………（386）

三、证券公司柜台市场业务 ……………………………………………（396）
　　四、证券公司区域性股权市场业务 ……………………………………（403）
第九节　其他业务 ………………………………………………………（405）
　　一、代销金融产品业务 …………………………………………………（406）
　　二、证券公司中间介绍业务 ……………………………………………（412）
　　三、另类投资业务 ………………………………………………………（416）
　　四、私募投资基金业务 …………………………………………………（423）
　　五、托管业务 ……………………………………………………………（436）
　　六、股票期权业务 ………………………………………………………（440）
　　七、场外衍生品 …………………………………………………………（444）

第四章　证券市场典型违法违规行为及法律责任 ………………（448）
第一节　证券一级市场 …………………………………………………（448）
　　一、擅自公开或变相公开发行证券的认定及其法律责任 ……………（448）
　　二、欺诈发行股票、债券的认定及法律责任 …………………………（450）
　　三、非法集资类犯罪的认定及法律责任 ………………………………（453）
　　四、违规披露、不披露重要信息的认定和法律责任 …………………（455）
　　五、擅自改变公开发行证券募集资金用途的认定及法律责任 ………（460）
第二节　证券二级市场 …………………………………………………（461）
　　一、诱骗投资者买卖证券、期货合约的认定及法律责任 ……………（461）
　　二、利用未公开信息交易的认定及法律责任 …………………………（463）
　　三、内幕交易、泄露内幕信息的认定及法律责任 ……………………（466）
　　四、操纵证券、期货市场的认定及法律责任 …………………………（469）
　　五、在证券交易活动中做出虚假陈述或者信息误导的认定及
　　　　法律责任 ……………………………………………………………（472）
　　六、背信运用受托财产的认定及法律责任 ……………………………（473）

第一章
证券市场基本法律法规

■ 第一节 证券市场的法律法规体系

本节重点介绍了法的概念与特征;法律关系的概念、特征、种类与基本构成;证券市场法律法规体系的主要层级以及各层级的主要法规。

一、法的概念与特征

(一) 法的概念

所谓法的概念,是指人们对"法"这一事物或现象的本质所作的归纳和总结,是对"法"的本质所进行的描述和阐释。

结合国内外法学研究的成果,目前对法的概念较为普遍的理解是:法是由国家制定或认可并由国家强制力保证实施的,反映特定物质生活条件所决定的统治阶级意志,以权利和义务为内容,以确认、保护和发展对统治阶级有利的社会关系和社会秩序为目的的规范系统。

(二) 法的特征

1. 法是调整人们的行为或社会关系的规范,具有规范性

规范是调整人们行为的具体规则或标准,对人们的具体行为起着约束及指导作用。从法的表现形态上看,法是一种社会规范,对人们的行为或社会关系确定

了规则及标准，并具有普遍的约束力。法的规范性体现在：

（1）规定了人们可以为一定行为或不为一定行为或者人们可以请求他人为或不为一定行为，体现了人们依法享有的权利；

（2）规定了人们应当为一定行为或不得为一定行为，体现了人们依法应履行的义务；

（3）规定了人们在应当为而不为或不应当为而为的情况下所产生的后果，体现了人们在违反法定义务后应承担的责任。

法的规范性是法的基本特征，正是基于法的规范性，使法对人们的行为或社会关系具有指引、评价、预测、教育及强制的作用，这既是法区别于其他社会规范的重要标志，也是法律作为人类文明进步成果的重要体现。

2. 法是由国家制定或认可的社会规范，具有国家意志性

法区别于其他社会规范的一个重要特征是：法是由国家制定或认可的，体现了国家的意志与权威；而其他社会规范，如道德规范、宗教规范、社会团体规范等虽然对人们的行为及相互之间关系也有一定指引与规范作用，但都不是由国家制定或认可的，不具有国家意志性。

由国家制定或认可，体现了法的两种创制方式。法的制定，是指国家的立法机关按照立法程序创制规范性法律文件的活动。按上述方式所创制的法一般称为"制定法"或"成文法"。法的认可，是指国家对人们生活中已存在的某种习惯或之前司法机关对具体案件的裁决赋予其普遍适用的效力，从而形成新的法律。按上述方式所创制的法一般被称为"不成文法"，比较典型的是"习惯法"和"判例法"。法具有国家意志性的另一表现是，它在国家主权范围内，具有高度的统一性与最高的权威性。法的统一性，体现在除了特殊情况以外，一个国家只能有一个法律体系，该体系中各项具体的法律规范在根本原则上具有高度一致性，各项法律规范之间不能存在相互矛盾的情形。

3. 法是以权利和义务为内容的社会规范

法是通过以权利义务来设定人们的行为模式，影响人们的动机，指引人们的行为，从而调节社会关系的。从本质上说，任何法律规范都是关于权利和义务的规范。

法律意义上的权利，是指国家通过法律规定给予权利主体可以为或不为一定行为或者得要求他人为或不为一定行为的许可及保障手段。法律意义上的义务，是指国家通过法律规定，要求义务主体应当为一定行为或不得为一定行为的约束手段。法所规定的权利和义务，不仅指个人的权利和义务，也包括国家机关及其公职人员在执行公务过程中的职权及相应职责。

4. 法是依靠国家强制力来保障实施的规范，具有国家强制性

所有社会规范均依靠一定的力量来保障实施，具有某种强制性。与其他社会规范不同的是，法具有特殊的强制性。这种特殊性体现在法是依靠国家强制力来保障实施，由国家强制力作为后盾来强迫人们遵守。通过国家强制力的保障，国家的法律体系得以贯穿社会生活的方方面面，以来调整人们的行为及人与人之间的关系。任何违法行为，都将受到国家强制力的制裁。这也是法与其他社会规范相区别的重要标志。

同时，国家通过强制力来保障法得以实施，这种强制力的实施也应符合一定的程序，必须依法进行。国家强制力在何种情况下，由何种机关以何种方式加以运用，必须由法律明确规定。并且，国家的强制力是保障法得以实施的最后手段，但并不是唯一手段。在现实生活中，法的实施还需要社会舆论、道德观念等因素的力量来保障。

二、法律关系的概念、特征、种类与基本构成

（一）法律关系的概念和特征

1. 法律关系的概念

法律关系是以法律规范为基础形成的、以权利和义务为内容的社会关系。

社会生活是不断变化的，是动态的。而法律规范则是静态的，一经制定，除非立法机关根据一定程序对法律进行修改，否则在其生效范围内，法律规范是不变的。法对人们的行为及人们之间关系的调整过程正是法律规范作用于社会生活的过程。在法律规范的作用下，社会生活形成规范的法律秩序，人们之间形成以权利与义务为内容的社会关系。

2. 法律关系的特征

（1）法律关系是以法律规范为基础形成的一种社会关系

首先，法律规范是法律关系产生的前提和基础，任何一种法律关系均以特定的法律规范为依据。没有相应的法律规范，就不会产生相应的法律关系。但并不是所有的社会关系均受到法律规范的调整，有些社会关系，如恋爱关系、朋友关系或社会团体内部成员之间的关系，一般不存在相应的法律规定，不受法律规范的调整，因此，不产生法律关系，也不存在合法或非法的评价。

其次，一种社会关系只有经过法律规范的确认或认可才会上升为法律关系。人们在社会生活中的各个领域，如政治领域、经济领域、精神领域等与其他人发

生联系，建立了各种各样的社会关系。为了建立符合统治阶级利益的社会生活秩序，统治阶级将其认为需要通过法律规范调整的社会关系通过国家的立法程序加以确认，使这一社会关系上升为法律关系，受到法律规范的调整。

（2）法律关系是以权利和义务为内容的社会关系

法律关系是以法律上的权利、义务为内容的社会关系。法通过规定人们的权利和义务，影响人们的行为动机，指引人们的行为，调节社会关系。而法律关系则是法律规范在社会关系中的映射与体现。在各种社会关系中，只有法律关系是以权利和义务为内容，其他社会关系并不是以法律上的权利和义务为内容。正是因为这一特点，使得法律关系与依据习惯、道德、宗教等行为规范而形成的社会关系区别开来。

（3）法律关系是法律主体之间的社会关系

法律关系是法律主体之间的社会关系，而不是一般意义上人与人之间的关系。法律规范中对于法律关系的主体作出了具体规定，只有在符合法律规范中有关主体规定的自然人、法人或其他组织之间，才能够建立法律关系。例如，婚姻关系是发生在两个自然人之间的法律关系，其主体必须是两个自然人。在不允许同性结婚的法律制度下，形成婚姻法律关系的只能是两个性别分别为男性、女性的自然人。两个同性之间或一个自然人与一个法人之间是不能建立婚姻法律关系的，因为其并不是婚姻法律关系中适格的法律主体。

（二）法律关系的种类

根据法律关系所调整的社会关系种类，可以按不同标准将法律关系进行分类。目前，法律关系常见的种类有五种。

1. 按不同部门划分的法律关系

按照法律关系所依据的法律部门，可以将法律关系分为宪法法律关系、民商事法律关系、行政法律关系、劳动法律关系、诉讼法律关系等不同部门的法律关系。每一种法律关系都是建立在某一个部门法的基础上，在法律规范的性质和内容上与其他部门法律关系存在显著差异。这种分类与立法体系中的法律部门以及法学教育中的法学部门相对应，有利于把握不同部门法律关系的共性与个性。

2. 确认性法律关系与创设性法律关系

按照法律关系发生的方式，可以将法律关系分为确认性法律关系与创设性法律关系。确认性法律关系是法律规范对先前已存在的社会关系进行调整所形成的法律关系。在此类法律关系中，被调整的行为或社会关系在法律规范制定之前已经存在，法律规范是对已存在行为或社会关系的确认，如夫妻之间的婚姻关系。

创设性法律关系是根据法律规范而建立的全新社会关系。在法律规范对该种社会关系作出规定之前，该种社会关系并不存在。法律规范的存在是创设性法律关系存在的前提，如在证券等金融市场诞生后所形成的各类金融法律关系。

3. 纵向法律关系与横向法律关系

按照法律主体在法律关系中的地位不同，可以将法律关系分为纵向法律关系与横向法律关系。纵向法律关系是指在不平等的法律主体之间所建立的权力服从关系，又称为"隶属法律关系"。行政法律关系是典型的纵向法律关系。行政法律关系中的上级、下级行政机关之间，行政机关与受行政机关管辖的自然人、法人或其他组织之间，在法律地位上具有管理与被管理、命令与服从的特征。横向法律关系是指平等法律主体之间的权利义务关系，又称为"平权法律关系"。民事法律关系是典型的横向法律关系，民事法律关系的主体依法具有平等的法律地位，互相之间不具有隶属或服从关系。

4. 双边法律关系与多边法律关系

按照法律关系的主体数量，可以将法律关系分为双边法律关系与多边法律关系。双边法律关系是指在特定的双方法律主体之间存在的权利义务关系，如民事借贷中的债权、债务法律关系，民事诉讼中的原、被告之间的诉讼法律关系。多边法律关系是指在三个或三个以上法律主体之间存在的权利义务关系，如股份有限公司各股东之间的法律关系、劳务派遣中用人单位、用工单位和劳动者之间的劳务派遣法律关系。

5. 第一性法律关系与第二性法律关系

按照不同法律关系之间的因果关系，可以将法律关系分为第一性法律关系与第二性法律关系。第一性法律关系是人们依法建立的不依赖于其他法律关系而独立存在的法律关系，也称为"主法律关系"。第二性法律关系是由第一性法律关系派生出的、具有从属地位的法律关系，也称为"从法律关系"。例如，实体法律关系与程序法律关系之间，实体法律关系是第一性法律关系，程序法律关系是第二性法律关系；在债权、债务及担保的法律关系中，主合同所对应的债权、债务法律关系是第一性法律关系，担保合同所对应的担保法律关系是第二性法律关系。

（三）法律关系的基本构成

法律关系由主体、客体与内容三个要素构成。

1. 法律关系主体

法律关系的主体，是指在法律关系中享有权利和承担义务的人，简称为"法律主体"。

(1) 法律关系主体的种类

法律主体是法律关系的参加者,主要包括自然人、组织和国家三类。

自然人,是指基于自然规律出生而存在的生命个体,是所有法律关系中最基本的法律主体。在我国法律管辖的范围内,可以成为法律主体的自然人包括我国公民以及在我国境内的外国人和无国籍人。

组织,是指一定数量的自然人为实现特定目的而依法组成的机构。作为法律主体的组织根据其性质和特征,可以分为三类:一是国家机关,如国家的立法机关、行政机关、司法机关等;二是营利性法人或非法人组织,如公司、合伙企业等;三是非营利性法人或社会组织,如政党、行业协会、基金会等。

国家,是指由领土、居民和政府组成的、拥有主权的政治实体。国家在一定情况下,可以作为法律关系的主体。例如,在国际上,国家是与国际法有关的法律关系的主体;在国内,国家可以作为国家所有权法律关系、刑事法律关系的主体。

(2) 法律关系主体的资格

法律关系主体作为法律关系的参加者,必须具有一定的权利能力和行为能力,才能依法享有权利和承担义务。因此,权利能力和行为能力是成为法律关系主体的必备资格。

权利能力是指法律关系主体依法享有一定权利和承担一定义务的法律资格,是法律关系主体实际取得权利、承担义务的前提条件。行为能力是指法律关系主体能够通过自己的行为实际取得权利和履行义务的能力。对于自然人来说,有权利能力并不等于一定有行为能力。判断自然人是否具有行为能力,需要结合其是否能够认识自己行为的性质、意义和后果以及是否能够控制自己的行为并为自己行为负责这两个标准来认定。以民事法律关系为例,根据《中华人民共和国民法总则》的规定,不满八周岁的未成年人为无民事行为能力人,由其法定代理人代理实施民事法律行为。八周岁以上的未成年人为限制民事行为能力人,实施民事法律行为由其法定代理人代理或者经其法定代理人同意、追认,但是可以独立实施纯获利益的民事法律行为或者与其年龄、智力相适应的民事法律行为。成年人为完全民事行为能力人,可以独立实施民事法律行为。

除自然人以外的其他组织的行为能力,与权利能力是同时产生、同时存在的。例如,一个公司在获得工商行政管理机关颁发的营业执照之日起开始具有权利能力与行为能力,其权利能力与行为能力的范围依照营业执照上记载的营业范围来确定。

2. 法律关系客体

法律关系客体是法律关系主体的权利和义务所指向的对象，是法律关系产生和存在的前提，表现为一定利益的法律形式。实践中，法律关系客体包括下列几类：

（1）物

作为法律关系客体的物是指受法律关系主体支配的、以物理形态表现的物。它可以是天然物，如土地、河流、树木等；也可以是生产物，如电脑、汽车、轮船等。

（2）人身、人格

人身与人格分别对应以物质形态表现的人体及各个生理器官，以及以抽象形态表现的人的精神利益。人身是生命权、身体权、健康权等权利所指向的客体；人格是姓名权、名誉权、荣誉权等权利所指向的客体。将人身和人格作为一定权利的客体，体现了法律对人们人身与人格合法权益的保护。

（3）精神成果

精神成果又称为智力成果，是指人们通过智力劳动所创造出来的精神产品，如文艺作品、科学发明等。精神成果是著作权、商标权、专利权等知识产权的重要客体。

（4）行为

行为是指法律主体中承担义务的一方按照法定或约定的义务所实施的行为，包括作为和不作为两种情形。行为是法律关系中十分重要的客体，在很多法律关系中，法律关系主体的权利和义务是围绕特定行为所建立的。法律关系中享有权利的一方有权要求承担义务的一方从事某种行为或不得从事某种行为，如在债权债务法律关系中，债权人有权要求债务人在债务到期后履行还款的义务，债务人有义务根据债权人的要求作出还款的行为。

3. 法律关系的内容

法律关系的内容是指法律关系中的权利和义务。法律意义上的权利，是指国家通过法律规定给予权利主体可以为或不为一定行为或者得要求他人为或不为一定行为的许可及保障手段。而法律意义上的义务，是指国家通过法律规定，要求义务主体应当为一定行为或不得为一定行为的约束手段。法律关系中的权利和义务是法律规范中的权利与义务在现实社会中的体现。

三、证券市场法律法规体系的构成

我国证券市场法律法规体系，是以《中华人民共和国证券法》（简称《证券法》）为核心，以规范证券市场的运行为目的，由相关法律、行政法规、部门规章、规范性文件及行业自律规则等构成的法律法规体系，为我国证券市场的健康运行提供了法治保障。

我国证券市场法律法规体系的主要层级包括五级。

（一）法律

法律是指由全国人民代表大会及全国人民代表大会常务委员会制定的规范性法律文件。全国人民代表大会制定和修改刑事、民事、国家机构的和其他的基本法律。全国人民代表大会常务委员会制定和修改除应当由全国人民代表大会制定的法律以外的其他法律。全国人民代表大会常务委员会所作的法律解释同法律具有同等效力。

证券市场的法律主要包括《证券法》《中华人民共和国公司法》（简称《公司法》）、《中华人民共和国刑法》（简称《刑法》）、《中华人民共和国证券投资基金法》（简称《证券投资基金法》）、《中华人民共和国信托法》（简称《信托法》）等。《中华人民共和国物权法》《中华人民共和国合同法》《中华人民共和国担保法》《中华人民共和国反洗钱法》（简称《反洗钱法》）等也与证券资本市场有着密切联系。

（二）行政法规

行政法规是指国务院根据宪法规定的权限，为执行法律的规定或行使职权的需要，按照法定程序所制定的各类规范性法律文件。

证券市场的行政法规主要包括《证券公司监督管理条例》《证券公司风险处置条例》《证券、期货投资咨询管理暂行办法》《证券交易所风险基金管理暂行办法》《期货交易管理条例》《企业债券管理条例》等。

（三）部门规章

部门规章是指由国务院各组成部门、直属特设机构、直属机构，中国证券监督管理委员会等国务院直属事业单位等具有行政管理职能的机构，根据法律和国务院的行政法规、决定、命令，在本部门的权限范围内制定的各类规范性法律文件。

证券市场的部门规章主要包括《证券公司和证券投资基金管理公司合规管理办法》《证券期货投资者适当性管理办法》《证券投资基金管理公司管理办法》《私募投资基金监督管理暂行办法》《证券公司风险控制指标管理办法》《内地与

香港股票市场交易互联互通机制若干规定》等。

(四) 规范性文件

规范性文件，是指除部门规章以外的，由有关部门或具有行政管理职能的机构依照法定职权和规定程序制定并公布的，在管辖范围内具有普遍约束力并在一定期限内反复适用的文件。

证券市场的规范性文件主要包括《证券公司内部控制指引》《证券公司治理准则》《证券公司开立客户账户规范》《证券账户非现场开户实施暂行办法》等。

(五) 行业自律规则

行业自律规则，是指由行业自律组织根据国家相关法律、行政法规、部门规章、规范性文件及本组织的章程或相关文件制定的规则。

证券市场的行业自律规则等包括以下几类：

1. 证券交易所制定的自律规则

如《上海证券交易所交易规则》《深圳证券交易所交易规则》《上海证券交易所会员管理规则》《深圳证券交易所会员管理规则》《上海证券交易所股票上市规则》《深圳证券交易所股票上市规则》等。

2. 中国证券业协会制定的自律规则

如《中国证券业协会会员管理办法》《证券公司合规管理实施指引》《证券公司柜台交易业务规范》《证券公司另类投资子公司管理规范》《证券公司私募投资基金子公司管理规范》《发布证券研究报告执业规范》等。

3. 中国证券登记结算有限责任公司制定的自律规则

如《中国证券登记结算有限责任公司开户代理机构管理业务指南》《中国证券登记结算有限责任公司特殊机构及产品证券账户业务指南》等。

第二节 公司法

本节重点介绍了《公司法》的立法沿革与立法宗旨以及其法律体系的组成；公司的种类；公司的独立人格；公司的经营原则；分公司和子公司的法律地位；公司的设立方式及设立登记的要求；公司章程的内容；公司对外投资和担保的规定；有限责任公司的设立和组织机构；有限责任公司注册资本制度；有限责任公

司股东会、董事会、监事会的职权；有限责任公司股权转让的相关规定；股份有限公司的设立方式与程序；股份有限公司的组织机构；股份有限公司的股份发行；股份有限公司股份转让的相关规定及对上市公司组织机构的特别规定；董事、监事和高级管理人员的义务和责任；公司财务会计制度的基本要求和内容；公司合并、分立的种类及程序；高级管理人员、控股股东、实际控制人、关联关系的概念；关于虚报注册资本、欺诈取得公司登记、虚假出资、抽逃出资、另立账簿、财务会计报告虚假记载等的法律责任。在有关内容的阐述中，参考了《公司法》《最高人民法院关于适用〈中华人民共和国公司法〉若干问题的规定（一）—（四）》《公司登记管理条例》《企业信息公示暂行条例》等法律、规章及其他规范性文件。

一、法规概述

（一）《公司法》的立法沿革

我国《公司法》于1993年12月29日由第八届全国人大常委会第五次会议通过，自1994年7月1日起正式实施。《公司法》历经1999年、2004年、2005年和2013年四次修改和修订。此外，依据《公司法》的实践情况，最高人民法院结合审判实践经验，相继颁布了四次司法解释，成为公司法律制度的必要补充。

现行《公司法》全文共十三章，二百一十八条，涉及有限责任公司的设立和组织机构，有限责任公司的股权转让，股份有限公司的设立和组织机构，股份有限公司的股份发行和转让，公司董事、监事、高级管理人员的资格和义务，公司债券，公司财务和会计，公司的合并、分立、增资及减资，公司解散和清算，外国公司的分支机构，法律责任等内容。

（二）《公司法》的立法宗旨

《公司法》是为规范公司的组织和行为，保护公司、股东和债权人的合法权益，维护社会经济秩序，促进社会主义市场经济的发展而制定的。《公司法》是规定公司的设立、组织、运营、变更、解散、股东权利与义务和公司内部、外部关系的法律。

（三）公司法法律体系的组成

我国的公司法法律体系以《公司法》为核心，由相关法律、行政法规、部门规章等共同组成。其中，《公司法》是形式上的、狭义的公司法。此外，最高人民法院历次司法解释和《公司登记管理条例》都是根据公司法制定的，属于公司法的一部分，即形式上的公司法；而实质或广义的公司法则是包含了形式公司法和其他一切调整公司的法律。因此，《宪法》《刑法》《民法通则》《反垄断法》《合同法》等法律法规中涉及公司的规定都包含在实质意义上的公司法中。

二、总论

公司是指以营利为目的，由一个股东单独投资组建或者特定人数的股东联合投资组建，股东以其投资额为限对公司负责，公司以其全部财产对外承担民事责任的企业法人。

（一）公司的种类

公司可依照不同的分类标准作不同的分类。依股东人数和股份流动性，可分为有限责任公司和股份有限公司；依相互之间的组织关系，可分为母公司与子公司、总公司与分公司、企业集团与成员企业等；依公司注册地，可分为中国公司和外国公司；依股份公司之股份是否在证券交易所挂牌交易，可分为上市公司和非上市公司；依公司是否有国有资本及其所占比重，可分为国有独资公司、国有控股公司、国有参股公司、非国有公司等。

我国《公司法》适用的公司有两种：一是有限责任公司；二是股份有限公司。有限责任公司是指由特定人数的股东所组成，股东以其认缴的出资额为限对公司承担责任，公司以其全部资产对外承担民事责任的公司。股份有限公司是指由一定人数以上的股东组成，公司全部资本分为等额股份，股东以其认购的股份为限对公司承担责任，公司以其全部资产对外承担民事责任的企业法人。

有限责任公司和股份有限公司的主要区别在于：

第一，在股东人数上，有限责任公司设立时股东不得超过50人；股份有限公司股东人数无上限。

第二，在股份流动性上，有限责任公司股份转让前须征求其他股东意见；股份有限公司的资本划分为等额股份，股份转让相对便捷、自由。

第三，股份有限公司可以公开发行股份募集资金；有限责任公司不可以。

综合而言，两种公司的区别集中体现在融资方式和股份流动性上。企业选择有限公司亦或股份公司类型，多半是基于自身的融资需求而作出的选择。

（二）公司的独立人格

公司是企业法人，有独立的法人财产，享有法人财产权。公司以其全部财产对公司的债务承担责任。

公司股东应当遵守法律、行政法规和公司章程，依法行使股东权利，不得滥用股东权利损害公司或者其他股东的利益；不得滥用公司法人独立地位和股东有限责任损害公司债权人的利益。

（三）公司经营原则

公司从事经营活动，必须遵守法律、行政法规，遵守社会公德、商业道德，诚实守信，接受政府和社会公众的监督，承担社会责任。

（四）分公司和子公司的法律地位

1. 分公司及其法律地位

公司可以设立分公司。分公司不具有法人资格，其民事责任由公司承担。分公司是指在业务、资金、人事等方面受本公司管辖而不具有法人资格的分支机构。

分公司具有非独立性，主要表现在以下方面：一是分公司不具有法人资格，不能独立享有权利、承担责任，其一切行为的后果及责任由公司承担；二是分公司没有独立的公司名称及章程，其对外从事经营活动必须以总公司的名义，遵守总公司的章程；三是分公司在人事、经营上没有自主权，其主要业务活动及主要管理人员由总公司决定并委任，并根据总公司的委托或授权进行业务活动；四是分公司没有独立的财产，其所有资产属于总公司，并作为总公司的资产列入总公司的资产负债表中。

2. 子公司及其法律地位

公司可以设立子公司，子公司具有法人资格，依法独立承担民事责任。子公司是指一定数额的股份被另一公司控制或依照协议被另一公司控制、支配的公司。

子公司具有如下特征：一是其一定比例以上的资本被另一公司持有或通过协议方式受到另一公司实际控制。对子公司有控制权的公司是母公司。子公司的重大决策仍需母公司决定。二是子公司是独立的法人，具有独立的法人人格。子公司的独立性主要表现为：拥有独立的公司名称和公司章程；拥有独立的组织机构；拥有独立的财产，能够自负盈亏，独立核算；以自己的名义开展经营活动，从事各类民事活动；独立承担公司行为所带来的后果和责任。

（五）公司的设立方式及设立登记的要求

1. 公司的设立方式

公司设立是指为组织公司并取得法人资格而完成的一系列筹建行为的总称。公司的设立方式有两种，即发起设立和募集设立。

发起设立，是指由发起人认购公司应发行的全部股份而设立公司。发起设立适用于有限责任公司和股份有限公司。

募集设立，是指由发起人认购公司应发行股份的一部分，其余股份向社会公开募集或者向特定对象募集而设立公司。募集设立只适用于股份有限公司。其中，发起人认购的股份不得少于公司股份总数的35%，但是法律、行政法规另有规定的，从其规定。这样的限定具有两方面的作用：一方面，可以防止发起人逃避出资或者只认购名义股份；另一方面，能保证一定比例的股份由社会公众认购，保持募集设立股份有限公司维持其社会公众性特征。

2. 公司设立登记的要求

公司设立登记，是指公司设立人按法定程序向公司登记机关申请，经公司登记机关审核并记录在册，以供公众查阅的行为。设立公司，应当依法向公司登记机关申请设立登记。法律、行政法规规定设立公司必须报经批准的，应当在公司登记前依法办理批准手续。

以发起设立方式设立股份有限公司的，发起人应当书面认足公司章程规定其认购的股份，并按照公司章程规定缴纳出资。发起人认足公司章程规定的出资后，应当选举董事会和监事会，由董事会向公司登记机关报送公司章程以及法律、行政法规规定的其他文件，申请设立登记。

以募集设立方式设立股份有限公司的，董事会应于创立大会结束后30日内，向公司登记机关报送公司登记申请书、创立大会的会议记录、公司章程、验资证明、法定代表人、董事、监事的任职文件及其身份证明、发起人的法人资格证明或者自然人身份证明、公司住所证明申请设立登记。以募集方式设立股份有限公司公开发行股票的，还应当向公司登记机关报送国务院证券监督管理机构的核准文件。

依法设立的公司，由公司登记机关发给公司营业执照。公司营业执照签发日期为公司成立日期。公司营业执照应当载明公司的名称、住所、注册资本、经营范围、法定代表人姓名等事项。公司营业执照记载的事项发生变更的，公司应当依法办理变更登记，由公司登记机关换发营业执照。

有限责任公司，必须在公司名称中标明"有限责任公司"或者"有限公司"字样。股份有限公司，必须在公司名称中标明"股份有限公司"或者"股份公司"字样。有限责任公司变更为股份有限公司，应当符合《公司法》规定的股份有限公司的条件。股份有限公司变更为有限责任公司，应当符合《公司法》规定的有限责任公司的条件。

（六）公司章程的内容

1. 公司章程的概念

公司章程，是指公司依法制定的，规定公司名称、住所、经营范围、经营管理制度等重大事项的基本文件。公司章程是公司组织或活动的基本准则。设立公司必须依法制定公司章程。公司章程对公司、股东、董事、监事、高级管理人员具有约束力。公司章程在公司法中具有重要意义。

第一，公司章程是公司成立的必要条件。任何国家的公司法均规定公司的设立都必须制定章程。我国公司法同样将公司章程作为设立公司的必备条件之一。如果公司设立登记时没有报送公司章程，公司登记机关将会拒绝登记。

第二，公司章程是公司治理的重要依据。作为一种社会组织，公司必须要有章程来约束其成员，并以此章程作为该种组织的行动指南。公司章程的内容涉及公司法律关系中当事人的基本权利义务以及公司治理的基本规则，公司当事人均须按照公司章程的规定享有其权利，履行其义务，执行其权力，规范其行为。

第三，公司章程是一种自治性规则。公司章程是依照公司成员的法律行为而设立的规则，是对公司内部关系进行规范的规则。因此，这种规则是一种自治性规则。应当注意到，自治性规则的特点是，它只能在强制性法规的范围内发生效力，违反了强制性法规的章程不具有约束力。

2. 公司章程的记载

一般将公司章程记载事项区分为必要记载事项和任意记载事项。必要记载事项又可以进一步区分为绝对必要记载事项和相对必要记载事项。绝对必要记载事项是法律规定的必须记载的事项，如不记载，可导致章程无效。相对必要记载事项是法律规定应当记载的事项，但如不记载，法律可采取补救措施。任意记载事项是可根据需要由当事人自己决定的任何不违背法律的事项。但一经记载，即产生法律效力，对当事人发生约束力。

《公司法》分别对有限责任公司和股份有限公司的章程应当记载的事项进行了列举式规定。其中，有限责任公司章程应当载明下列事项：公司名称和住所；公司经营范围；公司注册资本；股东的姓名或者名称；股东的出资方式、出资额和出资时间；公司的机构及其产生办法、职权、议事规则；公司法定代表人；股东会会议认为需要规定的其他事项。股东应当在公司章程上签名、盖章。

股份有限公司章程应当载明下列事项：公司名称和住所；公司经营范围；公司设立方式；公司股份总数、每股金额和注册资本；发起人的姓名或者名称、认购的股份数、出资方式和出资时间；董事会的组成、职权和议事规则；公司法定代表人；监事会的组成、职权和议事规则；公司利润分配办法；公司的解散事由与清算办法；公司的通知和公告办法；股东大会会议认为需要规定的其他事项。

（七）公司对外投资和担保

公司可以对外投资和提供担保。公司提供担保的方式包括保证、抵押和质押等。公司对外投资和为他人提供担保，需承担相应的责任，因而会对公司和股东的利益产生影响。

公司向其他企业投资或者为他人提供担保，依照公司章程的规定，由董事会或者股东会、股东大会决议；公司章程对投资或者担保的总额及单项投资或者担保的数额有限额规定的，不得超过规定的限额。公司为公司股东或者实际控制人提供担保的，必须经股东会或者股东大会决议。对于被担保人股东或者受被担保实际控制人支配的股东，不得参加该担保事项的表决。该项表决由出席会议的其他股东所持表决权的过半数通过。

对于股份有限公司，《公司法》和公司章程规定对外提供担保等事项必须经股东大会作出决议的，董事会应当及时召集股东大会会议，由股东大会就上述事项进行表决。

上市公司在一年内担保金额超过公司资产总额30%的，应当由股东大会作出决议，并经出席会议的股东所持表决权的2/3以上通过。

三、有限责任公司

（一）有限责任公司注册资本制度

有限责任公司的注册资本为在公司登记机关登记的全体股东认缴的出资额。法律、行政法规以及国务院决定对有限责任公司注册资本实缴、注册资本最低限额另有规定的，从其规定。

股东可以用货币出资，也可以用实物、知识产权、土地使用权等可以用货币估价并可以依法转让的非货币财产作价出资；但是，法律、行政法规规定不得作为出资的财产除外。对作为出资的非货币财产应当评估作价，核实财产，不得高估或者低估作价。法律、行政法规对评估作价有规定的，从其规定。

股东应当按期足额缴纳公司章程中规定的各自所认缴的出资额。股东以货币出资的，应当将货币出资足额存入有限责任公司在银行开设的账户；以非货币财产出资的，应当依法办理其财产权的转移手续。股东不按照规定缴纳出资的，除应当向公司足额缴纳外，还应当向已按期足额缴纳出资的股东承担违约责任。

有限责任公司成立后，发现作为设立公司出资的非货币财产的实际价额显著低于公司章程所定价额的，应当由交付该出资的股东补足其差额；公司设立时的其他股东承担连带责任。

另外，现行《公司登记管理条例》已不要求公司登记"实收资本"，公司营业执照亦无需记载"实收资本"数额。但公司应通过企业信用信息公示系统及时公示其股东认缴和实缴出资、出资时间、出资方式等情况。

（二）有限责任公司的设立和组织机构

1. 公司的设立

设立有限责任公司，应当具备下列条件：

（1）股东符合法定人数。有限责任公司由50个以下股东出资设立。

（2）有符合公司章程规定的全体股东认缴的出资额。

（3）股东共同制定公司章程。

（4）有公司名称，建立符合有限责任公司要求的组织机构。

（5）有公司住所。

2. 有限责任公司的组织机构

我国《公司法》原则上要求有限责任公司需建立股东会、董事会和监事会，但例外允许股东人数较少和规模较小的有限责任公司不设立董事会和监事会，设执行董事和1至2名监事。股东会是公司的权力机构；董事会是经营决策和业务执行机构，董事会成员由股东会选举产生；监事会是监督机构，监事会成员由股东会选举或者职工代表大会、职工大会或其他方式民主选举。

（1）股东会

有限责任公司股东会由全体股东组成。股东会是公司的权力机构，依法行使职权。

（2）董事会/执行董事

有限责任公司设董事会，其成员为3至13人。股东人数较少或者规模较小的有限责任公司，可以设1名执行董事，不设董事会。执行董事可以兼任公司经理。执行董事的职权由公司章程规定。

两个以上的国有企业或者两个以上的其他国有投资主体投资设立的有限责任公司，其董事会成员中应当有公司职工代表；其他有限责任公司董事会成员中可以有公司职工代表。董事会中的职工代表由公司职工通过职工代表大会、职工大会或者其他形式民主选举产生。

董事会设董事长1人，可以设副董事长。董事长、副董事长的产生办法由公司章程规定。

董事任期由公司章程规定，但每届任期不得超过3年。董事任期届满，连选可以连任。董事任期届满未及时改选，或者董事在任期内辞职导致董事会成员低于法定人数的，在改选出的董事就任前，原董事仍应当依照法律、行政法规和公司章程的规定，履行董事职务。

（3）监事会/监事

有限责任公司设监事会，其成员不得少于3人。股东人数较少或者规模较小的有限责任公司，可以设1至2名监事，不设监事会。

监事会应当包括股东代表和适当比例的公司职工代表，其中职工代表的比例不得低于1/3，具体比例由公司章程规定。监事会中的职工代表由公司职工通过职工代表大会、职工大会或者其他形式民主选举产生。

监事会设主席1人，由全体监事过半数选举产生。监事会主席召集和主持监事会会议；监事会主席不能履行职务或者不履行职务的，由半数以上监事共同推举1名监事召集和主持监事会会议。

董事、高级管理人员不得兼任监事。

监事的任期每届为3年。监事任期届满，连选可以连任。监事任期届满未及时改选，或者监事在任期内辞职导致监事会成员低于法定人数的，在改选出的监事就任前，原监事仍应当依照法律、行政法规和公司章程的规定，履行监事职务。

（三）有限责任公司股东会、董事会、监事会的职权

1. 股东会

有限责任公司股东会由全体股东组成。股东会是公司的权力机构，依法行使职权。股东会行使下列法定职权：

（1）决定公司的经营方针和投资计划；

（2）选举和更换非由职工代表担任的董事、监事，决定有关董事、监事的报酬事项；

（3）审议批准董事会的报告；

（4）审议批准监事会或者监事的报告；

（5）审议批准公司的年度财务预算方案、决算方案；

（6）审议批准公司的利润分配方案和弥补亏损方案；

（7）对公司增加或者减少注册资本作出决议；

（8）对发行公司债券作出决议；

（9）对公司合并、分立、解散、清算或者变更公司形式作出决议；

（10）修改公司章程；

（11）公司章程规定的其他职权。

对上述所列事项股东以书面形式一致表示同意的，可以不召开股东会会议，直接作出决定，并由全体股东在决定文件上签名、盖章。

2. 董事会

董事会对股东会负责，行使下列职权：

（1）召集股东会会议，并向股东会报告工作；

（2）执行股东会的决议；

（3）决定公司的经营计划和投资方案；

（4）制订公司的年度财务预算方案、决算方案；

（5）制订公司的利润分配方案和弥补亏损方案；

（6）制订公司增加或者减少注册资本以及发行公司债券的方案；

（7）制订公司合并、分立、解散或者变更公司形式的方案；

（8）决定公司内部管理机构的设置；

（9）决定聘任或者解聘公司经理及其报酬事项，并根据经理的提名决定聘任或者解聘公司副经理、财务负责人及其报酬事项；

（10）制定公司的基本管理制度；

（11）公司章程规定的其他职权。

3. 监事会

监事会、不设监事会的公司的监事行使下列职权：

（1）检查公司财务；

（2）对董事、高级管理人员执行公司职务的行为进行监督，对违反法律、行政法规、公司章程或者股东会决议的董事、高级管理人员提出罢免的建议；

（3）当董事、高级管理人员的行为损害公司的利益时，要求董事、高级管理人员予以纠正；

（4）提议召开临时股东会会议，在董事会不履行本法规定的召集和主持股东会会议职责时召集和主持股东会会议；

（5）向股东会会议提出提案；

（6）依照《公司法》第一百五十一条的规定，对董事、高级管理人员提起诉讼；

（7）公司章程规定的其他职权。

监事可以列席董事会会议，并对董事会决议事项提出质询或者建议。监事会、不设监事会的公司的监事发现公司经营情况异常，可以进行调查；必要时，可以聘请会计师事务所等协助其工作，费用由公司承担。

监事会、不设监事会的公司的监事行使职权所必需的费用，由公司承担。

（四）有限责任公司股权转让的相关规定

1. 股权的自愿让与

有限责任公司的股东之间可以相互转让其全部或者部分股权。

股东向股东以外的人转让股权，应当经其他股东过半数同意。股东应就其股权转让事项书面通知其他股东征求同意，其他股东自接到书面通知之日起满30日未答复的，视为同意转让。其他股东半数以上不同意转让的，不同意的股东应当购买该转让的股权；不购买的，视为同意转让。

经股东同意转让的股权，在同等条件下，其他股东有优先购买权。2个以上股东主张行使优先购买权的，协商确定各自的购买比例；协商不成的，按照转让时各自的出资比例行使优先购买权。

公司章程对股权转让另有规定的，从其规定。

2. 强制执行中的股权转移

人民法院依照法律规定的强制执行程序转让股东的股权时，应当通知公司及全体股东，其他股东在同等条件下有优先购买权。其他股东自人民法院通知之日起满20日不行使优先购买权的，视为放弃优先购买权。

3. 股权转让后的变更

因股权的自愿让与或强制执行产生的股权转让，公司应当注销原股东的出资证明书，向新股东签发出资证明书，并相应修改公司章程和股东名册中有关股东及其出资额的记载。对公司章程的该项修改不需再由股东会表决。

4. 瑕疵股权转让的效力

根据《最高人民法院关于适用〈中华人民共和国公司法〉若干问题的规定（三）》，有限责任公司的股东未履行或者未全面履行出资义务即转让股权，受让人对此知道或者应当知道，公司可以请求该股东履行出资义务、受让人对此承担连带责任；公司债权人可以请求未履行或者未全面履行出资义务的股东在未出资本息范围内对公司债务不能清偿的部分承担补充赔偿责任，并可同时请求前述受让人对此承担连带责任。

受让人根据前款规定承担责任后，可以向该未履行或者未全面履行出资义务的股东追偿。但是，当事人另有约定的除外。

5. 公司回购股权

有下列情形之一的，对股东会该项决议投反对票的股东可以请求公司按照合理的价格收购其股权：

（1）公司连续5年不向股东分配利润，而公司该5年连续盈利，并且符合《公司法》规定的分配利润条件的；

（2）公司合并、分立、转让主要财产的；

（3）公司章程规定的营业期限届满或者章程规定的其他解散事由出现，股东会会议通过决议修改章程使公司存续的。

自股东会会议决议通过之日起60日内，股东与公司不能达成股权收购协议的，股东可以自股东会会议决议通过之日起90日内向人民法院提起诉讼。

6. 股权继承

自然人股东死亡后，其合法继承人可以继承股东资格；但是，公司章程另有规定的除外。

四、股份有限公司

（一）股份有限公司的设立方式与程序

1. 股份有限公司的设立条件

设立股份有限公司，应当具备下列条件：

（1）发起人符合法定人数。设立股份有限公司，应当有2人以上200人以下为发起人，其中须有半数以上的发起人在中国境内有住所。

（2）有符合公司章程规定的全体发起人认购的股本总额或者募集的实收股本总额。

股份有限公司采取发起设立方式设立的，注册资本为在公司登记机关登记的全体发起人认购的股本总额。在发起人认购的股份缴足前，不得向他人募集股份。股份有限公司采取募集方式设立的，注册资本为在公司登记机关登记的实收股本总额。法律、行政法规以及国务院决定对股份有限公司注册资本实缴、注册资本最低限额另有规定的,从其规定。

（3）股份发行、筹办事项符合法律规定。

（4）发起人制订公司章程,采用募集方式设立的经创立大会通过。

（5）有公司名称,建立符合股份有限公司要求的组织机构。

（6）有公司住所。

2. 股份有限公司的设立方式

股份有限公司的设立,可以采取发起设立或者募集设立的方式。发起设立,是指由发起人认购公司应发行的全部股份而设立公司。募集设立,是指由发起人认购公司应发行股份的一部分,其余股份向社会公开募集或者向特定对象募集而设立公司。

3. 股份有限公司的设立程序

（1）订立发起人协议

股份有限公司发起人承担公司筹办事务。发起人应当签订发起人协议,明确各自在公司设立过程中的权利和义务。

（2）订立公司章程

股份有限公司章程由发起人制定并经创立大会审议通过。

（3）认缴资本

以发起设立方式设立股份有限公司的,发起人应当书面认足公司章程规定其认购的股份,并按照公司章程规定缴纳出资。以非货币财产出资的,应当依法办理其财产权的转移手续。

以募集设立方式设立股份有限公司的,发起人认购的股份不得少于公司股份总数的35%；但是,法律、行政法规另有规定的,从其规定。

发起人向社会公开募集股份,必须公告招股说明书,并制作认股书。同时,发起人应当与依法设立的证券经营机构签订承销协议,与银行签订代收股款协议。发行股份的股款募足后,必须经法定的验资机构验资并出具证明。

（4）选举董事会和监事会,申请设立登记

发起人认足公司章程规定的出资后,应当选举董事会和监事会,由董事会向公司登记机关报送公司章程以及法律、行政法规规定的其他文件,申请设立登记。

董事会应于创立大会结束后30日内,向公司登记机关报送下列文件,申请设立登记：

①公司登记申请书；

②创立大会的会议记录；

③公司章程；

④验资证明；

⑤法定代表人、董事、监事的任职文件及其身份证明；

⑥发起人的法人资格证明或者自然人身份证明；

⑦公司住所证明。

以募集方式设立股份有限公司公开发行股票的，还应当向公司登记机关报送国务院证券监督管理机构的核准文件。

（二）股份有限公司的组织机构

1. 股东大会

股份有限公司股东大会由全体股东组成。股东大会是公司的权力机构，依法行使职权。

股东大会行使下列职权：

（1）决定公司的经营方针和投资计划；

（2）选举和更换非由职工代表担任的董事、监事，决定有关董事、监事的报酬事项；

（3）审议批准董事会的报告；

（4）审议批准监事会或者监事的报告；

（5）审议批准公司的年度财务预算方案、决算方案；

（6）审议批准公司的利润分配方案和弥补亏损方案；

（7）对公司增加或者减少注册资本作出决议；

（8）对发行公司债券作出决议；

（9）对公司合并、分立、解散、清算或者变更公司形式作出决议；

（10）修改公司章程；

（11）公司章程规定的其他职权。

2. 董事会

股份有限公司设董事会，其成员为5至19人。董事会成员中可以有公司职工代表。董事会中的职工代表由公司职工通过职工代表大会、职工大会或者其他形式民主选举产生。

董事任期由公司章程规定，但每届任期不得超过3年。董事任期届满，连选可以连任。董事任期届满未及时改选，或者董事在任期内辞职导致董事会成员低于法定人数的，在改选出的董事就任前，原董事仍应当依照法律、行政法规和公司章程的规定，履行董事职务。

董事会对股东会负责,行使下列职权:

(1) 召集股东会会议,并向股东会报告工作;
(2) 执行股东会的决议;
(3) 决定公司的经营计划和投资方案;
(4) 制订公司的年度财务预算方案、决算方案;
(5) 制订公司的利润分配方案和弥补亏损方案;
(6) 制订公司增加或者减少注册资本以及发行公司债券的方案;
(7) 制订公司合并、分立、解散或者变更公司形式的方案;
(8) 决定公司内部管理机构的设置;
(9) 决定聘任或者解聘公司经理及其报酬事项,并根据经理的提名决定聘任或者解聘公司副经理、财务负责人及其报酬事项;
(10) 制定公司的基本管理制度;
(11) 公司章程规定的其他职权。

董事会设董事长1人,可以设副董事长。董事长和副董事长由董事会以全体董事的过半数选举产生。董事长召集和主持董事会会议,检查董事会决议的实施情况。副董事长协助董事长工作,董事长不能履行职务或者不履行职务的,由副董事长履行职务;副董事长不能履行职务或者不履行职务的,由半数以上董事共同推举1名董事履行职务。

3. 监事会

股份有限公司设监事会,其成员不得少于3人。监事会应当包括股东代表和适当比例的公司职工代表,其中职工代表的比例不得低于1/3,具体比例由公司章程规定。监事会中的职工代表由公司职工通过职工代表大会、职工大会或者其他形式民主选举产生。

监事会设主席1人,可以设副主席。监事会主席和副主席由全体监事过半数选举产生。监事会主席召集和主持监事会会议;监事会主席不能履行职务或者不履行职务的,由监事会副主席召集和主持监事会会议;监事会副主席不能履行职务或者不履行职务的,由半数以上监事共同推举1名监事召集和主持监事会会议。

董事、高级管理人员不得兼任监事。

监事的任期每届为3年。监事任期届满,连选可以连任。监事任期届满未及时改选,或者监事在任期内辞职导致监事会成员低于法定人数的,在改选出的监事就任前,原监事仍应当依照法律、行政法规和公司章程的规定,履行监事职务。

监事会行使下列职权：

（1）检查公司财务；

（2）对董事、高级管理人员执行公司职务的行为进行监督，对违反法律、行政法规、公司章程或者股东会决议的董事、高级管理人员提出罢免的建议；

（3）当董事、高级管理人员的行为损害公司的利益时，要求董事、高级管理人员予以纠正；

（4）提议召开临时股东会会议，在董事会不履行《公司法》规定的召集和主持股东会会议职责时召集和主持股东会会议；

（5）向股东会会议提出提案；

（6）依照《公司法》第一百五十一条的规定，对董事、高级管理人员提起诉讼；

（7）公司章程规定的其他职权。

监事可以列席董事会会议，并对董事会决议事项提出质询或者建议。监事会发现公司经营情况异常，可以进行调查；必要时，可以聘请会计师事务所等协助其工作，费用由公司承担。监事会行使职权所必需的费用，由公司承担。

（三）股份有限公司的股份发行

1. 股份发行的原则

股份的发行，实行公平、公正的原则，同种类的每一股份应当具有同等权利。同次发行的同种类股票，每股的发行条件和价格应当相同；任何单位或者个人所认购的股份，每股应当支付相同价额。

股份有限公司的资本划分为股份，每一股的金额相等。公司的股份采取股票的形式。股票是公司签发的证明股东所持股份的凭证。

2. 股份发行的价格

股票发行价格可以按票面金额，也可以超过票面金额，但不得低于票面金额。

3. 股票的形式和记载

股票采用纸面形式或者国务院证券监督管理机构规定的其他形式。股票应当载明下列主要事项：

（1）公司名称；

（2）公司成立日期；

（3）股票种类、票面金额及代表的股份数；

（4）股票的编号。

股票由法定代表人签名,公司盖章。发起人的股票,应当标明发起人股票字样。

公司发行的股票,可以为记名股票,也可以为无记名股票。公司向发起人、法人发行的股票,应当为记名股票,并应当记载该发起人、法人的名称或者姓名,不得另立户名或者以代表人姓名记名。

公司发行记名股票的,应当置备股东名册,记载下列事项:

(1) 股东的姓名或者名称及住所;
(2) 各股东所持股份数;
(3) 各股东所持股票的编号;
(4) 各股东取得股份的日期。

发行无记名股票的,公司应当记载其股票数量、编号及发行日期。

4. 发行新股

公司发行新股,股东大会应当对下列事项作出决议:

(1) 新股种类及数额;
(2) 新股发行价格;
(3) 新股发行的起止日期;
(4) 向原有股东发行新股的种类及数额。

公司经国务院证券监督管理机构核准公开发行新股时,必须公告新股招股说明书和财务会计报告,并制作认股书。

发起人向社会公开募集股份,应当由依法设立的证券公司承销,签订承销协议。发起人向社会公开募集股份,应当同银行签订代收股款协议。代收股款的银行应当按照协议代收和保存股款,向缴纳股款的认股人出具收款单据,并负有向有关部门出具收款证明的义务。

公司发行新股,可以根据公司经营情况和财务状况,确定其作价方案。

公司发行新股募足股款后,必须向公司登记机关办理变更登记,并公告。

(四) 股份有限公司股份转让的相关规定及对上市公司组织机构的特别规定

股东持有的股份可以依法转让。股东转让其股份,应当在依法设立的证券交易场所进行或者按照国务院规定的其他方式进行。

1. 记名股票的转让

记名股票,由股东以背书方式或者法律、行政法规规定的其他方式转让;转让后由公司将受让人的姓名或者名称及住所记载于股东名册。股东大会召开前20日内或者公司决定分配股利的基准日前5日内,不得进行前款规定的股东名册的变更登记。但是，法律对上市公司股东名册变更登记另有规定的，从其规定。

2. 无记名股票的转让

无记名股票的转让，由股东将该股票交付给受让人后即发生转让的效力。

3. 发起人及董事、监事、高级管理人员股份转让的限制

发起人持有的本公司股份，自公司成立之日起1年内不得转让。公司公开发行股份前已发行的股份，自公司股票在证券交易所上市交易之日起1年内不得转让。

公司董事、监事、高级管理人员应当向公司申报所持有的本公司的股份及其变动情况，在任职期间每年转让的股份不得超过其所持有本公司股份总数的25%；所持本公司股份自公司股票上市交易之日起1年内不得转让。上述人员离职后半年内，不得转让其所持有的本公司股份。公司章程可以对公司董事、监事、高级管理人员转让其所持有的本公司股份作出其他限制性规定。

4. 股票的上市交易

上市公司的股票，依照有关法律、行政法规及证券交易所交易规则上市交易。

上市公司必须依照法律、行政法规的规定，公开其财务状况、经营情况及重大诉讼，在每会计年度内半年公布一次财务会计报告。

5. 公司股份回购

公司不得收购本公司股份。但是，有下列情形之一的除外：

（1）减少公司注册资本；

（2）与持有本公司股份的其他公司合并；

（3）将股份奖励给本公司职工；

（4）股东因对股东大会作出的公司合并、分立决议持异议，要求公司收购其股份的。

公司因第（1）项至（3）项的原因收购本公司股份的，应当经股东大会决议。公司依照前述规定收购本公司股份后，属于第（1）项情形的，应当自收购之日起10日内注销；属于第（2）项、第（4）项情形的，应当在6个月内转让或者注销。

公司依照第（3）项规定收购的本公司股份，不得超过本公司已发行股份总额的5%；用于收购的资金应当从公司的税后利润中支出；所收购的股份应当在1年内转让给职工。

公司不得接受本公司的股票作为质押权的标的。

6. 上市公司组织机构的特别规定

（1）上市公司的定义

《公司法》中所称的上市公司，是指其股票在证券交易所上市交易的股份有限公司。

（2）上市公司的独立董事、董事会秘书

上市公司设立独立董事，具体办法由国务院规定。

上市公司设董事会秘书，负责公司股东大会和董事会会议的筹备、文件保管以及公司股东资料的管理，办理信息披露事务等事宜。

（3）上市公司的其他特别规定

上市公司在1年内购买、出售重大资产或者担保金额超过公司资产总额30%的，应当由股东大会作出决议，并经出席会议的股东所持表决权的2/3以上通过。

上市公司董事与董事会会议决议事项所涉及的企业有关联关系的，不得对该项决议行使表决权，也不得代理其他董事行使表决权。该董事会会议由过半数的无关联关系董事出席即可举行，董事会会议所作决议须经无关联关系董事过半数通过。出席董事会的无关联关系董事人数不足3人的，应将该事项提交上市公司股东大会审议。

五、董事、监事和高级管理人员的义务和责任

董事、监事、高级管理人员应当遵守法律、行政法规和公司章程，对公司负有忠实义务和勤勉义务。董事、监事、高级管理人员不得利用职权收受贿赂或者其他非法收入，不得侵占公司的财产。

股东会或者股东大会要求董事、监事、高级管理人员列席会议的，董事、监事、高级管理人员应当列席并接受股东的质询。董事、高级管理人员应当如实向监事会或者不设监事会的有限责任公司的监事提供有关情况和资料，不得妨碍监事会或者监事行使职权。

董事、高级管理人员不得有下列行为：

（1）挪用公司资金；

（2）将公司资金以其个人名义或者以其他个人名义开立账户存储；

（3）违反公司章程的规定，未经股东会、股东大会或者董事会同意，将公司资金借贷给他人或者以公司财产为他人提供担保；

（4）违反公司章程的规定或者未经股东会、股东大会同意，与本公司订立

合同或者进行交易；

（5）未经股东会或者股东大会同意，利用职务便利为自己或者他人谋取属于公司的商业机会，自营或者为他人经营与所任职公司同类的业务；

（6）接受他人与公司交易的佣金归为己有；

（7）擅自披露公司秘密；

（8）违反对公司忠实义务的其他行为。

董事、高级管理人员违反经营义务所得的收入应当归公司所有。

董事、监事、高级管理人员执行公司职务时违反法律、行政法规或者公司章程的规定，给公司造成损失的，应当承担赔偿责任。

六、公司财务会计制度的基本要求和内容

（一）公司财务会计制度的基本要求

公司应当依照法律、行政法规和国务院财政部门的规定建立本公司的财务、会计制度。

公司应当在每一会计年度终了时编制财务会计报告，并依法经会计师事务所审计。财务会计报告应当依照法律、行政法规和国务院财政部门的规定制作。

有限责任公司应当依照公司章程规定的期限将财务会计报告送交各股东。股份有限公司的财务会计报告应当在召开股东大会年会的 20 日前置备于本公司，供股东查阅；公开发行股票的股份有限公司必须公告其财务会计报告。

公司除法定的会计账簿外，不得另立会计账簿。对公司资产，不得以任何个人名义开立账户存储。

公司应当向聘用的会计师事务所提供真实、完整的会计凭证、会计账簿、财务会计报告及其他会计资料，不得拒绝、隐匿、谎报。

（二）公司财务会计制度的内容

1. 提取法定公积金

公司分配当年税后利润时，应当提取利润的 10% 列入公司法定公积金。公司法定公积金累计额为公司注册资本的 50% 以上的，可以不再提取。

公司的法定公积金不足以弥补以前年度亏损的，在提取法定公积金之前，应当先用当年利润弥补亏损。

法定公积金转为资本时，所留存的该项公积金不得少于转增前公司注册资本

的 25%。

2. 提取任意公积金

公司从税后利润中提取法定公积金后，经股东会或者股东大会决议，还可以从税后利润中提取任意公积金。

3. 列入资本公积金的情形

股份有限公司以超过股票票面金额的发行价格发行股份所得的溢价款以及国务院财政部门规定列入资本公积金的其他收入，应当列为公司资本公积金。

4. 公积金的用途

公司的公积金用于弥补公司的亏损、扩大公司生产经营或者转为增加公司资本。但是，资本公积金不得用于弥补公司的亏损。

5. 利润分配

公司弥补亏损和提取公积金后所余税后利润，有限责任公司股东按照实缴的出资比例分取红利；公司新增资本时，股东有权优先按照实缴的出资比例认缴出资。但是，全体股东约定不按照出资比例分取红利或者不按照出资比例优先认缴出资的除外。

股份有限公司按照股东持有的股份比例分配，但股份有限公司章程规定不按持股比例分配的除外。

股东会、股东大会或者董事会违反规定，在公司弥补亏损和提取法定公积金之前向股东分配利润的，股东必须将违反规定分配的利润退还公司。

公司持有的本公司股份不得分配利润。

6. 聘用、解聘会计师事务所

公司聘用、解聘承办公司审计业务的会计师事务所，依照公司章程的规定，由股东会、股东大会或者董事会决定。

公司股东会、股东大会或者董事会就解聘会计师事务所进行表决时，应当允许会计师事务所陈述意见。

七、公司合并、分立的种类及程序

（一）公司合并的种类

公司合并可以采取吸收合并或者新设合并。一个公司吸收其他公司为吸收合并，被吸收的公司解散。两个以上公司合并设立一个新的公司为新设合并，合并各方解散。

(二)公司合并、分立的程序

1. 股东会决议

公司合并或分立,应当由公司的股东(大)会作出决议。有限责任公司,必须经代表 2/3 以上表决权的股东通过。股份有限公司,必须经出席会议的股东所持表决权的 2/3 以上通过。

2. 编制资产负债表及财产清单

公司合并,应当由合并各方签订合并协议,并编制资产负债表及财产清单。公司分立,其财产作相应的分割,应当编制资产负债表及财产清单。

3. 对债权人的通知或公告

公司应当自作出合并、分立决议之日起 10 日内通知债权人,并于 30 日内在报纸上公告。

4. 债务承担

公司合并的,债权人自接到通知书之日起 30 日内,未接到通知书的自公告之日起 45 日内,可以要求公司清偿债务或者提供相应的担保。公司合并时,合并各方的债权、债务,应当由合并后存续的公司或者新设的公司承继。

公司分立的,分立前的债务由分立后的公司承担连带责任。但是,公司在分立前与债权人就债务清偿达成的书面协议另有约定的除外。

5. 办理合并登记手续

公司合并或者分立,登记事项发生变更的,应当依法向公司登记机关办理变更登记;公司解散的,应当依法办理公司注销登记;设立新公司的,应当依法办理公司设立登记。

公司增加或者减少注册资本,应当依法向公司登记机关办理变更登记。公司需要减少注册资本时,必须编制资产负债表及财产清单。公司应当自作出减少注册资本决议之日起 10 日内通知债权人,并于 30 日内在报纸上公告。债权人自接到通知书之日起 30 日内,未接到通知书的自公告之日起 45 日内,有权要求公司清偿债务或者提供相应的担保。有限责任公司增加注册资本时,股东认缴新增资本的出资,依照《公司法》设立有限责任公司缴纳出资的有关规定执行。股份有限公司为增加注册资本发行新股时,股东认购新股,依照设立股份有限公司缴纳股款的有关规定执行。

八、高级管理人员、控股股东、实际控制人、关联关系的概念

高级管理人员,是指公司的经理、副经理、财务负责人,上市公司董事会秘

书和公司章程规定的其他人员。

控股股东，是指其出资额占有限责任公司资本总额50%以上或者其持有的股份占股份有限公司股本总额50%以上的股东；出资额或者持有股份的比例虽然不足50%，但依其出资额或者持有的股份所享有的表决权已足以对股东会、股东大会的决议产生重大影响的股东。

实际控制人，是指虽不是公司的股东，但通过投资关系、协议或者其他安排，能够实际支配公司行为的人。

关联关系，是指公司控股股东、实际控制人、董事、监事、高级管理人员与其直接或者间接控制的企业之间的关系，以及可能导致公司利益转移的其他关系。但是，国家控股的企业之间不仅因为同受国家控股而具有关联关系。

九、法律责任

（一）主要法律责任

1. 虚报注册资本、欺诈取得公司登记的法律责任

违反《公司法》规定，虚报注册资本、提交虚假材料或者采取其他欺诈手段隐瞒重要事实取得公司登记的，由公司登记机关责令改正，对虚报注册资本的公司，处以虚报注册资本金额5%以上15%以下的罚款；对提交虚假材料或者采取其他欺诈手段隐瞒重要事实的公司，处以5万元以上50万元以下的罚款；情节严重的，撤销公司登记或者吊销营业执照。

2. 虚假出资的法律责任

公司的发起人、股东虚假出资，未交付或者未按期交付作为出资的货币或者非货币财产的，由公司登记机关责令改正，处以虚假出资金额5%以上15%以下的罚款。

3. 抽逃出资的法律责任

公司的发起人、股东在公司成立后，抽逃其出资的，由公司登记机关责令改正，处以所抽逃出资金额5%以上15%以下的罚款。

4. 另立会计账簿的法律责任

违反《公司法》规定，在法定的会计账簿以外另立会计账簿的，由县级以上人民政府财政部门责令改正，处以5万元以上50万元以下的罚款。

5. 财务会计报告虚假记载的法律责任

公司在依法向有关主管部门提供的财务会计报告等材料上作虚假记载或者隐

瞒重要事实的，由有关主管部门对直接负责的主管人员和其他直接责任人员处以3万元以上30万元以下的罚款。

6. 其他

公司不依照《公司法》规定提取法定公积金的，由县级以上人民政府财政部门责令如数补足应当提取的金额，可以对公司处以20万元以下的罚款。

公司在合并、分立、减少注册资本或者进行清算时，不依照《公司法》规定通知或者公告债权人的，由公司登记机关责令改正，对公司处以1万元以上10万元以下的罚款。

公司在进行清算时，隐匿财产，对资产负债表或者财产清单作虚假记载或者在未清偿债务前分配公司财产的，由公司登记机关责令改正，对公司处以隐匿财产或者未清偿债务前分配公司财产金额5%以上10%以下的罚款；对直接负责的主管人员和其他直接责任人员处以1万元以上10万元以下的罚款。

（二）典型案例

A公司是深圳证券交易所上市公司。陈某于20×1年1月至20×6年5月10日期间任A公司副董事长、董事，20×6年5月11日正式离职。截至20×6年6月，陈某个人直接持有A公司股票3 444 000股。陈某实际控制的B公司持有C公司23.26%的股份，C公司持有A公司股票2 091 000股。

20×6年5月31日，A公司披露《关于首次公开发行前已发行股份解除限售上市流通的提示性公告》。陈某在其中承诺：离职后6个月内，不转让所持有的发行人股份；按持股比例计算，陈某通过C公司等间接持有A公司股票276 791股，C公司在出售股份时将严格履行陈某所作出的有关承诺。

20×6年6月2日至7月6日，C公司将持有的A公司股票全部卖出，其中由于工作人员的失误操作，C公司将为陈某预留的300 000股也卖出，导致陈某违法减持276 791股A公司股票。

陈某作为时任A公司副董事长、董事，在离职后半年内转让所持有的本公司股份，违反了《公司法》第一百四十一条第二款有关公司董事、监事、高级管理人员"离职后半年内，不得转让其所持有的本公司股份"和《证券法》第三十八条"依法发行的股票、公司债券及其他证券，法律对其转让期限有限制性规定的，在限定的期限内不得买卖"的规定所述违法行为。监管机构给予了其相应的罚款处罚。

第三节 合伙企业法

本节重点介绍了《中华人民共和国合伙企业法》（简称《合伙企业法》）的立法沿革与立法宗旨；合伙企业的概念；合伙企业与公司的区别；合伙企业的种类；普通合伙人的主体限制性要求；合伙协议的形式与订立程序；设立合伙企业的条件；合伙企业财产的构成；合伙企业财产分割、转让以及处分的相关规定；合伙企业经营中应当经全体合伙人一致同意的重要事项；有关合伙人竞业禁止、限制交易和不得损害合伙企业的规定；合伙企业利润分配、亏损分担的原则；合伙企业债务清偿的相关规定；新合伙人入伙的条件以及新合伙人权利和义务的相关规定；合伙人退伙、除名的情形或条件、特殊的普通合伙企业；有限合伙企业的合伙人、企业的名称、协议内容、出资；有限合伙企业事务的执行；有限合伙企业的特殊性；有限合伙和普通合伙的转化；合伙企业的解散事由；合伙企业的清算规则；合伙企业注销后的债务承担，以及违反《合伙企业法》及合伙协议应当承担的主要法律责任。有关内容的阐述参考了《合伙企业法》。

一、法规概述

（一）《合伙企业法》的立法沿革

我国《合伙企业法》于1997年2月23日由第八届全国人民代表大会常务委员会第二十四次会议通过，自1997年8月1日起正式实施。2006年8月27日，第十届全国人民代表大会常务委员会第二十三次会议审议通过修订后的《合伙企业法》。

现行《合伙企业法》全文共六章，一百零九条，涉及合伙企业的类型及原则性规定；普通合伙企业设立、合伙企业财产、合伙事务执行、合伙企业与第三人的关系、入伙、退伙、特殊的普通合伙企业；有限合伙企业的设立、普通合伙人与有限合伙人的权利与义务、入伙与退伙；合伙企业的结算与清算；违反合伙企业法或合伙协议的约定的法律责任等内容。

（二）《合伙企业法》的立法宗旨

《合伙企业法》是为规范合伙企业的行为，保护合伙企业及其合伙人、债权人的合法权益，维护社会经济秩序，促进社会主义市场经济的发展而制定的。《合伙企业法》是规定合伙企业的设立、合伙事务执行、合伙人的权利与义务、合伙企业与第三人关系及入伙、退伙等的法律。

二、总论

合伙企业是指由自然人、法人和其他组织依照《合伙企业法》订立合伙协议，共同出资，共担风险，共享收益，对合伙企业债务承担责任的经营性组织。合伙企业与公司的区别主要有：

一是法律地位不同。公司具有独立的法人主体资格，是企业法人；合伙企业不是法人，是非法人企业。

二是财产独立性不同。公司的财产独立于股东；合伙企业的财产与合伙人仅相对独立，合伙企业的财产属于合伙人共有。

三是承担的责任不同，股东对公司的责任以出资为限，承担有限责任；而合伙企业中，普通合伙人对合伙企业承担无限责任。

此外，与公司相比，合伙企业具有高度的人合性，因此合伙企业的加入、退出、运营管理等方面，与公司均有较大不同。

（一）合伙企业的种类

根据合伙人对合伙企业债务承担责任的不同，合伙企业可分为普通合伙企业和有限合伙企业。

普通合伙企业由普通合伙人组成，合伙人对合伙企业债务承担无限连带责任。对普通合伙人承担责任的形式有特别规定的，从其规定。

有限合伙企业由普通合伙人和有限合伙人组成，普通合伙人对合伙企业债务承担无限连带责任，有限合伙人以其认缴的出资额为限对合伙企业债务承担责任。

普通合伙企业和有限合伙企业的主要区别在于：

1. 合伙人对企业债务的责任方面

普通合伙企业的所有出资人均须对合伙企业的债务承担无限连带责任；而有限合伙企业中有限合伙人对企业债务承担有限责任，普通合伙人对合伙企业的债务承担无限责任或无限连带责任。

2. 合伙人数量方面

普通合伙企业的投资人数为2人以上，无上限规定；而有限合伙企业的投资人数为 2 人以上 50 人以下，且至少有 1 个普通合伙人。

3. 合伙人权利方面

普通合伙企业的合伙人对执行合伙事务享有同等的权利。当然，根据合伙协议约定或经全体合伙人决定，可委托 1 个或数个合伙人对外代表合伙企业，执行合伙事务；而有限合伙企业中的有限合伙人不得执行合伙企业中的事务。

4. 利润分配方面

普通合伙企业的出资人不得在合伙协议中约定将全部利润分配给部分合伙人或由部分合伙人承担企业的全部亏损；而有限合伙企业根据合伙协议的约定可以将全部利润分配给部分合伙人，但不得约定企业全部亏损由部分合伙人承担。

5. 竞业禁止方面

普通合伙人不得自营或与他人合作经营与合伙企业相竞争的业务；有限合伙人可自营或与他人合作经营与本企业相竞争的业务，但合伙协议另有约定的除外。

6. 关联交易方面

普通合伙人不得同本企业进行交易，但合伙协议另有约定或经全体合伙人一致同意的除外；有限合伙人可以与合伙企业进行交易，但是，合伙协议约定不能进行交易的除外。

7. 出资份额出质方面

普通合伙企业的合伙人以其出资份额出质，须经全体合伙人一致同意，否则其出质行为无效；有限合伙人可将出资份额出质，但合伙协议约定有限合伙人不能以其出资份额出质的除外。

（二）普通合伙人的主体适格性限制

为保护国有资产和上市公司股东的利益，国有独资公司、国有企业、上市公司不得成为普通合伙人。另外，公益性的事业单位、社会团体，其财产也不宜对外承担无限连带责任，因此，公益性的事业单位、社会团体也不得成为普通合伙人。

（三）合伙协议的形式、订立程序与基本原则

订立合伙协议，设立合伙企业，是平等民事主体的合伙人之间的民事活动，因此，在订立合伙协议、设立合伙企业时，也应当遵循民法下的自愿、平等、公平、诚实信用原则。

为了明确合伙人之间的权利义务，使合伙人和合伙企业在长期的生产经营活

动中始终遵守约定的规则，维护合伙企业正常的经营秩序，合伙企业设立时，合伙协议应由全体合伙人协商一致，且必须以书面形式订立。

三、普通合伙企业

（一）合伙企业的设立条件

根据《合伙企业法》第十四条的规定，设立合伙企业，应当具备下列条件：

1. 有 2 个以上合伙人。合伙人为自然人的，应当具有完全民事行为能力

与具有资合性特征的公司不同，合伙企业具有较强的人合性特征。设立合伙企业，必须有 2 个或 2 个以上自然人、法人或其他组织作为合伙人。合伙人为自然人的，应当具有完全民事行为能力。根据《民法总则》第十七条、第十八条的规定，具有完全民事行为能力的自然人是指十八周岁以上的自然人或者十六周岁以上未满十八周岁、以自己的劳动收入为主要生活来源的未成年人。

2. 有书面合伙协议

设立合伙企业，合伙人应当以书面方式签订合伙协议。根据《合伙企业法》第十八条的规定，合伙协议应当载明下列事项：

（1）合伙企业的名称和主要经营场所的地点；
（2）合伙目的和合伙经营范围；
（3）合伙人的姓名或者名称、住所；
（4）合伙人的出资方式、数额和缴付期限；
（5）利润分配、亏损分担方式；
（6）合伙事务的执行；
（7）入伙与退伙；
（8）争议解决办法；
（9）合伙企业的解散与清算；
（10）违约责任。

根据《合伙企业法》第十九条的规定，合伙协议经全体合伙人签名、盖章后生效。合伙人按照合伙协议享有权利，履行义务。修改或者补充合伙协议，应当经全体合伙人一致同意；但是，合伙协议另有约定的除外。合伙协议未约定或者约定不明确的事项，由合伙人协商决定；协商不成的，依照《合伙企业法》和其他有关法律、行政法规的规定处理。

3. 有合伙人认缴或者实际缴付的出资

根据《合伙企业法》第十六条的规定，合伙人的出资方式包括：

（1）货币；

（2）实物；

（3）知识产权；

（4）土地使用权；

（5）其他财产权利；

（6）劳务。

合伙人以实物、知识产权、土地使用权或者其他财产权利出资，需要评估作价的，可以由全体合伙人协商确定，也可以由全体合伙人委托法定评估机构评估。合伙人以劳务出资的，其评估办法由全体合伙人协商确定，并在合伙协议中载明。

4. 有合伙企业的名称和生产经营场所

企业名称是企业区别于其他组织的基本标志，合伙企业也应当有自己的名称。根据《合伙企业法》第十五条的规定，合伙企业名称中应当标明"普通合伙"字样。

生产经营场所是企业进行生产经营活动的处所。合伙企业从事经营活动必须具备生产经营场所，否则将无法存续下去。

除上述条件外，设立合伙企业还应当具备法律、行政法规规定的其他条件。

（二）合伙企业财产的分割、转让和处分

根据《合伙企业法》第二十条的规定，合伙企业的财产包括由合伙人的出资、以合伙企业名义取得的收益和依法取得的其他财产。

根据《合伙企业法》第二十一条的规定，除法律另有规定外，合伙人在合伙企业清算前，不得请求分割合伙企业的财产。合伙人在合伙企业清算前私自转移或者处分合伙企业财产的，合伙企业不得以此对抗善意第三人。

根据《合伙企业法》第二十二条、第二十三条、第二十四条的规定，合伙人转让其有合伙企业中的全部或者部分财产份额时，应当通知其他合伙人；除合伙协议另有约定外，须经其他合伙人一致同意。合伙人向合伙人以外的人转让其在合伙企业中的财产份额的，除合伙协议另有约定外，在同等条件下，其他合伙人有优先购买权。合伙人以外的人依法受让合伙人在合伙企业中的财产份额的，经修改合伙协议即成为合伙企业的合伙人，依照《合伙企业法》和修改后的合伙协议享有权利，履行义务。

根据《合伙企业法》第二十五条的规定，合伙人以其在合伙企业中的财产

份额出质的，须经其他合伙人一致同意；未经其他合伙人一致同意，其行为无效，由此给善意第三人造成损失的，由行为人依法承担赔偿责任。

（三）合伙事务的执行

合伙企业的事务执行，是指合伙企业的经营管理及对内对外关系中的事务处理等活动。合伙企业是人合性的经营组织，合伙人对执行合伙事务都享有同等的权利。根据《合伙企业法》第二十六条的规定，按照合伙协议的约定或者经全体合伙人决定，可以委托1个或者数个合伙人对外代表合伙企业，执行合伙事务。作为合伙人的法人、其他组织执行合伙事务的，由其委派的代表执行。

对外代表合伙企业，执行合伙事务的合伙人被称为"执行事务合伙人"。根据《合伙企业法》第二十七条的规定，委托1个或者数个合伙人执行合伙事务的，其他合伙人不再执行合伙事务。

根据《合伙企业法》第二十七条、第二十八条、第二十九条的规定，不执行合伙事务的合伙人有权监督执行事务合伙人执行合伙事务的情况。执行事务合伙人应当定期向其他合伙人报告事务执行情况以及合伙企业的经营和财务状况，其执行合伙事务所产生的收益归合伙企业，所产生的费用和亏损由合伙企业承担。合伙人为了解合伙企业的经营状况和财务状况，有权查阅合伙企业会计账簿等财务资料。受委托执行合伙事务的合伙人不按照合伙协议或者全体合伙人的决定执行事务的，其他合伙人可以决定撤销该委托。

根据《合伙企业法》第三十条的规定，除《合伙企业法》对合伙企业的表决办法另有规定以外，合伙人对合伙企业有关事项作出决议，按照合伙协议约定的表决办法办理。合伙协议未约定或者约定不明确的，实行合伙人一人一票并经全体合伙人过半数通过的表决办法。

根据《合伙企业法》第三十一条的规定，除合伙协议另有约定外，合伙企业的下列事项应当经全体合伙人一致同意：

（1）改变合伙企业的名称；

（2）改变合伙企业的经营范围、主要经营场所的地点；

（3）处分合伙企业的不动产；

（4）转让或者处分合伙企业的知识产权和其他财产权利；

（5）以合伙企业名义为他人提供担保；

（6）聘任合伙人以外的人担任合伙企业的经营管理人员。

为维护合伙企业与全体合伙人的共同利益，《合伙企业法》中规定了合伙人的竞业禁止、限制交易以及不得从事损害合伙企业活动等三项义务。根据《合伙企业法》第三十二条的规定，合伙人不得自营或者同他人合作经营与本合伙企业相竞争的业务。除合伙协议另有约定或者经全体合伙人一致同意外，合伙人不得同本合伙企业进行交易。合伙人不得从事损害本合伙企业利益的活动。

根据《合伙企业法》第三十三条的规定，合伙企业利润分配和亏损分担的原则是：首先，按照合伙协议的约定办理；合伙协议未约定或者约定不明确的，由合伙人协商决定；协商不成的，由合伙人按照实缴出资比例分配、分担；无法确定出资比例的，由合伙人平均分配、分担。

此外，合伙协议不得约定将全部利润分配给部分合伙人或者由部分合伙人承担全部亏损。上述约定不符合"共享收益、共担风险"这一合伙企业基本特征的内在要求，有违公平原则。

（四）合伙企业的债务清偿

为维护善意第三人的合法权益，根据《合伙企业法》第三十七条的规定，合伙企业对合伙人执行合伙事务以及对外代表合伙企业权利的限制，不得对抗善意第三人。

根据《合伙企业法》第三十八条、第三十九条、第四十条、第四十二条的规定，合伙企业对其债务，应先以其全部财产进行清偿。合伙企业不能清偿到期债务的，合伙人承担无限连带责任。合伙人由于承担无限连带责任，清偿数额超过其亏损分担比例的，有权向其他合伙人追偿。

合伙人的自有财产不足清偿其与合伙企业无关的债务的，该合伙人可以以其从合伙企业中分取的收益用于清偿；债权人也可以依法请求人民法院强制执行该合伙人在合伙企业中的财产份额用于清偿。人民法院强制执行合伙人的财产份额时，应当通知全体合伙人，其他合伙人有优先购买权。

（五）入伙、退伙的条件和程序

入伙，是指合伙企业接纳新的合伙人进入合伙企业的过程，即在合伙企业存续期间，合伙人以外的人申请加入合伙企业并被合伙企业接纳，从而成为合伙企业合伙人。

根据《合伙企业法》第四十三条的规定，新合伙人入伙，应当符合下列条件：

（1）除合伙协议另有约定外，应当经全体合伙人一致同意；

（2）依法订立书面入伙协议。

订立入伙协议时，原合伙人应当向新合伙人如实告知原合伙企业的经营状况和财务状况。

根据《合伙企业法》第四十四条的规定，入伙的新合伙人与原合伙人享有同等权利，承担同等责任。入伙协议另有约定的，从其约定。新合伙人对入伙前合伙企业的债务承担无限连带责任。

退伙，是指在合伙企业存续期间，合伙人因特定情形发生而退出合伙企业，失去合伙人资格的法律事实或法律行为。

实践中，退伙包括自愿退伙、法定退伙和除名退伙三种情形。自愿退伙是指合伙人基于自己的主观意愿主动提出退伙而退出合伙企业，失去合伙人资格；法定退伙是指因法定情形的出现，合伙人资格当然消失，又被称为当然退伙；除名退伙，是指出现法定或约定事由时，其他合伙人作出决议将某一合伙人除名，其该名合伙人失去合伙人资格。

根据《合伙企业法》第四十五条、第四十六条规定，合伙协议约定合伙期限的，在合伙企业存续期间，有下列情形之一的，合伙人可以退伙：

（1）合伙协议约定的退伙事由出现；

（2）经全体合伙人一致同意；

（3）发生合伙人难以继续参加合伙的事由；

（4）其他合伙人严重违反合伙协议约定的义务。

合伙协议未约定合伙期限的，合伙人在不给合伙企业事务执行造成不利影响的情况下，可以退伙，但应当提前30日通知其他合伙人。

根据《合伙企业法》第四十八条的规定，合伙人有下列情形之一的，当然退伙：

（1）作为合伙人的自然人死亡或者被依法宣告死亡；

（2）个人丧失偿债能力；

（3）作为合伙人的法人或者其他组织依法被吊销营业执照、责令关闭、撤销，或者被宣告破产；

（4）法律规定或者合伙协议约定合伙人必须具有相关资格而丧失该资格；

（5）合伙人在合伙企业中的全部财产份额被人民法院强制执行。

合伙人被依法认定为无民事行为能力人或者限制民事行为能力人的，经其他合伙人一致同意，可以依法转为有限合伙人，普通合伙企业依法转为有限合伙企业。其他合伙人未能一致同意的，该无民事行为能力或限制民事行为能力的合伙人退伙。

发生上述事由导致合伙人退伙的，退伙事由实际发生之日为退伙生效日。

根据《合伙企业法》第四十九条的规定，合伙人有下列情形之一的，经其他合伙人一致同意，可以决议将其除名：

（1）未履行出资义务；

（2）因故意或者重大过失给合伙企业造成损失；

（3）执行合伙事务时有不正当行为；

（4）发生合伙协议约定的事由。

对合伙人的除名决议应当书面通知被除名人。被除名人接到除名通知之日，除名生效，被除名人退伙。

（六）特殊的普通合伙企业

以专业知识和专门技能为客户提供有偿服务的专业服务机构，可以设立为特殊的普通合伙企业。特殊的普通合伙企业名称中应当标明"特殊普通合伙"字样。

特殊普通合伙企业的特殊之处表现在责任承担的方式上：

1个合伙人或者数个合伙人在执业活动中因故意或者重大过失造成合伙企业债务的，应当承担无限责任或者无限连带责任，其他合伙人以其在合伙企业中的财产份额为限承担责任。

合伙人在执业活动中非因故意或者重大过失造成的合伙企业债务以及合伙企业的其他债务，由全体合伙人承担无限连带责任。

合伙人执业活动中因故意或者重大过失造成的合伙企业债务，以合伙企业财产对外承担责任后，该合伙人应当按照合伙协议的约定对合伙企业造成的损失承担赔偿责任。

特殊的普通合伙企业应当建立执业风险基金，办理职业保险。执业风险基金用于偿付合伙人执业活动造成的债务。执业风险基金应当单独立户管理。具体管理办法由国务院规定。

四、有限合伙企业

（一）有限合伙企业的合伙人

有限合伙企业由2个以上50个以下合伙人设立；但是，法律另有规定的除外。有限合伙企业至少应当有1个普通合伙人。

（二）有限合伙企业的名称

有限合伙企业名称中应当标明"有限合伙"字样。

(三) 有限合伙企业协议的内容

有限合伙协议除需满足普通合伙企业协议内容的要求外，还应当载明下列事项：

(1) 普通合伙人和有限合伙人的姓名或者名称、住所；
(2) 执行事务合伙人应具备的条件和选择程序；
(3) 执行事务合伙人权限与违约处理办法；
(4) 执行事务合伙人的除名条件和更换程序；
(5) 有限合伙人入伙、退伙的条件、程序以及相关责任；
(6) 有限合伙人和普通合伙人相互转变程序。

(四) 有限合伙企业的出资

有限合伙人可以用货币、实物、知识产权、土地使用权或者其他财产权利作价出资。有限合伙人不得以劳务出资。

有限合伙人应当按照合伙协议的约定按期足额缴纳出资；未按期足额缴纳的，应当承担补缴义务，并对其他合伙人承担违约责任。

有限合伙企业登记事项中应当载明有限合伙人的姓名或者名称及认缴的出资数额。

(五) 有限合伙企业事务的执行

1. 有限合伙企业事务的执行人

有限合伙企业由普通合伙人执行合伙事务。执行事务合伙人可以要求在合伙协议中确定执行事务的报酬及报酬提取方式。

有限合伙人不执行合伙事务，不得对外代表有限合伙企业。有限合伙人的下列行为，不视为执行合伙事务：

(1) 参与决定普通合伙人入伙、退伙；
(2) 对企业的经营管理提出建议；
(3) 参与选择承办有限合伙企业审计业务的会计师事务所；
(4) 获取经审计的有限合伙企业财务会计报告；
(5) 对涉及自身利益的情况，查阅有限合伙企业财务会计账簿等财务资料；
(6) 在有限合伙企业中的利益受到侵害时，向有责任的合伙人主张权利或者提起诉讼；
(7) 执行事务合伙人怠于行使权利时，督促其行使权利或者为了本企业的利益以自己的名义提起诉讼；

（8）依法为本企业提供担保。

2. 有限合伙企业的利润分配

有限合伙企业不得将全部利润分配给部分合伙人；但是，合伙协议另有约定的除外。

（六）有限合伙企业的特殊性

1. 自我交易及同业竞争

有限合伙人可以同本有限合伙企业进行交易；但是，合伙协议另有约定的除外。

有限合伙人可以自营或者同他人合作经营与本有限合伙企业相竞争的业务；但是，合伙协议另有约定的除外。

2. 财产份额的出质

有限合伙人可以将其在有限合伙企业中的财产份额出质；但是，合伙协议另有约定的除外。

3. 财产份额的外部转让

有限合伙人可以按照合伙协议的约定向合伙人以外的人转让其在有限合伙企业中的财产份额，但应当提前30日通知其他合伙人。

4. 有限合伙企业与第三人的关系

（1）表见普通合伙

第三人有理由相信有限合伙人为普通合伙人并与其交易的，该有限合伙人对该笔交易承担与普通合伙人同样的责任。

有限合伙人未经授权以有限合伙企业名义与他人进行交易，给有限合伙企业或者其他合伙人造成损失的，该有限合伙人应当承担赔偿责任。

（2）债务承担

有限合伙人的自有财产不足清偿其与合伙企业无关的债务的，该合伙人可以以其从有限合伙企业中分取的收益用于清偿；债权人也可以依法请求人民法院强制执行该合伙人在有限合伙企业中的财产份额用于清偿。

人民法院强制执行有限合伙人的财产份额时，应当通知全体合伙人。在同等条件下，其他合伙人有优先购买权。

5. 入伙、退伙

新入伙的有限合伙人对入伙前有限合伙企业的债务，以其认缴的出资额为限承担责任。

有限合伙人有下列情形之一的，当然退伙：

（1）作为有限合伙人的自然人死亡或者被依法宣告死亡；

（2）作为有限合伙人的法人或者其他组织依法被吊销营业执照、责令关闭、撤销，或者被宣告破产；

（3）法律规定或者合伙协议约定有限合伙人必须具有相关资格而丧失该资格；

（4）有限合伙人在合伙企业中的全部财产份额被人民法院强制执行。

作为有限合伙人的自然人在有限合伙企业存续期间丧失民事行为能力的，其他合伙人不得因此要求其退伙。

作为有限合伙人的自然人死亡、被依法宣告死亡或者作为有限合伙人的法人及其他组织终止时，其继承人或者权利承受人可以依法取得该有限合伙人在有限合伙企业中的资格。

有限合伙人退伙后，对基于其退伙前的原因发生的有限合伙企业债务，以其退伙时从有限合伙企业中取回的财产承担责任。

（七）有限合伙和普通合伙的转化

有限合伙企业仅剩有限合伙人的，应当解散；有限合伙企业仅剩普通合伙人的，转为普通合伙企业。

除合伙协议另有约定外，普通合伙人转变为有限合伙人，或者有限合伙人转变为普通合伙人，应当经全体合伙人一致同意。

有限合伙人转变为普通合伙人的，对其作为有限合伙人期间有限合伙企业发生的债务承担无限连带责任。普通合伙人转变为有限合伙人的，对其作为普通合伙人期间合伙企业发生的债务承担无限连带责任。

五、合伙企业解散、清算

（一）合伙企业的解散事由

合伙企业有下列情形之一的，应当解散：

（1）合伙期限届满，合伙人决定不再经营；

（2）合伙协议约定的解散事由出现；

（3）全体合伙人决定解散；

（4）合伙人已不具备法定人数满30天；

（5）合伙协议约定的合伙目的已经实现或者无法实现；
（6）依法被吊销营业执照、责令关闭或者被撤销；
（7）法律、行政法规规定的其他原因。

（二）合伙企业的清算规则

合伙企业解散，应当由清算人进行清算。

1. 清算人

清算人由全体合伙人担任；经全体合伙人过半数同意，可以自合伙企业解散事由出现后 15 日内指定 1 个或者数个合伙人，或者委托第三人，担任清算人。

自合伙企业解散事由出现之日起 15 日内未确定清算人的，合伙人或者其他利害关系人可以申请人民法院指定清算人。

2. 清算人的义务

清算人在清算期间执行下列事务：

（1）清理合伙企业财产，分别编制资产负债表和财产清单；
（2）处理与清算有关的合伙企业未了结事务；
（3）清缴所欠税款；
（4）清理债权、债务；
（5）处理合伙企业清偿债务后的剩余财产；
（6）代表合伙企业参加诉讼或者仲裁活动。

3. 债权保护

清算人自被确定之日起 10 日内将合伙企业解散事项通知债权人，并于 60 日内在报纸上公告。债权人应当自接到通知书之日起 30 日内，未接到通知书的自公告之日起 45 日内，向清算人申报债权。债权人申报债权，应当说明债权的有关事项，并提供证明材料。清算人应当对债权进行登记。

4. 清算期间，合伙企业存续，但不得开展与清算无关的经营活动

5. 清偿顺序

合伙企业财产在支付清算费用和职工工资、社会保险费用、法定补偿金以及缴纳所欠税款、清偿债务后的剩余财产，依照普通合伙企业利润分配、亏损分担规则进行分配。

6. 清算报告

清算结束，清算人应当编制清算报告，经全体合伙人签名、盖章后，在 15 日内向企业登记机关报送清算报告，申请办理合伙企业注销登记。

（三）合伙企业注销后的债务承担

合伙企业注销后，原普通合伙人对合伙企业存续期间的债务仍应承担无限连带责任。合伙企业不能清偿到期债务的，债权人可以依法向人民法院提出破产清算申请，也可以要求普通合伙人清偿。合伙企业依法被宣告破产的，普通合伙人对合伙企业债务仍应承担无限连带责任。

六、法律责任

（一）主要法律责任

1. 采取欺骗手段取得企业登记的法律责任

违反《合伙企业法》规定，提交虚假文件或者采取其他欺骗手段，取得合伙企业登记的，由企业登记机关责令改正，处以5 000元以上5万元以下的罚款；情节严重的，撤销企业登记，并处以5万元以上20万元以下的罚款。

2. 未标明合伙企业名称字样的法律责任

违反《合伙企业法》规定，合伙企业未在其名称中标明"普通合伙""特殊普通合伙"或者"有限合伙"字样的，由企业登记机关责令限期改正，处以2 000元以上1万元以下的罚款。

3. 未领取营业执照从业、未及时办理变更登记的法律责任

违反《合伙企业法》规定，未领取营业执照，而以合伙企业或者合伙企业分支机构名义从事合伙业务的，由企业登记机关责令停止，处以5 000元以上5万元以下的罚款。

合伙企业登记事项发生变更时，未依照本法规定办理变更登记的，由企业登记机关责令限期登记；逾期不登记的，处以2 000元以上2万元以下的罚款。

合伙企业登记事项发生变更，执行合伙事务的合伙人未按期申请办理变更登记的，应当赔偿由此给合伙企业、其他合伙人或者善意第三人造成的损失。

4. 职务侵占、非法侵占的法律责任

合伙人执行合伙事务，或者合伙企业从业人员利用职务上的便利，将应当归合伙企业的利益据为己有的，或者采取其他手段侵占合伙企业财产的，应当将该利益和财产退还合伙企业；给合伙企业或者其他合伙人造成损失的，依法承担赔偿责任。

5. 擅自处理须经全体合伙人一致同意方可执行事务的法律责任

合伙人对《合伙企业法》规定或者合伙协议约定必须经全体合伙人一致同意始得执行的事务擅自处理，给合伙企业或者其他合伙人造成损失的，依法承担赔偿责任。

6. 非执行事务合伙人擅自执行合伙事务的法律责任

不具有事务执行权的合伙人擅自执行合伙事务，给合伙企业或者其他合伙人造成损失的，依法承担赔偿责任。

7. 擅自从事竞争业务或与合伙企业交易的法律责任

合伙人违反《合伙企业法》规定或者合伙协议的约定，从事与本合伙企业相竞争的业务或者与本合伙企业进行交易的，该收益归合伙企业所有；给合伙企业或者其他合伙人造成损失的，依法承担赔偿责任。

8. 合伙人的违约责任

合伙人违反合伙协议的，应当依法承担违约责任。合伙人履行合伙协议发生争议的，合伙人可以通过协商或者调解解决。不愿通过协商、调解解决或者协商、调解不成的，可以按照合伙协议约定的仲裁条款或者事后达成的书面仲裁协议，向仲裁机构申请仲裁。合伙协议中未订立仲裁条款，事后又没有达成书面仲裁协议的，可以向人民法院起诉。

9. 清算人违法违规的法律责任

清算人未依照《合伙企业法》规定向企业登记机关报送清算报告，或者报送清算报告隐瞒重要事实，或者有重大遗漏的，由企业登记机关责令改正。由此产生的费用和损失，由清算人承担和赔偿。

清算人执行清算事务，牟取非法收入或者侵占合伙企业财产的，应当将该收入和侵占的财产退还合伙企业；给合伙企业或者其他合伙人造成损失的，依法承担赔偿责任。

清算人违反《合伙企业法》规定，隐匿、转移合伙企业财产，对资产负债表或者财产清单作虚假记载，或者在未清偿债务前分配财产，损害债权人利益的，依法承担赔偿责任。

10. 行政机关工作人员违法违规的法律责任

有关行政管理机关的工作人员违反《合伙企业法》规定，滥用职权、徇私舞弊、收受贿赂、侵害合伙企业合法权益的，依法给予行政处分。

11. 其他

违反《合伙企业法》规定，构成犯罪的，依法追究刑事责任。

违反《合伙企业法》规定，应当承担民事赔偿责任和缴纳罚款、罚金，其财产不足以同时支付的，先承担民事赔偿责任。

（二）典型案例

A 有限合伙企业成立于 20×4 年 3 月，顾某为普通合伙人，丁某为有限合伙人。20×5 年 3 月，潘某与 A 企业签订《借款协议》约定，A 企业从潘某处借款 600 万元。20×6 年 5 月，A 企业的合伙人变更为 B 公司（普通合伙人）和 C 公司（有限合伙人），同时，顾某和丁某退伙。后因 A 企业迟迟不归还该 600 万元借款及利息，潘某提起诉讼。

根据《合伙企业法》第二条的规定，普通合伙人对合伙企业债务承担无限连带责任，有限合伙人以其认缴的出资额为限对合伙企业债务承担责任。同时，根据《合伙企业法》第四十四条的规定，顾某作为 A 企业的原普通合伙人，B 公司作为 A 企业的新普通合伙人，应当对退伙及入伙前合伙企业的债务承担无限连带责任；根据《合伙企业法》第八十八条，丁某作为 A 企业的原有限合伙人，应以其退伙时从 A 企业取回的财产承担责任；根据《合伙企业法》第七十七条，C 公司为 A 企业的新有限合伙人，对入伙前 A 企业的债务，以其认缴的出资额为限承担责任。

第四节　证券法

本节重点介绍了《证券法》的立法宗旨与立法沿革；《证券法》的适用范围；证券发行和交易的"三公"原则；发行交易当事人的行为准则；证券发行、交易活动禁止行为的规定；公开发行证券的有关规定；证券承销业务的种类、承销协议的主要内容；承销团及主承销人；证券的销售期限；代销制度；证券交易的条件及方式等一般规定；股票上市的条件、申请和公告；债券上市的条件和申请；证券交易暂停和终止的情形；信息公开制度及信息公开不实的法律后果；内幕交易行为；操纵证券市场行为；虚假陈述、信息误导行为和欺诈客户行为；上市公司收购的概念和方式；上市公司收购的程序和规则；证券交易所的组织架构、交易规则和风险基金；证券登记结算结构的设立条件、职能、业务规则和证券结算风险基金；以及违反证券发行规定，违反证券交易规定，违反上市公司收购，违反证券机构管理、人员管理相关规定的法律责任及证券机构的法律责任。

一、法规概述

(一)《证券法》的立法宗旨

为规范证券发行和交易行为,保护投资者的合法权益,维护社会经济秩序和社会公共利益,促进社会主义市场经济的发展,《证券法》于1998年12月29日第九届全国人民代表大会常务委员会第六次会议通过,1999年7月1日起正式实施。

(二)《证券法》的立法沿革

自实施以来,《证券法》共经历了三次修正和一次修订,分别为:2004年8月28日第十届全国人民代表大会常务委员会第十一次会议《关于修改〈中华人民共和国证券法〉的决定》第一次修正、2005年10月27日第十届全国人民代表大会常务委员会第十八次会议修订、2013年6月29日第十二届全国人民代表大会常务委员会第三次会议《关于修改〈中华人民共和国文物保护法〉等十二部法律的决定》第二次修正,以及2014年8月31日第十二届全国人民代表大会常务委员会第十次会议《关于修改〈中华人民共和国保险法〉等五部法律的决定》第三次修正。现行适用的《证券法》为根据2014年8月31日第十二届全国人民代表大会常务委员会第十次会议《关于修改〈中华人民共和国保险法〉等五部法律的决定》第三次修正后的《证券法》。

现行《证券法》全文共十二章、二百四十条,涉及证券发行、证券交易、上市公司的收购、证券交易所、证券公司、证券登记结算机构、证券服务机构、证券业协会、证券监督管理机构和法律责任等内容。

(三)证券法法律体系的组成

我国的证券法法律体系以《证券法》为核心,由相关法律、行政法规、部门规章及规范性文件和自律性规则共同组成,为证券发行和交易行为的正常运行提供了法律法规保障,也为监管部门履行监管职责提供了制度依据。我国的证券法法律体系主要由下列法律法规及规则组成:

1. 法律

包括《证券法》和《公司法》等。

2. 行政法规

包括《证券交易所风险基金管理暂行办法》《证券公司风险处置条例》《证券公司监督管理条例》和《证券、期货投资咨询管理暂行办法》等。

3. 部门规章及规范性文件

包括《证券发行与承销管理办法》《首次公开发行股票并上市管理办法》《首次公开发行股票并在创业板上市管理办法》《中国证券监督管理委员会行政许可实施程序规定》《证券发行上市保荐业务管理办法》《证券登记结算管理办法》《证券交易所管理办法》《中国证券监督管理委员会发行审核委员会办法》《证券公司和证券投资基金管理公司合规管理办法》《上市公司重大资产重组管理办法》《证券公司风险控制指标管理办法》《证券投资者保护基金管理办法》《上市公司收购管理办法》和《上市公司信息披露管理办法》等。

4. 证券交易所、中国证券业协会等制定的自律性规则

包括《上海证券所交易规则》《深圳证券交易所交易规则》《上海证券交易所会员管理规则》《深圳证券交易所会员管理规则》《上海证券交易所股票上市规则》《深圳证券交易所股票上市规则》《首次公开发行股票配售细则》和《首次公开发行股票承销业务规范》等。

二、总则

（一）适用范围

《证券法》的适用范围包括以下三类：

一是在中华人民共和国境内，股票、公司债券和国务院依法认定的其他证券的发行和交易；

二是政府债券、证券投资基金份额的上市交易；

三是证券衍生品种发行、交易的管理办法，由国务院依照《证券法》的原则规定。

（二）证券发行和交易的"三公"原则

证券的发行、交易活动，必须实行公开、公平、公正的"三公"原则。

（三）发行交易当事人的行为准则

证券发行、交易活动的当事人具有平等的法律地位，应当遵守自愿、有偿、诚实信用的原则。

（四）证券发行、交易活动的禁止行为

证券的发行、交易活动，必须遵守法律、行政法规；禁止欺诈、内幕交易和操纵证券市场的行为。

三、证券发行

（一）发行证券

证券发行包括公开发行和非公开发行。公开发行证券，必须符合法律、行政法规规定的条件，并依法报经国务院证券监督管理机构或者国务院授权的部门核准；未经依法核准，任何单位和个人不得公开发行证券。非公开发行证券的，不得采用广告、公开劝诱和变相公开方式。

1. 公开发行的定义

有下列情形之一的，为公开发行：

（1）向不特定对象发行证券的；

（2）向特定对象发行证券累计超过200人的；

（3）法律、行政法规规定的其他发行行为。

2. 公开发行新股的条件、程序和规则

公司公开发行新股，应当符合下列条件：

（1）具备健全且运行良好的组织机构；

（2）具有持续盈利能力，财务状况良好；

（3）最近3年财务会计文件无虚假记载，无其他重大违法行为；

（4）经国务院批准的国务院证券监督管理机构规定的其他条件。

公司对公开发行股票所募集资金，必须按照招股说明书所列资金用途使用。改变招股说明书所列资金用途，必须经股东大会作出决议。擅自改变用途而未作纠正的，或者未经股东大会认可的，不得公开发行新股。

设立股份有限公司公开发行股票，应当符合《公司法》规定的条件和经国务院批准的国务院证券监督管理机构规定的其他条件，向国务院证券监督管理机构报送募股申请和下列文件：

（1）公司章程；

（2）发起人协议；

（3）发起人姓名或者名称，发起人认购的股份数、出资种类及验资证明；

（4）招股说明书；
（5）代收股款银行的名称及地址；
（6）承销机构名称及有关的协议。

依照规定应当聘请保荐人的，还应当报送保荐人出具的发行保荐书。法律、行政法规规定设立公司必须报经批准的，还应当提交相应的批准文件。

公司公开发行新股，应当向国务院证券监督管理机构报送募股申请和下列文件：

（1）公司营业执照；
（2）公司章程；
（3）股东大会决议；
（4）招股说明书；
（5）财务会计报告；
（6）代收股款银行的名称及地址；
（7）承销机构名称及有关的协议。

依照规定应当聘请保荐人的，还应当报送保荐人出具的发行保荐书。

发行人申请首次公开发行股票的，在提交申请文件后，应当按照国务院证券监督管理机构的规定预先披露有关申请文件。

国务院证券监督管理机构设发行审核委员会，依法审核股票发行申请。发行审核委员会由国务院证券监督管理机构的专业人员和所聘请的该机构外的有关专家组成，以投票方式对股票发行申请进行表决，提出审核意见。

国务院证券监督管理机构或者国务院授权的部门应当自受理证券发行申请文件之日起3个月内，依照法定条件和法定程序作出予以核准或者不予核准的决定，发行人根据要求补充、修改发行申请文件的时间不计算在内；不予核准的，应当说明理由。

证券发行申请经核准，发行人应当依照法律、行政法规的规定，在证券公开发行前，公告公开发行募集文件，并将该文件置备于指定场所供公众查阅。

发行证券的信息依法公开前，任何知情人不得公开或者泄露该信息。发行人不得在公告公开发行募集文件前发行证券。

3. 公开发行债券的条件、程序和规则

公开发行公司债券，应当符合下列条件：

（1）股份有限公司的净资产不低于人民币3 000万元，有限责任公司的净资产不低于人民币6 000万元；
（2）累计债券余额不超过公司净资产的40%；

（3）最近3年平均可分配利润足以支付公司债券一年的利息；
（4）筹集的资金投向符合国家产业政策；
（5）债券的利率不超过国务院限定的利率水平；
（6）国务院规定的其他条件。

上市公司发行可转换为股票的公司债券，除应当符合上述公开发行公司债券规定的条件外，还应当符合公开发行股票的条件，并报国务院证券监督管理机构核准。

公开发行公司债券筹集的资金，必须用于核准的用途，不得用于弥补亏损和非生产性支出。

有下列情形之一的，不得再次公开发行公司债券：
（1）前一次公开发行的公司债券尚未募足；
（2）对已公开发行的公司债券或者其他债务有违约或者延迟支付本息的事实，仍处于继续状态；
（3）违反《证券法》规定，改变公开发行公司债券所募资金的用途。

申请公开发行公司债券，应当向国务院授权的部门或者国务院证券监督管理机构报送下列文件：
（1）公司营业执照；
（2）公司章程；
（3）公司债券募集办法；
（4）资产评估报告和验资报告；
（5）国务院授权的部门或者国务院证券监督管理机构规定的其他文件。

依照规定应当聘请保荐人的，还应当报送保荐人出具的发行保荐书。

（二）证券承销业务的种类、承销协议的主要内容

1. 证券承销业务的种类

证券承销业务采取代销或者包销方式。

证券代销是指证券公司代发行人发售证券，在承销期结束时，将未售出的证券全部退还给发行人的承销方式。

证券包销是指证券公司将发行人的证券按照协议全部购入，或者在承销期结束时将售后剩余证券全部自行购入的承销方式。

2. 承销协议的主要内容

发行人向不特定对象发行的证券，法律、行政法规规定应当由证券公司承销的，发行人应当同证券公司签订承销协议。证券公司承销证券，应当同发行人签订代销或者包销协议，载明下列事项：

（1）当事人的名称、住所及法定代表人姓名；
（2）代销、包销证券的种类、数量、金额及发行价格；
（3）代销、包销的期限及起止日期；
（4）代销、包销的付款方式及日期；
（5）代销、包销的费用和结算办法；
（6）违约责任；
（7）国务院证券监督管理机构规定的其他事项。

（三）承销团和主承销人

向不特定对象发行的证券票面总值超过人民币 5 000 万元的，应当由承销团承销。承销团应当由主承销和参与承销的证券公司组成。

（四）证券的销售期限

证券的代销、包销期限最长不得超过 90 日。

证券公司在代销、包销期内，对所代销、包销的证券应当保证先行出售给认购人，证券公司不得为本公司预留所代销的证券和预先购入并留存所包销的证券。

公开发行股票，代销、包销期限届满，发行人应当在规定的期限内将股票发行情况报国务院证券监督管理机构备案。

（五）代销制度

股票发行采用代销方式，代销期限届满，向投资者出售的股票数量未达到拟公开发行股票数量 70% 的，为发行失败。发行人应当按照发行价并加算银行同期存款利息返还股票认购人。

四、证券交易

（一）证券交易的条件及方式

1. 证券交易的条件

证券交易当事人依法买卖的证券，必须是依法发行并交付的证券。非依法发行的证券，不得买卖。

依法发行的股票、公司债券及其他证券，法律对其转让期限有限制性规定的，在限定的期限内不得买卖。

2. 证券交易的方式

依法公开发行的股票、公司债券及其他证券，应当在依法设立的证券交易所上市交易或者在国务院批准的其他证券交易场所转让。

证券在证券交易所上市交易，应当采用公开的集中交易方式或者国务院证券监督管理机构批准的其他方式。

（二）股票上市的条件、申请和公告

1. 股票上市的条件

申请证券上市交易，应当向证券交易所提出申请，由证券交易所依法审核同意，并由双方签订上市协议。申请股票、可转换为股票的公司债券或者法律、行政法规规定实行保荐制度的其他证券上市交易，应当聘请具有保荐资格的机构担任保荐人。

股份有限公司申请股票上市，应当符合下列条件：

（1）股票经国务院证券监督管理机构核准已公开发行。

（2）公司股本总额不少于人民币3 000万元。

（3）公开发行的股份达到公司股份总数的25%以上；公司股本总额超过人民币4亿元的，公开发行股份的比例为10%以上。

（4）公司最近3年无重大违法行为，财务会计报告无虚假记载。

证券交易所可以规定高于前述规定的上市条件，并报国务院证券监督管理机构批准。

2. 股票上市的申请

申请股票上市交易，应当向证券交易所报送下列文件：

（1）上市报告书；

（2）申请股票上市的股东大会决议；

（3）公司章程；

（4）公司营业执照；

（5）依法经会计师事务所审计的公司最近3年的财务会计报告；

（6）法律意见书和上市保荐书；

（7）最近一次的招股说明书；

（8）证券交易所上市规则规定的其他文件。

3. 股票上市的公告

股票上市交易申请经证券交易所审核同意后，签订上市协议的公司应当在规定的期限内公告股票上市的有关文件，并将该文件置备于指定场所供公众查阅。

除上述上市的有关文件之外，公司还应当公告下列事项：

（1）股票获准在证券交易所交易的日期；

（2）持有公司股份最多的前10名股东的名单和持股数额；

（3）公司的实际控制人；

（4）董事、监事、高级管理人员的姓名及其持有本公司股票和债券的情况。

（三）债券上市的条件和申请

1. 债券上市的条件

公司申请公司债券上市交易，应当符合下列条件：

（1）公司债券的期限为1年以上；

（2）公司债券实际发行额不少于人民币5 000万元；

（3）公司申请债券上市时仍符合法定的公司债券发行条件。

2. 债券上市的申请

申请公司债券上市交易，应当向证券交易所报送下列文件：

（1）上市报告书；

（2）申请公司债券上市的董事会决议；

（3）公司章程；

（4）公司营业执照；

（5）公司债券募集办法；

（6）公司债券的实际发行数额；

（7）证券交易所上市规则规定的其他文件。

申请可转换为股票的公司债券上市交易，还应当报送保荐人出具的上市保荐书。

（四）证券交易暂停和终止的情形

证券交易暂停，是指上市公司出现法定情形，由证券交易所决定暂停其证券上市交易。

证券交易终止，是指上市公司出现更为严重的法定情形，由证券交易所决定终止其证券上市交易。

1. 股票交易暂停和终止的情形

（1）上市公司有下列情形之一的，由证券交易所决定暂停其股票上市交易：

①公司股本总额、股权分布等发生变化不再具备上市条件；

②公司不按照规定公开其财务状况，或者对财务会计报告作虚假记载，可能误导投资者；

③公司有重大违法行为；

④公司最近3年连续亏损；

⑤证券交易所上市规则规定的其他情形。

（2）上市公司有下列情形之一的，由证券交易所决定终止其股票上市交易：

①公司股本总额、股权分布等发生变化不再具备上市条件，在证券交易所规定的期限内仍不能达到上市条件；

②公司不按照规定公开其财务状况，或者对财务会计报告作虚假记载，且拒绝纠正；

③公司最近3年连续亏损，在其后1个年度内未能恢复盈利；

④公司解散或者被宣告破产；

⑤证券交易所上市规则规定的其他情形。

2. 债券交易暂停和终止的情形

（1）公司债券上市交易后，公司有下列情形之一的，由证券交易所决定暂停其公司债券上市交易：

①公司有重大违法行为；

②公司情况发生重大变化不符合公司债券上市条件；

③发行公司债券所募集的资金不按照核准的用途使用；

④未按照公司债券募集办法履行义务；

⑤公司最近2年连续亏损。

（2）有下列情形之一的，由证券交易所决定终止其公司债券上市交易：

①公司有重大违法行为且后果严重的；

②公司情况发生重大变化不符合公司债券上市条件，且在限期内未能消除的；

③发行公司债券所募集的资金不按照核准的用途使用，且在限期内未能消除的；

④未按照公司债券募集办法履行义务且后果严重的；

⑤公司最近2年连续亏损，且在限期内未能消除的；

⑥公司解散或者被宣告破产的。

（五）持续信息公开制度及信息公开不实的法律后果

上市公司的持续信息公开制度包括首次报告、中期报告、年度报告。如果遇有重大事件，还需要提交临时报告。发行人、上市公司依法披露的信息，必须真实、准确、完整，不得有虚假记载、误导性陈述或者重大遗漏。

1. 首次报告

经核准依法公开发行股票或公开发行公司债券时，应当公告招股说明书、公司债券募集办法。依法公开发行新股或者公司债券的，还应当公告财务会计报告。

2. 中期报告

上市公司和公司债券上市交易的公司，应当在每一会计年度的上半年结束之日起2个月内，向国务院证券监督管理机构和证券交易所报送记载以下内容的中期报告，并予公告：

（1）公司财务会计报告和经营情况；

（2）涉及公司的重大诉讼事项；

（3）已发行的股票、公司债券变动情况；

（4）提交股东大会审议的重要事项；

（5）国务院证券监督管理机构规定的其他事项。

3. 年度报告

上市公司和公司债券上市交易的公司，应当在每一会计年度结束之日起4个月内，向国务院证券监督管理机构和证券交易所报送记载以下内容的年度报告，并予公告：

（1）公司概况；

（2）公司财务会计报告和经营情况；

（3）董事、监事、高级管理人员简介及其持股情况；

（4）已发行的股票、公司债券情况，包括持有公司股份最多的前十名股东的名单和持股数额；

（5）公司的实际控制人；

（6）国务院证券监督管理机构规定的其他事项。

4. 临时报告

发生可能对上市公司股票交易价格产生较大影响的重大事件，投资者尚未得知时，上市公司应当立即将有关该重大事件的情况向国务院证券监督管理机构和证券交易所报送临时报告，并予公告，说明事件的起因、目前的状态和可能产生的法律后果。

重大事件包括：

（1）公司的经营方针和经营范围的重大变化；

（2）公司的重大投资行为和重大的购置财产的决定；

（3）公司订立重要合同，可能对公司的资产、负债、权益和经营成果产生重要影响；

（4）公司发生重大债务和未能清偿到期重大债务的违约情况；

（5）公司发生重大亏损或者重大损失；

（6）公司生产经营的外部条件发生的重大变化；

（7）公司的董事、1/3以上监事或者经理发生变动；

（8）持有公司5%以上股份的股东或者实际控制人，其持有股份或者控制公司的情况发生较大变化；

（9）公司减资、合并、分立、解散及申请破产的决定；

（10）涉及公司的重大诉讼，股东大会、董事会决议被依法撤销或者宣告无效；

（11）公司涉嫌犯罪被司法机关立案调查，公司董事、监事、高级管理人员涉嫌犯罪被司法机关采取强制措施；

（12）国务院证券监督管理机构规定的其他事项。

上市公司董事、高级管理人员应当对公司定期报告签署书面确认意见。上市公司监事会应当对董事会编制的公司定期报告进行审核并提出书面审核意见。上市公司董事、监事、高级管理人员应当保证上市公司所披露的信息真实、准确、完整。

5. 信息公开不实的法律责任

发行人、上市公司公告的招股说明书、公司债券募集办法、财务会计报告、上市报告文件、年度报告、中期报告、临时报告以及其他信息披露资料，有虚假记载、误导性陈述或者重大遗漏，致使投资者在证券交易中遭受损失的，发行人、上市公司应当承担赔偿责任；发行人、上市公司的董事、监事、高级管理人员和其他直接责任人员以及保荐人、承销的证券公司，应当与发行人、上市公司承担连带赔偿责任，但是能够证明自己没有过错的除外；发行人、上市公司的控股股东、实际控制人有过错的，应当与发行人、上市公司承担连带赔偿责任。

（六）禁止内幕交易

1. 内幕信息的知情人

证券交易内幕信息的知情人包括：

（1）发行人的董事、监事、高级管理人员；

（2）持有公司5%以上股份的股东及其董事、监事、高级管理人员，公司的实际控制人及其董事、监事、高级管理人员；

(3) 发行人控股的公司及其董事、监事、高级管理人员；

(4) 由于所任公司职务可以获取公司有关内幕信息的人员；

(5) 证券监督管理机构工作人员以及由于法定职责对证券的发行、交易进行管理的其他人员；

(6) 保荐人、承销的证券公司、证券交易所、证券登记结算机构、证券服务机构的有关人员；

(7) 国务院证券监督管理机构规定的其他人。

2. 内幕信息

证券交易活动中，涉及公司的经营、财务或者对该公司证券的市场价格有重大影响的尚未公开的信息，为内幕信息。

下列信息皆属内幕信息：

(1)《证券法》第六十七条第二款所列重大事件；

(2) 公司分配股利或者增资的计划；

(3) 公司股权结构的重大变化；

(4) 公司债务担保的重大变更；

(5) 公司营业用主要资产的抵押、出售或者报废1次超过该资产的30%；

(6) 公司的董事、监事、高级管理人员的行为可能依法承担重大损害赔偿责任；

(7) 上市公司收购的有关方案；

(8) 国务院证券监督管理机构认定的对证券交易价格有显著影响的其他重要信息。

3. 内幕交易的禁止性规定

禁止证券交易内幕信息的知情人和非法获取内幕信息的人利用内幕信息从事证券交易活动。证券交易内幕信息的知情人和非法获取内幕信息的人，在内幕信息公开前，不得买卖该公司的证券，或者泄露该信息，或者建议他人买卖该证券。内幕交易行为给投资者造成损失的，行为人应当依法承担赔偿责任。

(七) 禁止操纵证券市场行为

禁止任何人以下列手段操纵证券市场：

1. 单独或者通过合谋，集中资金优势、持股优势或者利用信息优势联合或者连续买卖，操纵证券交易价格或者证券交易量；

2. 与他人串通，以事先约定的时间、价格和方式相互进行证券交易，影响证券交易价格或者证券交易量；

3. 在自己实际控制的账户之间进行证券交易，影响证券交易价格或者证券交易量；

4. 以其他手段操纵证券市场。

操纵证券市场行为给投资者造成损失的，行为人应当依法承担赔偿责任。

（八）禁止虚假陈述、信息误导行为

禁止国家工作人员、传播媒介从业人员和有关人员编造、传播虚假信息，扰乱证券市场。

禁止证券交易所、证券公司、证券登记结算机构、证券服务机构及其从业人员，证券业协会、证券监督管理机构及其工作人员，在证券交易活动中作出虚假陈述或者信息误导。

各种传播媒介传播证券市场信息必须真实、客观，禁止误导。

（九）禁止欺诈客户行为

禁止证券公司及其从业人员从事下列损害客户利益的欺诈行为：

1. 违背客户的委托为其买卖证券；
2. 不在规定时间内向客户提供交易的书面确认文件；
3. 挪用客户所委托买卖的证券或者客户账户上的资金；
4. 未经客户的委托，擅自为客户买卖证券，或者假借客户的名义买卖证券；
5. 为牟取佣金收入，诱使客户进行不必要的证券买卖；
6. 利用传播媒介或者通过其他方式提供、传播虚假或者误导投资者的信息；
7. 其他违背客户真实意思表示，损害客户利益的行为。

欺诈客户行为给客户造成损失的，行为人应当依法承担赔偿责任。

五、上市公司收购

（一）上市公司收购的方式

投资者可以采取要约收购、协议收购及其他合法方式收购上市公司。

1. 要约收购

通过证券交易所的证券交易，投资者持有或者通过协议、其他安排与他人共同持有一个上市公司已发行的股份达到30%时，继续进行收购的，触发要约

收购。

收购上市公司部分股份的收购要约应当约定，被收购公司股东承诺出售的股份数额超过预定收购的股份数额的，收购人按比例进行收购。

收购要约约定的收购期限不得少于 30 日，并不得超过 60 日。在收购要约确定的承诺期限内，收购人不得撤销其收购要约。收购人需要变更收购要约的，必须及时公告，载明具体变更事项。

收购要约提出的各项收购条件，适用于被收购公司的所有股东。

采取要约收购方式的，收购人在收购期限内，不得卖出被收购公司的股票，也不得采取要约规定以外的形式和超出要约的条件买入被收购公司的股票。

2. 协议收购

采取协议收购方式的，收购人可以依照法律、行政法规的规定同被收购公司的股东以协议方式进行股份转让。

以协议方式收购上市公司时，达成协议后，收购人必须在 3 日内将该收购协议向国务院证券监督管理机构及证券交易所作出书面报告，并予公告。在公告前不得履行收购协议。

采取协议收购方式的，协议双方可以临时委托证券登记结算机构保管协议转让的股票，并将资金存放于指定的银行。

采取协议收购方式的，收购人收购或者通过协议、其他安排与他人共同收购一个上市公司已发行的股份达到 30% 时，继续进行收购的，应当向该上市公司所有股东发出收购上市公司全部或者部分股份的要约。但是，经国务院证券监督管理机构免除发出要约的除外。

（二）上市公司收购的程序和规则

1. 持股比例达到 5% 时的程序和规则

通过证券交易所的证券交易，投资者持有或者通过协议、其他安排与他人共同持有一个上市公司已发行的股份达到 5% 时，应当在该事实发生之日起 3 日内，向国务院证券监督管理机构、证券交易所作出书面报告，通知该上市公司，并予公告；在上述期限内，不得再行买卖该上市公司的股票。

2. 持股比例每增减 5% 时的程序和规则

投资者持有或者通过协议、其他安排与他人共同持有一个上市公司已发行的股份达到 5% 后，其所持该上市公司已发行的股份比例每增加或者减少 5%，应当依照前款规定进行报告和公告。在报告期限内和作出报告、公告后 2 日内，不得再行买卖该上市公司的股票。

3. 持股比例达到30%时的程序和规则

通过证券交易所的证券交易，投资者持有或者通过协议、其他安排与他人共同持有一个上市公司已发行的股份达到30%时，继续进行收购的，应当依法向该上市公司所有股东发出收购上市公司全部或者部分股份的要约。

（三）收购行为完成后的事项

收购期限届满，被收购公司股权分布不符合上市条件的，该上市公司的股票应当由证券交易所依法终止上市交易；其余仍持有被收购公司股票的股东，有权向收购人以收购要约的同等条件出售其股票，收购人应当收购。

收购行为完成后，被收购公司不再具备股份有限公司条件的，应当依法变更企业形式。

在上市公司收购中，收购人持有的被收购的上市公司的股票，在收购行为完成后的12个月内不得转让。

收购行为完成后，收购人与被收购公司合并，并将该公司解散的，被解散公司的原有股票由收购人依法更换。

收购行为完成后，收购人应当在15日内将收购情况报告国务院证券监督管理机构和证券交易所，并予公告。

六、证券交易所

证券交易所是为证券集中交易提供场所和设施，组织和监督证券交易，实行自律管理的法人。证券交易所的设立和解散，由国务院决定。

（一）一般规定

设立证券交易所必须制定章程。证券交易所章程的制定和修改，必须经国务院证券监督管理机构批准。

证券交易所必须在其名称中标明证券交易所字样。其他任何单位或者个人不得使用证券交易所或者近似的名称。

证券交易所可以自行支配的各项费用收入，应当首先用于保证其证券交易场所和设施的正常运行并逐步改善。

实行会员制的证券交易所的财产积累归会员所有，其权益由会员共同享有，在其存续期间，不得将其财产积累分配给会员。

(二) 证券交易所的组织架构

证券交易所设理事会，并设总经理 1 人，总经理由国务院证券监督管理机构任免。

有《公司法》第一百四十六条规定的情形或者下列情形之一的，不得担任证券交易所的负责人：

一是因违法行为或者违纪行为被解除职务的证券交易所、证券登记结算机构的负责人或者证券公司的董事、监事、高级管理人员，自被解除职务之日起未逾 5 年；

二是因违法行为或者违纪行为被撤销资格的律师、注册会计师或者投资咨询机构、财务顾问机构、资信评级机构、资产评估机构、验证机构的专业人员，自被撤销资格之日起未逾 5 年。

因违法行为或者违纪行为被开除的证券交易所、证券登记结算机构、证券服务机构、证券公司的从业人员和被开除的国家机关工作人员，不得招聘为证券交易所的从业人员。

(三) 证券交易所的交易规则

进入证券交易所参与集中交易的，必须是证券交易所的会员。

投资者应当与证券公司签订证券交易委托协议，并在证券公司开立证券交易账户，以书面、电话以及其他方式，委托该证券公司代其买卖证券。

证券公司根据投资者的委托，按照证券交易规则提出交易申报，参与证券交易所场内的集中交易，并根据成交结果承担相应的清算交收责任；证券登记结算机构根据成交结果，按照清算交收规则，与证券公司进行证券和资金的清算交收，并为证券公司客户办理证券的登记过户手续。

证券交易所应当为组织公平的集中交易提供保障，公布证券交易即时行情，并按交易日制作证券市场行情表，予以公布。未经证券交易所许可，任何单位和个人不得发布证券交易即时行情。

因突发性事件而影响证券交易的正常进行时，证券交易所可以采取技术性停牌的措施；因不可抗力的突发性事件或者为维护证券交易的正常秩序，证券交易所可以决定临时停市。证券交易所采取技术性停牌或者决定临时停市，必须及时报告国务院证券监督管理机构。

(四) 风险基金

证券交易所应当从其收取的交易费用和会员费、席位费中提取一定比例的金额设立风险基金。风险基金由证券交易所理事会管理。

证券交易所应当将收存的风险基金存入开户银行专门账户，不得擅自使用。

七、证券登记结算机构

证券登记结算机构是为证券交易提供集中登记、存管与结算服务，不以营利为目的的法人。设立证券登记结算机构必须经国务院证券监督管理机构批准。

（一）设立证券登记结算机构的条件

设立证券登记结算机构，应当具备下列条件：
1. 自有资金不少于人民币2亿元；
2. 具有证券登记、存管和结算服务所必需的场所和设施；
3. 主要管理人员和从业人员必须具有证券从业资格；
4. 国务院证券监督管理机构规定的其他条件。

证券登记结算机构的名称中应当标明"证券登记结算"字样。

（二）证券登记结算机构的职能

证券登记结算机构应履行下列职能：
1. 证券账户、结算账户的设立；
2. 证券的存管和过户；
3. 证券持有人名册登记；
4. 证券交易所上市证券交易的清算和交收；
5. 受发行人的委托派发证券权益；
6. 办理与上述业务有关的查询；
7. 国务院证券监督管理机构批准的其他业务。

（三）证券登记结算机构的业务规则

证券登记结算采取全国集中统一的运营方式。证券登记结算机构章程、业务规则应当依法制定，并经国务院证券监督管理机构批准。

证券持有人持有的证券，在上市交易时，应当全部存管在证券登记结算机构。证券登记结算机构不得挪用客户的证券。证券登记结算机构应当根据证券登记结算的结果，确认证券持有人持有证券的事实，提供证券持有人登记资料。证券登记结算机构应当保证证券持有人名册和登记过户记录真实、准确、完整，不得隐匿、伪造、篡改或者毁损。证券登记结算机构应当妥善保存登记、存管和结算的原始凭证及有关文件和资料。其保存期限不得少于20年。

投资者委托证券公司进行证券交易，应当申请开立证券账户。证券登记结算机构应当按照规定以投资者本人的名义为投资者开立证券账户。

证券登记结算机构为证券交易提供净额结算服务时，应当要求结算参与人按照货银对付的原则，足额交付证券和资金，并提供交收担保。在交收完成之前，任何人不得动用用于交收的证券、资金和担保物。结算参与人未按时履行交收义务的，证券登记结算机构有权按照业务规则处理前款所述财产。

证券登记结算机构按照业务规则收取的各类结算资金和证券，必须存放于专门的清算交收账户，只能按业务规则用于已成交的证券交易的清算交收，不得被强制执行。

（四）证券结算风险基金

证券登记结算机构应当设立证券结算风险基金，用于垫付或者弥补因违约交收、技术故障、操作失误、不可抗力造成的证券登记结算机构的损失。

证券结算风险基金从证券登记结算机构的业务收入和收益中提取，并可以由结算参与人按照证券交易业务量的一定比例缴纳。

证券结算风险基金应当存入指定银行的专门账户，实行专项管理。证券登记结算机构以证券结算风险基金赔偿后，应当向有关责任人追偿。

八、法律责任

（一）违反证券发行规定的法律责任

1. 发行人违反规定的法律责任

根据《证券法》第一百八十八条规定，未经法定机关核准，擅自公开或者变相公开发行证券的，责令停止发行，退还所募资金并加算银行同期存款利息，处以非法所募资金金额1%以上5%以下的罚款；对擅自公开或者变相公开发行证券设立的公司，由依法履行监督管理职责的机构或者部门会同县级以上地方人民政府予以取缔。对直接负责的主管人员和其他直接责任人员给予警告，并处以3万元以上30万元以下的罚款。

根据《证券法》第一百八十九条规定，发行人不符合发行条件，以欺骗手段骗取发行核准，尚未发行证券的，处以30万元以上60万元以下的罚款；已经发行证券的,处以非法所募资金金额 1% 以上 5% 以下的罚款。对直接负责的主管人员和其他直接责任人员处以 3 万元以上 30 万元以下的罚款。发行人的控股股东、实际控制人指使从事前款违法行为的,依照前述规定处罚。

2. 证券公司违反规定的法律责任

根据《证券法》第一百九十条规定,证券公司承销或者代理买卖未经核准擅自公开发行的证券的,责令停止承销或者代理买卖,没收违法所得,并处以违法所得 1 倍以上 5 倍以下的罚款;没有违法所得或者违法所得不足 30 万元的,处以 30 万元以上 60 万元以下的罚款。给投资者造成损失的,应当与发行人承担连带赔偿责任。对直接负责的主管人员和其他直接责任人员给予警告,撤销任职资格或者证券从业资格,并处以 3 万元以上 30 万元以下的罚款。

根据《证券法》第一百九十一条规定,证券公司承销证券,有下列行为之一的,责令改正,给予警告,没收违法所得,可以并处 30 万元以上 60 万元以下的罚款;情节严重的,暂停或者撤销相关业务许可。给其他证券承销机构或者投资者造成损失的,依法承担赔偿责任。对直接负责的主管人员和其他直接责任人员给予警告,可以并处 3 万元以上 30 万元以下的罚款;情节严重的,撤销任职资格或者证券从业资格:

(1) 进行虚假的或者误导投资者的广告或者其他宣传推介活动;

(2) 以不正当竞争手段招揽承销业务;

(3) 其他违反证券承销业务规定的行为。

3. 保荐人违反规定的法律责任

根据《证券法》第一百九十二条规定,保荐人出具有虚假记载、误导性陈述或者重大遗漏的保荐书,或者不履行其他法定职责的,责令改正,给予警告,没收业务收入,并处以业务收入 1 倍以上 5 倍以下的罚款;情节严重的,暂停或者撤销相关业务许可。对直接负责的主管人员和其他直接责任人员给予警告,并处以 3 万元以上 30 万元以下的罚款;情节严重的,撤销任职资格或者证券从业资格。

(二) 违反证券交易规定的法律责任

1. 内幕交易的法律责任

根据《证券法》第二百零二条规定,证券交易内幕信息的知情人或者非法获取内幕信息的人,在涉及证券的发行、交易或者其他对证券的价格有重大影响的信息公开前,买卖该证券,或者泄露该信息,或者建议他人买卖该证券的,责令依法处理非法持有的证券,没收违法所得,并处以违法所得 1 倍以上 5 倍以下的罚款；没有违法所得或者违法所得不足 3 万元的，处以 3 万元以上 60 万元以下的罚款。单位从事内幕交易的，还应当对直接负责的主管人员和其他直接责任人员给予警告，并处以 3 万元以上 30 万元以下的罚款。证券监督管理机构工作人员进行内幕交易的，从重处罚。

2. 操纵市场的法律责任

根据《证券法》第二百零三条规定，违反《证券法》规定，操纵证券市场的，责令依法处理非法持有的证券，没收违法所得，并处以违法所得 1 倍以上 5 倍以下的罚款；没有违法所得或者违法所得不足 30 万元的，处以 30 万元以上 300 万元以下的罚款。单位操纵证券市场的，还应当对直接负责的主管人员和其他直接责任人员给予警告，并处以 10 万元以上 60 万元以下的罚款。

3. 虚假陈述、信息误导的法律责任

根据《证券法》第二百零七条规定，在证券交易活动中作出虚假陈述或者信息误导的，责令改正，处以 3 万元以上 20 万元以下的罚款；属于国家工作人员的，还应当依法给予行政处分。

4. 证券从业人员、服务机构交易限制的法律责任

根据《证券法》第四十三条规定，证券交易所、证券公司和证券登记结算机构的从业人员、证券监督管理机构的工作人员以及法律、行政法规禁止参与股票交易的其他人员，在任期或者法定限期内，不得直接或者以化名、借他人名义持有、买卖股票，也不得收受他人赠送的股票。任何人在成为前述人员时，其原已持有的股票，必须依法转让。

根据《证券法》第四十五条规定，为股票发行出具审计报告、资产评估报告或者法律意见书等文件的证券服务机构和人员，在该股票承销期内和期满后 6 个月内，不得买卖该种股票。为上市公司出具审计报告、资产评估报告或者法律意见书等文件的证券服务机构和人员，自接受上市公司委托之日起至上述文件公开后 5 日内，不得买卖该种股票。

根据《证券法》第一百九十九条规定，法律、行政法规规定禁止参与股票交易的人员，直接或者以化名、借他人名义持有、买卖股票的，责令依法处理非法持有的股票，没收违法所得，并处以买卖股票等值以下的罚款；属于国家工作人员的，还应当依法给予行政处分。

根据《证券法》第二百条规定，证券交易所、证券公司、证券登记结算机构、证券服务机构的从业人员或者证券业协会的工作人员，故意提供虚假资料，隐匿、伪造、篡改或者毁损交易记录，诱骗投资者买卖证券的，撤销证券从业资格，并处以 3 万元以上 10 万元以下的罚款；属于国家工作人员的，还应当依法

给予行政处分。

5. 虚假信息披露、误导性陈述和重大遗漏的法律责任

根据《证券法》第一百九十三条规定，发行人、上市公司或者其他信息披露义务人未按照规定披露信息，或者所披露的信息有虚假记载、误导性陈述或者重大遗漏的，责令改正，给予警告，并处以30万元以上60万元以下的罚款。对直接负责的主管人员和其他直接责任人员给予警告，并处以3万元以上30万元以下的罚款。发行人、上市公司或者其他信息披露义务人未按照规定报送有关报告，或者报送的报告有虚假记载、误导性陈述或重大遗漏的，责令改正，给予警告，并处以30万元以上60万元以下的罚款。对直接负责的主管人员和其他直接责任人员给予警告，并处以3万元以上30万元以下的罚款。

（三）违反上市公司收购的法律责任

根据《证券法》第二百一十三条规定，收购人未按照《证券法》规定履行上市公司收购的公告、发出收购要约等义务的，责令改正，给予警告，并处以10万元以上30万元以下的罚款；在改正前，收购人对其收购或者通过协议、其他安排与他人共同收购的股份不得行使表决权。对直接负责的主管人员和其他直接责任人员给予警告，并处以3万元以上30万元以下的罚款。

根据《证券法》第二百一十四条规定，收购人或者收购人的控股股东，利用上市公司收购，损害被收购公司及其股东的合法权益的，责令改正，给予警告；情节严重的，并处以10万元以上60万元以下的罚款。给被收购公司及其股东造成损失的，依法承担赔偿责任。对直接负责的主管人员和其他直接责任人员给予警告，并处以3万元以上30万元以下的罚款。

（四）违反证券机构管理、人员管理相关规定的法律责任

1. 违反证券机构管理规定

根据《证券法》第一百九十七条规定，未经批准，擅自设立证券公司或者非法经营证券业务的，由证券监督管理机构予以取缔，没收违法所得，并处以违法所得1倍以上5倍以下的罚款；没有违法所得或者违法所得不足30万元的，处以30万元以上60万元以下的罚款。对直接负责的主管人员和其他直接责任人员给予警告，并处以3万元以上30万元以下的罚款。

2. 违反人员管理规定

根据《证券法》第一百九十八条规定，聘任不具有任职资格、证券从业资格的人员的，由证券监督管理机构责令改正，给予警告，可以并处10万元以上

30 万元以下的罚款；对直接负责的主管人员给予警告，可以并处 3 万元以上 10 万元以下的罚款。

（五）证券机构的法律责任

根据《证券法》第二百零五条规定，证券公司违反规定，为客户买卖证券提供融资融券的，没收违法所得，暂停或者撤销相关业务许可，并处以非法融资融券等值以下的罚款。对直接负责的主管人员和其他直接责任人员给予警告，撤销任职资格或者证券从业资格，并处以 3 万元以上 30 万元以下的罚款。

根据《证券法》第二百零九条规定，证券公司违反规定，假借他人名义或者以个人名义从事证券自营业务的，责令改正，没收违法所得，并处以违法所得 1 倍以上 5 倍以下的罚款；没有违法所得或者违法所得不足 30 万元的，处以 30 万元以上 60 万元以下的罚款；情节严重的，暂停或者撤销证券自营业务许可。对直接负责的主管人员和其他直接责任人员给予警告，撤销任职资格或者证券从业资格，并处以 3 万元以上 10 万元以下的罚款。

根据《证券法》第二百一十条规定，证券公司违背客户的委托买卖证券、办理交易事项，或者违背客户真实意思表示，办理交易以外的其他事项的，责令改正，处以 1 万元以上 10 万元以下的罚款。给客户造成损失的，依法承担赔偿责任。

根据《证券法》第二百一十一条规定，证券公司、证券登记结算机构挪用客户的资金或者证券，或者未经客户的委托，擅自为客户买卖证券的，责令改正，没收违法所得，并处以违法所得 1 倍以上 5 倍以下的罚款；没有违法所得或者违法所得不足 10 万元的，处以 10 万元以上 60 万元以下的罚款；情节严重的，责令关闭或者撤销相关业务许可。对直接负责的主管人员和其他直接责任人员给予警告，撤销任职资格或者证券从业资格，并处以 3 万元以上 30 万元以下的罚款。

根据《证券法》第二百一十二条规定，证券公司办理经纪业务，接受客户全权委托买卖证券的，或者证券公司对客户买卖证券的收益或者赔偿证券买卖的损失作出承诺的，责令改正，没收违法所得，并处以 5 万元以上 20 万元以下的罚款，可以暂停或者撤销相关业务许可。对直接负责的主管人员和其他直接责任人员给予警告，并处以 3 万元以上 10 万元以下的罚款，可以撤销任职资格或者证券从业资格。

根据《证券法》第二百一十五条规定，证券公司及其从业人员违反《证券法》规定，私下接受客户委托买卖证券的，责令改正，给予警告，没收违法所得，并处以违法所得 1 倍以上 5 倍以下的罚款；没有违法所得或者违法所得不足 10 万元的，处以 10 万元以上 30 万元以下的罚款。

根据《证券法》第二百一十六条规定，证券公司违反规定，未经批准经营非上市证券的交易的，责令改正，没收违法所得，并处以违法所得 1 倍以上 5 倍以下的罚款。

根据《证券法》第二百一十八条规定，证券公司违反规定，擅自设立、收购、撤销分支机构，或者合并、分立、停业、解散、破产，或者在境外设立、收购、参股证券经营机构的，责令改正，没收违法所得，并处以违法所得 1 倍以上 5 倍以下的罚款；没有违法所得或者违法所得不足 10 万元的，处以 10 万元以上 60 万元以下的罚款。对直接负责的主管人员给予警告，并处以 3 万元以上 10 万元以下的罚款。

根据《证券法》第二百一十九条规定，证券公司违反规定，超出业务许可范围经营证券业务的，责令改正，没收违法所得，并处以违法所得 1 倍以上 5 倍以下的罚款；没有违法所得或者违法所得不足 30 万元的，处以 30 万元以上 60 万元以下罚款；情节严重的，责令关闭。对直接负责的主管人员和其他直接责任人员给予警告，撤销任职资格或者证券从业资格，并处以 3 万元以上 10 万元以下的罚款。

根据《证券法》第二百二十条规定，证券公司对其证券经纪业务、证券承销业务、证券自营业务、证券资产管理业务，不依法分开办理，混合操作的，责令改正，没收违法所得，并处以 30 万元以上 60 万元以下的罚款；情节严重的，撤销相关业务许可。对直接负责的主管人员和其他直接责任人员给予警告，并处以 3 万元以上 10 万元以下的罚款；情节严重的，撤销任职资格或者证券从业资格。

根据《证券法》第二百二十一条规定，提交虚假证明文件或者采取其他欺诈手段隐瞒重要事实骗取证券业务许可的，或者证券公司在证券交易中有严重违法行为，不再具备经营资格的，由证券监督管理机构撤销证券业务许可。

根据《证券法》第二百二十二条规定，证券公司或者其股东、实际控制人违反规定，拒不向证券监督管理机构报送或者提供经营管理信息和资料，或者报送、提供的经营管理信息和资料有虚假记载、误导性陈述或者重大遗漏的，责令改正，给予警告，并处以 3 万元以上 30 万元以下的罚款，可以暂停或者撤销证券公司相关业务许可。对直接负责的主管人员和其他直接责任人员，给予警告，并处以 3 万元以下的罚款，可以撤销任职资格或者证券从业资格。证券公司为其股东或者股东的关联人提供融资或者担保的，责令改正，给予警告，并处以 10 万元以上 30 万元以下的罚款。对直接负责的主管人员和其他直接责任人员，处以 3 万元以上 10 万元以下的罚款。股东有过错的,在按照要求改正前,国务院证券监督管理机构可以限制其股东权利;拒不改正的,可以责令其转让所持证券公司股权。

(六) 典型案例

20××年×月×日,某上市公司的"奇葩议案"通过网络非正常披露,将多个重大政治问题当作炒作噱头,挑战监管权威,践踏法律底线,败坏社会公德,影响恶劣。中国证券监督管理委员会(简称"中国证监会")联合相关部门成立专案组,查实该公司实际控制人 Y 某指使董秘炮制并通过非法渠道散播含有虚假记载、误导性陈述及重大遗漏的信息。同时查明,该实际控制人存在操纵股票价格、指使披露违规、损害上市公司利益等多项违法犯罪行为,中国证监会最终对 Y 某操纵行为依法开出巨额罚单并采取终身证券市场禁入措施,移送公安机关,并对多名责任人员作出行政处罚。

第五节 证券投资基金法

本节重点介绍《证券投资基金法》的立法沿革、立法宗旨以及证券投资基金法律体系的组成;基金合同当事人的概念、权利和义务;基金财产的独立性要求以及基金财产债权债务独立性的意义;公募基金的运作方式;设立基金管理公司的条件;基金管理人的禁止行为;基金公开募集与非公开募集的区别;非公开募集基金的合格投资者的要求;非公开募集基金的投资范围;非公开募集基金管理人的登记及非公开募集基金的备案要求及相关法律责任等内容。在有关内容的阐述中,参考了《证券投资基金管理公司管理办法》《私募投资基金监督管理暂行办法》《私募投资基金管理人登记和基金备案办法(试行)》等法律、部门规章及其他规范性文件。

一、法规概述

(一)《证券投资基金法》的立法沿革

《证券投资基金法》于 2003 年 10 月 28 日由第十届全国人民代表大会常务委

员会第五次会议通过并公布,自 2004 年 6 月 1 日起施行。2012 年 12 月 28 日,第十一届全国人民代表大会常务委员会第三十次会议对《证券投资基金法》作出修订,自 2013 年 6 月 1 日起施行。修订后的《证券投资基金法》为公开募集基金及非公开募集基金的运作与监管提供了更为全面的法律规范。2015 年 4 月 24 日,第十二届全国人民代表大会常务委员会第十四次会议《全国人民代表大会常务委员会关于修改〈中华人民共和国港口法〉等七部法律的决定》第六条对《证券投资基金法》再次作出修改,删除了其中的第十七条。

(二)《证券投资基金法》的立法宗旨

《证券投资基金法》是规范证券投资基金活动,维护证券投资基金及资本市场正常秩序的基本法律,在证券投资基金领域具有重要的基础性地位,相当于证券投资基金领域的小"宪法"。《证券投资基金法》的立法宗旨,体现在三个方面。

1. 规范证券投资基金活动

证券投资基金是市场经济发展到一定阶段,随着资本市场的不断创新与繁荣而诞生的产物。作为一种证券投资活动,证券投资基金的运作需要符合市场规律,符合国家对资本市场发展的规划与预期。因此,《证券投资基金法》一个重要的立法目的就是通过规范证券投资基金活动,使其在法律框架下最大程度地发挥作用,提高资产利用效率,更好地为实体经济及国家发展战略服务。

2. 保护投资人及相关当事人的合法权益

投资人也被称为基金份额持有人,是基金出资人、基金财产的所有者和基金投资的受益人。相关当事人是指除基金份额所有人以外的其他参与证券投资基金活动的当事人,包括基金管理人、基金托管人等。证券投资基金的投资人及相关当事人是证券投资基金活动的主体,对上述主体合法权益进行保护是证券投资基金活动的出发点及归宿。

3. 促进证券投资基金和资本市场的健康发展

证券投资基金是资本市场中一项重要的资产管理业务,也是投资基金领域的一个重要类别。证券投资基金活动的依法依规运行,不仅关系到资本市场的发展,也关系到众多投资人的利益以及国家经济发展战略的实施。《证券投资基金法》将证券投资基金活动中涉及的各项重要内容以法律的形式加以确认,为投资人及相关当事人的活动提供了法律依据和指南,有助于各参与主体预测、调整自己的行为,从而构建证券投资基金活动的良好秩序,促进证券投资基金和资本市场的健康发展。

(三) 证券投资基金法律体系的组成

我国的证券投资基金法律体系以《证券投资基金法》为核心,由相关法律、部门规章及自律规则共同组成,为证券投资基金活动的正常运行提供了法律法规保障,也为监管部门履行监管职责提供了制度依据。我国的证券投资基金法律体系主要由以下列法律法规及规则组成:

1. 法律

包括《证券投资基金法》《证券法》《公司法》《合伙企业法》《信托法》《合同法》等。

2. 部门规章

包括《证券投资基金管理公司管理办法》《公开募集证券投资基金运作管理办法》《证券投资基金销售管理办法》《证券投资基金信息披露管理办法》《私募投资基金监督管理暂行办法》等。

3. 行业自律规则

包括《公开募集证券投资基金销售公平竞争行为规范》《基金管理公司风险管理指引(试行)》《基金从业人员执业行为自律准则》《基金从业人员证券投资管理指引(试行)》《私募投资基金管理人登记和基金备案办法(试行)》《私募投资基金管理人内部控制指引》《私募投资基金信息披露管理办法》等。

二、基金合同当事人的概念、权利与职责

(一) 基金合同当事人的概念

基金合同当事人包括基金份额持有人、基金管理人和基金托管人。基金份额持有人是指根据基金合同和基金招募说明书持有基金份额的基金出资人,是基金财产的所有者和基金投资的受益人。基金管理人是指按照法律、法规的规定和基金合同的约定,为基金份额持有人的利益,对基金财产进行管理及运作的机构,包括公司、合伙企业或经国务院证券监督管理机构核准的其他机构。基金托管人是指按照法律、法规的规定和基金合同的约定,在证券投资基金活动中承担基金资产保管、基金资金清算、交易监督、会计核算等职责的商业银行或其他金融机构。设立证券投资基金,应当由具有相应民事权利能力和民事行为能力的当事人依法订立基金合同,在合同中约定各方当事人的权利和义务。基金合同一经依法订立,即对基金合同当事人各方产生约束力。基金份额持有人、基金管理人和基

金托管人既是基金合同的主体，也是基金法律关系的主体。

（二）基金份额持有人的权利

1. 基金份额持有人的权利

根据《证券投资基金法》第四十六条的规定，基金份额持有人依法享有下列权利：

（1）分享基金财产收益。

（2）参与分配清算后的剩余基金财产。

（3）依法转让或者申请赎回其持有的基金份额。

（4）按照规定要求召开基金份额持有人大会或者召集基金份额持有人大会。

（5）对基金份额持有人大会审议事项行使表决权。

（6）对基金管理人、基金托管人、基金服务机构损害其合法权益的行为依法提起诉讼。

（7）公开募集基金的基金份额持有人有权查阅或者复制公开披露的基金信息资料；非公开募集基金的基金份额持有人有权对涉及自身利益的情况，查阅基金的财务会计账簿等财务资料。

除上述权利以外，基金份额持有人还享有基金合同约定的其他权利。

2. 基金份额持有人大会的职权

根据《证券投资基金法》第四十七条的规定，基金份额持有人大会由全体基金份额持有人组成，行使下列职权：

（1）决定基金扩募或者延长基金合同期限；

（2）决定修改基金合同的重要内容或者提前终止基金合同；

（3）决定更换基金管理人、基金托管人；

（4）决定调整基金管理人、基金托管人的报酬标准。

除上述职权以外，基金份额持有人还根据基金合同的约定行使其他职权。

3. 基金份额持有人大会日常机构的职权

根据《证券投资基金法》第四十八条的规定，基金份额持有人大会可以按照基金合同的约定设立日常机构。日常机构的人员由基金份额持有人大会选举产生，根据基金合同约定的议事规则行使下列职权：

（1）召集基金份额持有人大会；

（2）提请更换基金管理人、基金托管人；

（3）监督基金管理人的投资运作、基金托管人的托管活动；

（4）提请调整基金管理人、基金托管人的报酬标准。

除上述职权以外，基金份额持有人大会日常机构还根据基金合同的约定行使其他职权。

（三）基金管理人的职责

根据《证券投资基金法》第十九条规定，公开募集基金的基金管理人应当履行下列职责：

1. 依法募集资金，办理基金份额的发售和登记事宜；
2. 办理基金备案手续；
3. 对所管理的不同基金财产分别管理、分别记账，进行证券投资；
4. 按照基金合同的约定确定基金收益分配方案，及时向基金份额持有人分配收益；
5. 进行基金会计核算并编制基金财务会计报告；
6. 编制中期和年度基金报告；
7. 计算并公告基金资产净值，确定基金份额申购、赎回价格；
8. 办理与基金财产管理业务活动有关的信息披露事项；
9. 按照规定召集基金份额持有人大会务；
10. 保存基金财产管理业务活动的记录、账册、报表和其他相关资料；
11. 以基金管理人名义，代表基金份额持有人利益行使诉讼权利或者实施其他法律行为。

除上述职责以外，公开募集基金的基金管理人还应当履行国务院证券监督管理机构规定的其他职责。

《证券投资基金法》中对非公开募集基金的基金管理人应当履行的职责并未作出明确规定。实践中，非公开募集基金的基金管理人应当按照基金合同的约定履行职责。

（四）基金托管人的职责

根据《证券投资基金法》第三十六条规定，基金托管人依法应当履行下列职责：

1. 安全保管基金财产；
2. 按照规定开设基金财产的资金账户和证券账户；
3. 对所托管的不同基金财产分别设置账户，确保基金财产的完整与独立；
4. 保存基金托管业务活动的记录、账册、报表和其他相关资料；
5. 按照基金合同的约定，根据基金管理人的投资指令，及时办理清算、交

割事宜;

6. 办理与基金托管业务活动有关的信息披露事项;
7. 对基金财务会计报告、中期和年度基金报告出具意见;
8. 复核、审查基金管理人计算的基金资产净值和基金份额申购、赎回价格;
9. 按照规定召集基金份额持有人大会;
10. 按照规定监督基金管理人的投资运作。

除上述职责以外,基金托管人还应当履行国务院证券监督管理机构规定的其他职责。

三、基金管理公司的设立条件与基金管理人的禁止行为

(一) 基金管理公司的设立条件

根据《证券投资基金法》第十三条的规定,设立管理公开募集基金的基金管理公司,应当具备的条件有:
1. 有符合《证券投资基金法》和《公司法》规定的章程;
2. 注册资本不低于1亿元人民币,且必须为实缴货币资本;
3. 主要股东应当具有经营金融业务或者管理金融机构的良好业绩、良好的财务状况和社会信誉,资产规模达到国务院规定的标准,最近3年没有违法记录;
4. 取得基金从业资格的人员达到法定人数;
5. 董事、监事、高级管理人员具备相应的任职条件;
6. 有符合要求的营业场所、安全防范设施和与基金管理业务有关的其他设施;
7. 有良好的内部治理结构、完善的内部稽核监控制度、风险控制制度。

除上述条件外,设立管理公开募集基金的基金管理公司还应当具备法律、行政法规规定的和经国务院批准的国务院证券监督管理机构规定的其他条件。

(二) 基金管理人的禁止行为

为了保障基金财产的安全,保护基金份额持有人的合法权益,《证券投资基金法》和《私募投资基金监督管理暂行办法》等法律和规章对公开募集基金的基金管理人及其董事、监事、高级管理人员和其他从业人员、公开募集基金的基金管理人的股东、实际控制人以及非公开募集基金(私募基金)的基金管理人

及其从业人员的禁止行为作出了明确规定。

1. 公开募集基金的基金管理人及其董事、监事、高级管理人员和其他从业人员不得有下列行为：

（1）将其固有财产或者他人财产混同于基金财产从事证券投资；

（2）不公平地对待其管理的不同基金财产；

（3）利用基金财产或者职务之便为基金份额持有人以外的人牟取利益；

（4）向基金份额持有人违规承诺收益或者承担损失；

（5）侵占、挪用基金财产；

（6）泄露因职务便利获取的未公开信息、利用该信息从事或者明示、暗示他人从事相关的交易活动；

（7）玩忽职守，不按照规定履行职责。

除上述禁止行为以外，公开募集基金的基金管理人及其董事、监事、高级管理人员和其他从业人员也不得从事法律、行政法规和国务院证券监督管理机构规定禁止的其他行为。

2. 公开募集基金的基金管理人的股东、实际控制人不得有下列行为：

（1）虚假出资或者抽逃出资；

（2）未依法经股东会或者董事会决议擅自干预基金管理人的基金经营活动；

（3）要求基金管理人利用基金财产为自己或者他人牟取利益，损害基金份额持有人利益。

除上述禁止行为以外，公开募集基金的基金管理人的股东、实际控制人也不得从事国务院证券监督管理机构规定禁止的其他行为。

3. 私募基金管理人及其从业人员从事私募基金业务，不得有以下行为：

（1）将其固有财产或者他人财产混同于基金财产从事投资活动；

（2）不公平地对待其管理的不同基金财产；

（3）利用基金财产或者职务之便，为本人或者投资者以外的人牟取利益，进行利益输送；

（4）侵占、挪用基金财产；

（5）泄露因职务便利获取的未公开信息，利用该信息从事或者明示、暗示他人从事相关的交易活动；

（6）从事损害基金财产和投资者利益的投资活动；

（7）玩忽职守，不按照规定履行职责；

（8）从事内幕交易、操纵交易价格及其他不正当交易活动。

除上述禁止行为以外，私募基金管理人及其从业人员也不得从事法律、行政法规和中国证监会规定禁止的其他行为。

四、基金财产的独立性

（一）基金财产的独立性要求

基金财产包括通过基金募集行为从基金投资人处获得的所有资金总和以及基金管理人、基金托管人因基金财产的管理、运用或者其他情形而取得的财产和收益。作为从事证券投资基金活动的基础和前提，基金财产具有独立于基金管理人、基金托管人固有财产的地位，在法律上具有独立性。

基金财产的独立性包括基金财产本身的独立性以及基金财产债权债务的独立性，对证券投资基金活动的要求体现在下列方面：

1. 基金财产独立于基金管理人、基金托管人的固有财产。基金管理人、基金托管人不得将基金财产归入其固有财产。基金销售结算资金、基金份额独立于基金销售机构、基金销售支付机构或者基金份额登记机构的自有财产。

2. 基金管理人、基金托管人因基金财产的管理、运用或者其他情形而取得的财产和收益，归入基金财产。

3. 基金管理人、基金托管人因依法解散、被依法撤销或者被依法宣告破产等原因进行清算的，基金财产不属于其清算财产。基金销售机构、基金销售支付机构或者基金份额登记机构破产或者清算时，基金销售结算资金、基金份额不属于其破产财产或者清算财产。

4. 基金财产的债权，不得与基金管理人、基金托管人固有财产的债务相抵销；不同基金财产的债权债务，不得相互抵销。

5. 基金财产的债务由基金财产本身承担，基金份额持有人以其出资为限对基金财产的债务承担责任。但基金合同依照《证券投资基金法》另有约定的，从其约定。非因基金财产本身承担的债务，不得对基金财产强制执行。非因投资人本身的债务或者法律规定的其他情形，不得查封、冻结、扣划或者强制执行基金销售结算资金、基金份额。

上述第4项和第5项体现了基金财产债权债务的独立性，关于基金财产债权债务独立性的意义将在下文单独论述。

6. 基金管理人、基金托管人、基金服务机构依照法律规定，应当承担的民事赔偿责任和缴纳的罚款、罚金，由基金管理人、基金托管人、基金服务机构以其固有财产承担。

（二）基金财产债权债务独立性的意义

基金财产债权债务的独立性，是基金财产独立性的必然要求，也是基金财产独立性内涵的应有之义。对证券投资基金活动具有重要的意义，主要体现在：

1. 有利于维护基金财产的独立性

基金财产的债权或债务是基金财产在具体的证券投资活动中因具体投资行为所发生的结果，体现了基金财产在基金存续期间的动态变化。基金财产的债权在涉及抵销时受到法律的严格限制，基金财产的债务由基金财产本身承担，并且非因基金财产本身承担的债务，不得对基金财产强制执行。这是确保基金财产在基金存续期间始终保持独立性的必要条件，只有这样，才能维护基金财产的独立性，避免因为基金财产的债权债务与其他债权债务发生抵销或被强制执行而损害基金份额持有人的合法权益。

2. 有利于保障基金财产的安全

基金财产债权债务的独立性是基金财产本身独立性的必然要求。在基金财产独立的前提下，基金财产的债权或债务与基金管理人、基金托管人的固有财产须严格区分。基金财产的债权不得与基金管理人、基金托管人固有财产的债务相抵销；不同基金财产的债权债务，不得相互抵销；非因基金财产本身承担的债务，不得对基金财产强制执行，从而保障了基金财产的安全。

3. 有利于保护基金份额持有人的合法权益

基金份额持有人是基金的出资人，也是基金投资回报的受益人。基金财产是由集合若干投资人的资金所形成的财产。基金财产债权债务的独立性充分保障了基金份额持有人对基金享有的权益，避免基金管理人、基金托管人本身因经营不善导致负债或破产清算时，对基金财产造成损害，并最终影响基金份额持有人的合法权益。

4. 有利于基金财产的稳定运作，提高基金的运作效率

基金财产债权债务的独立性，使基金财产除了用于正常的投资以外，避免因债务抵销、强制执行等情形造成干扰，保证了基金财产的稳定运作。从长远来看，有利于提高基金的运作效率，为最大程度提高基金的投资收益创造了条件。

五、基金的公开募集与非公开募集

（一）基金公开募集与非公开募集的区别

公开募集基金，是指以公开方式发售基金份额募集资金设立的证券投资基

金，又称"公募基金"。前述"公开方式发售基金份额"包括向不特定对象募集资金、向特定对象募集资金累计超过 200 人以及法律、行政法规规定的其他情形。

非公开募集基金，是指以非公开方式向合格投资者募集资金设立的证券投资基金，又称"私募基金"。

基金公开募集与非公开募集存在下列区别：

1. 募集方式和对象不同

基金公开募集与非公开募集在募集方式上，存在公开与不公开的区别。公开募集基金包括向不特定对象募集资金、向特定对象募集资金累计超过 200 人，以及法律、行政法规规定的其他情形。而非公开募集基金应当向合格投资者募集，合格投资者累计不得超过 200 人，不得向合格投资者之外的单位和个人募集资金；并且，不得通过报刊、电台、电视台、互联网等公众传播媒体或者讲座、报告会、分析会等方式向不特定对象宣传推介。

2. 基金管理人的类型及产生方式不同

公开募集基金的基金管理人，由基金管理公司或者经国务院证券监督管理机构按照规定核准的其他机构担任。而非公开募集基金的基金管理人由依法设立的公司或者合伙企业担任。

设立公开募集基金的基金管理公司须具备一定条件，并经国务院证券监督管理机构批准。而担任非公开募集基金的管理人，应当按照《私募投资基金监督管理暂行办法》的有关规定向中国证券投资基金业协会（以下简称"中国基金业协会"）履行登记手续，报送基本情况。

3. 投资范围不同

公开募集基金财产只能用于投资上市交易的股票、债券或国务院证券监督管理机构规定的其他证券及其衍生品种。而非公开募集基金财产的证券投资，既包括买卖公开发行的股份有限公司股票、债券、基金份额，也包括国务院证券监督管理机构规定的其他证券及其衍生品种，如股权、期货、期权以及基金合同约定的其他投资标的。

4. 信息披露要求不同

公开募集基金的基金管理人、基金托管人和其他基金信息披露义务人依法负有公开披露信息的义务，应当确保应予披露的基金信息在国务院证券监督管理机构规定时间内披露，并保证所披露信息的真实性、准确性和完整性以及投资人能够按照基金合同约定的时间和方式查阅或者复制公开披露的信息资料。而非公开募集基金并没有依法公开披露信息的义务，仅负有按照基金合同的约定，向基金份额持有人提供基金信息的义务。

(二) 公募基金运作的方式

1. 公募基金运作的方式

根据《证券投资基金法》第四十五条的规定，公募基金的运作方式可以采用封闭式、开放式或者其他方式。

采用封闭式运作方式的基金，简称"封闭式基金"，是指基金份额总额在基金合同期限内固定不变，基金份额持有人不得申请赎回的基金；采用开放式运作方式的基金，简称"开放式基金"，是指基金份额总额不固定，基金份额可以在基金合同约定的时间和场所申购或者赎回的基金。

2. 封闭式基金与开放式基金的区别

(1) 存续期限不同

封闭式基金的基金合同期限是固定的；基金的存续期限也是固定的。封闭式基金合同期限届满后，在满足一定条件下，可以延长合同期限或转换运作方式；而开放式基金的基金合同期限不是固定的。

(2) 申购和赎回份额的限制不同

封闭式基金在基金合同期限内，基金份额持有人不得申请赎回基金份额；而开放式基金的基金份额持有人在基金合同期限内，可以依照基金合同约定的时间和场所申购或者赎回基金份额。

(3) 基金规模不同

封闭式基金的基金份额是固定的，在基金存续期间内不得赎回，因此，基金份额的总额即基金规模在基金存续期间是固定的。即使发生依法扩募的情形，扩募后的基金规模在基金存续期间内仍然是固定的。而开放式基金的基金份额可以在基金合同约定的时间和场所进行申购或者赎回，导致开放式基金的规模一直处于增加或减少的变动之中。

(4) 基金份额交易方式不同

封闭式基金在完成募集后，由基金管理人向证券交易所提出上市申请，经证券交易所依法审核同意后，基金份额在证券交易所进行上市交易。投资者对封闭式基金份额的买卖，只能根据基金份额上市交易规则，委托证券公司在证券交易所完成交易，且交易双方均是基金的投资者。而开放式基金的基金份额的申购、赎回、登记，由基金管理人或者其委托的基金服务机构办理。投资者可以在基金管理人指定的时间和地点向基金管理人或者其委托的基金服务机构提出基金份额的申购、赎回的申请，完成交易，交易双方是投资者与基金管理人。

（5）基金投资策略不同

封闭式基金在基金存续期间的基金份额总额保持固定不变，没有赎回压力，因此，基金管理人可以根据基金存续期限制定整个期限内的投资策略，将基金财产用于长期投资。基金份额持有人的收益与长期投资的最终收益相关。而开放式基金的基金份额在基金存续期间随时面临申购和赎回。因此，为保持基金资产的流动性，基金财产必须保留一定的现金财产，而不能将全部基金财产均用于长期投资。

根据法律规定，对于除封闭式基金和开放式基金以外以其他方式运作的基金，由国务院证券监督管理机构另行规定其基金份额发售、交易、申购、赎回的办法。

（三）非公开募集基金的合格投资者的要求

非公开募集基金合格投资者，是指达到规定资产规模或者收入水平，并且具备相应的风险识别能力和风险承担能力、其基金份额认购金额不低于规定限额的单位和个人。

根据《证券投资基金法》《私募投资基金监督管理暂行办法》《私募投资基金募集行为管理办法》等法律、部门规章及行业自律规则的规定，作为非公开募集基金合格投资者的单位或个人应满足下列条件：

1. 达到规定资产规模或者收入水平

根据《私募投资基金监督管理暂行办法》《私募投资基金募集行为管理办法》的规定，合格的单位投资者，净资产应不低于1 000万元；合格的个人投资者，金融资产应不低于300万元或者最近3年个人年均收入不低于50万元。前述金融资产包括银行存款、股票、债券、基金份额、资产管理计划、银行理财产品、信托计划、保险产品、期货权益等。

此外，下列投资者也视为合格投资者：

（1）社会保障基金、企业年金等养老基金，慈善基金等社会公益基金；

（2）依法设立并在中国基金业协会备案的私募基金产品；

（3）受国务院金融监督管理机构监管的金融产品；

（4）投资于所管理私募基金的私募基金管理人及其从业人员以及法律法规、中国证监会和中国基金业协会规定的其他投资者。

2. 具备相应的风险识别能力和风险承担能力

具备相应的风险识别能力和风险承担能力是指要求投资者对非公开募集基金的投资风险有充分的了解与认知，并且对投资风险有相应的承受能力。

3. 基金份额认购金额不低于规定限额

根据《私募投资基金监督管理暂行办法》的规定,投资于单只私募基金的金额不低于 100 万元。

2018 年 4 月 27 日,中国人民银行、中国银行保险监督管理委员会、中国证券监督管理委员会、国家外汇管理局印发了《关于规范金融机构资产管理业务的指导意见》(银发〔2018〕106 号,以下简称《意见》),对金融机构资产管理业务作了进一步的规范。根据《意见》第五条的规定,资产管理产品的投资者分为不特定社会公众和合格投资者两大类。合格投资者是指具备相应风险识别能力和风险承担能力,投资于单只资产管理产品不低于一定金额且符合下列条件的自然人和法人或者其他组织。

(1) 具有 2 年以上投资经历,且满足以下条件之一:家庭金融净资产不低于 300 万元,家庭金融资产不低于 500 万元,或者近 3 年本人年均收入不低于 40 万元。

(2) 最近 1 年末净资产不低于 1 000 万元的法人单位。

(3) 金融管理部门视为合格投资者的其他情形。

合格投资者投资于单只固定收益类产品的金额不低于 30 万元,投资于单只混合类产品的金额不低于 40 万元,投资于单只权益类产品、单只商品及金融衍生品类产品的金额不低于 100 万元。

投资者不得使用贷款、发行债券等筹集的非自有资金投资资产管理产品。

(四) 非公开募集基金管理人的登记

根据《证券投资基金法》《私募投资基金监督管理暂行办法》《私募投资基金募集行为管理办法》等法律、部门规章及行业自律规则的规定,担任非公开募集基金的基金管理人,应当按照中国基金业协会的规定向中国基金业协会申请登记手续,报送基本情况。

私募基金管理人报送的登记申请材料不完备或不符合规定的,应当根据中国基金业协会的要求及时补正。私募基金管理人提供的登记申请材料完备的,中国基金业协会应当自收齐登记材料之日起 20 个工作日内,以通过网站公示私募基金管理人基本情况的方式,为私募基金管理人办结登记手续。经登记后的私募基金管理人依法解散、被依法撤销或者被依法宣告破产的,中国基金业协会应当及时注销基金管理人登记。

根据《证券投资基金法》第九十条的规定,未经登记,任何单位或者个人不得使用"基金"或者"基金管理"字样或者近似名称进行证券投资活动;但是，法律、行政法规另有规定的除外。

（五）非公开募集基金的备案

根据《证券投资基金法》《私募投资基金监督管理暂行办法》《私募投资基金募集行为管理办法》等法律、部门规章和行业自律规则的规定，非公开募集基金募集完毕后 20 个工作日内，基金管理人应当向中国基金业协会备案，报送以下基本信息：主要投资方向及根据主要投资方向注明的基金类别；基金合同、公司章程或者合伙协议以及中国基金业协会规定的其他信息。此外，资金募集过程中向投资者提供基金招募说明书的，应当报送基金招募说明书。以公司、合伙等企业形式设立的私募基金，还应当报送工商登记和营业执照正副本复印件；采取委托管理方式的，应当报送委托管理协议。委托托管机构托管基金财产的，还应当报送托管协议。

私募基金备案材料不完备或者不符合规定的，私募基金管理人应当根据中国基金业协会的要求及时补正。私募基金备案材料完备且符合要求的，中国基金业协会应当在私募基金备案材料齐备后 20 个工作日内，通过网站公告私募基金名单及其基本情况的方式，为私募基金办结备案手续。经备案的私募基金可以申请开立证券相关账户。

六、法律责任

（一）非法从事证券投资基金活动的法律责任

证券投资基金活动的参与主体以及其他市场主体存在违反《证券投资基金法》有关规定的行为时，应依法承担相应的责任。主要内容有：

1. 未经批准擅自设立基金管理公司或者未经核准从事公开募集基金管理业务的法律责任

根据《证券投资基金法》第十二条及第一百一十九条的规定，从事公开募集基金管理业务的基金管理人应由经国务院证券监督管理机构批准设立的基金管理公司或核准的其他机构担任。未经批准擅自设立基金管理公司或者未经核准从事公开募集基金管理业务的，由证券监督管理机构予以取缔或者责令改正，没收违法所得，并处违法所得 1 倍以上 5 倍以下罚款；没有违法所得或者违法所得不足 100 万元的，并处 10 万元以上 100 万元以下罚款。对直接负责的主管人员和其他直接责任人员给予警告，并处 3 万元以上 30 万元以下罚款。

2. 未经核准，擅自从事基金托管业务的法律责任

根据《证券投资基金法》第三十二条及第一百二十五条的规定，从事基金托管业务的基金托管人由国务院证券监督管理机构会同国务院银行业监督管理机构核准的商业银行或由国务院证券监督管理机构核准的其他金融机构担任。未经核准，擅自从事基金托管业务的，责令停止，没收违法所得，并处违法所得1倍以上5倍以下罚款；没有违法所得或者违法所得不足100万元的，并处10万元以上100万元以下罚款；对直接负责的主管人员和其他直接责任人员给予警告，并处3万元以上30万元以下罚款。

3. 未经注册，擅自公开或者变相公开募集基金的法律责任

根据《证券投资基金法》第五十条及第一百二十七条的规定，公开募集基金应当经国务院证券监督管理机构注册。未经注册，擅自公开或者变相公开募集基金的，责令停止，返还所募资金和加计的银行同期存款利息，没收违法所得，并处所募资金金额1%以上5%以下罚款。对直接负责的主管人员和其他直接责任人员给予警告，并处5万元以上50万元以下罚款。

4. 未经登记，使用"基金"或者"基金管理"字样或者近似名称进行证券投资活动的法律责任

根据《证券投资基金法》第九十条及第一百三十三条的规定，除法律、行政法规另有规定以外，未经登记，任何单位或者个人不得使用"基金"或者"基金管理"字样或者近似名称进行证券投资活动。违反前述规定，未经登记，使用"基金"或者"基金管理"字样或者近似名称进行证券投资活动的，没收违法所得，并处违法所得1倍以上5倍以下罚款；没有违法所得或者违法所得不足100万元的，并处10万元以上100万元以下罚款。对直接负责的主管人员和其他直接责任人员给予警告，并处3万元以上30万元以下罚款。

5. 擅自从事公开募集基金的基金服务业务的法律责任

根据《证券投资基金法》第九十七条及第一百三十六条的规定，从事公开募集基金的销售、销售支付、份额登记、估值、投资顾问、评价、信息技术系统服务等基金服务业务的机构，应当按照国务院证券监督管理机构的规定进行注册或者备案。违反上述规定，擅自从事公开募集基金的基金服务业务的，责令改正，没收违法所得，并处违法所得1倍以上5倍以下罚款；没有违法所得或者违法所得不足30万元的，并处10万元以上30万元以下罚款。对直接负责的主管人员和其他直接责任人员给予警告，并处3万元以上10万元以下罚款。

（二）基金管理人、基金托管人的法律责任

1. 基金管理公司未经批准擅自变更重大事项的法律责任

根据《证券投资基金法》第十四条及第一百一十九条的规定，基金管理公司变更持有 5% 以上股权的股东，变更公司的实际控制人，或者变更其他重大事项，应当报经国务院证券监督管理机构批准。未经批准擅自变更的，责令改正，没收违法所得，并处违法所得 1 倍以上 5 倍以下罚款；没有违法所得或者违法所得不足 50 万元的，并处 5 万元以上 50 万元以下罚款。对直接负责的主管人员给予警告，并处 3 万元以上 10 万元以下罚款。

2. 违反证券投资限制规定的法律责任

根据《证券投资基金法》第十七条及第一百二十条的规定，公开募集基金的基金管理人的董事、监事、高级管理人员和其他从业人员，其本人、配偶、利害关系人进行证券投资，应当事先向基金管理人申报，并不得与基金份额持有人发生利益冲突。未按照上述规定申报的，责令改正，处 3 万元以上 10 万元以下罚款。

根据《证券投资基金法》第十七条及第一百二十条的规定，公开募集基金的基金管理人应当建立公开募集基金的基金管理人的董事、监事、高级管理人员和其他从业人员，其本人、配偶、利害关系人进行证券投资的申报、登记、审查、处置等管理制度，并报国务院证券监督管理机构备案。基金管理人、基金托管人违反上述规定的，责令改正，处 10 万元以上 100 万元以下罚款；对直接负责的主管人员和其他直接责任人员给予警告，暂停或者撤销基金从业资格，并处 3 万元以上 30 万元以下罚款。

3. 违反竞业禁止或防范利益冲突规定的法律责任

根据《证券投资基金法》第十八条及第一百二十一条的规定，公开募集基金的基金管理人的董事、监事、高级管理人员和其他从业人员，不得担任基金托管人或者其他基金管理人的任何职务，不得从事损害基金财产和基金份额持有人利益的证券交易及其他活动。违反前述规定的，责令改正，没收违法所得，并处违法所得 1 倍以上 5 倍以下罚款；没有违法所得或者违法所得不足 100 万元的，并处 10 万元以上 100 万元以下罚款；情节严重的，撤销基金从业资格。

4. 未按规定对基金财产实行分别管理或者分账保管的法律责任

根据《证券投资基金法》第五条、第二十条、第三十七条及第一百二十二条的规定，基金财产独立于基金管理人、基金托管人的固有财产。公开募集基金的基金管理人应当对所管理的不同基金财产分别管理、分别记账，进行证券投资。基金托管人应当对所托管的不同基金财产分别设置账户，确保基金财产的完整与独立。基金管理人、基金托管人违反上述规定，未对基金财产实行分别管理或者分账保管，责令改正，处 5 万元以上 50 万元以下罚款；对直接负责的主管人员和其他直接责任人员给予警告，暂停或者撤销基金从业资格，并处 3 万元以上 30 万元以下罚款。

5. 将其固有财产或者他人财产混同于基金财产从事证券投资的法律责任

根据《证券投资基金法》第二十条及第一百二十三条的规定，基金管理人、基金托管人及其董事、监事、高级管理人员和其他从业人员将其固有财产或者他人财产混同于基金财产从事证券投资的，责令改正，没收违法所得，并处违法所得 1 倍以上 5 倍以下罚款；没有违法所得或者违法所得不足 100 万元的，并处 10 万元以上 100 万元以下罚款；基金管理人、基金托管人有上述行为的，还应当对其直接负责的主管人员和其他直接责任人员给予警告，暂停或者撤销基金从业资格，并处 3 万元以上 30 万元以下罚款。

6. 不公平地对待其管理的不同基金财产的法律责任

根据《证券投资基金法》第二十条及第一百二十三条的规定，基金管理人、基金托管人及其董事、监事、高级管理人员和其他从业人员不公平地对待其管理的不同基金财产的，责令改正，没收违法所得，并处违法所得 1 倍以上 5 倍以下罚款；没有违法所得或者违法所得不足 100 万元的，并处 10 万元以上 100 万元以下罚款；基金管理人、基金托管人有上述行为的，还应当对其直接负责的主管人员和其他直接责任人员给予警告，暂停或者撤销基金从业资格，并处 3 万元以上 30 万元以下罚款。

7. 利用基金财产或者职务之便为基金份额持有人以外的人牟取利益的法律责任

根据《证券投资基金法》第二十条及第一百二十三条的规定，基金管理人、基金托管人及其董事、监事、高级管理人员和其他从业人员利用基金财产或者职务之便为基金份额持有人以外的人牟取利益的，责令改正，没收违法所得，并处违法所得 1 倍以上 5 倍以下罚款；没有违法所得或者违法所得不足 100 万元的，并处 10 万元以上 100 万元以下罚款；基金管理人、基金托管人有上述行为的，还应当对其直接负责的主管人员和其他直接责任人员给予警告，暂停或者撤销基金从业资格，并处 3 万元以上 30 万元以下罚款。

8. 向基金份额持有人违规承诺收益或者承担损失的法律责任

根据《证券投资基金法》第二十条及第一百二十三条的规定，基金管理人、基金托管人及其董事、监事、高级管理人员和其他从业人员向基金份额持有人违规承诺收益或者承担损失的，责令改正，没收违法所得，并处违法所得 1 倍以上 5 倍以下罚款；没有违法所得或者违法所得不足 100 万元的，并处 10 万元以上 100 万元以下罚款；基金管理人、基金托管人有上述行为的，还应当对其直接负责的主管人员和其他直接责任人员给予警告，暂停或者撤销基金从业资格，并处 3 万元以上 30 万元以下罚款。

9. 侵占、挪用基金财产的法律责任

根据《证券投资基金法》第二十条及第一百二十三条的规定，基金管理人、基金托管人及其董事、监事、高级管理人员和其他从业人员侵占、挪用基金财产的，责令改正，没收违法所得，并处违法所得 1 倍以上 5 倍以下罚款；没有违法所得或者违法所得不足 100 万元的，并处 10 万元以上 100 万元以下罚款；基金管理人、基金托管人有上述行为的，还应当对其直接负责的主管人员和其他直接责任人员给予警告，暂停或者撤销基金从业资格，并处 3 万元以上 30 万元以下罚款。基金管理人、基金托管人及其董事、监事、高级管理人员和其他从业人员侵占、挪用基金财产而取得的财产和收益，归入基金财产。但是，法律、行政法规另有规定的，依照其规定。

10. 泄露因职务便利获取的未公开信息、利用该信息从事或者明示、暗示他人从事相关的交易活动的法律责任

根据《证券投资基金法》第二十条及第一百二十三条的规定，基金管理人、基金托管人及其董事、监事、高级管理人员和其他从业人员泄露因职务便利获取的未公开信息、利用该信息从事或者明示、暗示他人从事相关的交易活动的，责令改正，没收违法所得，并处违法所得 1 倍以上 5 倍以下罚款；没有违法所得或者违法所得不足 100 万元的，并处 10 万元以上 100 万元以下罚款；基金管理人、基金托管人有上述行为的，还应当对其直接负责的主管人员和其他直接责任人员给予警告，暂停或者撤销基金从业资格，并处 3 万元以上 30 万元以下罚款。

11. 玩忽职守，不按照规定履行职责的法律责任

根据《证券投资基金法》第二十条及第一百二十三条的规定，基金管理人、基金托管人及其董事、监事、高级管理人员和其他从业人员玩忽职守，不按照规定履行职责的，责令改正，没收违法所得，并处违法所得 1 倍以上 5 倍以下罚款；没有违法所得或者违法所得不足 100 万元的，并处 10 万元以上 100 万元以下罚款；基金管理人、基金托管人有上述行为的，还应当对其直接负责的主管人员和其他直接责任人员给予警告，暂停或者撤销基金从业资格，并处 3 万元以上 30 万元以下罚款。

12. 从事法律、行政法规和国务院证券监督管理机构规定禁止的其他行为的法律责任

根据《证券投资基金法》第二十条及第一百二十三条的规定，基金管理人、基金托管人及其董事、监事、高级管理人员和其他从业人员从事法律、行政法规

和国务院证券监督管理机构规定禁止的其他行为的，责令改正，没收违法所得，并处违法所得 1 倍以上 5 倍以下罚款；没有违法所得或者违法所得不足 100 万元的，并处 10 万元以上 100 万元以下罚款；基金管理人、基金托管人有上述行为的，还应当对其直接负责的主管人员和其他直接责任人员给予警告，暂停或者撤销基金从业资格，并处 3 万元以上 30 万元以下罚款。

13. 未按照国务院证券监督管理机构的规定及时履行重大事项报告义务的法律责任

根据《证券投资基金法》第二十三条及第一百二十四条的规定，基金管理人的股东、实际控制人未按照国务院证券监督管理机构的规定及时履行重大事项报告义务的，责令改正，没收违法所得，并处违法所得 1 倍以上 5 倍以下罚款；没有违法所得或者违法所得不足 100 万元的，并处 10 万元以上 100 万元以下罚款；对直接负责的主管人员和其他直接责任人员给予警告，暂停或者撤销基金或证券从业资格，并处 3 万元以上 30 万元以下罚款。

14. 虚假出资或者抽逃出资的法律责任

根据《证券投资基金法》第二十三条及第一百二十四条的规定，基金管理人的股东、实际控制人虚假出资或者抽逃出资的，责令改正，没收违法所得，并处违法所得 1 倍以上 5 倍以下罚款；没有违法所得或者违法所得不足 100 万元的，并处 10 万元以上 100 万元以下罚款；对直接负责的主管人员和其他直接责任人员给予警告，暂停或者撤销基金或证券从业资格，并处 3 万元以上 30 万元以下罚款。

15. 未依法经股东会或者董事会决议擅自干预基金管理人的基金经营活动的法律责任

根据《证券投资基金法》第二十三条及第一百二十四条的规定，基金管理人的股东、实际控制人未依法经股东会或者董事会决议擅自干预基金管理人的基金经营活动的，责令改正，没收违法所得，并处违法所得 1 倍以上 5 倍以下罚款；没有违法所得或者违法所得不足 100 万元的，并处 10 万元以上 100 万元以下罚款；对直接负责的主管人员和其他直接责任人员给予警告，暂停或者撤销基金或证券从业资格，并处 3 万元以上 30 万元以下罚款。

16. 要求基金管理人利用基金财产为自己或者他人牟取利益，损害基金份额持有人利益的法律责任

根据《证券投资基金法》第二十三条及第一百二十四条的规定，基金管理人的股东、实际控制人要求基金管理人利用基金财产为自己或者他人牟取利益，损害基金份额持有人利益的，责令改正，没收违法所得，并处违法所得 1 倍以上

5倍以下罚款；没有违法所得或者违法所得不足100万元的，并处10万元以上100万元以下罚款；对直接负责的主管人员和其他直接责任人员给予警告，暂停或者撤销基金或证券从业资格，并处3万元以上30万元以下罚款。

17. 从事国务院证券监督管理机构规定禁止的其他行为的法律责任

根据《证券投资基金法》第二十三条及第一百二十四条的规定，基金管理人的股东、实际控制人违反法定禁止行为的，责令改正，没收违法所得，并处违法所得1倍以上5倍以下罚款；没有违法所得或者违法所得不足100万元的，并处10万元以上100万元以下罚款；对直接负责的主管人员和其他直接责任人员给予警告，暂停或者撤销基金或证券从业资格，并处3万元以上30万元以下罚款。

18. 基金管理人、基金托管人违反规定，相互出资或者持有股份的法律责任

根据《证券投资基金法》第三十五条及第一百二十六条的规定，基金托管人与基金管理人不得为同一机构，不得相互出资或者持有股份。基金管理人、基金托管人违反上述规定的要求，相互出资或者持有股份的，责令改正，可以处10万元以下罚款。

19. 违反规定动用募集资金的法律责任

根据《证券投资基金法》第六十条及第一百二十八条的规定，基金募集期间募集的资金应当存入专门账户，在基金募集行为结束前，任何人不得动用。违反上述规定的要求，动用募集的资金的，责令返还，没收违法所得，并处违法所得1倍以上5倍以下罚款；没有违法所得或者违法所得不足50万元的，并处5万元以上50万元以下罚款；对直接负责的主管人员和其他直接责任人员给予警告，并处3万元以上30万元以下罚款。

20. 使用基金财产从事违反规定的投资或活动的法律责任

根据《证券投资基金法》第七十三条及第一百二十九条的规定，基金管理人、基金托管人有承销证券；违反规定向他人贷款或者提供担保；从事承担无限责任的投资；买卖其他基金份额，但是国务院证券监督管理机构另有规定的除外；向基金管理人、基金托管人出资以及法律、行政法规和国务院证券监督管理机构规定禁止的其他活动等行为之一的，或者违反《证券投资基金法》有关运用基金财产买卖基金管理人、基金托管人及其控股股东、实际控制人或者与其有其他重大利害关系的公司发行的证券或承销期内承销的证券，或者从事其他重大关联交易的，应当遵循基金份额持有人利益优先的原则，防范利益冲突，符合国务院证券监督管理机构的规定，并履行信息披露义务的规定的，责令改正，处10万元以上100万元以下罚款；对直接负责的主管人员和其他直接责任人员给予

警告，暂停或者撤销基金从业资格，并处3万元以上30万元以下罚款。

基金管理人、基金托管人存在前述违法行为，运用基金财产而取得的财产和收益，归入基金财产。但是，法律、行政法规另有规定的，依照其规定。

21. 从事内幕交易、操纵证券交易价格及其他不正当的证券交易活动的法律责任

根据《证券投资基金法》第七十三条及第一百三十条的规定，基金管理人、基金托管人从事内幕交易、操纵证券交易价格及其他不正当的证券交易活动的，除依照《证券法》的有关规定处罚外，对直接负责的主管人员和其他直接责任人员暂停或者撤销基金从业资格。

根据《证券法》第二百零二条及第二百零三条的规定，证券交易内幕信息的知情人或者非法获取内幕信息的人，在涉及证券的发行、交易或者其他对证券的价格有重大影响的信息公开前，买卖该证券，或者泄露该信息，或者建议他人买卖该证券的，责令依法处理非法持有的证券，没收违法所得，并处以违法所得1倍以上5倍以下的罚款；没有违法所得或者违法所得不足3万元的，处以3万元以上60万元以下的罚款。单位从事内幕交易的，还应当对直接负责的主管人员和其他直接责任人员给予警告，并处以3万元以上30万元以下的罚款。证券监督管理机构工作人员进行内幕交易的，从重处罚。操纵证券市场的，责令依法处理非法持有的证券，没收违法所得，并处以违法所得1倍以上5倍以下的罚款；没有违法所得或者违法所得不足30万元的，处以30万元以上300万元以下的罚款。单位操纵证券市场的，还应当对直接负责的主管人员和其他直接责任人员给予警告，并处以10万元以上60万元以下的罚款。

22. 基金信息披露义务人不依法披露基金信息或者披露的信息有虚假记载、误导性陈述或者重大遗漏的法律责任

根据《证券投资基金法》第七十四条及第一百三十一条的规定，基金管理人、基金托管人和其他基金信息披露义务人应当依法披露基金信息，并保证所披露信息的真实性、准确性和完整性。基金信息披露义务人不依法披露基金信息或者披露的信息有虚假记载、误导性陈述或者重大遗漏的，责令改正，没收违法所得，并处10万元以上100万元以下罚款；对直接负责的主管人员和其他直接责任人员给予警告，暂停或者撤销基金从业资格，并处3万元以上30万元以下罚款。

23. 基金管理人或者基金托管人不按照规定召集基金份额持有人大会的法律责任

根据《证券投资基金法》第八十三条及第一百三十二条的规定，基金份额

持有人大会由基金管理人召集。基金份额持有人大会设立日常机构的，由该日常机构召集；该日常机构未召集的，由基金管理人召集。基金管理人未按规定召集或者不能召开的，由基金托管人召集。基金管理人或者基金托管人不按照上述规定召集基金份额持有人大会的，责令改正，可以处5万元以下罚款；对直接负责的主管人员和其他直接责任人员给予警告，暂停或者撤销基金从业资格。

24. 基金管理人未按规定办理基金备案的法律责任

根据《证券投资基金法》第九十四条及第一百三十四条的规定，非公开募集基金募集完毕，基金管理人应当向中国基金业协会备案，基金管理人未备案的，处10万元以上30万元以下罚款。对直接负责的主管人员和其他直接责任人员给予警告，并处3万元以上10万元以下罚款。

25. 向合格投资者之外的单位或者个人非公开募集资金或者转让基金份额的法律责任

根据《证券投资基金法》第九十一条及第一百三十五条的规定，非公开募集基金，不得向合格投资者之外的单位和个人募集资金或者转让基金份额。违反上述规定，向合格投资者之外的单位或者个人非公开募集资金或者转让基金份额的，没收违法所得，并处违法所得1倍以上5倍以下罚款；没有违法所得或者违法所得不足100万元的，并处10万元以上100万元以下罚款。对直接负责的主管人员和其他直接责任人员给予警告，并处3万元以上30万元以下罚款。

（三）基金服务机构的法律责任

1. 基金销售机构未向投资人充分揭示投资风险并误导其购买与其风险承担能力不相当的基金产品的法律责任

根据《证券投资基金法》第九十八条及第一百三十七条的规定，基金销售机构应当向投资人充分揭示投资风险，并根据投资人的风险承担能力销售不同风险等级的基金产品。基金销售机构未向投资人充分揭示投资风险并误导其购买与其风险承担能力不相当的基金产品的，处10万元以上30万元以下罚款；情节严重的，责令其停止基金服务业务。对直接负责的主管人员和其他直接责任人员给予警告，撤销基金从业资格，并处3万元以上10万元以下罚款。

2. 基金销售支付机构未按照规定划付基金销售结算资金的法律责任

根据《证券投资基金法》第九十九条及第一百三十八条的规定，基金销售支付机构应当按照规定办理基金销售结算资金的划付，确保基金销售结算资金安全、及时划付。基金销售支付机构未按照规定划付基金销售结算资金的，处10万元以上30万元以下罚款；情节严重的，责令其停止基金服务业务。对直接负责的主管人员和其他直接责任人员给予警告，撤销基金从业资格，并处 3 万元以上 10 万元以下罚款。

3. 挪用基金销售结算资金或者基金份额的法律责任

根据《证券投资基金法》第一百条及第一百三十九条的规定，基金销售机构、基金销售支付机构、基金份额登记机构应当确保基金销售结算资金、基金份额的安全、独立，禁止任何单位或者个人以任何形式挪用基金销售结算资金、基金份额。挪用基金销售结算资金或者基金份额的，责令改正，没收违法所得，并处违法所得 1 倍以上 5 倍以下罚款；没有违法所得或者违法所得不足 100 万元的，并处 10 万元以上 100 万元以下罚款。对直接负责的主管人员和其他直接责任人员给予警告，并处 3 万元以上 30 万元以下罚款。

4. 基金份额登记机构未妥善保存或者备份基金份额登记数据的法律责任

根据《证券投资基金法》第一百零二条及第一百四十条的规定，基金份额登记机构应当妥善保存登记数据，并将基金份额持有人名称、身份信息及基金份额明细等数据备份至国务院证券监督管理机构认定的机构。其保存期限自基金账户销户之日起不得少于 20 年。基金份额登记机构未妥善保存或者备份基金份额登记数据的，责令改正，给予警告，并处 10 万元以上 30 万元以下罚款；情节严重的，责令其停止基金服务业务。对直接负责的主管人员和其他直接责任人员给予警告，撤销基金从业资格，并处 3 万元以上 10 万元以下罚款。

5. 基金份额登记机构隐匿、伪造、篡改、毁损基金份额登记数据的法律责任

根据《证券投资基金法》第一百零二条及第一百四十条的规定，基金份额登记机构应当保证登记数据的真实、准确、完整，不得隐匿、伪造、篡改或者毁损。基金份额登记机构隐匿、伪造、篡改、毁损基金份额登记数据的，责令改正，处 10 万元以上 100 万元以下罚款，并责令其停止基金服务业务。对直接负责的主管人员和其他直接责任人员给予警告，撤销基金从业资格，并处 3 万元以上 30 万元以下罚款。

6. 基金投资顾问机构、基金评价机构及其从业人员违反规定开展投资顾问、基金评价服务的法律责任

根据《证券投资基金法》第一百零三条、第一百零四条及第一百四十一条的规定，基金投资顾问机构及其从业人员提供基金投资顾问服务，应当具有合理的依据，对其服务能力和经营业绩进行如实陈述，不得以任何方式承诺或者保证投资收益，不得损害服务对象的合法权益。基金评价机构及其从业人员应当客观公正，按照依法制定的业务规则开展基金评价业务，禁止误导投资人，防范可能

发生的利益冲突。基金投资顾问机构、基金评价机构及其从业人员违反上述规定开展投资顾问、基金评价服务的,处 10 万元以上 30 万元以下罚款;情节严重的,责令其停止基金服务业务。对直接负责的主管人员和其他直接责任人员给予警告,撤销基金从业资格,并处 3 万元以上 10 万元以下罚款。

7. 信息技术系统服务机构未按照规定向国务院证券监督管理机构提供相关信息技术系统资料,或者提供的信息技术系统资料虚假、有重大遗漏的法律责任

根据《证券投资基金法》第一百零五条及第一百四十二条的规定,国务院证券监督管理机构可以要求基金管理人、基金托管人、基金服务机构的信息技术系统服务机构提供该信息技术系统的相关资料。信息技术系统服务机构未按照规定向国务院证券监督管理机构提供相关信息技术系统资料,或者提供的信息技术系统资料虚假、有重大遗漏的,责令改正,处 3 万元以上 10 万元以下罚款。对直接负责的主管人员和其他直接责任人员给予警告,并处 1 万元以上 3 万元以下罚款。

8. 会计师事务所、律师事务所未勤勉尽责,所出具的文件有虚假记载、误导性陈述或者重大遗漏的法律责任

根据《证券投资基金法》第一百零六条及第一百四十三条的规定,律师事务所、会计师事务所接受基金管理人、基金托管人的委托,为有关基金业务活动出具法律意见书、审计报告、内部控制评价报告等文件,应当勤勉尽责,对所依据的文件资料内容的真实性、准确性、完整性进行核查和验证。会计师事务所、律师事务所未勤勉尽责,所出具的文件有虚假记载、误导性陈述或者重大遗漏的,责令改正,没收业务收入,暂停或者撤销相关业务许可,并处业务收入 1 倍以上 5 倍以下罚款。对直接负责的主管人员和其他直接责任人员给予警告,并处 3 万元以上 10 万元以下罚款。

9. 基金服务机构未建立应急等风险管理制度和灾难备份系统,或者泄露与基金份额持有人、基金投资运作相关的非公开信息的法律责任

根据《证券投资基金法》第一百零七条及第一百四十四条的规定,基金服务机构应当勤勉尽责、恪尽职守,建立应急等风险管理制度和灾难备份系统,不得泄露与基金份额持有人、基金投资运作相关的非公开信息。基金服务机构未建立应急等风险管理制度和灾难备份系统,或者泄露与基金份额持有人、基金投资运作相关的非公开信息的,处 10 万元以上 30 万元以下罚款;情节严重的,责令其停止基金服务业务。对直接负责的主管人员和其他直接责任人员给予警告,撤销基金从业资格,并处 3 万元以上 10 万元以下罚款。

(四) 其他行政责任

1. 基金监管机构的行政责任

根据《证券投资基金法》第一百一十五条及第一百四十六条的规定，国务院证券监督管理机构工作人员应当忠于职守，依法办事，公正廉洁，接受监督，不得利用职务牟取私利。证券监督管理机构工作人员玩忽职守、滥用职权、徇私舞弊或者利用职务上的便利索取或者收受他人财物的，依法给予行政处分。

2. 被调查、检查的单位和个人的行政责任

根据《证券投资基金法》第一百一十六条及第一百四十七条的规定，国务院证券监督管理机构依法履行职责时，被调查、检查的单位和个人应当配合，如实提供有关文件和资料，不得拒绝、阻碍和隐瞒。拒绝、阻碍证券监督管理机构及其工作人员依法行使监督检查、调查职权未使用暴力、威胁方法的，依法给予治安管理处罚。

3. 证券市场禁入措施的适用

根据《证券投资基金法》第一百四十八条的规定，违反法律、行政法规或者国务院证券监督管理机构的有关规定，情节严重的，国务院证券监督管理机构可以对有关责任人员采取证券市场禁入的措施。

(五) 其他法律责任

1. 民事责任

根据《证券投资基金法》第一百四十五条的规定，违反《证券投资基金法》的规定，给基金财产、基金份额持有人或者投资人造成损害的，依法承担赔偿责任。基金管理人、基金托管人在履行各自职责的过程中，违反《证券投资基金法》规定或者基金合同约定，给基金财产或者基金份额持有人造成损害的，应当分别对各自的行为依法承担赔偿责任；因共同行为给基金财产或者基金份额持有人造成损害的，应当承担连带赔偿责任。

2. 刑事责任

根据《证券投资基金法》第一百四十九条的规定，违反《证券投资基金法》的规定，构成犯罪的，依法追究刑事责任。

(六) 典型案例

200×年7月到201×年1月，Z某在担任某公募基金的基金经理期间，利用根据公司授权获得的公司管理11只股票型基金、混合基金投资品种信息的查询

权，登陆公司投资管理交易系统查询相关基金的委托、成交流水，使用自己证券账户同步于或者略晚于各基金买入同一公司股票，共交易股票 12 只，累计买入成交金额 300 余万元，亏损 8 万余元。

当地证监局认定，Z 某利用其职务和信息优势，利用未公开信息交易股票的行为，违背基金从业人员对基金及基金份额持有人应负的忠实、勤勉、受托义务，构成了利益冲突行为，损害了有关基金及基金管理人的声誉，损害了投资者对有关基金及基金管理人的信赖和信心，损害了基金财产和基金持有人利益。Z 某的上述行为违反了原《证券投资基金法》第二十条有关基金从业人员不得利用因职务便利获取的未公开信息从事相关交易活动的规定，以及《证券法》第四十三条有关禁止特定人员直接或者借他人名义持有、买卖股票的规定，构成违法行为。根据当事人违法行为的事实、性质、情节与社会危害程度，证监局最后作出如下处罚决定：一是取消 Z 某的基金从业资格；二是对 Z 某处以 20 万元罚款。

第六节　期货交易管理条例

本节重点介绍了《期货交易管理条例》的立法沿革、立法宗旨以及期货市场法律体系的组成；期货的概念、特征及其种类；期货交易所的职责；期货交易所会员管理、内部管理制度的相关规定；期货公司设立的条件；期货公司的业务许可制度；期货交易的基本规则；期货监督管理的基本内容；期货相关法律责任的规定等内容。

一、法规概述

（一）《期货交易管理条例》的立法沿革

我国《期货交易管理条例》于 2007 年 2 月 7 日由国务院第 168 次常务会议通过，自 2007 年 4 月 15 日起施行。根据 2012 年 10 月 24 日国务院令第 627 号《关于修改〈期货交易管理条例〉的决定》，该条例进行了第一次修订。根据 2013 年 7 月 18 日国务院令第 638 号《关于废止和修改部分行政法规的决定》，该条例进行了第二次修订。根据 2016 年 2 月 6 日国务院令第 666 号《关于修改部分行政法规的决定》，该条例进行了第三次修订。

现行《期货交易管理条例》全文共八章、八十六条，涉及期货交易所、期货公司、期货交易基本规则、期货业协会、监督管理、法律责任等内容。

（二）《期货交易管理条例》的立法宗旨

《期货交易管理条例》是规范期货交易行为，加强对期货交易的监督管理，维护期货市场秩序，防范风险，保护期货交易各方的合法权益和社会公共利益，促进期货市场积极稳妥发展的基本法规。

从事期货交易活动，应当遵循公开、公平、公正和诚实信用的原则。禁止欺诈、内幕交易和操纵期货交易价格等违法行为。

（三）期货市场法律体系的组成

我国的期货市场法律体系以《期货交易管理条例》为核心，由行政法规、部门规章、规范性文件及自律规则共同组成，为期货投资活动的正常运行保驾护航。我国的期货市场法律体系主要由下列文件组成：

1. 行政法规

如《期货交易管理条例》等。

2. 部门规章及其他规范性文件

如《期货交易所管理办法》《期货公司监督管理办法》《期货从业人员管理办法》《期货公司风险监管指标管理办法》《证券期货投资者适当性管理办法》《期货公司资产管理业务试点办法》《期货公司期货投资咨询业务试行办法》《境外交易者和境外经纪机构从事境内特定品种期货交易管理暂行办法》《期货公司首席风险官管理规定（试行）》《期货市场客户开户管理规定》等。

3. 自律规则

如《期货从业人员执业行为准则》《期货经营机构投资者适当性管理实施指引（试行）》等。

二、期货相关概念、种类及常用术语

（一）期货相关概念

《期货交易管理条例》（本节简称《条例》）规定了期货交易、期货合约、期权合约等期货的相关概念。

1. 期货交易的定义

期货交易，是指采用公开的集中交易方式或者国务院期货监督管理机构批准的其他方式进行的以期货合约或者期权合约为交易标的的交易活动。

2. 期货合约的定义

期货合约，是指期货交易场所统一制定的、规定在将来某一特定的时间和地点交割一定数量标的物的标准化合约。期货合约包括商品期货合约、金融期货合约及其他期货合约。

3. 期权合约的定义

期权合约，是指期货交易场所统一制定的、规定买方有权在将来某一时间以特定价格买入或者卖出约定标的物（包括期货合约）的标准化合约。

（二）期货的种类

期货因采用保证金交易的方式，而具有杠杆性、高风险性等特征。期货合约包括商品期货合约、金融期货合约及其他期货合约。

1. 商品期货合约

商品期货合约是指以农产品、金属期货、能源和其他商品及其相关指数产品为标的物的期货合约，主要包括农产品期货、金融期货，以及能源期货等合约。

农产品期货品种包括大豆、豆油、豆粕、籼稻、小麦、玉米、棉花、白糖、菜籽油、鸡蛋等。

金属期货品种包括黄金、白银、铜、铝、锡、铅、锌、镍、螺纹钢、线材等。

能源期货品种包括原油、天然气、燃料油等。

2. 金融期货合约

金融期货合约是指以有价证券、利率、汇率等金融产品及其相关指数产品为标的物的期货合约，主要包括股指期货、利率期货以及外汇期货等合约。

股指期货包括英国 FTSE 指数、德国 DAX 指数、东京日经平均指数、香港恒生指数、沪深 300 指数等。

利率期货一般可分为短期利率期货和长期利率期货。中国境内的利率期货品种有国债期货等。

外汇期货是以汇率为标的物的期货合约，用来回避汇率风险。目前中国境内还没有外汇期货品种。

（三）常用术语

《条例》第八十一条规定了与期货交易有关的常用术语。

保证金，是指期货交易者按照规定交纳的资金或者提交的价值稳定、流动性强的标准仓单、国债等有价证券，用于结算和保证履约。

结算，是指根据期货交易所公布的结算价格对交易双方的交易结果进行的资金清算和划转。

交割，是指合约到期时，按照期货交易所的规则和程序，交易双方通过该合约所载标的物所有权的转移，或者按照规定结算价格进行现金差价结算，了结到期未平仓合约的过程。

平仓，是指期货交易者买入或者卖出与其所持合约的品种、数量和交割月份相同但交易方向相反的合约，了结期货交易的行为。

持仓量，是指期货交易者所持有的未平仓合约的数量。

持仓限额，是指期货交易所对期货交易者的持仓量规定的最高数额。

标准仓单，是指交割仓库开具并经期货交易所认定的标准化提货凭证。

涨跌停板，是指合约在1个交易日中的交易价格不得高于或者低于规定的涨跌幅度，超出该涨跌幅度的报价将被视为无效，不能成交。

内幕信息，是指可能对期货交易价格产生重大影响的尚未公开的信息。

三、期货交易所

（一）期货交易所概述

1. 设立期货交易所实行审批制

根据《条例》第六条规定，设立期货交易所，由国务院期货监督管理机构审批。

未经国务院批准或者国务院期货监督管理机构批准，任何单位或者个人不得设立期货交易场所或者以任何形式组织期货交易及其相关活动。

2. 目前中国境内的期货交易所

目前中国境内的期货交易场所分别为郑州商品交易所（ZCE）、上海期货交易所（SHFE）、大连商品交易所（DCE）、中国金融期货交易所（CFFEX）。

郑州商品交易所是我国第一家期货交易所，也是中国中西部地区唯一一家期货交易所，交易的品种有强筋小麦、白糖、甲醇等期货品种。

上海期货交易所目前上市交易的有黄金、白银、铜等期货品种。由上海期货交易所2013年设立的上海国际能源交易中心（INE），目前的交易品种为原油期货等能源类衍生品。

大连商品交易所是中国东北地区唯一一家期货交易所。上市交易的有玉米、塑料、焦炭、鸡蛋等期货品种。

中国金融期货交易所于2006年9月8日在上海正式挂牌成立。交易品种有股指期货、国债期货等。

3. 期货交易所的主要性质

期货交易所不以营利为目的，按照其章程的规定实行自律管理。期货交易所以其全部财产承担民事责任。期货交易所的负责人由国务院期货监督管理机构任免。

期货交易所的管理办法由国务院期货监督管理机构制定。

（二）期货交易所的职责

期货交易所应当依照《条例》和国务院期货监督管理机构的规定，建立、健全各项规章制度，加强对交易活动的风险控制和对会员以及交易所工作人员的监督管理。

期货交易所履行下列职责：

1. 提供交易的场所、设施和服务；
2. 设计合约，安排合约上市；
3. 组织并监督交易、结算和交割；
4. 为期货交易提供集中履约担保；
5. 按照章程和交易规则对会员进行监督管理；
6. 国务院期货监督管理机构规定的其他职责。

期货交易所不得直接或者间接参与期货交易。未经国务院期货监督管理机构审核并报国务院批准，期货交易所不得从事信托投资、股票投资、非自用不动产投资等与其职责无关的业务。

（三）期货交易所的会员管理、内部管理制度

1. 期货交易所的会员管理制度

期货交易所会员应当是在境内登记注册的企业法人或者其他经济组织。期货交易所经事前向中国证监会报告可以实行全员结算制度或者会员分级结算制度。实行会员分级结算制度的期货交易所会员由结算会员和非结算会员组成。实行全员结算制度的期货交易所会员均具有与期货交易所进行结算的资格。实行全员结算制度的期货交易所会员由期货公司会员和非期货公司会员组成。

2. 期货交易所的内部管理制度

(1) 期货交易所人员任命的禁止性规定

有下列情形之一的人员不得担任期货交易所的负责人、财务会计人员：

①因违法行为或者违纪行为被解除职务的期货交易所、证券交易所、证券登记结算机构的负责人，或者期货公司、证券公司的董事、监事、高级管理人员，以及国务院期货监督管理机构规定的其他人员，自被解除职务之日起未逾5年。

②因违法行为或者违纪行为被撤销资格的律师、注册会计师或者投资咨询机构、财务顾问机构、资信评级机构、资产评估机构、验证机构的专业人员，自被撤销资格之日起未逾5年。

(2) 建立健全内控制度

期货交易所应当按照国家有关规定建立、健全下列风险管理制度：

①保证金制度；

②当日无负债结算制度；

③涨跌停板制度；

④持仓限额和大户持仓报告制度；

⑤风险准备金制度；

⑥国务院期货监督管理机构规定的其他风险管理制度。

实行会员分级结算制度的期货交易所，还应当建立、健全结算担保金制度。

(3) 市场异常情况的处理及报告机制

当期货市场出现异常情况时，期货交易所可以按照其章程规定的权限和程序，决定采取下列紧急措施，并应当立即报告国务院期货监督管理机构：

①提高保证金；

②调整涨跌停板幅度；

③限制会员或者客户的最大持仓量；

④暂时停止交易；

⑤采取其他紧急措施。

异常情况，是指在交易中发生操纵期货交易价格的行为或者发生不可抗拒的突发事件以及国务院期货监督管理机构规定的其他情形。异常情况消失后，期货交易所应当及时取消紧急措施。

(4) 相关事项的事先审批机制

期货交易所办理下列事项，应当经国务院期货监督管理机构批准：

①制定或者修改章程、交易规则；

②上市、中止、取消或者恢复交易品种；

③国务院期货监督管理机构规定的其他事项。

国务院期货监督管理机构批准期货交易所上市新的交易品种，应当征求国务院有关部门的意见。

（5）所得收益的使用规范

期货交易所的所得收益按照国家有关规定管理和使用，但应当首先用于保证期货交易场所、设施的运行和改善。

（6）发布行情信息

期货交易所应当及时公布上市品种合约的成交量、成交价、持仓量、最高价与最低价、开盘价与收盘价和其他应当公布的即时行情，并保证即时行情的真实、准确。期货交易所不得发布价格预测信息。

未经期货交易所许可，任何单位和个人不得发布期货交易即时行情。

四、期货公司

（一）设立期货公司实行审批制

根据《条例》第十五条规定，期货公司是依照《公司法》和《条例》规定设立的经营期货业务的金融机构。设立期货公司，应当在公司登记机关登记注册，并经国务院期货监督管理机构批准。

未经国务院期货监督管理机构批准，任何单位或者个人不得设立或者变相设立期货公司，经营期货业务。

（二）设立期货公司的具体条件

根据《条例》第十六条规定，申请设立期货公司，应当符合《公司法》的规定，并具备下列条件：

1. 注册资本最低限额为人民币 3 000 万元；
2. 董事、监事、高级管理人员具备任职条件，从业人员具有期货从业资格；
3. 有符合法律、行政法规规定的公司章程；
4. 主要股东以及实际控制人具有持续盈利能力，信誉良好，最近 3 年无重大违法违规记录；
5. 有合格的经营场所和业务设施；
6. 有健全的风险管理和内部控制制度；
7. 国务院期货监督管理机构规定的其他条件。

国务院期货监督管理机构根据审慎监管原则和各项业务的风险程度，可以提高注册资本最低限额。注册资本应当是实缴资本。股东应当以货币或者期货公司经营必需的非货币财产出资，货币出资比例不得低于85%。

（三）期货公司的业务许可制度

根据《条例》第十七条规定，期货公司业务实行许可制度，由国务院期货监督管理机构按照其商品期货、金融期货业务种类颁发许可证。期货公司除申请经营境内期货经纪业务外，还可以申请经营境外期货经纪、期货投资咨询以及国务院期货监督管理机构规定的其他期货业务。

根据《条例》第二十二条规定，从事期货投资咨询业务的其他期货经营机构应当取得国务院期货监督管理机构批准的业务资格，具体管理办法由国务院期货监督管理机构制定。

1. 期货经纪业务的性质

期货公司从事经纪业务，接受客户委托，以自己的名义为客户进行期货交易，交易结果由客户承担。

2. 期货公司的禁止性业务

（1）期货公司不得从事与期货业务无关的活动，法律、行政法规或者国务院期货监督管理机构另有规定的除外；

（2）期货公司不得从事或者变相从事期货自营业务；

（3）期货公司不得为其股东、实际控制人或者其他关联人提供融资，不得对外担保。

3. 事先审批的业务事项及审批时限

根据《条例》第十九条规定，期货公司办理下列事项，应当经国务院期货监督管理机构批准：

（1）合并、分立、停业、解散或者破产；

（2）变更业务范围；

（3）变更注册资本且调整股权结构；

（4）新增持有5%以上股权的股东或者控股股东发生变化；

（5）国务院期货监督管理机构规定的其他事项。

上述第三项、第五项所列事项，国务院期货监督管理机构应当自受理申请之日起20日内作出批准或者不批准的决定；上述所列其他事项，国务院期货监督管理机构应当自受理申请之日起2个月内作出批准或者不批准的决定。

4. 监管机构注销期货业务许可证的情形

根据《条例》第二十条规定，期货公司或者其分支机构有《行政许可法》

第七十条规定的情形或者下列情形之一的,国务院期货监督管理机构应当依法办理期货业务许可证注销手续:

(1) 营业执照被公司登记机关依法注销;

(2) 成立后无正当理由超过3个月未开始营业,或者开业后无正当理由停业连续3个月以上;

(3) 主动提出注销申请;

(4) 国务院期货监督管理机构规定的其他情形。

期货公司在注销期货业务许可证前,应当结清相关期货业务,并依法返还客户的保证金和其他资产。期货公司分支机构在注销经营许可证前,应当终止经营活动,妥善处理客户资产。

五、期货交易的基本规则

(一) 期货交易规则概述

期货交易实行保证金交易制度、当日无负债结算制度、强行平仓制度、涨跌停板制度、强制减仓制度、大户报告制度、套期保值交易管理制度等。

1. 保证金交易制度

任何期货投资者必须按照其所买卖的期货合约价值的一定比例缴纳资金,用于结算和保证履行。期货交易所向会员收取的保证金,用于担保合约的履行和会员的交易结算,不得挪作他用。

2. 当日无负债结算制度

每一交易日闭市后,期货交易所对期货公司会员,期货公司会员对其客户的盈亏、保证金、税款、手续费等款项进行结算。

3. 强行平仓制度

对期货投资者存在违规超仓、未按规定及时追加交易保证金等违规行为或者交易所规定的其他情形的,期货交易所可以采取强行平仓措施。

4. 涨跌停板制度

涨跌停板的幅度由期货交易所设定,期货交易所可以根据市场风险状况调整涨跌停板幅度。

5. 强制减仓制度

期货交易出现同方向连续单边市等可能引发市场发生重大风险状况的情形,期货交易所可以采取强制减仓措施。

6. 大户报告制度

期货投资者持有某品种合约的数量达到交易所规定的持仓报告标准时,应当按规定向交易所报告其资金、持仓量等情况。

7. 套期保值制度

套期保值是指企业通过在期货市场的操作以规避现货市场交易风险的投资行为。套期保值交易是一种将期货、现货相结合的交易方式。套期保值交易持仓量额度由期货交易所审批。

(二) 期货交易的基本规则

《条例》第四章规定了期货交易的基本规则。

1. 在期货交易所进行期货交易的主体

在期货交易所进行期货交易的,应当是期货交易所会员。

符合规定条件的境外机构,可以在期货交易所从事特定品种的期货交易。具体办法由国务院期货监督管理机构制定。

2. 期货公司接受客户委托交易的要求

期货公司接受客户委托为其进行期货交易,应当事先向客户出示风险说明书,经客户签字确认后,与客户签订书面合同。

3. 不得从事期货交易,且期货公司不得接受其委托为其进行期货交易的单位和个人

(1) 国家机关和事业单位;

(2) 国务院期货监督管理机构、期货交易所、期货保证金安全存管监控机构和期货业协会的工作人员;

(3) 证券、期货市场禁止进入者;

(4) 未能提供开户证明材料的单位和个人;

(5) 国务院期货监督管理机构规定不得从事期货交易的其他单位和个人。

4. 客户下单的方式

客户可以通过书面、电话、互联网或者国务院期货监督管理机构规定的其他方式,向期货公司下达交易指令。客户的交易指令应当明确、全面。

5. 期货公司接受客户委托交易过程中的禁止性行为

(1) 期货公司未经客户委托或者不按照客户委托内容,擅自进行期货交易。

(2) 期货公司向客户作获利保证;在经纪业务中与客户约定分享利益或者共担风险。

(3) 期货公司隐瞒重要事项或者使用其他不正当手段诱骗客户发出交易

指令。

（4）期货公司未为每一个客户单独开立专门账户、设置交易编码，混码交易。

（5）期货公司经营期货经纪业务又同时经营其他期货业务的，未严格执行业务分离和资金分离制度，混合操作。

（6）期货交易所、期货公司、非期货公司结算会员未按照国务院期货监督管理机构、财政部门的规定提取、管理和使用风险准备金，进行挪用。

6. 保证金制度

期货交易应当严格执行保证金制度。期货交易所向会员、期货公司向客户收取的保证金，不得低于国务院期货监督管理机构、期货交易所规定的标准，并应当与自有资金分开，专户存放。

期货交易所向会员收取的保证金，属于会员所有，除用于会员的交易结算外，严禁挪作他用。

期货公司向客户收取的保证金，属于客户所有，除下列可划转的情形外，严禁挪作他用：

（1）依据客户的要求支付可用资金；

（2）为客户交存保证金，支付手续费、税款；

（3）国务院期货监督管理机构规定的其他情形。

客户保证金不足时，应当及时追加保证金或者自行平仓。客户未在期货公司规定的时间内及时追加保证金或者自行平仓的，期货公司应当将该客户的合约强行平仓，强行平仓的有关费用和发生的损失由该客户承担。

7. 收费管理

期货交易的收费项目、收费标准和管理办法由国务院有关主管部门统一制定并公布。

8. 结算制度

期货交易的结算，由期货交易所统一组织进行。

期货交易所实行当日无负债结算制度。期货交易所应当在当日及时将结算结果通知会员。

期货公司根据期货交易所的结算结果对客户进行结算，并应当将结算结果按照与客户约定的方式及时通知客户。客户应当及时查询并妥善处理自己的交易持仓。

9. 交割制度

期货交易的交割，由期货交易所统一组织进行。

交割仓库由期货交易所指定。期货交易所不得限制实物交割总量，并应当与交割仓库签订协议，明确双方的权利和义务。交割仓库不得有下列行为：

（1）出具虚假仓单；

（2）违反期货交易所业务规则，限制交割商品的入库、出库；

（3）泄露与期货交易有关的商业秘密；

（4）违反国家有关规定参与期货交易；

（5）国务院期货监督管理机构规定的其他行为。

10. 期货交易过程中各自承担的违约责任及相应的追偿权

根据《条例》第二十八条规定，会员在期货交易中违约的，期货交易所先以该会员的保证金承担违约责任；保证金不足的，期货交易所应当以风险准备金和自有资金代为承担违约责任，并由此取得对该会员的相应追偿权。

客户在期货交易中违约的，期货公司先以该客户的保证金承担违约责任；保证金不足的，期货公司应当以风险准备金和自有资金代为承担违约责任，并由此取得对该客户的相应追偿权。

11. 保证资料的完整和安全性

期货交易所、期货公司和非期货公司结算会员应当保证期货交易、结算、交割资料的完整和安全。

12. 禁止操纵期货交易价格

任何单位或者个人不得编造、传播有关期货交易的虚假信息，不得恶意串通、联手买卖或者以其他方式操纵期货交易价格。

13. 禁止信贷、财政资金进行期货交易

任何单位或者个人不得违规使用信贷资金、财政资金进行期货交易。

银行业金融机构从事期货交易融资或者担保业务的资格，由国务院银行业监督管理机构批准。

六、期货市场监督管理的基本内容

根据《条例》第五条规定，国务院期货监督管理机构对期货市场实行集中统一的监督管理。国务院期货监督管理机构派出机构依照《条例》的有关规定和国务院期货监督管理机构的授权，履行监督管理职责。

（一）国务院期货监督管理机构的职责

1. 根据《条例》第四十六条规定，国务院期货监督管理机构对期货市场实

施监督管理，依法履行的职责

（1）制定有关期货市场监督管理的规章、规则，并依法行使审批权；

（2）对品种的上市、交易、结算、交割等期货交易及其相关活动，进行监督管理；

（3）对期货交易所、期货公司及其他期货经营机构、非期货公司结算会员、期货保证金安全存管监控机构、期货保证金存管银行、交割仓库等市场相关参与者的期货业务活动，进行监督管理；

（4）制定期货从业人员的资格标准和管理办法，并监督实施；

（5）监督检查期货交易的信息公开情况；

（6）对期货业协会的活动进行指导和监督；

（7）对违反期货市场监督管理法律、行政法规的行为进行查处；

（8）开展与期货市场监督管理有关的国际交流、合作活动；

（9）法律、行政法规规定的其他职责。

2. 设立期货投资者保障基金

根据《条例》第五十条规定，国家根据期货市场发展的需要，设立期货投资者保障基金。

期货投资者保障基金的筹集、管理和使用的具体办法，由国务院期货监督管理机构会同国务院财政部门制定。

3. 设立期货保证金安全存管监控机构

根据《条例》第五十一条规定，国务院期货监督管理机构应当建立、健全保证金安全存管监控制度，设立期货保证金安全存管监控机构。

客户和期货交易所、期货公司及其他期货经营机构、非期货公司结算会员以及期货保证金存管银行，应当遵守国务院期货监督管理机构有关保证金安全存管监控的规定。

4. 对人员的监督管理

根据《条例》第五十三规定，国务院期货监督管理机构对期货交易所和期货保证金安全存管监控机构的董事、监事、高级管理人员，实行资格管理制度。

（二）国务院期货监督管理机构可以采取的措施

根据《条例》第四十七条规定，国务院期货监督管理机构依法履行职责，可以采取下列措施：

1. 对期货交易所、期货公司及其他期货经营机构、非期货公司结算会员、期货保证金安全存管监控机构和交割仓库进行现场检查。

2. 进入涉嫌违法行为发生场所调查取证。

3. 询问当事人和与被调查事件有关的单位和个人，要求其对与被调查事件有关的事项作出说明。

4. 查阅、复制与被调查事件有关的财产权登记等资料。

5. 查阅、复制当事人和与被调查事件有关的单位和个人的期货交易记录、财务会计资料以及其他相关文件和资料；对可能被转移、隐匿或者毁损的文件和资料，可以予以封存。

6. 查询与被调查事件有关的单位的保证金账户和银行账户。

7. 在调查操纵期货交易价格、内幕交易等重大期货违法行为时，经国务院期货监督管理机构主要负责人批准，可以限制被调查事件当事人的期货交易。

8. 法律、行政法规规定的其他措施。

（三）行政监管措施

1. 期货公司及其分支机构不符合持续性经营规则或者出现经营风险，国务院期货监督管理机构可以对期货公司及其董事、监事和高级管理人员采取谈话、提示、记入信用记录等监管措施或者责令期货公司限期整改，并对其整改情况进行检查验收。

期货公司逾期未改正，其行为严重危及期货公司的稳健运行、损害客户合法权益，或者涉嫌严重违法违规正在被国务院期货监督管理机构调查的，国务院期货监督管理机构可以区别情形，对其采取下列措施：

（1）限制或者暂停部分期货业务；

（2）停止批准新增业务；

（3）限制分配红利，限制向董事、监事、高级管理人员支付报酬、提供福利；

（4）限制转让财产或者在财产上设定其他权利；

（5）责令更换董事、监事、高级管理人员或者有关业务部门、分支机构的负责人，或者限制其权利；

（6）限制期货公司自有资金或者风险准备金的调拨和使用；

（7）责令控股股东转让股权或者限制有关股东行使股东权利。

2. 期货公司违法经营或者出现重大风险，严重危害期货市场秩序、损害客户利益。国务院期货监督管理机构可以对该期货公司采取责令停业整顿、指定其他机构托管或者接管等监管措施。经国务院期货监督管理机构批准，可以对该期货公司直接负责的董事、监事、高级管理人员和其他直接责任人员采取以下措施：

（1）通知出境管理机关依法阻止其出境；

（2）申请司法机关禁止其转移、转让或者以其他方式处分财产，或者在财产上设定其他权利。

3. 期货公司的股东有虚假出资或者抽逃出资行为。国务院期货监督管理机构应当责令其限期改正，并可责令其转让所持期货公司的股权。

在股东按照上述要求改正违法行为、转让所持期货公司的股权前，国务院期货监督管理机构可以限制其股东权利。

4. 期货市场出现异常情况。国务院期货监督管理机构可以采取必要的风险处置措施。

5. 期货公司的交易软件、结算软件，应当满足期货公司审慎经营和风险管理以及国务院期货监督管理机构有关保证金安全存管监控规定的要求。

6. 期货公司涉及重大诉讼、仲裁，或者股权被冻结或者用于担保，以及发生其他重大事件时，期货公司及其相关股东、实际控制人应当自该事件发生之日起5日内向国务院期货监督管理机构提交书面报告。

（四）受监管主体的相关义务

1. 向国务院期货监督管理机构报送相关资料的义务

根据《条例》第四十八条规定，期货交易所、期货公司及其他期货经营机构、期货保证金安全存管监控机构，应当向国务院期货监督管理机构报送财务会计报告、业务资料和其他有关资料。

必要时，国务院期货监督管理机构可以要求非期货公司结算会员、交割仓库，以及期货公司股东、实际控制人或者其他关联人报送相关资料。

2. 被检查、调查单位和个人的配合义务

根据《条例》第四十九条规定，国务院期货监督管理机构依法履行职责，进行监督检查或者调查时，被检查、调查的单位和个人应当配合，如实提供有关文件和资料，不得拒绝、阻碍和隐瞒；其他有关部门和单位应当给予支持和配合。

3. 中介服务机构的相关义务

根据《条例》第六十一条规定，会计师事务所、律师事务所、资产评估机构等中介服务机构向期货交易所和期货公司等市场相关参与者提供相关服务时，应当遵守期货法律、行政法规以及国家有关规定，并按照国务院期货监督管理机构的要求提供相关资料。

七、法律责任

根据《条例》第八十条规定，对《条例》规定的违法行为的行政处罚，除条例已有规定的外，由国务院期货监督管理机构决定；涉及其他有关部门法定职权的，国务院期货监督管理机构应当会同其他有关部门处理；属于其他有关部门法定职权的，国务院期货监督管理机构应当移交其他有关部门处理。

（一）行政责任

1. 根据《条例》第六十四条规定，期货交易所、非期货公司结算会员有下列行为之一的，责令改正，给予警告，没收违法所得：

（1）违反规定接纳会员的；
（2）违反规定收取手续费的；
（3）违反规定使用、分配收益的；
（4）不按照规定公布即时行情的，或者发布价格预测信息的；
（5）不按照规定向国务院期货监督管理机构履行报告义务的；
（6）不按照规定向国务院期货监督管理机构报送有关文件、资料的；
（7）不按照规定建立、健全结算担保金制度的；
（8）不按照规定提取、管理和使用风险准备金的；
（9）违反国务院期货监督管理机构有关保证金安全存管监控规定的；
（10）限制会员实物交割总量的；
（11）任用不具备资格的期货从业人员的；
（12）违反国务院期货监督管理机构规定的其他行为。

有上述所列行为之一的，对直接负责的主管人员和其他直接责任人员给予纪律处分，处 1 万元以上 10 万元以下的罚款。

有上述第（2）项所列行为的，应当责令退还多收取的手续费。

期货保证金安全存管监控机构有上述第（5）项、第（6）项、第（9）项、第（11）项、第（12）项所列行为的，依照前述规定处罚、处分。期货保证金存管银行有上述第（9）项、第（12）项所列行为的，依照前述规定处罚、处分。

2. 根据《条例》第六十五条规定，期货交易所有下列行为之一的，责令改正，给予警告，没收违法所得，并处违法所得 1 倍以上 5 倍以下的罚款；没有违法所得或者违法所得不满 10 万元的，并处 10 万元以上 50 万元以下的罚款；情节严重的，责令停业整顿：

（1）未经批准，擅自办理《条例》第十三条所列事项的；

（2）允许会员在保证金不足的情况下进行期货交易的；

（3）直接或者间接参与期货交易，或者违反规定从事与其职责无关的业务的；

（4）违反规定收取保证金，或者挪用保证金的；

（5）伪造、涂改或者不按照规定保存期货交易、结算、交割资料的；

（6）未建立或者未执行当日无负债结算、涨跌停板、持仓限额和大户持仓报告制度的；

（7）拒绝或者妨碍国务院期货监督管理机构监督检查的；

（8）违反国务院期货监督管理机构规定的其他行为。

有上述所列行为之一的，对直接负责的主管人员和其他直接责任人员给予纪律处分，处1万元以上10万元以下的罚款。

期货保证金安全存管监控机构有上述第（3）项、第（7）项、第（8）项所列行为的，依照前述规定处罚、处分。

3. 根据《条例》第六十六条规定，期货公司有下列行为之一的，责令改正，给予警告，没收违法所得，并处违法所得1倍以上3倍以下的罚款；没有违法所得或者违法所得不满10万元的，并处10万元以上30万元以下的罚款；情节严重的，责令停业整顿或者吊销期货业务许可证：

（1）接受不符合规定条件的单位或者个人委托的；

（2）允许客户在保证金不足的情况下进行期货交易的；

（3）未经批准，擅自办理《条例》第十九条所列事项的；

（4）违反规定从事与期货业务无关的活动的；

（5）从事或者变相从事期货自营业务的；

（6）为其股东、实际控制人或者其他关联人提供融资，或者对外担保的；

（7）违反国务院期货监督管理机构有关保证金安全存管监控规定的；

（8）不按照规定向国务院期货监督管理机构履行报告义务或者报送有关文件、资料的；

（9）交易软件、结算软件不符合期货公司审慎经营和风险管理以及国务院期货监督管理机构有关保证金安全存管监控规定的要求的；

（10）不按照规定提取、管理和使用风险准备金的；

（11）伪造、涂改或者不按照规定保存期货交易、结算、交割资料的；

（12）任用不具备资格的期货从业人员的；

（13）伪造、变造、出租、出借、买卖期货业务许可证或者经营许可证的；

（14）进行混码交易的；

（15）拒绝或者妨碍国务院期货监督管理机构监督检查的；

（16）违反国务院期货监督管理机构规定的其他行为。

期货公司有上述所列行为之一的，对直接负责的主管人员和其他直接责任人员给予警告，并处1万元以上5万元以下的罚款；情节严重的，暂停或者撤销期货从业人员资格。

4. 根据《条例》第六十七条规定，期货公司有下列欺诈客户行为之一的，责令改正，给予警告，没收违法所得，并处违法所得1倍以上5倍以下的罚款；没有违法所得或者违法所得不满10万元的，并处10万元以上50万元以下的罚款；情节严重的，责令停业整顿或者吊销期货业务许可证：

（1）向客户作获利保证或者不按照规定向客户出示风险说明书的；

（2）在经纪业务中与客户约定分享利益、共担风险的；

（3）不按照规定接受客户委托或者不按照客户委托内容擅自进行期货交易的；

（4）隐瞒重要事项或者使用其他不正当手段，诱骗客户发出交易指令的；

（5）向客户提供虚假成交回报的；

（6）未将客户交易指令下达到期货交易所的；

（7）挪用客户保证金的；

（8）不按照规定在期货保证金存管银行开立保证金账户，或者违规划转客户保证金的；

（9）国务院期货监督管理机构规定的其他欺诈客户的行为。

期货公司有上述所列行为之一的，对直接负责的主管人员和其他直接责任人员给予警告，并处1万元以上10万元以下的罚款；情节严重的，暂停或者撤销期货从业人员资格。

任何单位或者个人编造并且传播有关期货交易的虚假信息，扰乱期货交易市场的，依照前述规定处罚。

5. 根据《条例》第六十八条规定，期货公司及其他期货经营机构、非期货公司结算会员、期货保证金存管银行提供虚假申请文件或者采取其他欺诈手段隐瞒重要事实骗取期货业务许可的，撤销其期货业务许可，没收违法所得。

6. 根据《条例》第七十八条规定，国务院期货监督管理机构、期货交易所、期货保证金安全存管监控机构和期货保证金存管银行等相关单位的工作人员，泄露知悉的国家秘密或者会员、客户商业秘密，或者徇私舞弊、玩忽职守、滥用职权、收受贿赂的，依法给予行政处分或者纪律处分。

7. 根据《条例》第六十九条规定，期货交易内幕信息的知情人或者非法获取期货交易内幕信息的人，在对期货交易价格有重大影响的信息尚未公开前，利用内幕信息从事期货交易，或者向他人泄露内幕信息，使他人利用内幕信息进行期货交易的，没收违法所得，并处违法所得1倍以上5倍以下的罚款；没有违法所得或者违法所得不满10万元的，处10万元以上50万元以下的罚款。单位从事内幕交易的，还应当对直接负责的主管人员和其他直接责任人员给予警告，并处3万元以上30万元以下的罚款。

国务院期货监督管理机构、期货交易所和期货保证金安全存管监控机构的工作人员进行内幕交易的，从重处罚。

8. 根据《条例》第七十条规定，任何单位或者个人有下列行为之一，操纵期货交易价格的，责令改正，没收违法所得，并处违法所得1倍以上5倍以下的罚款；没有违法所得或者违法所得不满20万元的，处20万元以上100万元以下的罚款：

（1）单独或者合谋，集中资金优势、持仓优势或者利用信息优势联合或者连续买卖合约，操纵期货交易价格的；

（2）蓄意串通，按事先约定的时间、价格和方式相互进行期货交易，影响期货交易价格或者期货交易量的；

（3）以自己为交易对象，自买自卖，影响期货交易价格或者期货交易量的；

（4）为影响期货市场行情囤积现货的；

（5）国务院期货监督管理机构规定的其他操纵期货交易价格的行为。

单位有上述所列行为之一的，对直接负责的主管人员和其他直接责任人员给予警告，并处1万元以上10万元以下的罚款。

（二）关于市场禁入的规定

根据《条例》第七十七条规定，任何单位或者个人违反《条例》规定，情节严重的，由国务院期货监督管理机构宣布该个人、该单位或者该单位的直接责任人员为期货市场禁止进入者。

（三）刑事责任

根据《条例》第七十九条规定，违反《条例》规定，构成犯罪的，依法追究刑事责任。

(四) 典型案例

在 201×年×月至×月期间，顾某存在实际控制或使用 40 多个期货账户，集中资金优势、持仓优势，连续买卖甲醇合约和为影响期货市场行情囤积现货，操纵期货交易价格的行为。

顾某操纵甲醇合约的行为使相关期货合约价格产生非正常波动，形成的期货价格信息严重失真，不能真实反映市场供求关系，严重影响了期货市场价格发现、规避风险等功能的有效发挥，不仅损害了期货投资者的合法利益，也对当前期货市场正常交易秩序产生了严重负面影响，危害后果严重，依法应予严惩。

故中国证监会认定，顾某的上述行为违反了《条例》第三条、第三十九条的规定，构成《条例》第七十条第一款第（一）项、第（四）项所述操纵期货交易价格行为。对顾某处以 100 万元罚款，并实施终身期货市场禁止进入。

第七节 证券公司监督管理条例

本节重点介绍了《证券公司监督管理条例》中有关证券公司的义务及禁止行为、证券公司的设立与变更、证券公司的组织机构、证券公司的业务规则与风险控制、证券公司客户资产的保护、证券公司的监督管理措施与证券公司的法律责任等内容。在有关内容的阐述中，参考了《证券法》《公司法》《证券公司内部控制指引》《证券公司治理准则》《证券公司董事、监事和高级管理人员任职资格监管办法》等法律、规章及其他规范性文件。

一、法规概述

（一）《证券公司监督管理条例》的制定背景

《证券公司监督管理条例》是我国证券市场领域有关证券公司监督管理方面的重要行政法规，于 2008 年 4 月 23 日由国务院第六次常务会议通过并公布，自 2008 年 6 月 1 日起施行。2014 年 7 月 9 日，国务院第 54 次常务会议通过并公布的《国务院关于修改部分行政法规的决定》对《证券公司监督管理条例》的部分内容作了修改，并自公布之日起施行。

（二）《证券公司监督管理条例》的立法宗旨

《证券公司监督管理条例》是为执行《证券法》《公司法》等法律的规定而制定的行政法规。《证券公司监督管理条例》的立法宗旨包括：

1. 加强对证券公司的监督管理

证券公司是证券市场重要的中介机构，在我国证券市场的培育和发展过程中发挥了十分重要的作用。由于我国证券市场诞生历史较短，市场结构及功能有待进一步优化，证券市场诚信体系建设以及证券纠纷解决机制的建设均有待进一步完善。因此，为维护整个金融市场的稳定有序，有必要加强对证券公司的监督和管理。

2. 规范证券公司的行为

证券公司经营行为的规范性直接关系到证券市场的健康发展与广大投资者的切身利益。证券公司的规范运作是国家有关金融政策得以贯彻落实以及证券市场各参与主体合法权益得以实现的保障。只有在证券公司各项经营行为充分规范运作的前提下，才能最大程度地发挥证券市场的积极作用，维护证券交易以及整个金融市场的稳定与安全。

3. 防范证券公司的风险

任何一个企业在经营过程中均会遇到各种各样的风险，证券公司也不例外。作为资本市场的重要参与主体，证券公司在经营中也会遇到各类型风险的挑战。因此，《证券公司监督管理条例》将防范证券公司在经营中遇到的信用风险、市场风险、流动性风险、操作风险、技术风险、政策法规风险和道德风险等作为立法宗旨之一，通过有关制度的安排促进证券公司加强内部控制与风险管理，避免因遭遇风险而影响自身的存续和发展，进而损害对整个证券市场的发展造成损害。

4. 保护投资者的合法权益和社会公共利益

在证券市场的各类交易中，受专业知识、投资经验等因素的影响，投资者处于相对弱势的地位。只有切实保护广大投资者的合法权益，才能充分保障证券市场各类交易行为的公开、公平、公正，推动证券市场不断健康发展。此外，作为经济领域社会活动的一部分，证券市场的各项交易活动应受到法律法规的约束，不能损害社会公共利益。《证券公司监督管理条例》通过各项制度安排对证券公司的经营行为进行规范，以实现保护客户的合法权益与社会公共利益的目的。

5. 促进证券业健康发展

《证券公司监督管理条例》通过加强对证券公司的监督管理，规范证券公司的行为，实现防范证券公司风险以及保护客户合法权益的目的，并最终促进证券业的健康发展，为我国资本市场与国民经济的健康发展创造强有力的支持。

二、证券公司的一般性规定

（一）依法审慎经营、履行诚信义务的规定

根据《证券公司监督管理条例》第二条的规定，证券公司应当遵守法律、行政法规和国务院证券监督管理机构的规定，审慎经营，履行对客户的诚信义务。

1. 依法审慎经营

依法审慎经营是对证券公司的正常经营提出的重要要求。这一要求包括两方面内容：一是"依法经营"；二是"审慎经营"。

依法经营，是指证券公司在经营过程中，应当遵守法律、行政法规和国务院证券监督管理机构的规定，确保经营行为的"合规性"。为了保障证券市场健康、有序的发展，证券公司不仅要遵守各类法律、法规，还应当遵守由国务院证券监督管理机构制定的各类规章及规范性文件，以及其他有立法权限的机构制定的与证券业监督管理有关的法律规范。

审慎经营，是指证券公司应结合自身的财务状况、内控水平、合规程度、高级管理人员素质、专业人员数量等方面的实际情况，开展经营活动，确保各项经营活动可能给证券公司带来的风险处于可控范围内。

2. 履行诚信义务

诚信原则是民商事活动应遵循的重要原则。根据《证券公司治理准则》第二条的规定，证券公司对客户负有诚信义务，不得侵犯客户的财产权、选择权、公平交易权、知情权及其他合法权益。证券公司的股东和实际控制人不得占用客户资产，损害客户合法权益。

证券公司的客户，是证券市场的投资者，与证券公司均是证券市场的重要参与主体。由于交易地位的限制，客户所掌握的信息有限，在证券市场中，其财产权、选择权、公平交易权、知情权及相关合法权益容易被证券公司等其他专业性机构所忽略或侵犯。根据2015年11月4日国务院办公厅发布的《国务院办公厅关于加强金融消费者权益保护工作的指导意见》，银行业机构、证券业机构、保险业机构以及其他从事金融或与金融相关业务的机构应当遵循平等自愿、诚实守

信等原则，充分尊重并自觉保障金融消费者的财产安全权、知情权、自主选择权、公平交易权、依法求偿权、受教育权、受尊重权、信息安全权等基本权利，依法、合规开展经营活动。因此，证券公司履行诚信义务，是培育公平竞争和诚信的市场环境，切实保护金融消费者合法权益，防范和化解金融风险，促进金融业持续健康发展的必要条件。

（二）证券公司股东和实际控制人的禁止行为

根据《证券公司监督管理条例》第三条的规定，证券公司的股东和实际控制人不得滥用权力，占用证券公司或者客户的资产，损害证券公司或者客户的合法权益。

证券公司的股东，特别是控股股东以及证券公司的实际控制人，对公司的经营具有绝对的控制优势，可以通过股东会、股东大会或股资关系、协议及其他安排对证券公司的经营施加影响。在实践中，部分证券公司的股东和实际控制人滥用股东权利或实际控制的优势，通过关联交易、内幕交易、操纵市场或直接挪用的方式，非法占用证券公司或者客户的资产，严重损害了证券公司和客户的合法权益。为避免证券公司的控股股东与实际控制人滥用其控股或实际控制公司的地位，占用证券公司或客户的资金，损害证券公司及客户的合法权益，《证券公司监督管理条例》将上述情形列为禁止性规定，并设专章就客户资产的保护进行规范。

三、证券公司的设立与变更

（一）证券公司的设立条件

设立证券公司，应符合《公司法》《证券法》及《证券公司监督管理条例》的要求。

根据《证券法》第一百二十二条、第一百二十四条的规定，设立证券公司，必须经国务院证券监督管理机构审查批准。设立证券公司，应当具备下列条件：

1. 有符合法律、行政法规规定的公司章程；
2. 主要股东具有持续盈利能力，信誉良好，最近 3 年无重大违法违规记录，净资产不低于人民币 2 亿元；
3. 有符合本法规定的注册资本；
4. 董事、监事、高级管理人员具备任职资格，从业人员具有证券从业资格；

5. 有完善的风险管理与内部控制制度；

6. 有合格的经营场所和业务设施；

7. 法律、行政法规规定的和经国务院批准的国务院证券监督管理机构规定的其他条件。

在上述规定的基础上，《证券公司监督管理条例》对有关内容进一步细化，作了较为具体的规定。

（二）证券公司股东出资的规定

1. 出资方式

根据《证券公司监督管理条例》第九条第一款、第三款的规定，证券公司的股东应当用货币或者证券公司经营必需的非货币财产出资。证券公司股东的非货币财产出资总额不得超过证券公司注册资本的30%。但是，在证券公司经营过程中，证券公司的债权人将其债权转为证券公司股权的，不受前述规定的限制。

2. 验资

我国《公司法》经过修订后，已取消了公司注册中的验资环节，但仍保留有关非货币财产的评估程序。根据《证券公司监督管理条例》第九条第二款的规定，证券公司股东的出资，应当经具有证券、期货相关业务资格的会计师事务所验资并出具证明；出资中的非货币财产，应当经具有证券相关业务资格的资产评估机构评估。

（三）成为持有证券公司5%以上股权的股东、实际控制人资格的禁止性规定

由于证券公司的经营状况关系到广大投资者资金的安全，涉及整个证券市场交易秩序的稳定及社会公众的利益，因此，为了证券公司的正常经营，避免信誉低下、承担风险能力较差的单位或个人控制或影响证券公司的决策而损害广大投资者与社会公众的利益，《证券公司监督管理条例》第十条的规定，有下列情形之一的单位或者个人，不得成为持有证券公司5%以上股权的股东、实际控制人：

1. 因故意犯罪被判处刑罚，刑罚执行完毕未逾3年；

2. 净资产低于实收资本的50%，或者或有负债达到净资产的50%；

3. 不能清偿到期债务。

除上述条件以外，具有国务院证券监督管理机构认定的其他情形的单位与个人也不得成为持有证券公司5%以上股权的股东或实际控制人。其他具体情形将

由国务院证券监督管理机构根据实际情况进行认定。

(四)证券公司的业务范围

根据《证券公司监督管理条例》第十二条的规定,证券公司在设立时的业务范围应当与其财务状况、内部控制制度、合规制度和人力资源状况相适应。具体表现在以下几方面:

1. 财务状况

根据《证券法》第一百二十七条规定,证券公司经营相关业务应当符合法律对注册资本最低限额的要求,国务院证券监督管理机构根据审慎监管原则和各项业务的风险程度,可以调整注册资本最低限额,但不得少于法律规定的限额。并且,证券公司的注册资本应当是实缴资本。

2. 内部控制制度

根据中国证监会于2003年发布的《证券公司内部控制指引》第二条的规定,证券公司内部控制是指证券公司为实现经营目标,根据经营环境变化,对证券公司经营与管理过程中的风险进行识别、评价和管理的制度安排、组织体系和控制措施。根据该指引,证券公司内部控制的主要内容包括经纪业务内部控制、自营业务内部控制、投资银行业务内部控制、受托投资管理业务内部控制、研究咨询业务内部控制、业务创新的内部控制、分支机构内部控制、财务管理内部控制、会计系统内部控制、信息系统内部控制、人力资源管理内部控制等方面。

3. 合规制度

合规制度是证券公司根据合规管理的需要所制定各项制度的统称。根据《证券公司和证券投资基金管理公司合规管理办法》第二条的规定,证券公司的合规,是指证券公司及其工作人员的经营管理和执业行为符合法律、法规、规章及规范性文件、行业规范和自律规则、公司内部规章制度,以及行业普遍遵守的职业道德和行为准则。证券公司的合规管理,是指证券公司制定和执行合规管理制度,建立合规管理机制,防范合规风险的行为。

4. 人力资源状况

人力资源状况主要涉及证券公司的高级管理人员、从业人员的素质与状况。证券公司应根据自身人力资源的实际情况开展各项业务。根据《证券公司董事、监事和高级管理人员任职资格监管办法》第二条、第三条的规定,证券公司高级管理人员(以下简称高管人员),是指证券公司的总经理、副总经理、财务负责人、合规负责人、董事会秘书以及实际履行上述职务的人员。高管人员应当在任职前取得中国证监会核准的任职资格。根据《证券从业人员资格管理暂行规定》

第六条的规定，证券行业从业人员必须取得证券从业人员资格证书后方可在证券专业岗位上工作。

（五）证券公司章程重要条款的变更

1. 章程重要条款的内容

根据《证券公司监督管理条例》第十三条的规定，证券公司章程中的重要条款，是指规定下列事项的条款：

（1）证券公司的名称、住所；
（2）证券公司的组织机构及其产生办法、职权、议事规则；
（3）证券公司对外投资、对外提供担保的类型、金额和内部审批程序；
（4）证券公司的解散事由与清算办法；
（5）国务院证券监督管理机构要求证券公司章程规定的其他事项。

2. 章程重要条款变更的审批程序

根据《证券法》第一百二十九条、《证券公司监督管理条例》第十三条、第十六条、第十七条的规定，证券公司变更公司章程中的重要条款，必须经国务院证券监督管理机构批准，国务院证券监督管理机构应当对变更公司章程中的重要条款进行审查，并在自受理之日起 45 个工作日内，作出批准或者不予批准的书面决定。公司登记机关应当依照法律、行政法规的规定，凭国务院证券监督管理机构的批准文件，办理证券公司及其境内分支机构的设立、变更、注销登记。

（六）证券公司的合并、分立、停业、解散或者破产

证券公司的合并、分立、停业、解散或者破产，是证券公司在存续期间，由于内部（如股东会的决策）或外部（如工商行政管理机关的命令）原因而发生的经营形态的改变。证券公司合并、分立、停业、解散、破产，必须经国务院证券监督管理机构批准。

证券公司合并、分立的，国务院证券监督管理机构应当对合并、分立的申请进行审查，并在自受理之日起 3 个月内作出批准或者不予批准的书面决定。合并、分立中涉及客户权益的重大资产转让应当经具有证券相关业务资格的资产评估机构评估。证券公司停业、解散或者破产的，国务院证券监督管理机构应当对停业、解散、破产的申请进行审查，并在自受理之日起 30 个工作日作出批准或者不予批准的书面决定。证券公司应按照有关规定安置客户、处理未了结的业务。证券公司停止全部证券业务、解散、破产的，还应当在国务院证券监督管理机构指定的报刊上公告，并按照规定将经营证券业务许可证交国务院证券监督管理机构注销。

此外，根据《证券法》第一百五十三条的规定，证券公司违法经营或者出现重大风险，严重危害证券市场秩序、损害投资者利益的，国务院证券监督管理机构可以对该证券公司采取责令停业整顿、指定其他机构托管、接管或者撤销等监管措施。根据《企业破产法》第一百三十四条的规定，证券公司不能清偿到期债务，并且资产不足以清偿全部债务或者明显缺乏清偿能力的，国务院金融监督管理机构可以向人民法院提出对该证券公司进行重整或者破产清算的申请。

（七）证券公司及其境内分支机构的设立、变更、注销登记

证券公司境内分支机构是指在境内从事业务经营活动的分公司、证券营业部等证券公司下属的非法人单位。根据《证券法》第一百二十八条、《证券公司监督管理条例》第十七条的规定，公司登记机关应当依照法律、行政法规的规定，凭国务院证券监督管理机构的批准文件，办理证券公司及其境内分支机构的设立、变更、注销登记。

证券公司在取得公司登记机关颁发或者换发的证券公司或者境内分支机构的营业执照后，应当向国务院证券监督管理机构申请颁发或者换发经营证券业务许可证。经营证券业务许可证应当载明证券公司或者境内分支机构的证券业务范围。未取得经营证券业务许可证，证券公司及其境内分支机构不得经营证券业务。

证券公司撤销境内分支机构的，应当在国务院证券监督管理机构指定的报刊上公告，并按照规定将经营证券业务许可证交国务院证券监督管理机构注销。

四、证券公司的组织机构

公司的组织机构是公司基于正常运行的需要，根据法律规定于公司内部设立的相关职能机构。公司的决策机构、执行机构、监督机构及其人员组成了完整的公司组织机构，各个机构根据章程的规定行使职能，保证公司的正常运作与经营。根据《证券公司监督管理条例》第十八条的规定，证券公司应当依照《公司法》《证券法》和《证券公司监督管理条例》的规定，建立健全组织机构，明确决策、执行、监督机构的职权。

（一）一般规定

根据《公司法》第二章第二节的有关规定，有限责任公司的组织机构包括

股东会、董事会或执行董事、经理和监事会。股份有限公司的组织机构包括股东大会、董事会、经理和监事会。股票在证券交易所上市交易的股份有限公司即上市公司除设立上述机构外，还要设独立董事和董事会秘书。

（二）证券公司组织机构

根据《证券公司监督管理条例》第三章的有关规定，证券公司应根据实际情况依法健全下列组织机构：

1. 独立董事

证券公司可以设独立董事。证券公司的独立董事，不得在本证券公司担任董事会外的职务，不得与本证券公司存在可能妨碍其作出独立、客观判断的关系。

2. 薪酬与提名委员会、审计委员会和风险控制委员会

证券公司经营证券经纪业务、证券资产管理业务、融资融券业务和证券承销与保荐业务中两种以上业务的，其董事会应当设薪酬与提名委员会、审计委员会和风险控制委员会，行使公司章程规定的职权。

证券公司董事会设薪酬与提名委员会、审计委员会的，委员会负责人由独立董事担任。

3. 董事会秘书

证券公司设董事会秘书，负责股东会和董事会会议的筹备、文件的保管以及股东资料的管理，按照规定或者根据国务院证券监督管理机构、股东等有关单位或者个人的要求，依法提供有关资料，办理信息报送或者信息披露事项。董事会秘书为证券公司高级管理人员。

4. 行使证券公司经营管理职权的机构

证券公司设立行使证券公司经营管理职权的机构，应当在公司章程中明确其名称、组成、职责和议事规则，该机构的成员为证券公司高级管理人员。

5. 合规负责人

证券公司设合规负责人，对证券公司经营管理行为的合法合规性进行审查、监督或者检查。合规负责人为证券公司高级管理人员，由董事会决定聘任，并应当经国务院证券监督管理机构认可。合规负责人不得在证券公司兼任负责经营管理的职务。

合规负责人发现违法违规行为，应当向公司章程规定的机构报告，同时按照规定向国务院证券监督管理机构或者有关自律组织报告。

证券公司解聘合规负责人，应当有正当理由，并自解聘之日起 3 个工作日内将解聘的事实和理由书面报告国务院证券监督管理机构。

(三) 任职资格与离任审计

根据《证券公司监督管理条例》第二十四条、第二十五条的规定，证券公司的董事、监事、高级管理人员应当在任职前取得经国务院证券监督管理机构核准的任职资格。证券公司不得聘任、选任未取得任职资格的人员担任前述职务；已经聘任、选任的，有关聘任、选任的决议、决定无效。证券公司的法定代表人或者高级管理人员离任的，证券公司应当对其进行审计，并自其离任之日起2个月内将审计报告报送国务院证券监督管理机构；证券公司的法定代表人或者经营管理的主要负责人离任的，应当聘请具有证券、期货相关业务资格的会计师事务所对其进行审计。审计报告未报送国务院证券监督管理机构的，离任人员不得在其他证券公司任职。

五、证券公司业务规则与风险控制的一般规定

(一) 证券公司及其分支机构的业务经营

根据《证券法》和《证券公司监督管理条例》等法律法规的规定，在外部约束机制方面，证券公司及其分支机构在业务经营上应当符合国家法律、法规的规定，经营相关业务须获得监管部门的批准；在内部约束机制方面，证券公司应当健全内部制度建设，防控风险，加强对分支机构实行集中统一管理。

1. 外部约束

（1）业务的审批

根据《证券公司监督管理条例》第二十六条的规定，证券公司及其境内分支机构从事《证券法》第一百二十五条规定的证券业务，应当遵守《证券法》和《证券公司监督管理条例》的规定。证券公司及其境内分支机构经营的业务应当经国务院证券监督管理机构批准，不得经营未经批准的业务。

根据《证券法》第一百二十五条的规定，经国务院证券监督管理机构批准，证券公司可以经营下列部分或者全部业务：证券经纪；证券投资咨询；与证券交易、证券投资活动有关的财务顾问；证券承销与保荐；证券自营；证券资产管理；其他证券业务。根据《证券公司业务范围审批暂行规定》第七条的规定证券公司设立时，中国证监会依照法定条件核准其业务范围。对新设公司核准的业务不超过4种，但中国证监会另有规定的除外。

（2）注册资本要求

根据《证券法》第一百二十七条的规定，证券公司经营证券经纪、证券投资咨询及与证券交易、证券投资活动有关的财务顾问三项业务的，注册资本最低限额为人民币 5 000 万元；经营证券承销与保荐、证券自营、证券资产管理或其他证券业务四项业务之一的，注册资本最低限额为人民币 1 亿元；经营上述四项业务中两项以上的，注册资本最低限额为人民币 5 亿元。并且，证券公司的注册资本应当是实缴资本。

（3）禁止同业竞争

根据《证券公司监督管理条例》第二十六条的规定，2 个以上的证券公司受同一单位、个人控制或者相互之间存在控制关系的，不得经营相同的证券业务，但国务院证券监督管理机构另有规定的除外。

该规定主要是为了避免因母公司与子公司之间存在同业竞争而损害公司小股东的利益。除非国务院证券监督管理机构另有规定，否则，受同一单位、个人控制或者相互之间存在控制关系的 2 个以上证券公司不得经营相同的证券业务。

2. 内部约束

（1）防范和控制风险

根据《证券公司监督管理条例》第二十七条的规定，证券公司应当按照审慎经营的原则，建立健全风险管理与内部控制制度，防范和控制风险。

根据《证券法》第一百三十五条、第一百三十六条的规定，证券公司从每年的税后利润中提取交易风险准备金，用于弥补证券交易的损失，其提取的具体比例由国务院证券监督管理机构规定。证券公司应当建立健全内部控制制度，采取有效隔离措施，防范公司与客户之间、不同客户之间的利益冲突。证券公司必须将其证券经纪业务、证券承销业务、证券自营业务和证券资产管理业务分开办理，不得混合操作。

（2）加强对分支机构的管理

证券公司应当对分支机构实行集中统一管理，不得与他人合资、合作经营管理分支机构，也不得将分支机构承包、租赁或者委托给他人经营管理。

（二）证券账户的开立与管理

根据《证券法》第一百五十七条的规定，证券账户的设立是证券登记结算机构的职能，我国证券登记结算机构是中国证券登记结算有限责任公司。根据《中国证券登记结算有限责任公司证券账户管理规则》的规定，中国证券登记结算有限责任公司对证券账户实施统一管理，具体账户业务可以委托取得中国证券登记结算有限责任公司开户代理资格，与中国证券登记结算有限责任公司签订开户代理协议,代理中国证券登记结算有限责任公司办理证券账户业务的证券公司等机构办理。

根据《证券公司监督管理条例》第二十八条的规定,证券公司为客户开立证券账户应符合下列规定:

1. 严格审查

证券公司受证券登记结算机构委托,为客户开立证券账户,应当按照证券账户管理规则,对客户申报的姓名或者名称、身份的真实性进行审查。同一客户开立的资金账户和证券账户的姓名或者名称应当一致。

2. 及时备案

证券公司为证券资产管理客户开立的证券账户,应当自开户之日起3个交易日内报证券交易所备案。

3. 禁止提供给他人

关于证券账户的开立与管理具体规则,在"第三章 证券业务规范""第一节 证券经纪"中的"四、证券经纪业务的营运管理"进行详细介绍,本节不作具体展开。

六、证券公司客户资产的保护

证券公司的客户资产,包括客户的交易结算资金和证券、客户的委托资产等。证券公司的客户资产独立于证券公司的自有财产,不得随意挪用和侵占。为加强证券公司客户资产的保护,《证券公司监督管理条例》第五章作了相应的规定,主要内容有:

(一)证券公司客户资产的管理

1. 客户交易结算资金的管理

根据《证券公司监督管理条例》第五十七条的规定,证券公司从事证券经纪业务,其客户的交易结算资金应当存放在指定商业银行,以每个客户的名义单独立户管理。指定商业银行应当与证券公司及其客户签订客户的交易结算资金存管合同,约定客户的交易结算资金存取、划转、查询等事项,并按照证券交易净额结算、货银对付的要求,为证券公司开立客户的交易结算资金汇总账户。客户交易结算资金的存取,应当通过指定商业银行办理。指定商业银行应当保证客户能够随时查询客户交易结算资金的余额及变动情况。指定商业银行的名单,由国务院证券监督管理机构会同国务院银行业监督管理机构确定并公告。

2. 客户委托资产的管理

根据《证券公司监督管理条例》第五十八条的规定，证券公司从事证券资产管理业务，应当将客户的委托资产交由《证券公司监督管理条例》第五十七条第四款规定的指定商业银行或者国务院证券监督管理机构认可的其他资产托管机构托管。资产托管机构应当按照国务院证券监督管理机构的规定和证券资产管理合同的约定，履行安全保管客户的委托资产、办理资金收付事项、监督证券公司投资行为等职责。

（二）证券公司客户资产的独立性

根据《证券公司监督管理条例》第五十九条的规定，客户的交易结算资金、证券资产管理客户的委托资产属于客户，应当与证券公司、指定商业银行、资产托管机构的自有资产相互独立、分别管理。非因客户本身的债务或者法律规定的其他情形，任何单位或者个人不得对客户的交易结算资金、委托资产申请查封、冻结或者强制执行。

（三）证券公司客户资产不得用于提供融资或者担保

根据《证券公司监督管理条例》第六十一条的规定，证券公司不得以证券经纪客户或者证券资产管理客户的资产向他人提供融资或者担保。任何单位或者个人不得强令、指使、协助、接受证券公司以其证券经纪客户或者证券资产管理客户的资产提供融资或者担保。

（四）商业银行、资产托管机构和证券登记结算机构的监督职责

根据《证券公司监督管理条例》第六十二条的规定，指定商业银行、资产托管机构和证券登记结算机构应当对存放在本机构的客户的交易结算资金、委托资金和客户担保账户内的资金、证券的动用情况进行监督，并按照规定定期向国务院证券监督管理机构报送客户的交易结算资金、委托资金和客户担保账户内的资金、证券的存管或者动用情况的有关数据。

指定商业银行、资产托管机构和证券登记结算机构对超出《证券公司监督管理条例》规定的范围，动用客户的交易结算资金、委托资金和客户担保账户内的资金、证券的申请、指令，应当拒绝；发现客户的交易结算资金、委托资金和客户担保账户内的资金、证券被违法动用或者有其他异常情况的，应当立即向国务院证券监督管理机构报告，并抄报有关监督管理机构。

(五) 证券公司客户资产不得动用的例外情形

证券公司客户资产并非在任何条件下均不可动用。根据《证券公司监督管理条例》第五十三条、第五十四条、第六十条的规定，证券公司可以在符合一定条件的情况下，对客户交易结算资金或者委托资金、客户担保账户内的证券或者资金等客户资产进行单方面的处理。

1. 动用客户的交易结算资金或者委托资金的情形

（1）客户进行证券的申购、证券交易的结算或者客户提款；

（2）客户支付与证券交易有关的佣金、费用或者税款；

（3）法律规定的其他情形。

2. 动用客户担保账户内的证券或者资金的情形

（1）法定情形：客户担保账户内的证券或者资金与其债务的比例低于规定的最低维持担保比例、证券公司通知客户在一定的期限内补交差额但客户未能按期交足差额，或者到期未偿还融资融券债务的，证券公司应当立即按照约定处分其担保物。

（2）约定情形：出现法定情形以外的其他约定情形，如客户担保账户内的证券或者资金被司法冻结等。

七、证券公司的监督管理

证券公司在业务经营过程中，必须遵守法律、法规、部门规章及其他规范性法律文件的规定，接受国务院证券监督管理机构的监督管理。根据《证券法》《证券公司监督管理条例》的规定，国务院证券监督管理机构依法对证券公司采取的监督管理措施有：

(一) 信息、材料的报送

证券公司的信息报送分为两类：一类为定期报送，即证券公司依照法律、法规规定的时间及要求主动向国务院证券监督管理机构报送有关信息、资料；另一类为不定期报送，是指证券公司及其股东、实际控制人根据国务院证券监督管理机构的要求报送有关信息、资料。

1. 定期报送

根据《证券法》第一百四十八条，《证券公司监督管理条例》第六十三条、第六十四条、第六十五条的规定，证券公司应当按照规定向国务院证券监督管理机构报送业务、财务等经营管理信息和资料。报送的内容包括年度、月度报告以及临时报告。

(1) 年度、月度报告的内容

证券公司应当自每一会计年度结束之日起 4 个月内，向国务院证券监督管理机构报送年度报告；自每月结束之日起 7 个工作日内，报送月度报告。

年度报告中包括财务会计报告、风险控制指标报告以及国务院证券监督管理机构规定的其他专项报告，并应当附有该会计师事务所出具的内部控制评审报告。

(2) 临时报告的内容

发生影响或者可能影响证券公司经营管理、财务状况、风险控制指标或者客户资产安全的重大事件的，证券公司应当立即向国务院证券监督管理机构报送临时报告。临时报告中，应当说明事件的起因、目前的状态、可能产生的后果和拟采取的相应措施。

(3) 报告的处理

对证券公司报送的年度报告、月度报告，国务院证券监督管理机构应当指定专人进行审核，并制作审核报告。审核人员应当在审核报告上签字。审核中发现问题的，国务院证券监督管理机构应当及时采取相应措施。

2. 不定期报送

根据《证券法》第一百四十八条、《证券公司监督管理条例》第六十七条的规定，国务院证券监督管理机构有权要求证券公司及其股东、实际控制人在指定的期限内提供与证券公司经营管理和财务状况有关的信息、资料。证券公司及其股东、实际控制人向国务院证券监督管理机构报送或者提供的信息、资料，必须真实、准确、完整。

此外，国务院证券监督管理机构可以要求下列单位或者个人，在指定的期限内提供与证券公司经营管理和财务状况有关的资料、信息：

(1) 证券公司的董事、监事、工作人员；

(2) 证券公司控股或者实际控制的企业；

(3) 证券公司的开户银行、指定商业银行、资产托管机构、证券交易所、证券登记结算机构；

(4) 为证券公司提供服务的证券服务机构。

3. 报送要求

根据《证券公司监督管理条例》第六十九条的规定，证券公司以及有关单位和个人披露、报送或者提供的资料、信息应当真实、准确、完整，不得有虚假记载、误导性陈述或者重大遗漏。

(二) 信息披露

根据《证券公司监督管理条例》第六十六条的规定，证券公司应当依法向社会公开披露其基本情况、参股及控股情况、负债及或有负债情况、经营管理状况、财务收支状况、高级管理人员薪酬和其他有关信息。具体办法由国务院证券监督管理机构制定。

(三) 检查

根据《证券公司监督管理条例》第六十八条的规定，国务院证券监督管理机构有权采取下列措施，对证券公司的业务活动、财务状况、经营管理情况进行检查：

1. 询问证券公司的董事、监事、工作人员，要求其对有关检查事项作出说明；
2. 进入证券公司的办公场所或者营业场所进行检查；
3. 查阅、复制与检查事项有关的文件、资料，对可能被转移、隐匿或者毁损的文件、资料、电子设备予以封存；
4. 检查证券公司的计算机信息管理系统，复制有关数据资料。

国务院证券监督管理机构为查清证券公司的业务情况、财务状况，经国务院证券监督管理机构负责人批准，可以查询证券公司及与证券公司有控股或者实际控制关系企业的银行账户。

(四) 行政监管措施

1. 对经营混乱情形的监督管理措施

根据《证券公司监督管理条例》第七十条的规定，国务院证券监督管理机构对治理结构不健全、内部控制不完善、经营管理混乱、设立账外账或者进行账外经营、拒不执行监督管理决定、违法违规的证券公司，应当责令其限期改正，并可以采取下列措施：

（1）责令增加内部合规检查的次数并提交合规检查报告；
（2）对证券公司及其有关董事、监事、高级管理人员、境内分支机构负责人给予谴责；
（3）责令处分有关责任人员，并报告结果；
（4）责令更换董事、监事、高级管理人员或者限制其权利；

（5）对证券公司进行临时接管，并进行全面核查；

（6）责令暂停证券公司或者其境内分支机构的部分或者全部业务、限期撤销境内分支机构。证券公司被暂停业务、限期撤销境内分支机构的，应当按照有关规定安置客户、处理未了结的业务。

此外，根据《证券法》第一百五十二条、第一百五十三条、第一百五十四条的规定，证券公司的董事、监事、高级管理人员未能勤勉尽责，致使证券公司存在重大违法违规行为或者重大风险的，国务院证券监督管理机构可以撤销其任职资格，并责令公司予以更换。证券公司违法经营或者出现重大风险，严重危害证券市场秩序、损害投资者利益的，国务院证券监督管理机构可以对该证券公司采取责令停业整顿、指定其他机构托管、接管或者撤销等监管措施。

在证券公司被责令停业整顿、被依法指定托管、接管或者清算期间，或者出现重大风险时，经国务院证券监督管理机构批准，可以对该证券公司直接负责的董事、监事、高级管理人员和其他直接责任人员采取以下措施：

（1）通知出境管理机关依法阻止其出境；

（2）申请司法机关禁止其转移、转让或者以其他方式处分财产，或者在财产上设定其他权利。

2. 对违法控制证券公司5%以上股权情形的监督管理措施

根据《证券法》第一百二十九条、《证券公司监督管理条例》第七十一条的规定，证券公司变更持有5%以上股权的股东、实际控制人必须经国务院证券监督管理机构批准。任何单位或者个人未经批准，持有或者实际控制证券公司5%以上股权的，国务院证券监督管理机构应当责令其限期改正；改正前，相应股权不具有表决权。

3. 对违反任职资格情形的监督管理措施

根据《公司法》第一百四十六条、《证券法》第一百三十一条、第一百三十二条、第一百三十三条、《证券公司董事、监事和高级管理人员任职资格监管办法》第七条、第八条的规定，证券公司的董事、监事、高级管理人员，应当正直诚实，品行良好，熟悉证券法律、行政法规，具有履行职责所需的经营管理能力，并在任职前取得国务院证券监督管理机构核准的任职资格。根据《证券公司监督管理条例》第七十二条的规定，任何人未取得任职资格，实际行使证券公司董事、监事、高级管理人员或者境内分支机构负责人职权的，国务院证券监督管理机构应当责令其停止行使职权，予以公告，并可以按照规定对其采取证券市场禁入的措施。

4. 对未及时解除不具备任职资格条件人员情形的监督管理措施

根据《证券公司监督管理条例》第七十三条的规定，证券公司董事、监事、高级管理人员或者境内分支机构负责人不再具备任职资格条件的，证券公司应当解除其职务并向国务院证券监督管理机构报告；证券公司未解除其职务的，国务院证券监督管理机构应当责令其解除。

八、法律责任

（一）违反规定持有或者管理证券公司股权的法律责任

根据《证券公司监督管理条例》第八十六条的规定，未经批准，委托他人或者接受他人委托持有或者管理证券公司的股权，或者认购、受让或者实际控制证券公司的股权的，责令改正，给予警告，没收违法所得，并处以违法所得1倍以上5倍以下的罚款；没有违法所得或者违法所得不足10万元的，处以10万元以上60万元以下的罚款；情节严重的，撤销相关业务许可。对直接负责的主管人员和其他直接责任人员给予警告，撤销任职资格或者证券从业资格，并处以3万元以上30万元以下的罚款。

（二）违反证券公司组织机构规定的法律责任

1. 合规负责人未履行报告义务的法律责任

根据《证券公司监督管理条例》第八十九条的规定，合规负责人未按照规定向国务院证券监督管理机构或者有关自律组织报告违法违规行为的，责令改正，给予警告，没收违法所得，并处以违法所得等值罚款；没有违法所得或者违法所得不足3万元的，处以3万元以下的罚款；情节严重的，撤销任职资格或者证券从业资格。

2. 违反董事、监事、高级管理人员、境内分支机构负责人任职资格规定的法律责任

根据《证券公司监督管理条例》第七十七条、《证券法》第一百九十八条的规定，证券公司违反《证券法》《证券公司监督管理条例》的规定，聘任不具有任职资格的人员担任境内分支机构的负责人或者未按照国务院证券监督管理机构依法作出的决定，解除不再具备任职资格条件的董事、监事、高级管理人员、境内分支机构负责人的职务的，由证券监督管理机构责令改正，给予警告，可以并处10万元以上30万元以下的罚款；对直接负责的主管人员给予警告，可以并处3万元以上10万元以下的罚款。

3. 未按照规定进行审计并报送审计报告的法律责任

根据《证券公司监督管理条例》第八十四条的规定，证券公司违反规定，未按照规定对离任的法定代表人或者高级管理人员进行审计，并报送审计报告的，责令改正，给予警告，没收违法所得，并处以违法所得1倍以上5倍以下的罚款；没有违法所得或者违法所得不足3万元的，处以3万元以上30万元以下的罚款。对直接负责的主管人员和其他直接责任人员单处或者并处警告、3万元以上10万元以下的罚款；情节严重的，撤销任职资格或者证券从业资格。

（三）违反业务规则与风险控制一般规定的法律责任

1. 超出范围经营业务的法律责任

根据《证券公司监督管理条例》第八十一条、《证券法》第二百一十九条的规定，证券公司或者其境内分支机构超出国务院证券监督管理机构批准的范围经营业务的，责令改正，没收违法所得，并处以违法所得1倍以上5倍以下的罚款；没有违法所得或者违法所得不足30万元的，处以30万元以上60万元以下罚款；情节严重的，责令关闭。对直接负责的主管人员和其他直接责任人员给予警告，撤销任职资格或者证券从业资格，并处3万元以上10万元以下的罚款。

2. 违反有关分支机构管理规定的法律责任

根据《证券公司监督管理条例》第八十四条的规定，证券公司违反规定，与他人合资、合作经营管理分支机构，或者将分支机构承包、租赁或者委托给他人经营管理的，责令改正，给予警告，没收违法所得，并处以违法所得1倍以上5倍以下的罚款；没有违法所得或者违法所得不足3万元的，处以3万元以上30万元以下的罚款。对直接负责的主管人员和其他直接责任人员单处或者并处警告、3万元以上10万元以下的罚款；情节严重的，撤销任职资格或者证券从业资格。

3. 违反账户实名制规定的法律责任

根据《证券公司监督管理条例》第七十九条、第八十四条、第八十五条，《证券法》第二百零八条的规定，证券公司未按照规定为客户开立账户的，责令改正；情节严重的，处以20万元以上50万元以下的罚款，并对直接负责的董事、高级管理人员和其他直接责任人员，处以1万元以上5万元以下的罚款。证券公司未按照规定将证券资产管理客户的证券账户报证券交易所备案的，责令改正，给予警告，没收违法所得，并处以违法所得1倍以上5倍以下的罚款；没有违法所得或者违法所得不足3万元的，处以3万元以上30万元以下的罚款。对直接负责的主管人员和其他直接责任人员单处或者并处警告、3万元以上10万元以下的罚款；情节严重的，撤销任职资格或者证券从业资格。证券公司将客户的资金账户、证券账户提供给他人使用的，责令改正，没收违法所得，并处以违法所得1倍以上5倍以下的罚款；没有违法所得或者违法所得不足3万元的，处以3万元以上30万元以下的罚款。对直接负责的主管人员和其他直接责任人员给予警告，并处以3万元以上10万元以下的罚款。证券公司为前款规定的违法行为提供自己或者他人的证券交易账户的，除依照前述的规定处罚外，还应当撤销直接负责的主管人员和其他直接责任人员的任职资格或证券从业资格。

4. **违反了解客户原则或适当性原则的法律责任**

根据《证券公司监督管理条例》第八十四条的规定，证券公司未按照规定程序了解客户的身份、财产与收入状况、证券投资经验和风险偏好，或推荐的产品或者服务与所了解的客户情况不相适应的，责令改正，给予警告，没收违法所得，并处以违法所得1倍以上5倍以下的罚款；没有违法所得或者违法所得不足3万元的，处以3万元以上30万元以下的罚款。对直接负责的主管人员和其他直接责任人员单处或者并处警告、3万元以上10万元以下的罚款；情节严重的，撤销任职资格或者证券从业资格。

5. **违反有关合同签订规定的法律责任**

根据《证券公司监督管理条例》第八十四条的规定，证券公司未指定专人向客户讲解有关业务规则和合同内容，并以书面方式向其揭示投资风险或未按照规定与客户签订业务合同，或者未在与客户签订的业务合同中载入规定的必备条款的，责令改正，给予警告，没收违法所得，并处以违法所得1倍以上5倍以下的罚款；没有违法所得或者违法所得不足3万元的，处以3万元以上30万元以下的罚款。对直接负责的主管人员和其他直接责任人员单处或者并处警告、3万元以上10万元以下的罚款；情节严重的，撤销任职资格或者证券从业资格。

6. **未按照规定编制并向客户送交对账单的法律责任**

根据《证券公司监督管理条例》第八十四条的规定，证券公司未按照规定编制并向客户送交对账单的，责令改正，给予警告，没收违法所得，并处以违法所得1倍以上5倍以下的罚款；没有违法所得或者违法所得不足3万元的，处以3万元以上30万元以下的罚款。对直接负责的主管人员和其他直接责任人员单处或者并处警告、3万元以上10万元以下的罚款；情节严重的，撤销任职资格或者证券从业资格。

7. **违反信息查询规定的法律责任**

根据《证券公司监督管理条例》第八十四条的规定，证券公司未按照规定建立并有效执行信息查询制度或未按照规定指定专门部门处理客户投诉的，责令改正，给予警告，没收违法所得，并处以违法所得1倍以上5倍以下的罚款；没有违法所得或者违法所得不足3万元的，处以3万元以上30万元以下的罚款。对直接负责的主管人员和其他直接责任人员单处或者并处警告、3万元以上10万元以下的罚款；情节严重的，撤销任职资格或者证券从业资格。

8. 违反有关委托他人进行业务活动规定的法律责任

根据《证券公司监督管理条例》第八十三条的规定，证券公司委托其他单位或者个人进行客户招揽、客户服务或者产品销售活动的，责令改正，给予警告，没收违法所得，并处以违法所得1倍以上5倍以下的罚款；没有违法所得或者违法所得不足10万元的，处以10万元以上30万元以下的罚款；情节严重的，暂停或者撤销其相关证券业务许可。对直接负责的主管人员和其他直接责任人员，给予警告，并处以3万元以上10万元以下的罚款；情节严重的，撤销任职资格或者证券从业资格。

9. 违反向客户提供投资建议有关规定的法律责任

根据《证券公司监督管理条例》第八十三条的规定，证券公司向客户提供投资建议，对证券价格的涨跌或者市场走势作出确定性的判断的，责令改正，给予警告，没收违法所得，并处以违法所得1倍以上5倍以下的罚款；没有违法所得或者违法所得不足10万元的，处以10万元以上30万元以下的罚款；情节严重的，暂停或者撤销其相关证券业务许可。对直接负责的主管人员和其他直接责任人员，给予警告，并处以3万元以上10万元以下的罚款；情节严重的，撤销任职资格或者证券从业资格。

10. 未按照规定提取一般风险准备金的法律责任

根据《证券公司监督管理条例》第八十四条的规定，证券公司未按照规定提取一般风险准备金的，责令改正，给予警告，没收违法所得，并处以违法所得1倍以上5倍以下的罚款；没有违法所得或者违法所得不足3万元的，处以3万元以上30万元以下的罚款。对直接负责的主管人员和其他直接责任人员单处或者并处警告、3万元以上10万元以下的罚款；情节严重的，撤销任职资格或者证券从业资格。

（四）违反证券经纪业务规定的法律责任

1. 违反规定从事融资融券业务的法律责任

根据《证券公司监督管理条例》第七十八条、《证券法》第二百零五条的规定，证券公司从事证券经纪业务，客户资金不足而接受其买入委托，或者客户证券不足而接受其卖出委托的，没收违法所得，暂停或者撤销相关业务许可，并处以非法融资融券等值以下的罚款。对直接负责的主管人员和其他直接责任人员给予警告，撤销任职资格或者证券从业资格，并处以3万元以上30万元以下的罚款。

2. 证券经纪人违反规定开展业务的法律责任

根据《证券公司监督管理条例》第八十九条的规定，证券经纪人从事业务未向客户出示证券经纪人证书、同时接受多家证券公司的委托，进行客户招揽、客户服务等活动或接受客户的委托，为客户办理证券认购、交易等事项的，责令改正，给予警告，没收违法所得，并处以违法所得等值罚款；没有违法所得或者违法所得不足3万元的，处以3万元以下的罚款；情节严重的，撤销任职资格或者证券从业资格。

3. 诱使客户进行不必要的证券交易的法律责任

根据《证券公司监督管理条例》第八十条的规定，证券公司诱使客户进行不必要的证券交易的，责令改正，处以1万元以上10万元以下的罚款。给客户造成损失的，依法承担赔偿责任。

4. 违反规定收取费用的法律责任

根据《证券公司监督管理条例》第九十条的规定，证券公司违反规定收取费用的，由有关主管部门依法给予处罚。

（五）违反证券自营业务规定的法律责任

1. 未按照规定将证券自营账户报证券交易所备案的法律责任

根据《证券公司监督管理条例》第八十四条的规定，证券公司未按照规定将证券自营账户报证券交易所备案的，责令改正，给予警告，没收违法所得，并处以违法所得1倍以上5倍以下的罚款；没有违法所得或者违法所得不足3万元的，处以3万元以上30万元以下的罚款。对直接负责的主管人员和其他直接责任人员单处或者并处警告、3万元以上10万元以下的罚款；情节严重的，撤销任职资格或者证券从业资格。

2. 违反规定委托他人代为买卖证券的法律责任

根据《证券公司监督管理条例》第八十三条的规定，证券公司委托他人代为买卖证券的，责令改正，给予警告，没收违法所得，并处以违法所得1倍以上5倍以下的罚款；没有违法所得或者违法所得不足10万元的，处以10万元以上30万元以下的罚款；情节严重的，暂停或者撤销其相关证券业务许可。对直接负责的主管人员和其他直接责任人员，给予警告，并处以3万元以上10万元以下的罚款；情节严重的，撤销任职资格或者证券从业资格。

3. 违反证券自营业务风险控制指标的法律责任

根据《证券公司监督管理条例》第八十三条的规定，证券公司从事证券自营业务，投资范围或者投资比例违反规定的，责令改正，给予警告，没收违法所得，并处以违法所得1倍以上5倍以下的罚款；没有违法所得或者违法所得不足10万元的，处以10万元以上30万元以下的罚款；情节严重的，暂停或者撤销其相关证券业务许可。对直接负责的主管人员和其他直接责任人员，给予警告，并处以3万元以上10万元以下的罚款；情节严重的，撤销任职资格或者证券从业资格。

(六) 违反证券资产管理业务规定的法律责任

1. 使用客户资产进行不必要的证券交易的法律责任

根据《证券公司监督管理条例》第八十条的规定，证券公司从事证券资产管理业务时，使用客户资产进行不必要的证券交易的，责令改正，处以1万元以上10万元以下的罚款。给客户造成损失的，依法承担赔偿责任。

2. 违反证券资产管理业务风险控制指标的法律责任

根据《证券公司监督管理条例》第八十三条的规定，证券公司从事证券资产管理业务，投资范围或者投资比例违反规定的，责令改正，给予警告，没收违法所得，并处以违法所得1倍以上5倍以下的罚款；没有违法所得或者违法所得不足10万元的，处以10万元以上30万元以下的罚款；情节严重的，暂停或者撤销其相关证券业务许可。对直接负责的主管人员和其他直接责任人员，给予警告，并处以3万元以上10万元以下的罚款；情节严重的，撤销任职资格或者证券从业资格。

3. 接受一个客户的单笔委托资产价值低于规定的最低限额从事证券资产管理业务的法律责任

根据《证券公司监督管理条例》第八十三条的规定，证券公司从事证券资产管理业务，接受一个客户的单笔委托资产价值低于规定的最低限额的，责令改正，给予警告，没收违法所得，并处以违法所得1倍以上5倍以下的罚款；没有违法所得或者违法所得不足10万元的，处以10万元以上30万元以下的罚款；情节严重的，暂停或者撤销其相关证券业务许可。对直接负责的主管人员和其他直接责任人员，给予警告，并处以3万元以上10万元以下的罚款；情节严重的，撤销任职资格或者证券从业资格。

4. 违反隔离义务的法律责任

根据《证券公司监督管理条例》第八十二条、《证券法》第二百二十条的规定，证券公司在证券自营账户与证券资产管理账户之间或者不同的证券资产管理账户之间进行交易，且无充分证据证明已依法实现有效隔离的，责令改正，没收违法所得，并处以 30 万元以上 60 万元以下的罚款；情节严重的，撤销相关业务许可。对直接负责的主管人员和其他直接责任人员给予警告，并处以 3 万元以上10 万元以下的罚款；情节严重的，撤销任职资格或者证券从业资格。

（七）违反客户资产的保护规定的法律责任

1. 未按照规定存放、管理客户的交易结算资金、委托资金和客户担保账户内的资金、证券的法律责任

根据《证券公司监督管理条例》第八十四条的规定，证券公司未按照规定存放、管理客户的交易结算资金、委托资金和客户担保账户内的资金、证券的，责令改正，给予警告，没收违法所得，并处以违法所得 1 倍以上 5 倍以下的罚款；没有违法所得或者违法所得不足 3 万元的，处以 3 万元以上 30 万元以下的罚款。对直接负责的主管人员和其他直接责任人员单处或者并处警告、3 万元以上 10 万元以下的罚款；情节严重的，撤销任职资格或者证券从业资格。

2. 证券公司股东、实际控制人强令、指使、协助、接受证券公司以证券经纪客户或者证券资产管理客户的资产提供融资或者担保的法律责任

根据《证券公司监督管理条例》第八十六条的规定，证券公司股东、实际控制人违反规定，强令、指使、协助、接受证券公司以证券经纪客户或者证券资产管理客户的资产提供融资或者担保的，责令改正，给予警告，没收违法所得，并处以违法所得 1 倍以上 5 倍以下的罚款；没有违法所得或者违法所得不足 10 万元的，处以 10 万元以上 60 万元以下的罚款；情节严重的，撤销相关业务许可。对直接负责的主管人员和其他直接责任人员给予警告，撤销任职资格或者证券从业资格，并处以 3 万元以上 30 万元以下的罚款。

3. 证券公司、资产托管机构、证券登记结算机构违反规定动用客户的交易结算资金、委托资金和客户担保账户内的资金、证券的法律责任

根据《证券公司监督管理条例》第八十六条的规定，证券公司、资产托管机构、证券登记结算机构违反规定动用客户的交易结算资金和客户担保账户内的资金、证券的，责令改正，给予警告，没收违法所得，并处以违法所得 1 倍以上 5 倍以下的罚款；没有违法所得或者违法所得不足 10 万元的，处以 10 万元以上 60 万元以下的罚款；情节严重的，撤销相关业务许可。对直接负责的主管人员和其他直接责任人员给予警告，撤销任职资格或者证券从业资格，并处以 3 万元以上 30 万元以下的罚款。

4. 资产托管机构、证券登记结算机构对违反规定动用委托资金和客户担保账户内的资金、证券的申请、指令予以同意、执行，或发现委托资金和客户担保账户内的资金、证券被违法动用而未向国务院证券监督管理机构报告的法律责任

根据《证券公司监督管理条例》第八十六条的规定，资产托管机构、证券登记结算机构对违反规定动用委托资金和客户担保账户内的资金、证券的申请、指令予以同意、执行，或发现委托资金和客户担保账户内的资金、证券被违法动用而未向国务院证券监督管理机构报告的，责令改正，给予警告，没收违法所得，并处以违法所得1倍以上5倍以下的罚款；没有违法所得或者违法所得不足10万元的，处以10万元以上60万元以下的罚款；情节严重的，撤销相关业务许可。对直接负责的主管人员和其他直接责任人员给予警告，撤销任职资格或者证券从业资格，并处以3万元以上30万元以下的罚款。

(八) 其他法律责任

1. 证券公司未按照规定公开披露信息，或者公开披露的信息中有虚假记载、误导性陈述或者重大遗漏的法律责任

根据《证券公司监督管理条例》第八十八条第（一）项的规定，证券公司未按照规定公开披露信息，或者公开披露的信息中有虚假记载、误导性陈述或者重大遗漏的，责令改正，给予警告，并处以3万元以上20万元以下的罚款；对直接负责的主管人员和其他直接责任人员，给予警告，可以处以3万元以下的罚款。

2. 证券公司控股或者实际控制的企业、资产托管机构、证券服务机构未按照规定向国务院证券监督管理机构报送、提供有关信息、资料，或者报送、提供的信息、资料中有虚假记载、误导性陈述或者重大遗漏的法律责任

根据《证券公司监督管理条例》第八十八条的规定，证券公司控股或者实际控制的企业、资产托管机构、证券服务机构未按照规定向国务院证券监督管理机构报送、提供有关信息、资料，或者报送、提供的信息、资料中有虚假记载、误导性陈述或者重大遗漏的，责令改正，给予警告，并处以3万元以上20万元以下的罚款；对直接负责的主管人员和其他直接责任人员，给予警告，可以处以3万元以下的罚款。

(九) 典型案例

200×年1月至8月，被告单位A公司为牟取非法利益，在未经中国证监会批准的情况下，擅自开展证券资产委托管理业务，并采取在电视台财经栏目发布

广告等方式招揽客户。至案发日止，该公司接受客户委托管理的资产总值达人民币1 350余万元，非法获利人民币30万余元。法院在审理中认为：A公司的业务模式属于在未经中国证监会批准许可的情况下擅自开展证券业务，违反了法律规定；且本案通过在电视台做广告等方式招揽客户，具有较强的公开性，影响涉及面广，牟利的目的性明显，应以非法经营罪定罪处罚。

根据《证券法》第一百二十二条的规定，未经国务院证券监督管理机构批准，任何单位和个人不得经营证券业务。根据《证券公司监督管理条例》第八条的规定，设立证券公司，应当具备《公司法》《证券法》和本条例规定的条件，并经国务院证券监督管理机构批准。本案中，A公司及被告人孙某从事的业务属于证券业务范围，但并未获得国务院证券监督管理机构批准，因此，被判处非法经营罪。

第二章
证券经营机构管理规范

■ 第一节 公司治理、内部控制与合规管理

本节重点介绍证券公司治理、证券公司内部控制、证券公司合规管理、证券公司信息隔离墙制度、证券公司分类监管及证券公司反洗钱等方面内容。

证券公司治理主要包括：证券公司与股东之间关系的特别规定；证券公司董事会、监事会、高级管理人员的相关要求；证券公司与客户关系的基本原则等内容。

证券公司内部控制主要包括：证券公司各业务部门内部控制的主要内容；证券公司业务创新的相关规定；证券公司内部控制的监督、检查与评价机制等内容。

证券公司合规管理主要包括：合规的基本概念；证券公司合规经营的基本原则要求；公司各层级及全体工作人员的合规管理职责；合规负责人的职责及合规保障要求；证券公司及有关人员违反合规管理规定的监管措施等。

证券公司信息隔离墙制度主要包括：管理敏感信息的基本原则和保密要求；各主体在证券公司信息隔离墙制度建立和执行方面的职责；证券公司跨墙人员基本行为规范；证券公司观察名单、限制名单管理的基本要求。

证券公司分类监管主要包括：分类监管的概念；证券公司分类监管的评价指标体系及评价方法；基于分类监管要求划分的证券公司基本类别等内容。

证券公司的反洗钱主要包括：客户身份识别、客户身份资料及交易记录保存、洗钱和恐怖融资风险评估及客户分类管理、反洗钱保密工作、大额交易和可

疑交易报告、恐怖活动资产冻结及相关工作等内容。

依据和参考的法律、行政法规及规范性文件主要包括《反洗钱法》《证券公司监督管理条例》《证券公司治理准则》《证券公司和证券投资基金管理公司合规管理办法》《证券公司内部控制指引》《证券公司投资银行类业务内部控制指引》《发布证券研究报告暂行规定》《发布证券研究报告执业规范》《证券投资顾问业务暂行规定》《证券公司分类监管规定》《证券公司合规管理实施指引》《证券公司信息隔离墙制度指引》《金融机构反洗钱规定》《证券期货业反洗钱工作实施办法》《金融机构客户身份识别和客户身份资料及交易记录保存管理办法》《金融机构大额交易和可疑交易报告管理办法》《涉及恐怖活动资产冻结管理办法》《证券公司反洗钱工作指引》及《金融机构洗钱和恐怖融资风险评估及客户分类管理指引》等。

一、证券公司治理

（一）证券公司治理的基本要求

1. 建立健全组织架构、明确职责划分

证券公司应当按照《公司法》等法律、行政法规的规定，建立健全"三会一层"的组织架构，明确股东（大）会、董事会、监事会、经理层之间的职责划分。证券公司及其股东、实际控制人、董事、监事、高级管理人员应当遵守法律、行政法规和中国证监会的规定。证券公司的股东和实际控制人不得滥用权力，占用证券公司的资产，损害证券公司的合法权益。

2. 不得侵犯客户合法权益

2005年全国人大常委会修订的《证券法》对证券公司监管的基本制度作了规定。国务院于2008年发布《证券公司监督管理条例》，在《证券法》确立的证券公司客户资产存管机制的基础上进一步明确规定了客户资产的存、托管要求。证券公司对客户负有诚信义务，不得侵犯客户的财产权、选择权、公平交易权、知情权及其他合法权益。证券公司不得挪用客户交易结算资金，不得挪用客户委托管理的资产，不得挪用客户托管在公司的证券。证券公司的股东和实际控制人不得占用客户资产，损害客户合法权益。

3. 建立完备的内部控制体系

证券公司应当按照法律、行政法规和中国证监会的规定建立完备的合规管理、风险管理和内部控制体系。《证券公司监督管理条例》以保护投资者利益和防范证券公司风险为出发点，重点规定了证券经纪业务、证券自营业务、证券资产管理业务和融资融券等主要业务的规则和风险控制措施。从账户实名、持股分散、规模控制等方面，对证券公司自营业务进行了规定；从账户报备、风险揭示、信息披露、禁止保本保底、对有关账户的交易行为实行实时监控等方面，对证券资产管理业务作了规定；从账户开立、融资融券比例、担保品的收取、逐日盯市制度等方面，对融资融券业务作了规定。

（二）证券公司与股东之间关系的特别规定

证券公司对客户负有诚信义务，证券公司股东和实际控制人在行使合法权利的同时不得占用客户资产，损害客户合法权益。《证券公司治理准则》对证券公司的股东、控股股东、实际控制人的行为作出了严格要求，以维护证券公司股东、客户及利益相关者的合法权益。证券公司的股东、控股股东、实际控制人应当特别注意以下几点：

1. 不得滥用权力

证券公司的控股股东、实际控制人不得利用其控制地位或者滥用权力损害证券公司、公司其他股东和公司客户的合法权益。

2. 不得超越职权

证券公司的控股股东不得超越股东（大）会、董事会任免证券公司的董事、监事和高级管理人员。证券公司的股东、实际控制人不得违反法律、行政法规和公司章程的规定干预证券公司的经营管理活动。

3. 依法维护证券公司独立性

证券公司与其股东、实际控制人或者其他关联方应当在业务、机构、资产、财务、办公场所等方面严格分开，各自独立经营、独立核算、独立承担责任和风险。证券公司股东的人员在证券公司兼职的，应当遵守法律、行政法规和中国证监会的规定。

4. 不得开展业务竞争

证券公司的控股股东、实际控制人及其关联方应当采取有效措施，防止与其所控制的证券公司发生业务竞争。证券公司控股其他证券公司的，不得损害所控股的证券公司的利益。

5. 关联交易不得损害公司利益

证券公司的股东、实际控制人及其关联方与证券公司的关联交易不得损害证券公司及其客户的合法权益。证券公司章程应当对重大关联交易及其披露和表决程序作出规定。

在处理与股东及股东关联方之间的关系时,证券公司还应注意,不得有以下行为发生:

(1) 持有股东的股权,但法律、行政法规或者中国证监会另有规定的除外;

(2) 通过购买股东持有的证券等方式向股东输送不当利益;

(3) 股东违规占用公司资产;

(4) 法律、行政法规或者中国证监会禁止的其他行为。

证券公司章程应当规定对外投资、对外担保的类型、金额和内部审批程序。

(三) 对证券公司董事会、监事会、高级管理人员的相关要求

1. 对董事、监事、高级管理人员任职资格、持续监管等方面的要求

强化对董事、监事、高级管理人员的监管,是增强证券公司监管有效性的重要方法。《证券公司监督管理条例》在《证券法》的基础上对证券公司董事、监事、高级管理人员的任职资格、持续监管制度作了细化规定。

任职资格方面,《证券公司监督管理条例》规定证券公司的董事、监事、高级管理人员应当在任职前取得经证券公司注册地所属中国证监会派出机构核准的任职资格。证券公司不得聘任、选任未取得任职资格的人员担任董事、监事或高级管理人员;已经聘任、选任的,有关聘任、选任的决议、决定无效。证券公司董事、监事、高级管理人员或者境内分支机构负责人不再具备任职资格条件的,证券公司应当解除其职务并向中国证监会派出机构报告;证券公司未解除其职务的,中国证监会派出机构应当责令其解除。

经营证券经纪业务、证券资产管理业务、融资融券业务和证券承销与保荐业务中两种以上业务的证券公司,应当建立独立董事制度。其中,证券公司有下列情形之一的,独立董事人数不得少于董事人数的 1/4:

(1) 董事长、经营管理的主要负责人由同一人担任;

(2) 内部董事人数占董事人数 1/5 以上;

(3) 中国证监会认定的其他情形。

独立董事与公司其他董事任期相同,连任时间不得超过 6 年。任何人员最多可以在 2 家证券公司担任独立董事。独立董事在任期内辞职或者被免职的,独立董事本人和证券公司应当分别向公司住所地中国证监会派出机构和股东(大)会提交书面说明。独立董事应当根据法律、行政法规和中国证监会的规定独立履行董事职责,并在股东(大)会年会上提交工作报告。独立董事未履行应尽职责的,应当承担相应的责任。证券公司应当保障独立董事享有与其他董事同等的知情权。

持续监管方面，《证券公司监督管理条例》规定当证券公司出现治理结构不健全、内部控制不完善、经营管理混乱、设立账外账或者进行账外经营等违法违规情况时，中国证监会可以对证券公司及其有关董事、监事、高级管理人员、境内分支机构负责人给予谴责，责令证券公司更换董事、监事、高级管理人员或者限制其权利。

同时，《证券公司监督管理条例》规定，证券公司高级管理人员离任的，公司应当对其进行审计，并自其离任之日起2个月内将审计报告报送中国证监会派出机构；证券公司的法定代表人或者经营管理的主要负责人离任的，应当聘请具有证券、期货相关业务资格的会计师事务所对其进行审计。未报送审计报告的，离任人员不得在其他证券公司任职。

2. 对董事会的要求

在《公司法》的基础上，《证券公司监督管理条例》《证券公司治理准则》对证券公司董事会的设置、议事规则等作出了具体的规定，要求证券公司章程应当明确董事人数。证券公司设董事会的，内部董事人数不得超过董事人数的1/2。证券公司可以聘请外部专业人士担任董事。公司章程应当明确规定董事会的职责、议事方式和表决程序；并应就董事长不能履职或者缺位时，董事长职责的行使作出明确规定。

证券公司董事会每年至少召开两次会议。证券公司章程应当明确规定董事会会议采取通讯表决方式的条件和程序。除由于紧急情况、不可抗力等特殊原因无法举行现场、视频或者电话会议外，董事会会议应当采取现场、视频或者电话会议方式。董事会会议应当制作会议记录，并可以录音，会议记录应当真实、准确、完整地记录会议过程、决议内容、董事发言和表决情况，并依法保存。出席会议的董事和记录人应当在会议记录上签字。会议记录应依法保存。董事会应当在股东（大）会年会上报告并在年度报告中披露董事的履职情况，包括报告期内董事参加董事会会议的次数、投票表决等情况。

证券公司董事会、董事长应当在法定权限范围内行使职权，不得越权干预经理层的经营管理活动。董事会表决有关关联交易的议案时，与交易对方有关联关系的董事应当回避。该次董事会会议由过半数的无关联关系董事出席即可举行，董事会会议所作决议须经无关联关系董事过半数通过。出席董事会的无关联关系董事人数不足3人的，应当将该事项提交股东（大）会审议。

证券公司董事会决议内容违反法律、行政法规或者中国证监会的规定的，监事会应当要求董事会纠正，经理层应当拒绝执行。

证券公司应当设董事会秘书，负责股东（大）会和董事会会议的筹备、文件的保管以及股东资料的管理,按照规定或者根据中国证监会及其派出机构、股东等有关单位或者个人的要求,依法提供有关资料,办理信息报送或者信息披露事项。

3. 对董事会专门委员会的要求

证券公司经营证券经纪业务、证券资产管理业务、融资融券业务和证券承销与保荐业务中两种以上业务的,其董事会应当设立薪酬与提名委员会、审计委员会和风险控制委员会,并应当在公司章程中规定各委员会的组成、职责及其行使方式。专门委员会可以聘请外部专业人士提供服务,由此发生的合理费用由证券公司承担。

专门委员会应当向董事会负责,按照公司章程的规定向董事会提交工作报告。董事会在对与专门委员会职责相关的事项作出决议前,应当听取专门委员会的意见。证券公司董事会各专门委员会应当由董事组成。专门委员会成员应当具有与专门委员会职责相适应的专业知识和工作经验。审计委员会中独立董事的人数不得少于1/2,并且至少有1名独立董事从事会计工作5年以上。薪酬与提名委员会、审计委员会的负责人应当由独立董事担任。

(1) 薪酬与提名委员会的主要职责

薪酬与提名委员会的主要职责包括:

①对董事、高级管理人员的选任标准和程序进行审议并提出意见,搜寻合格的董事和高级管理人员人选,对董事和高级管理人员人选的资格条件进行审查并提出建议;

②对董事和高级管理人员的考核与薪酬管理制度进行审议并提出意见;

③对董事、高级管理人员进行考核并提出建议;

④公司章程规定的其他职责。

(2) 审计委员会的主要职责

审计委员会的主要职责包括:

①监督年度审计工作,就审计后的财务报告信息的真实性、准确性和完整性作出判断,提交董事会审议;

②提议聘请或者更换外部审计机构,并监督外部审计机构的执业行为;

③负责内部审计与外部审计之间的沟通;

④公司章程规定的其他职责。

(3) 风险控制委员会的主要职责

风险控制委员会的主要职责包括:

①对合规管理和风险管理的总体目标、基本政策进行审议并提出意见。

②对合规管理和风险管理的机构设置及其职责进行审议并提出意见。

③对需董事会审议的重大决策的风险和重大风险的解决方案进行评估并提出意见。

④对需董事会审议的合规报告和风险评估报告进行审议并提出意见。

⑤公司章程规定的其他职责。

证券公司董事会设合规委员会的，前述职责中有关合规管理的职责可以由合规委员会行使。

4. 对监事会的要求

证券公司设监事会的，监事会应当设主席，可以设副主席，监事会主席是监事会的召集人。证券公司章程应当规定监事会的职责、议事方式和表决程序。证券公司章程应当明确规定监事会会议采取通讯表决方式的条件和程序。除由于紧急情况、不可抗力等特殊原因无法举行现场、视频或者电话会议外，监事会会议应当采取现场、视频或者电话会议方式。证券公司监事会会议应当制作会议记录，并可以录音，会议记录应当依法保存。监事会应当在股东（大）会年会上报告并在年度报告中披露监事的履职情况，包括报告期内监事参加监事会会议的次数、投票表决等情况。

证券公司监事有权了解公司经营情况，并承担相应的保密义务。证券公司应当将其内部稽核报告、合规报告、月度或者季度财务会计报告、年度财务会计报告及其他重大事项及时报告监事会。监事会应当就公司的财务情况、合规情况向股东（大）会年会作出专项说明。

证券公司监事会可要求公司董事、高级管理人员及其他相关人员出席监事会会议，回答问题。监事会可根据需要对公司财务情况、合规情况进行专项检查，必要时可聘请外部专业人士协助。

对董事、高级管理人员违反法律、行政法规或者公司章程，损害公司、股东或者客户利益的行为，证券公司监事会应当要求董事、高级管理人员限期改正；损害严重或者董事、高级管理人员未在限期内改正的，监事会应当提议召开股东（大）会，并向股东（大）会提出专项议案。对董事会、高级管理人员的重大违法违规行为，监事会应当直接向中国证监会或者其派出机构报告。

5. 对高级管理人员的要求

证券公司的高级管理人员是指证券公司的总经理、副总经理、财务负责人、合规负责人、董事会秘书以及实际履行上述职务的人员。证券公司行使经营管理职责的管理委员会、执行委员会以及类似机构的成员为高级管理人员。

证券公司的高级管理人员对证券公司负有忠实义务和勤勉义务。高级管理人员不得利用职权收受贿赂或者其他非法收入，不得侵占公司的财产。证券公司高级管理人员不得在其他营利性机构兼职，但法律、行政法规或者中国证监会另有规定的除外。

证券公司设总经理的，总经理依据《公司法》、公司章程的规定行使职权，并向董事会负责。证券公司设立管理委员会、执行委员会等机构行使总经理职权的，应当在公司章程中明确其名称、组成、职责和议事规则，其组成人员应当取得证券公司高级管理人员任职资格。证券公司经营管理的主要负责人应当根据董事会或者监事会的要求，向董事会或者监事会报告公司重大合同的签订、执行情况，资金运用情况和盈亏情况。经营管理的主要负责人必须保证报告的真实、准确、完整。

证券公司经理层应当建立责任明确、程序清晰的组织结构，组织实施各类风险的识别与评估工作，并建立健全有效的内部控制制度和机制，及时处理或者改正内部控制中存在的缺陷或者问题。证券公司高级管理人员应当对内部控制不力、不及时处理或者改正内部控制中存在的缺陷或者问题承担相应的责任。

证券公司分管合规管理、风险管理、稽核审计部门的高级管理人员，不得兼任或者分管与合规管理、风险管理、稽核审计职责相冲突的职务或者部门。证券公司高级管理人员应当支持合规管理、风险管理、稽核审计部门的工作。

（四）证券公司与客户关系的基本原则

证券公司对客户负有诚信义务，不得侵犯客户的财产权、选择权、公平交易权、知情权及其他合法权益。

不得挪用、侵占客户资金。证券公司不得挪用客户交易结算资金，不得挪用客户委托管理的资产，不得挪用客户托管在公司的证券。

保守客户秘密。证券公司对客户资料负有保密义务。证券公司有权拒绝其他任何单位或者个人对客户资料的查询，但法律、行政法规或者中国证监会另有规定的除外。

履行法定信息披露义务。证券公司在经营活动中应当履行法定的信息披露义务，保障客户在充分知情的基础上作出决定。证券公司向客户提供产品或者服务应当遵守法律、行政法规和中国证监会的规定，并对有关产品或者服务的内容及风险予以充分披露，不得有虚假陈述、误导及其他欺诈客户的行为。

完善客户沟通、投诉处理机制。证券公司应当设专职部门或者岗位，负责与客户进行沟通，处理客户的投诉等事宜。

履行公司财务报告披露义务。证券公司应当按照规定向社会公众披露本公司经审计的年度财务报告及其他信息，并保证披露信息的真实、准确、完整。证券公司还应当披露董事、监事、高级管理人员薪酬管理信息，至少包括如下方面：（1）薪酬管理的基本制度及决策程序；（2）年度薪酬总额和在董事、监事、高级管理人员之间的分布情况；（3）薪酬延期支付和非现金薪酬情况。

二、证券公司内部控制

证券公司内部控制是指证券公司为实现经营目标，根据经营环境变化，对证券公司经营与管理过程中的风险进行识别、评价和管理的制度安排、组织体系和控制措施。有效的内部控制应当为证券公司实现后述目标提供合理保证：保证经营的合法合规及证券公司内部规章制度的贯彻执行；防范经营风险和道德风险；保障客户及证券公司资产的安全、完整；保证证券公司业务记录、财务信息和其他信息的可靠、完整、及时；提高证券公司经营效率和效果。

（一）证券公司内部控制的基本要求

1. 内部控制应当贯彻的原则

证券公司应当根据自身经营目标和运营状况，结合自身的环境条件，建立有效的内部控制制度、机制。证券公司内部控制应当遵循以下原则，确保内部控制有效：

（1）健全：内部控制应当作到事前、事中、事后控制相统一；覆盖证券公司的所有业务、部门和人员，渗透到决策、执行、监督、反馈等各个环节，确保不存在内部控制的空白或漏洞。

（2）合理：内部控制应当符合国家有关法律法规和中国证监会的有关规定，与证券公司经营规模、业务范围、风险状况及证券公司所处的环境相适应，以合理的成本实现内部控制目标。

（3）制衡：证券公司部门和岗位的设置应当权责分明、相互牵制；前台业务运作与后台管理支持适当分离。

（4）独立：承担内部控制监督检查职能的部门应当独立于证券公司其他部门。

2. 内部控制制度机制建设的基本要求

《证券公司内部控制指引》对证券公司建立规范、有效的内部控制制度、机制提出了以下方面的基本要求：

（1）树立合法合规经营的理念和风险控制优先的意识，健全证券公司行为准则和员工道德规范，营造合规经营的制度文化环境。

（2）采取切实有效的措施杜绝挪用客户交易结算资金、客户委托管理的资产及客户托管的证券等行为，确保客户资产的安全完整。

（3）根据经营环境的变化，建立动态的净资本监控机制，确保净资本符合有关监管指标的要求。

（4）加强法人统一管理，建立具体、明确、合理的授权、检查和逐级问责制度，明确界定部门、分支机构的目标、职责和权限，确保其在授权范围内行使经营管理职能。证券公司业务授权应当采取书面形式。

（5）主要业务部门之间建立健全隔离墙制度，确保经纪、自营、受托投资管理、投资银行、研究咨询等业务相对独立。电脑部门、财务部门、监督检查部门与业务部门的人员不得相互兼任，资金清算人员不得由电脑部门人员和交易部门人员兼任。

（6）不断完善业务、财务、人力资源等综合信息管理系统，根据自身实际加强业务运作的后台管理，完善集中清算、集中核算、客户资料集中管理等制度。提高实时预警、监控、防范风险的能力。

（7）建立业务风险识别、评估和控制的完整体系，运用包括敏感性分析在内的多种手段，对信用风险、市场风险、流动性风险、操作风险、技术风险、政策法规风险和道德风险等进行持续监控，明确风险管理流程和风险化解方法。

（8）建立健全包括授权管理、岗位职责、监督检查、考核奖惩等在内的各项内部管理制度。对经纪、自营、投资银行、受托投资管理、研究咨询以及创新业务等制定统一的业务流程和操作规范，针对业务的主要风险点和风险性质，制定明确的控制措施。

（9）大力加强自有资金和客户资金的风险控制，建立自有资金运用的决策、审核、批准、监控相分离的管理体系，加强资金额度控制和资金使用的日常监控，对资金异常变动和大额资金存取等行为重点监控。建立畅通、高效的信息交流渠道和重大事项报告制度，以及内部员工和客户的信息反馈机制，确保信息准确传递，确保董事会、监事会、经理人员及监督检查部门及时了解证券公司的经营和风险状况，确保各类投诉、可疑事件和内控缺陷得到妥善处理。

（10）真实、全面、及时地记载各项业务，充分发挥会计的核算监督职能，确保信息资料的真实与完整；建立完备的业务台账系统，并通过业务台账系统和会计核算系统交叉印证，防止出现账外经营、账目不清等问题。

（11）按照专人管理、相互牵制、适当审批、严格登记的原则，加强对合同、票据、印章、密押等的管理。重要合同和票据有连号控制、作废控制、空白凭证控制以及领用登记控制等专门措施。证券公司公章、合同专用章、业务专用章、财务专用章、电子印鉴等的保管、审批、使用等应适当分离、相互牵制。

（12）加强对各类档案包括各种会议记录与决议、经营协议、客户资料、交易记录、凭证账表、投诉与纠纷处理记录以及各类法规、制度等档案的妥善保管和分类管理。

（13）建立危机处理机制和程序，制订切实有效的应急应变措施和预案。

3. 内部控制的组织结构要求

证券公司应当建立健全公司治理结构，包括科学的决策程序与议事规则，高效、严谨的业务运作系统，健全、有效的内部监督和反馈系统，以及有效的激励约束机制。

证券公司应当根据不同的工作岗位及其性质，赋予其相应的职责和权限，各个岗位应当有明确的岗位职责说明和清晰的报告关系。证券公司应建立清晰合理的组织结构，依据所处环境和自身经营特点设立严密有效的三道业务监控防线：

（1）建立重要一线岗位双人、双职、双责为基础的第一道防线，并加强对单人单岗业务的监控。与资金、有价证券、重要空白凭证、业务合同、印章等直接接触的岗位和涉及信息系统安全的岗位，应当实行双人负责制。

（2）建立相关部门、相关岗位之间相互制衡、监督的第二道防线。不同部门应有明确的职责分工，不相容职务应适当分离。

（3）建立独立的监督检查部门对各项业务、各部门、各分支机构、各岗位全面实施监控、检查和反馈的第三道防线。

（二）证券公司各类业务内部控制的主要内容

1. 经纪业务内部控制

证券公司经纪业务内部控制应重点防范挪用客户交易结算资金及其他客户资产、非法融入融出资金以及结算风险等。具体而言，经纪业务方面，证券公司应当：

（1）加强经纪业务整体规划，加强营业网点布局、规模、选址以及软、硬件技术标准（含升级）等的统一规划和集中管理。

（2）制定统一完善的经纪业务标准化服务规程、操作规范和相关管理制度。

（3）制定标准化的开户文本格式，制定统一的开户程序，要求所属证券营业部按照程序认真审核客户资料的真实性和完整性，关注客户资金来源的合法性。

（4）建立对录入证券交易系统的客户资料等内容的复核和保密机制；妥善

保管客户开户、交易及其他资料，杜绝非法修改客户资料；完善客户查询、咨询和投诉处理等制度，确保客户能够及时获知其账户、资金、交易、清算等方面的完整信息。

（5）要求所属证券营业部与客户签订代理交易协议，协议中除载明双方权利义务和风险提示外，还应列示营业部可从事的合法业务范围及证券公司授权的业务内容，向客户明示证券公司禁止营业部从事的业务内容。

（6）针对账户管理、资金存取及划转、委托与撤单、清算交割、指定交易及转托管、查询及咨询等业务环节存在的风险，制定操作程序和具体控制措施。

（7）对开户、资金存取及划转、接受委托、清算交割等重要岗位应适当分离，客户资金与自有资金严格分开运作、分开管理。

（8）在证券营业部采用统一的柜面交易系统，并加强对柜面交易系统的风险评估，严防通过修改柜面交易系统的功能及数据从事违法违规活动；证券公司应采取严密的系统安全措施、严格的授权进入及记录制度，并开启系统的审计留痕功能。

（9）实行法人集中清算制度及客户交易结算资金集中管理制度，保证客户交易结算资金的安全，防范结算风险。

（10）建立对托管证券等的登记程序与独立监控机制，严防发生挪用客户托管的证券等进行抵押、回购或卖空交易及其他损害客户利益的行为。

（11）通过身份认证、证件审核、密码管理、指令记录等措施，加强对交易清算系统的管理，确保交易清算系统的安全。

（12）建立健全经纪业务的实时监控系统。证券公司的监督检查部门或其他独立部门负责对证券营业部资金划转、证券转移、交易活动进行实时监控，并对异常资金流转、异常证券转移、异常交易及违规行为实时预警。

（13）定期、不定期地对证券营业部交易系统、财务系统和清算系统进行检查，加强交易信息与财务信息、清算信息的核对，确保相关信息与证券交易所、登记结算公司、商业银行等提供的信息相符。

（14）建立交易数据安全备份制度，对交易数据采取多介质备份与异地备份相结合的数据备份方式，确保交易数据的安全完整。

（15）网上交易系统应采取有效的身份认证及访问控制措施，应详细记录客户的网上交易和查询过程。加强交易方身份识别，并对访问权限进行控制，确保交易的安全、可靠。

（16）网上交易系统应采用防火墙、入侵检测等措施保障网络安全，采用高强加密等有效技术手段，防止客户数据被窃取、篡改。

（17）对于网络中断、委托中断、客户数据丢失、银证转账故障、交易服务器故障以及出现供电中断、火灾、抢劫等紧急情况，应制定和定期修订灾难恢复和应急处理预案，建立应急演习机制，确保及时有效地处理各种故障和危机。

（18）建立投资者教育与信息沟通机制，向投资者充分揭示投资风险，加强与投资者信息沟通。

（19）建立交易清算差错的处理程序和审批制度，建立重大交易差错的报告制度，明确交易清算差错的纠纷处理，防止出现隐瞒不报、擅自处理差错等情况。差错处理应留审计痕迹。

（20）建立由相对独立人员对重点客户进行定期回访的制度。

2. 自营业务内部控制

证券公司应加强自营业务投资决策、资金、账户、清算、交易和保密等的管理，重点防范规模失控、决策失误、超越授权、变相自营、账外自营、操纵市场、内幕交易等的风险。具体而言，自营业务方面，证券公司应当：

（1）建立健全自营决策机构和决策程序，加强对自营业务的投资策略、规模、品种、结构、期限等的决策管理。

（2）通过合理的预警机制、严密的账户管理、严格的资金审批调度、规范的交易操作及完善的交易记录保存制度等，控制自营业务运作风险。

（3）建立健全自营业务的授权体系，确保自营部门及员工在授权范围内行使相应的职责。

（4）自营业务的研究策划、投资决策、交易执行、交易记录、资金清算和风险监控等职能应相对分离；重要投资要有详细研究报告、风险评估及决策记录。

（5）加强自营账户的集中管理和访问权限控制。自营账户应由独立于自营业务的部门统一管理，建立自营账户审批和稽核制度；采取措施防止变相自营、账外自营、出借账户等风险；防止自营业务与受托投资管理业务混合操作。

（6）建立完善的交易记录制度，加强电子交易数据的保存和备份管理，确保自营交易清算数据的安全、真实和完整，并确保自营部门和会计核算部门对自营浮动盈亏进行恰当的记录和报告。

（7）建立独立的实时监控系统。证券公司的监督检查部门或其他独立监控部门负责对证券持仓、盈亏状况、风险状况和交易活动进行有效监控，并定期对自营业务进行压力测试，确保自营业务各项风险指标符合监管指标的要求并控制在证券公司承受范围内。

（8）加强对参与投资决策和交易活动人员的监察，通过定期述职和签订承诺书等方式提高其自律意识，防止利用内幕消息为自己及他人谋取不当利益。

（9）确保自营资金来源的合法性。

3. 投资银行类业务内部控制

证券公司投资银行类业务包括：承销与保荐、上市公司并购重组财务顾问、公司债券受托管理、非上市公司推荐、资产证券化等其他具有投资银行特性的业务。证券公司开展投资银行类业务时，应当按照《证券公司内部控制指引》和《证券公司投资银行类业务内部控制指引》的规定，建立健全内部控制体系和机制，保障内部控制有效执行。在对投资银行类业务进行内部控制时，应重点防范因管理不善、权责不明、未勤勉尽责等原因导致的法律风险、财务风险及道德风险，杜绝虚假承销行为。

（1）组织体系方面，证券公司应当构建清晰、合理的投资银行类业务内部控制组织架构，建立分工合理、权责明确、相互制衡、有效监督的三道内部控制防线：

①项目组、业务部门为内部控制的第一道防线，项目组应当诚实守信、勤勉尽责开展执业活动，业务部门应当加强对业务人员的管理，确保其规范执业。

②质量控制为内部控制的第二道防线，应当对投资银行类业务风险实施过程管理和控制，及时发现、制止和纠正项目执行过程中的问题。

③内核、合规、风险管理等部门或机构为内部控制的第三道防线，应当通过介入主要业务环节、把控关键风险节点，实现公司层面对投资银行类业务风险的整体管控。

（2）内部控制保障方面，《证券公司投资银行类业务内部控制指引》要求证券公司：

①应当建立健全投资银行类业务制度体系，对各类业务活动制定全面、统一的业务管理制度和操作流程，并及时更新、评估和完善。

②应当对投资银行类业务承作实行集中统一管理，明确界定总部与分支机构的职责范围，确保其在授权范围内开展业务活动。非单一从事投资银行类业务的证券公司分支机构不得开展除项目承揽等辅助性活动以外的投资银行类业务，专门从事资产管理业务的证券公司分支机构开展资产证券化业务除外。

③在开展投资银行类业务时，应当在综合评估项目执行成本基础上合理确定报价，不得存在违反公平竞争、破坏市场秩序等行为。

④应当在综合考虑前端项目承做和后端项目管理基础上合理测算、分配投资银行类业务执行费用，保证足够的费用投入，避免因费用不足影响业务质量。

⑤应当建立健全合理的高级管理人员分工制度，严格防范利益冲突。分管投

资银行类业务的高级管理人员不得同时管理与投资银行类业务存在或可能存在利益冲突的部门或机构。

⑥投资银行业务部门应当为每个投资银行类项目配备具备相关专业知识和履职能力、数量适当的业务人员，保证投资银行类项目的执行质量。

⑦投资银行业务部门应当建立项目管理制度，及时掌握项目情况和业务人员的执业活动。

⑧投资银行业务部门应当建立对业务人员资格、流动等管理制度，加强对业务人员行为的管理。

⑨应当根据投资银行类业务特点制定科学、合理的薪酬考核体系，合理设定考核指标、权重及方式，与不同岗位的职责要求相适应。不得以业务包干等承包方式开展投资银行类业务，或者以其他形式实施过度激励。

⑩不得将投资银行类业务人员薪酬收入与其承做的项目收入直接挂钩，应当综合考虑其专业胜任能力、执业质量、合规情况、业务收入等各项因素。

⑪应当针对管理和执行投资银行类项目的主要人员建立收入递延支付机制，合理确定收入递延支付标准，明确递延支付人员范围、递延支付年限和比例等内容。对投资银行类项目负有主要管理或执行责任人员的收入递延支付年限原则上不得少于 3 年。

⑫应当为投资银行类业务配备具备相应专业知识和履职能力的内部控制人员，独立开展投资银行类业务内部控制工作。投资银行类业务专职内部控制人员数量不得低于投资银行类业务人员总数的 1/10。专职内部控制人员是指证券公司中以履行投资银行类业务质量控制、内核、合规、风险管理等内部控制职能为主要职责的从业人员。

⑬应当建立内部控制人员回避制度，明确回避的情形。内部控制人员不得参与存在利益冲突等可能影响其公正履行职责的项目审核、表决工作。

⑭应当按照《证券公司和证券投资基金管理公司合规管理办法》为投资银行类业务配备专职合规管理人员，赋予其明确的职责和权限。

⑮应当建立科学、合理的投资银行类业务内部控制人员薪酬考核体系，保证内部控制人员独立、有效地履行内部控制职责。内部控制人员的薪酬收入不得与单个投资银行类项目收入挂钩。内部控制人员工作称职的，其薪酬收入总额应当不低于公司同级别人员的平均水平。

⑯应当建立健全投资银行类业务风险事项报告制度，明确各类投资银行业务和各业务环节可能存在的报告情形、报告主体、路径和时限等要求，保证投资银行业务负责人、内部控制部门能够及时掌握相关业务风险。

⑰应当建立健全内部问责机制,明确问责范围、问责形式和种类、问责程序等内容,落实责任追究。

⑱应当建立健全应急处理机制,在投资银行类业务开展过程中出现或可能出现风险事件时,成立应急处理小组,制定应急处理方案,牵头组织具体处置工作。证券公司合规、风险管理等内部控制部门应当作为小组成员参与应急处理工作。

⑲应当针对投资银行类业务不同类型和业务环节的特点,细化信息隔离墙制度,防范利益冲突。

⑳应当与投资银行类业务人员及相关知情人员签订保密协议。投资银行类业务人员及相关知情人员应当严格遵守保密制度和保密协议的规定,不得传播或泄露内幕信息,不得进行内幕交易,不得非法为自己或他人谋取利益。

㉑应当建立健全未公开信息知情人管理制度,对接触未公开信息的业务人员及相关人员进行登记备案,防止未公开信息被泄露或滥用。

㉒应当根据投资银行业务类型和业务环节的不同,细化反洗钱要求,加强对客户身份的识别、可疑报告、客户资料及交易记录保存、反洗钱培训与宣传等工作。

㉓应当建立健全投资银行类业务合规检查制度,明确合规检查的范围、频次、内容、程序等要求,并形成书面检查报告存档备查。

㉔应当根据监管要求、业务发展等情况的需要,建立内部控制执行效果定期评估机制。证券公司应当自行或委托外部专业机构对投资银行类业务内部控制的有效性进行全面评估。内部控制执行效果评估每年不得少于1次。对于因投资银行类业务涉嫌违法违规而被中国证监会立案调查的证券公司,应当在45日内对内部控制执行效果进行评估。证券公司应当于评估工作完成后30日内向中国证监会相关派出机构报送内部控制执行有效性评估报告,说明评估及整改情况。

㉕委托外部机构对投资银行类业务内部控制有效性进行评估的,应当对外部机构的独立性和专业性进行审慎调查,避免发生利益冲突。证券公司依法应当承担的责任不因委托外部机构而免除。

4. 受托投资管理业务内部控制

证券公司在建立健全受托投资管理业务内部控制体制机制时,应重点防范规模失控、决策失误、越权操作、账外经营、挪用客户资产和其他损害客户利益的行为以及保本保底所导致的风险。具体而言,受托投资管理业务方面,证券公司应当:

（1）由受托投资管理部门统一管理受托投资管理业务。受托投资管理业务应与自营业务严格分离，独立决策、独立运作。

（2）针对业务受理、投资运作、资金清算、财务核算等环节制定规范的业务流程、操作规范和控制措施，有效防范各类风险。

（3）对委托人的资信状况、收益预期、风险承受能力、投资偏好等进行了解，并关注委托人资金来源的合法性。

（4）根据法律、法规和中国证监会的规定，制定规范的受托投资管理合同，公平对待委托人。受托投资管理合同中不得有承诺收益条款。

（5）与委托人签订受托投资管理合同，严格合同审批程序。证券公司应在合同约定的权限内管理受托资产，严格控制风险。

（6）封闭运作、专户管理受托资产，确保客户资金与自有资金的分户管理、独立运作，确保受托资产的安全、完整。证券公司应创造条件积极引入有资质的银行作为托管人托管受托资产。

（7）建立规范的风险预警机制，由独立的监督检查部门或风险控制部门监控受托投资管理业务的运作状况，进行定期或不定期的检查、评价。

（8）加强受托投资管理业务的合同、交易、投诉处理等档案资料的集中管理，确保对浮动盈亏进行恰当的记录，并向委托人及时提供受托资产估值和风险状况的信息。

（9）制定明确、详细的受托投资管理业务信息披露制度，保证委托人的知情权。合同到期后，编制的结算报告应由委托人进行确认，必要时由中介机构或托管人审核。

（10）根据自身的管理能力及风险控制水平，合理控制受托投资管理业务规模。

5. 研究咨询业务内部控制

证券公司在对研究咨询业务进行内部控制的过程中，应重点防范传播虚假信息、误导投资者、无资格执业、违规执业，以及利益冲突等的风险。具体而言，研究咨询业务方面，证券公司应当：

（1）加强研究咨询业务的统一管理，完善研究咨询业务规范和人员管理制度，制定适当的执业回避、信息披露和隔离墙等制度，防止利益冲突。

（2）加强对客户的了解，及时为客户提供有针对性的证券投资咨询服务，与客户保持畅通的沟通渠道，及时妥善处理客户咨询和投诉。

（3）通过部门设置、人员管理、信息管理等方面的隔离措施，建立健全研究咨询部门与投资银行、自营等部门之间的隔离墙制度；对跨隔离墙的人员、业务应有完整记录，并采取静默期等措施；对跨越隔离墙的业务、人员应实行重点监控。

（4）加强对各营业场所"工作室"（包括网上工作室）和集会性投资咨询活动的集中管理和风险控制，确保向公众提供证券投资咨询服务人员具备证券投资咨询人员执业资格，确保相关活动已履行报备手续，确保证券公司所辖营业场所没有非法投资咨询活动。

（5）加强证券投资咨询执业人员的管理和执业资格（证书）的管理，确保不存在人员兼职和挂靠，对执业人员发生变动的应及时办理变更（包括离开咨询岗位）手续。

（6）建立健全研究咨询业务档案和客户服务档案，包括客户服务记录、对公众荐股记录、研究报告及公开发表的研究咨询文章等，履行相关资料的备案义务。

（7）建立健全研究对象覆盖、信息收集、调研、证券研究报告制作、质量控制、合规审查、证券研究报告发布以及相关销售服务等关键环节的管理制度，加强流程管理和内部控制。

（8）建立健全与发布证券研究报告相关的利益冲突防范机制，明确管理流程、披露事项和操作要求，有效防范发布证券研究报告与其他证券业务之间的利益冲突。

（9）建立合理的发布证券研究报告相关人员绩效考核和激励机制，以维护发布证券研究报告行为的独立性。

6. 证券投资顾问业务内部控制

证券投资顾问业务是证券公司、证券投资咨询机构接受客户委托，按照约定，向客户提供涉及证券及证券相关产品的投资建议服务，辅助客户作出投资决策，并直接或者间接获取经济利益的经营活动。证券公司、证券投资咨询机构从事证券投资顾问业务，应当：

（1）建立健全证券投资顾问业务管理制度、合规管理和风险控制机制，覆盖业务推广、协议签订、服务提供、客户回访、投诉处理等业务环节。

（2）保证证券投资顾问人员数量、业务能力、合规管理和风险控制与服务方式、业务规模相适应。

（3）按照公司制定的程序和要求了解客户，评估客户的风险承受能力，向客户提供适当的投资建议服务，并履行相应的信息告知和风险揭示义务。

（4）与客户签订证券投资顾问协议，并按照公平、合理、自愿的原则，与客户协商并书面约定费用收取安排。证券投资顾问服务费应当以公司账户收取。

（5）建立客户回访机制，明确客户回访的程序、内容和要求，并指定专人独立实施；建立客户投诉处理机制，及时、妥善处理客户投诉事项。

（6）规范业务推广和客户招揽行为，禁止对服务能力和过往业绩进行虚假、不实、误导性的营销宣传，禁止以任何方式承诺或者保证投资收益。

（7）对业务推广、协议签订、服务提供、客户回访、投诉处理等环节实行留痕管理。业务档案保存期限自协议终止之日起不得少于5年。

（三）证券公司业务创新的相关规定

证券公司对业务创新应重点防范违法违规、规模失控、决策失误等风险，始终坚持合法合规、审慎经营的原则，加强集中管理和风险控制。证券公司在开展业务创新时，应当建立相关机制，包括但不限于：

1. 建立完整的业务创新工作程序，严格内部审批程序，对可行性研究、产品或业务设计、风险管理、运作与实施方案等作出明确要求，并经董事会批准。

2. 在可行性研究的基础上，及时与中国证监会沟通，履行创新业务的报备（报批）程序。

3. 对创新业务设计科学合理的流程，制定风险控制措施及相应财务核算、资金管理办法。

4. 注重业务创新的过程控制，及时纠正偏离目标行为。

证券公司应当建立针对新业务的风险管理制度和流程，明确需满足的条件和公司内部审批路径。新业务应当经风险管理部门评估并出具评估报告。证券公司应充分了解新业务模式，并评估公司是否有相应的人员、系统及资本开展该项业务。董事会、经理层、相关业务部门、分支机构、子公司和风险管理部门应当充分了解新业务的运作模式、估值模型及风险管理的基本假设、各主要风险以及压力情景下的潜在损失。

（四）证券公司内部控制的监督、检查与评价机制

证券公司应当建立合理的内部控制监督、检查与评价机制，确保内部控制的有效性。证券公司应明确董事会、监事会、经理人员等各层级的内部控制职责。

1. 董事会负责督促、检查和评价证券公司各项内部控制制度的建立与执行情况，对内部控制的有效性负最终责任；每年至少进行一次全面的内部控制检查评价工作，并形成相应的专门报告。董事会应对中国证监会、外部审计机构和证券公司监督检查部门等对证券公司内部控制提出的问题和建议认真研究并督促落实。

2. 监事会应对董事会、经理人员履行职责的情况进行监督，对证券公司财务情况和内部控制建设及执行情况实施必要的检查，督促董事会、经理人员及时纠正内部控制缺陷，并对督促检查不力等情况承担相应责任。

3. 经理人员负责建立健全责任明确、程序清晰的组织结构，组织实施各类风险的识别与评估，建立健全有效的内部控制机制和内部控制制度，及时纠正内部控制存在的缺陷和问题，并对内部控制不力及不及时纠正内部控制缺陷等承担相应责任。

证券公司应有高级管理人员专门负责证券公司内部控制的监督、检查与评价工作。该高级管理人员和监督检查部门负责人可列席证券公司任何会议。负责监督检查部门的高级管理人员不得兼管业务部门。

4. 业务部门和分支机构的负责人负责对其业务范围内的具体作业程序和风险控制措施进行自我检查和评价，并接受证券公司上级管理部门和监督检查部门的业务检查和指导。

5. 直接从事业务经营活动的业务部门和分支机构的相关人员有义务向证券公司报告内部控制的缺陷，并及时加以纠正。相关人员应对违反职责范围内的内部控制导致的风险和损失承担首要责任。

证券公司应设立监督检查部门或岗位，独立履行合规检查、财务稽核、业务稽核、风险控制等监督检查职能，负责提出内部控制缺陷的改进建议并敦促有关责任单位及时改进。监督检查部门对证券公司董事会负责，并应同时向经理人员和监事会报告证券公司内部控制的建设与执行情况。证券公司应当为监督检查部门配备足够的具有法律、财会、计算机以及相关业务技能、经验的专业人员，确保监督检查部门的人员具有专业胜任能力，并为监督检查部门及人员履行职责提供必要的条件。

监督检查部门应加强对内部控制执行情况的现场检查、非现场检查和常规稽核、非常规稽核，并将检查结果报证券公司注册地中国证监会派出机构。证券公司所有部门和人员应当积极配合监督检查部门的工作，对拒绝、阻挠监督检查部门工作和打击、报复、陷害监督检查人员的行为应严肃处理。此外，证券公司应积极配合中国证监会及外部审计机构对证券公司内部控制情况的检查和评价，不得以任何形式干预、阻挠。

（五）典型案例

某证券公司在股票质押式回购交易中，未对资金融出方进行前端控制，造成其管理的某定向资管产品账户出现大额透支，直至次日上午才将透支金额补足。

由于该定向资管产品采取的是证券公司清算模式，虽然其账户资金未到位，但该公司当日客户备付金账户中的资金足额，所以该笔回购交易并未失败，造成该证券公司客户交易结算资金出现缺口。

上述情况违反了《证券公司监督管理条例》第三十七条，《证券公司内部控制指引》第九条、第三十四条的规定，反映出该证券公司内部控制不完善。地方证监局根据《证券公司监督管理条例》第七十条的规定，对证券公司采取责令增加内部合规检查次数的监督管理措施。

三、证券公司合规管理

中国证监会于 2008 年 7 月发布《证券公司合规管理试行规定》，在证券行业推行合规管理制度。经过多年实践，证券经营机构合规管理工作取得了积极成效。为促进证券公司进一步加强内部合规管理，增强自我约束能力，中国证监会于 2017 年颁布实施了统一适用于证券、基金行业经营机构的《证券公司和证券投资基金管理公司合规管理办法》。中国证券业协会颁布实施了《证券公司合规管理实施指引》，指导行业机构有效落实新规，进一步提升合规管理水平。

（一）证券公司合规、合规管理及合规风险的概念

证券公司的合规是指证券公司及其工作人员的经营管理和执业行为符合法律、法规、规章及规范性文件、行业规范和自律规则、公司内部规章制度，以及行业普遍遵守的职业道德和行为准则。

证券公司的合规管理是指证券公司制定和执行合规管理制度，建立合规管理机制，防范合规风险的行为。

证券公司的合规风险是指因证券公司或其工作人员的经营管理或执业行为违反法律法规和准则而使证券公司被依法追究法律责任、采取监管措施、给予纪律处分、出现财产损失或商业信誉损失的风险。

（二）证券公司合规经营的基本原则与应遵守的基本要求

证券公司开展各项业务，应当遵循合规经营、勤勉尽责，坚持客户利益至上原则，并遵守下列基本要求：

1. 充分了解客户的基本信息、财务状况、投资经验、投资目标、风险偏好、诚信记录等信息并及时更新。

2. 合理划分客户类别和产品、服务风险等级，确保将适当的产品、服务提

供给适合的客户，不得欺诈客户。

3. 持续督促客户规范证券发行行为，动态监控客户交易活动，及时报告、依法处置重大异常行为，不得为客户违规从事证券发行、交易活动提供便利。

4. 严格规范工作人员执业行为，督促工作人员勤勉尽责，防范其利用职务便利从事违法违规、超越权限或者其他损害客户合法权益的行为。

5. 有效管理内幕信息和未公开信息，防范公司及其工作人员利用该信息买卖证券、建议他人买卖证券，或者泄露该信息。

6. 及时识别、妥善处理公司与客户之间、不同客户之间、公司不同业务之间的利益冲突，切实维护客户利益，公平对待客户。

7. 依法履行关联交易审议程序和信息披露义务，保证关联交易的公允性，防止不正当关联交易和利益输送。

8. 审慎评估公司经营管理行为对证券市场的影响，采取有效措施，防止扰乱市场秩序。

证券公司的合规应当覆盖所有业务，各部门、各分支机构、各层级子公司（以下统称"下属单位"）和全体工作人员，贯穿决策、执行、监督、反馈等各个环节。

（三）证券公司合规管理基本制度

证券公司应当制定合规管理的基本制度，经董事会审议通过后实施。合规管理的基本制度应当明确合规管理的目标、基本原则、机构设置及其职责、履职保障、合规考核、违法违规行为及合规风险隐患的报告、处理和责任追究等内容。证券公司应当结合本公司经营实际情况，制定指导经营活动依法合规开展的具体管理制度或操作流程，切实加强对各项经营活动的合规管理。证券公司应当制定工作人员执业行为准则，引导工作人员树立良好的合规执业意识和道德行为规范，确保工作人员执业行为依法合规。

（四）证券公司经营管理各层级及全体工作人员的合规管理职责

证券公司应当树立"全员合规、合规从管理层做起、合规创造价值、合规是公司生存基础"的理念，倡导和推进合规文化建设，培育全体工作人员合规意识，提升合规管理人员职业荣誉感和专业化、职业化水平。

公司董事会、监事会或监事、经营管理主要负责人、其他高级管理人员、下属各单位负责人及其他工作人员均应充分了解和掌握与其经营管理和执业行为有关的法律、法规和准则，并在经营决策、运营管理和执业行为过程中充分识别相关的合规风险，主动防范、应对和报告。

1. 证券公司董事会的合规管理职责

证券公司董事会决定本公司的合规管理目标，对合规管理的有效性承担责任，履行下列合规管理职责：

（1）审议批准合规管理的基本制度；

（2）审议批准年度合规报告；

（3）决定解聘对发生重大合规风险负有主要责任或者领导责任的高级管理人员；

（4）决定聘任、解聘、考核合规负责人，决定其薪酬待遇；

（5）建立与合规负责人的直接沟通机制；

（6）评估合规管理有效性，督促解决合规管理中存在的问题；

（7）公司章程规定的其他合规管理职责。

2. 监事会或监事的合规管理职责

证券公司的监事会或者监事履行下列合规管理职责：

（1）对董事、高级管理人员履行合规管理职责的情况进行监督；

（2）对发生重大合规风险负有主要责任或者领导责任的董事、高级管理人员提出罢免的建议；

（3）公司章程规定的其他合规管理职责。

3. 经营管理主要负责人的合规管理职责

证券公司经营管理主要负责人对公司合规运营承担责任，履行下列合规管理职责：

（1）组织制定公司规章制度，并监督其实施；

（2）主动在日常经营过程中倡导合规经营理念，积极培育公司合规文化，认真履行合规管理职责，主动落实合规管理要求；

（3）充分重视公司合规管理的有效性，发现存在问题时要求下属各单位及其工作人员及时改进；

（4）督导、提醒公司其他高级管理人员在其分管领域中认真履行合规管理职责，落实合规管理要求；

（5）支持合规负责人及合规部门工作，督促下属各单位为合规管理人员履职提供有效保障；

（6）支持合规负责人及合规部门按照监管要求和公司制度规定，向董事会、监管部门报告合规风险事项；

（7）在公司经营决策过程中，充分听取合规负责人及合规部门的合规意见；

（8）督促公司下属各单位就合规风险事项开展自查或配合公司调查，严格按照公司规定进行合规问责，并落实整改措施。

4. 其他高级管理人员的合规管理职责

证券公司其他高级管理人员对其分管领域的合规运营承担责任，履行下列合规管理职责：

（1）在其分管领域组织贯彻执行公司各项规章制度，组织起草、制定其分管领域的规章制度，并监督其实施；

（2）在其分管领域主动倡导合规经营理念，积极培育公司合规文化；

（3）充分重视其分管领域合规管理的有效性，发现存在问题时要求分管领域下属各单位及其工作人员及时改进；

（4）提醒、督导分管领域下属各单位负责人认真履行合规管理职责，落实合规管理要求；

（5）支持分管领域下属各单位合规管理人员的工作，督促分管领域下属各单位为合规管理人员履职提供有效保障；

（6）支持分管领域下属各单位及其合规管理人员按照公司制度规定，向公司及合规部门报告合规风险事项；

（7）在其职责范围内的经营决策过程中，听取公司合规部门及分管领域下属各单位合规管理人员的合规意见，并给予充分关注；

（8）督促分管领域下属各单位就合规风险事项开展自查或配合公司进行调查，严格按照公司规定进行合规问责，并落实整改措施。

5. 下属各单位负责人的合规管理职责

证券公司各部门、各分支机构和各层级子公司负责人负责落实本单位的合规管理目标，对本单位合规运营承担责任：

（1）在本单位组织贯彻执行公司各项规章制度，组织起草、制定与本单位职责相关的规章制度，并监督其实施；

（2）建立并完善本单位的合规管理制度与机制，将各项经营活动的合规性要求嵌入业务管理制度与操作流程中；

（3）在本单位主动倡导合规经营理念，积极培育公司合规文化；

（4）积极配合合规负责人及合规部门的工作，认真听取并落实合规负责人及合规部门提出的合规管理意见；

（5）为本单位配备合格合规管理人员，避免分配与其履行合规职责相冲突的工作；

（6）支持本单位合规管理人员的工作，为本单位合规管理人员提供履职保

障,包括但不限于参与本单位重要会议、查阅本单位各类业务与管理文档、充分尊重其独立发表合规专业意见的权利等;

(7) 在业务开展前应当充分论证业务的合法合规性,充分听取本单位合规管理人员的合规审查意见,有效评估业务的合规风险,主动避免开展存在合规风险的业务;

(8) 发现与本单位业务相关的合规风险事项时,及时按公司制度规定进行报告,提出整改措施,并督促整改落实。

6. 全体工作人员的合规管理职责

证券公司全体工作人员应当对自身经营活动范围内所有业务事项和执业行为的合规性负责,履行下列合规管理职责:

(1) 主动了解、掌握和遵守相关法律、法规和准则;

(2) 积极参加公司安排的合规培训和合规宣导活动;

(3) 根据公司要求,签署并信守相关合规承诺;

(4) 在执业过程中充分关注执业行为的合法合规性;

(5) 在业务开展过程中主动识别和防范业务合规风险;

(6) 发现违法违规行为或者合规风险隐患时,应当主动按照公司规定及时报告;

(7) 出现合规风险事项时,积极配合公司调查,并接受公司问责,落实整改要求。

(五) 证券公司合规负责人的职责

证券公司设合规负责人。合规负责人是高级管理人员,直接向董事会负责,对本公司及其工作人员的经营管理和执业行为的合规性进行审查、监督和检查。

合规负责人组织拟定合规管理的基本制度和其他合规管理制度,督导下属各单位实施。

法律法规和准则发生变动的,合规负责人应当及时建议董事会或高级管理人员并督导有关部门,评估其对合规管理的影响,修改、完善有关制度和业务流程。

1. 合规负责人进行合规审查、合规检查的规定

(1) 合规审查

合规负责人应当对证券公司内部规章制度、重大决策、新产品和新业务方案等进行合规审查,并出具书面合规审查意见。中国证监会及其派出机构、自律组织要求对证券公司报送的申请材料或报告进行合规审查的,合规负责人应当审

查，并在该申请材料或报告上签署合规审查意见。其他相关高级管理人员等应当对申请材料或报告中基本事实和业务数据的真实性、准确性及完整性负责。证券公司不采纳合规负责人的合规审查意见的，应当将有关事项提交董事会决定。

证券公司应当建立新产品、新业务评估与决策机制，合规负责人和合规部门应当对新产品、新业务发表合规审查意见，证券公司在进行相关决策时，应当充分考虑和采纳合规审查意见。新产品、新业务是指公司首次开展，需就业务合规性进行论证的产品、业务以及展业方式等。

（2）合规检查

证券公司应当按照监管机构及自律组织的要求、公司相关制度规定及管理需要，对下属各单位及其工作人员的经营管理和执业行为的合规性进行检查。

按照不同的方法，合规检查可以进行如下分类：①按照组织合规检查的主体分类，合规检查包括下属各单位组织实施的合规检查，也包括合规部门单独或联合其他部门组织实施的合规检查；②按照合规检查发生的情形分类，合规检查包括例行检查与专项检查。

在发生下列情形时，证券公司应当进行专项检查：公司发生违法违规行为或存在合规风险隐患的；公司董事会、监事会、高级管理人员、合规负责人或合规部门认为必要的；公司下属各单位及其工作人员配合监管和稽查办案不力的；监管部门或自律组织要求的；其他有必要进行专项检查的情形。证券公司相关违法违规行为频发的，应当增加合规检查频次。

2. 合规负责人对公司违法违规行为或合规风险隐患的处理规定

合规负责人发现证券公司存在违法违规行为或合规风险隐患的，应当按照如下办法处理：依照公司章程规定及时向董事会、经营管理主要负责人报告，提出处理意见，并督促整改；合规负责人应当同时督促公司及时向中国证监会相关派出机构报告；公司未及时报告的，应当直接向中国证监会相关派出机构报告；有关行为违反行业规范和自律规则的，还应当向有关自律组织报告。

（六）证券公司合规部门、合规管理人员的相关规定

1. 合规部门的设立及人员配备

证券公司应当设立合规部门，作为合规负责人领导的办事机构承担合规管理职责。合规部门对合规负责人负责，按照公司规定和合规负责人的安排履行合规管理职责。合规部门不得承担与合规管理相冲突的其他职责。证券公司应当将合规部门与承担稽核、风控、内审、法务职责相关的部门进行区分，明确合规部门与其他内部控制部门之间的职责分工，建立内部控制部门协调互动的工作机制。

证券公司应当为合规部门配备足够的、具备与履行合规管理职责相适应的专业知识和技能的合规管理人员。合规部门中具备 3 年以上证券、金融、法律、会计、信息技术等有关领域工作经历的合规管理人员数量不得低于公司总部人数的 1.5%，且不得少于 5 人。

2. 业务部门、分支机构合规管理人员配备

证券公司业务部门、分支机构应当配备具备 3 年以上证券、金融、法律、会计、信息技术等有关领域工作经历，具备与履行合规管理职责相适应的专业知识和技能的合规管理人员。合规管理人员可以兼任与合规管理职责不相冲突的职务。证券公司从事自营、投资银行、债券等合规风险管控难度较大的部门、工作人员人数在 15 人以上的分支机构以及证券公司异地总部等，应当配备专职合规管理人员。

（七）证券公司合规负责人和合规管理人员的独立性原则

《证券公司和证券投资基金管理公司合规管理办法》及配套自律规则通过保障合规负责人考核和任免的独立性、知情权、权威性，强化合规负责人对合规管理人员的考核权等多项举措，提升合规负责人及其他合规管理人员的独立性和履职保障。

一是保障合规负责人考核和任免的独立性。明确合规负责人直接向董事会负责，由董事会考核。规定公司在合规负责人任期届满前免除其职务的正当理由只能是合规负责人本人申请，或被中国证监会责令更换，或确有证据证明其无法正常履职、未能勤勉尽责等情形。

二是保障合规负责人的知情权。要求公司在召开董事会、经营决策会等重要会议以及合规负责人要求参加或者列席的会议前通知合规负责人，合规负责人有权根据履职需要参加或列席有关会议，调阅相关文件、资料。

三是保障合规负责人的权威性。规定公司不采纳合规负责人的合规审查意见的，应当将有关事项提交董事会审议决定。

四是强化合规负责人对合规管理人员的考核权。要求合规部门及其合规管理人员由合规负责人考核，证券公司对合规部门及其合规管理人员进行考核时，不得采取其他部门打分、将考核结果与业务部门的经营业务直接挂钩等方式，影响合规部门及其合规管理人员的独立性。

五是明确合规负责人考核公司有关主体的合规管理工作。规定证券经营机构对高级管理人员和下属各单位进行考核时，应当由合规负责人对其合规管理的有效性、经营管理和执业行为的合规性进行专项考核，作为绩效考核的重要内容。

六是保障合规负责人及其他合规管理人员的薪酬待遇。要求董事会对合规负责人进行年度考核时，就其履职情况书面征求中国证监会相关派出机构的意见。中国证监会相关派出机构可以根据日常监管掌握的情况建议公司董事会调整考核结果。合规负责人工作称职的，其年度薪酬收入总额在公司高级管理人员年度薪酬收入总额中的排名应当不低于中位数。其他合规管理人员工作称职的，其薪酬收入总额应当不低于公司同级别人员的平均水平。

七是明确中国证监会和自律组织的外部支持。规定中国证监会及其派出机构和自律组织支持合规负责人依法开展工作，组织行业培训和交流，并督促证券经营机构为合规负责人提供充足的履职保障。

（八）证券公司合规报告的内容规定

证券公司应当在报送年度报告的同时向中国证监会相关派出机构报送年度合规报告。年度合规报告包括下列内容：

1. 证券公司和各层级子公司合规管理的基本情况；
2. 合规负责人及合规部门履行合规管理职责情况；
3. 公司违法违规行为、合规风险的发现、监管部门和自律组织处罚及整改情况；
4. 合规管理有效性的评估及整改情况；
5. 合规人员配置情况、合规性专项考核情况、合规负责人及合规管理人员薪酬保障落实情况；
6. 中国证监会及其派出机构要求或证券基金经营机构认为需要报告的其他内容。

证券公司的董事、高级管理人员应当对年度合规报告签署确认意见，保证报告的内容真实、准确、完整；对报告内容有异议的，应当注明意见和理由。

（九）证券公司及有关人员违反合规管理规定的监管措施

证券公司违反《证券公司和证券投资基金管理公司合规管理办法》规定的，中国证监会可以采取出具警示函、责令定期报告、责令改正、监管谈话等行政监管措施；对直接负责的董事、监事、高级管理人员和其他责任人员，可以采取出具警示函、责令参加培训、责令改正、监管谈话、认定为不适当人选等行政监管措施。

证券公司违反本办法规定导致公司出现治理结构不健全、内部控制不完善等情形的，对证券公司及其直接负责的董事、监事、高级管理人员和其他直接责任人员，依照《证券公司监督管理条例》第七十条的规定采取行政监管措施。

合规负责人违反《证券公司和证券投资基金管理公司合规管理办法》规定的，中国证监会可以采取出具警示函、责令参加培训、责令改正、监管谈话、认定为不适当人选等行政监管措施。

证券公司的董事、监事、高级管理人员未能勤勉尽责，致使公司存在重大违法违规行为或者重大合规风险的，依照《证券法》第一百五十二条的规定采取行政监管措施。

证券公司通过有效的合规管理，主动发现违法违规行为或合规风险隐患，积极妥善处理，落实责任追究，完善内部控制制度和业务流程并及时向中国证监会或其派出机构报告的，依法从轻、减轻处理；情节轻微并及时纠正违法违规行为或避免合规风险，没有造成危害后果的，不予追究责任。对于证券公司的违法违规行为，合规负责人已经按照本办法的规定尽职履行审查、监督、检查和报告职责的，不予追究责任。

中国证监会根据审慎监管的原则，可以提高对行业重要性证券公司的合规管理要求，并可以采取增加现场检查频率、强化合规负责人任职监管、委托外部专业机构协助开展工作等方式加强合规监管。

四、证券公司信息隔离墙制度

依据《证券公司信息隔离墙制度指引》，证券公司信息隔离墙制度，是指证券公司为控制内幕信息及未公开信息（以下统称"敏感信息"）的不当流动和使用而采取的一系列管理措施。

（一）信息隔离墙的一般规定

1. 敏感信息的基本概念

敏感信息包括内幕信息及其他未公开信息。内幕信息和未公开信息的定义适用《证券法》及《刑法》规定的相关情形。

《证券法》第七十五条规定，证券交易活动中，涉及公司的经营、财务或者对该公司证券的市场价格有重大影响的尚未公开的信息，为内幕信息。

依据《证券法》第六十七条和第七十五条，下列信息皆属内幕信息：

（1）公司的经营方针和经营范围的重大变化；

（2）公司的重大投资行为和重大的购置财产的决定；

（3）公司订立重要合同，可能对公司的资产、负债、权益和经营成果产生重要影响；

（4）公司发生重大债务和未能清偿到期重大债务的违约情况；

（5）公司发生重大亏损或者重大损失；

（6）公司生产经营的外部条件发生的重大变化；

（7）公司的董事、1/3以上监事或者经理发生变动；

（8）持有公司5%以上股份的股东或者实际控制人，其持有股份或者控制公司的情况发生较大变化；

（9）公司减资、合并、分立、解散及申请破产的决定；

（10）涉及公司的重大诉讼，股东大会、董事会决议被依法撤销或者宣告无效；

（11）公司涉嫌犯罪被司法机关立案调查，公司董事、监事、高级管理人员涉嫌犯罪被司法机关采取强制措施；

（12）国务院证券监督管理机构规定的其他事项；

（13）公司分配股利或者增资的计划；

（14）公司股权结构的重大变化；

（15）公司债务担保的重大变更；

（16）公司营业用主要资产的抵押、出售或者报废一次超过该资产的30%；

（17）公司的董事、监事、高级管理人员的行为可能依法承担重大损害赔偿责任；

（18）上市公司收购的有关方案；

（19）国务院证券监督管理机构认定的对证券交易价格有显著影响的其他重要信息。

2009年2月28日，《中华人民共和国刑法修正案（七）》在《刑法》第180条增加了利用未公开信息交易罪，对"老鼠仓"行为进行打击。所谓利用未公开信息交易罪，是指证券交易所、期货交易所、证券公司、期货经纪公司、基金管理公司、商业银行、保险公司等金融机构的从业人员以及有关监管部门或者行业协会的工作人员，利用因职务便利获取的内幕信息以外的其他未公开的信息，违反规定，从事与该信息相关的证券、期货交易活动，或者明示、暗示他人从事相关交易活动，情节严重的行为。根据该条规定，"未公开信息"是指金融机构从业人员及有关监管部门、行业协会工作人员，利用职务便利获取的，与证券、期货交易有关的内幕信息以外的其他未公开的信息。

2. 证券公司管理敏感信息的基本原则

证券公司应当按照需知原则管理敏感信息，确保敏感信息仅限于存在合理业务需求或管理职责需要的工作人员知悉。

"需知原则"是信息隔离墙制度中敏感信息管理的核心原则，有需要方享有知情权。敏感信息应仅限于"需要知悉"的人知悉，即仅限于存在合理业务需求或管理职责需要的工作人员才可获得相关敏感信息。

3. 证券公司敏感信息保密要求

证券公司工作人员对以任何方式知悉的敏感信息负有严格的保密义务，不得利用敏感信息为自己或他人谋取不当利益。证券公司聘用外部服务商的，应当与服务商约定其对在服务中获知的敏感信息负有保密义务。

证券公司应当采取保密措施，防止敏感信息的不当流动和使用，包括但不限于：

（1）与公司工作人员签署保密文件，要求工作人员对工作中获取的敏感信息严格保密；

（2）加强对涉及敏感信息的信息系统、通讯及办公自动化等信息设施、设备的管理，保障敏感信息安全；

（3）对可能知悉敏感信息的工作人员使用公司的信息系统或配发的设备形成的电子邮件、即时通讯信息和其他通讯信息进行监测；

（4）建立内幕信息知情人管理制度。

4. 物理隔离及系统隔离

证券公司应当确保保密侧业务与公开侧业务之间的办公场所和办公设备封闭和相互独立，信息系统相互独立或实现逻辑隔离。

其中，保密侧业务是指证券公司基于业务需要可以或应当接触和获取内幕信息的证券承销与保荐及与证券交易、证券投资活动有关的财务顾问等业务。公开侧业务是指保密侧业务之外的其他业务。

（二）证券公司信息隔离墙制度建立和执行的职责分工

根据《证券公司和证券投资基金管理公司合规管理办法》的规定，证券公司董事会负责行使公司重大决策和监督功能，决定公司的合规管理目标，对合规管理的总体有效性承担责任；高级管理人员负责落实合规管理目标，对合规运营承担责任；各部门、各分支机构和各层级子公司负责人负责落实本单位的合规管理目标，对本单位合规运营承担责任；证券公司全体工作人员应当遵守与其执业行为有关的法律、法规和准则，主动识别、控制其执业行为的合规风险，并对其执业行为的合规性承担责任。

根据《证券公司信息隔离墙制度指引》，在信息隔离墙制度建立和执行方面，董事会、管理层、各业务部门及分支机构、广大工作人员、合规总监和合规部门的具体职责如下：

1. 证券公司董事会和经营管理的主要负责人对公司信息隔离墙制度的总体有效性负最终责任；

2. 各业务部门和分支机构的负责人对本部门和本机构执行信息隔离墙制度的有效性承担管理责任；

3. 证券公司工作人员对本人在执业活动中遵守信息隔离制度承担直接责任；

4. 合规总监和合规部门负责协助董事会和管理层建立信息隔离墙相关制度，并负有审查、监督、检查、咨询和培训等职责。

（三）跨越信息隔离墙管理

1. 基本要求

证券公司公开侧业务的工作人员需参与保密侧业务并接触内幕信息的，或公开侧业务的工作人员被动接触到保密侧业务的内幕信息的，应当履行跨墙审批程序。

2. 跨墙管理

证券公司应当制定跨墙管理制度，明确跨墙的审批程序和跨墙人员的行为规范。《证券公司信息隔离墙制度指引》对于跨墙的申请和审批、跨墙人员在跨墙期间所需遵守的规范要求、对跨墙人员的监督管理以及回墙作出了规定。

（1）跨墙申请和审批

证券公司保密侧业务部门需要公开侧业务部门派员跨墙进行业务协作的，应当事先向跨墙人员所属部门和合规部门提出申请，并经其审批同意。

（2）跨墙人员行为规范及监督管理

跨墙人员在跨墙期间不应泄露或不当使用跨墙后知悉的内幕信息，不应获取与跨墙业务无关的内幕信息。

证券公司有关部门应当分工合作，对跨墙人员的行为进行监督管理。合规部门负责记录跨墙情况，向跨墙人员提示跨墙行为规范，并会同提出跨墙申请的业务部门和跨墙人员所属部门对跨墙人员行为进行监控。

（3）回墙

跨墙人员在跨墙活动结束且获取的内幕信息已公开或者不再具有重大影响后方可回墙。

3. 墙上人员的管理

因履行管理职责需要知悉内幕信息的工作人员处于信息隔离墙的墙上。证公司应建立相应的墙上人员管理制度，明确墙上人员的范围及其行为规范，防止墙上人员泄露或不当使用内幕信息。

（四）证券公司观察名单、限制名单管理的基本要求

证券公司应当建立观察名单和限制名单制度，明确设置名单的目的、有关公司或证券进入和退出名单的事由和时点、名单编制和管理的程序及职责分工、掌握名单的工作人员范围、对有关业务活动进行监控或限制的措施以及异常情况的处理办法等内容。

1. 观察名单

（1）基本要求

证券公司已经或可能掌握内幕信息的，应当将内幕信息所涉公司或证券列入观察名单。

观察名单属于高度保密的名单，仅限于履行相关管理和监控职责的工作人员知悉。

观察名单并不影响证券公司正常开展业务，但证券公司应当对于列入观察名单的公司或证券有关的相关业务活动实施监控，发现异常情况，及时调查处理。

（2）观察名单的进入时点

证券公司开展保密侧业务时，应当在与客户发生实质性接触后的适当时点，将相关项目所涉公司或证券列入观察名单。此处所指的适当时点，以与客户签署保密协议、对项目立项、进场开展工作和实际获知项目内幕信息中较早者为准。

当证券自营或证券资产管理业务对某一上市公司股票持有量占其已发行股份一定比例时，证券公司应当将该证券列入观察名单，必要时列入限制名单。在计算前述比例时，通过自营交易账户进行 ETF、LOF、组合投资、避险投资、量化投资，以及依法通过自营交易账户进行的事先约定性质的交易及做市交易持有的证券可以不计算在内。

2. 限制名单

（1）基本要求

证券公司采取信息隔离和披露措施难以有效管理利益冲突的，应当将敏感信息所涉公司或证券列入限制名单。

（2）限制名单的进出时点

证券公司在以下时点，应当将项目公司和与其有重大关联的公司或证券列入限制名单：

①担任首次公开发行股票项目的上市辅导人、保荐机构或主承销商的，为担

任前述角色的信息公开之日；

②担任上市公司股权类、债权类再融资项目或并购重组项目保荐机构、主承销商或财务顾问，为项目公司首次对外公告该项目之日。

证券公司可以根据实际需要，将列入限制名单的时点前移，但不应造成内幕信息的泄漏和不当流动。

证券公司在确认不再拥有与项目有关的内幕信息后，可以将该项目公司和与其有重大关联的公司或证券从限制名单中删除。

（3）限制措施

对因保密侧业务而列入限制名单的公司或证券，证券公司应当禁止与其有关的发布证券研究报告、证券自营、直接投资等业务。

同时，通过自营交易账户进行ETF、LOF、组合投资、避险投资、量化投资，以及依法通过自营交易账户进行的事先约定性质的交易及做市交易可以豁免限制，但不得违反有关法律法规，不得进行内幕交易和任何形式的利益输送。

证券公司可以根据公司实际需要，在公开侧业务之间或保密侧业务之间采取信息隔离、跨墙、观察名单、限制名单等措施，防范敏感信息的不当流动和使用。

（五）利益冲突管理

根据中国证券业协会《关于证券公司做好利益冲突管理工作的通知》，证券公司应当做好利益冲突管理工作，根据自身业务发展需求进一步完善内部控制制度，在各项业务开展过程中严禁任何形式的利益输送。

1. 利益冲突管理机制

证券公司应当建立利益冲突管理机制。对各项业务活动中可能产生的利益冲突进行识别、评估和管理。

2. 利益冲突管理措施及原则

证券公司已经采取信息隔离墙等措施，仍难以避免利益冲突的，应当对实际存在的和潜在的利益冲突进行充分披露。

披露仍难以有效处理利益冲突的，证券公司应当对存在利益冲突的相关业务活动采取限制措施。

证券公司在对相关业务进行限制时，应当遵循客户利益优先和公平对待客户的原则。

3. 人员岗位隔离

证券公司有关业务的决策机构应当实行回避制度，防范可能产生的利益冲突。

证券公司工作人员不应同时履行可能导致利益冲突的职责，业务部门工作人员不应在与其业务存在利益冲突的子公司兼任职务。

同一高级管理人员同时分管两个或两个以上存在利益冲突的业务的，不应直接或间接参与具体证券品种的投资决策、投资咨询等可能导致利益冲突的业务活动。

（六）典型案例

某证券公司分析师主动与上市公司董事会秘书联系，核实关于该公司股权激励计划的媒体报道内容，并询问具体进展情况。董事会秘书将上市公司正在准备股权激励计划、近期会有公告的情况告知了分析师。随后该分析师在微信群和微信朋友圈中发布一则消息，披露该上市公司拟公布的管理层股权激励计划。

上市公司的股权激励方案在公布前属于《证券法》第七十五条第（八）项规定的内幕信息[①]。公司董事会秘书为上述内幕信息的知情人，分析师通过董事会秘书才获知了内幕信息。在该内幕信息公开前，分析师通过微信泄露给多个机构和个人的行为，违反了《证券法》第七十六条关于禁止泄露内幕信息的规定，构成《证券法》第二百零二条所述泄露内幕信息的行为[②]。中国证监会认定该分析师构成泄露内幕信息的行为，对其罚款并吊销分析师资格。

五、证券公司分类监管

（一）证券公司分类监管的概念

证券公司分类监管制度是证券行业的一项基础性制度，对促进证券公司加强合规管理、提升风险控制能力、培育核心竞争力，发挥了正向激励作用。中国证监会根据证券公司分类结果对不同类别的证券公司实施区别对待的监管政策。

为贯彻落实《国务院关于进一步促进资本市场健康发展的若干意见》（国发

[①]《证券法》第七十五条第（八）项是关于内幕信息具体情形的兜底条款，即"国务院证券监督管理机构认定的对证券交易价格有显著影响的其他重要信息"。

[②]《证券法》第二百零二条规定，证券交易内幕信息的知情人或者非法获取内幕信息的人，在涉及证券的发行、交易或者其他对证券的价格有重大影响的信息公开前，买卖该证券，或者泄露该信息，或者建议他人买卖该证券的，责令依法处理非法持有的证券，没收违法所得，并处以违法所得1倍以上5倍以下的罚款；没有违法所得或者违法所得不足3万元的，处3万元以上60万元以下的罚款。单位从事内幕交易的，还应当对直接负责的主管人员和其他直接责任人员给予警告，并处3万元以上30万元以下的罚款。证券监督管理机构工作人员进行内幕交易的，从重处罚。

〔2014〕17号），强化依法全面从严监管要求，进一步提升分类监管制度的针对性和有效性，督促行业优化合规风控水平，聚焦主业，更好地服务实体经济，中国证监会于2017年根据行业发展情况进一步优化分类评价指标体系，修订了《证券公司分类监管规定》，强化证券公司依法合规、稳健经营，提升全面风险管理能力和国内国际竞争力。

（二）证券公司分类监管的评价指标体系及评价方法

1. 评价方法

证券公司分类监管评价首先设定正常经营的证券公司基准分为100分。在基准分的基础上，根据证券公司风险管理能力评价指标与标准、市场竞争力、持续合规状况等方面情况，进行相应加分或扣分以确定证券公司的评价计分。分类评价每年进行一次，评价期为上一年度5月1日至本年度4月30日。

其中，风险管理能力主要根据资本充足、公司治理与合规管理、全面风险管理、信息系统安全、客户权益保护、信息披露六类评价指标进行评价，体现证券公司对流动性风险、合规风险、市场风险、信用风险、技术风险及操作风险等管理能力。

市场竞争力主要根据证券公司经纪业务、投行业务、资产管理业务、综合实力、创新能力等方面的情况进行评价。

证券公司持续合规状况主要根据司法机关采取的刑事处罚措施、中国证监会及其派出机构采取的行政处罚措施、监管措施及证券期货行业自律组织纪律处分、自律监管措施等情况进行评价。

2. 加分项（见表2-1）

表2-1　　　　　　　　　　　　加分项

事项	加分值
上一年度营业收入位于行业前5名、前10名、前20名的	分别加2分、1分、0.5分
证券公司上一年度代理买卖证券业务收入位于行业前5名、前10名、前20名，且营业部平均代理买卖证券业务收入位于行业中位数以上的，分别加2分、1分、0.5分，或证券公司上一年度营业部平均代理买卖证券业务收入位于行业前5名、前10名、前20名的	分别加2分、1分、0.5分，该两项按孰高分值加分
证券公司上一年度承销与保荐业务、财务顾问业务收入位于行业前5名、前10名、前20名的	分别加2分、1分、0.5分

续表

事项	加分值
证券公司上一年度资产管理业务收入位于行业前5名、前10名、前20名的	分别加2分、1分、0.5分
证券公司上一年度机构客户投研服务收入占经纪业务收入比例达到40%、30%、20%，且经纪业务收入位于行业中位数以上的	分别加2分、1分、0.5分
证券公司上一年度境外子公司证券业务收入占营业收入的比例达到40%、30%、20%，且营业收入位于行业中位数以上的	分别加4分、3分、2分
证券公司新业务市场竞争力或者信息系统建设投入指标，位于前5名、前10名、前20名的	分别加2分、1分、0.5分，具体指标及计算口径由证券业协会依据行业发展情况确定
证券公司最近2个、最近3个评价期内主要风险控制指标持续达标的	分别加2分、3分
证券公司净资本达到规定标准10倍及以上的	每一倍数加0.1分，最高可加3分
证券公司净资本收益率位于行业前5名、前10名、中位数以上的	分别加2分、1分、0.5分
证券公司上一年度净利润为正且成本管理能力位于行业前5名、前10名、前20名的	分别加2分、1分、0.5分
证券公司可以申请中国证监会认可的机构（以下简称专业评价机构）组织专家对其专业管理能力、信息技术系统的稳定与安全、客户服务与管理水平、投资者教育等方面进行专业评价；专业评价机构可针对证券行业内发生的重大事故、技术故障、业务纠纷与客户投诉等情况，对涉及的证券公司进行专业评价。证券公司专业评价的标准和办法另行制定。中国证监会可以委托中国证券业协会对证券公司的全面风险管理能力、合规管理能力、社会责任履行情况等进行专项评价。中国证监会及其派出机构可以根据证券公司专业评价及专项评价结果，对证券公司评价计分进行调整，每项评价最高可加3分	
证券公司在评价期内如因违法违规行为被采取《证券公司分类监管规定》第九条第（七）至第（十二）项措施的，或者根据该规定第十二条第二款被扣分的，不适用对应业务项的加分，但同一事项在以前评价期已被取消加分的除外	

3. 扣分项（见表 2-2）

表 2-2　　　　　　　　　　　　扣分项

措施类别	扣分事项	扣分方法
行政监管措施	公司被采取出具警示函，责令公开说明，责令参加培训，责令定期报告	每次扣 0.5 分
	公司被采取责令增加内部合规检查次数的	每次扣 1 分
	公司被采取出具警示函并在辖区内通报，责令改正	每次扣 1 分
	公司被采取责令处分有关人员，或者董事、监事、高级管理人员因对公司违法违规行为负有责任被监管谈话	每次扣 1.5 分
	公司被采取出具警示函并在全行业通报，责令停止职权或解除职务，责令更换董事、监事、高级管理人员或限制其权利，限制股东权利或责令转让股权	每次扣 2 分
	公司被采取公开谴责，限制业务活动，暂不受理与行政许可有关文件，暂停核准新业务或增设、收购营业性分支机构申请	每次扣 2.5 分
	董事、监事、高级管理人员因对公司违法违规行为负有责任被认定为不适当人选或被撤销任职资格	每次扣 3 分
行政处罚	公司被采取警告行政处罚措施，或者董事、监事、高级管理人员因对公司违法违规行为负有责任被采取警告行政处罚措施	每次扣 4 分
	公司被采取罚款行政处罚措施，或者董事、监事、高级管理人员因对公司违法违规行为负有责任被采取罚款行政处罚措施	每次扣 5 分
	公司被采取没收违法所得行政处罚措施，或者董事、监事、高级管理人员因对公司违法违规行为负有责任被采取没收违法所得行政处罚措施	每次扣 6 分
市场禁入	董事、监事、高级管理人员因对公司违法违规行为负有责任被采取一定期限内市场禁入	每次扣 7 分
行政处罚或市场禁入	公司被采取暂停业务许可行政处罚措施，或者董事、监事、高级管理人员因对公司违法违规行为负有责任被采取永久性市场禁入的	每次扣 8 分
行政处罚或刑事处罚	公司被采取撤销部分业务许可行政处罚措施或被刑事处罚	每次扣 10 分

续表

措施类别	扣分事项	扣分方法
自律监管措施	公司被证券期货行业自律组织采取书面自律监管措施	每次扣 0.25 分
纪律处分	公司被证券期货行业自律组织纪律处分	每次扣 0.5 分
其他被授权单位采取的措施	公司被中国证监会授权履行相关职责的单位（具体范围见注）采取措施	比照自律监管措施或纪律处分执行
评价指标存在问题	公司资本充足、公司治理与合规管理等 6 类评价指标存在一定问题	按具体评价标准每项扣 0.5 分。如已被采取监管措施的，按照上述被采取各项措施的扣分方法执行，不重复扣分
其他	公司被实施行政处罚预先告知或者因涉嫌证券违法违规行为被立案调查或者发生风险事件，造成严重影响，反映出公司在公司治理与合规管理六类评价指标方面存在问题	按具体评价标准每项扣 0.5 分
证监局调减分数	公司存在一定问题应采取措施而未采取措施： ①发生信息安全重大事故或发生三次以上信息安全事故且未被采取监管措施； ②其他应采取而未采取措施的	各证监局应根据应采取措施的扣分分值进行扣分

注：中国证监会授权履行相关职责的单位包括中国证券登记结算有限责任公司、中国证券投资者保护基金有限责任公司、中国证券金融股份有限公司、全国中小企业股份转让系统有限责任公司等。

证券公司分公司、营业部等分支机构被直接采取上述措施的，证券公司分支机构负责人等管理人员、保荐代表人等主要业务人员因对公司及分支机构违法违规行为负有责任被直接采取上述措施的，按以上原则减半扣分，累计最高扣 5 分；证券公司控股子公司纳入母公司合并评价的，子公司被采取上述措施的，按以上原则减半扣分。

就同一事项对证券公司实施多项行政处罚、监管措施、纪律处分、自律监管措施的，按最高分值扣分，不重复扣分，但因限期整改不到位再次被实施行政处罚、监管措施、纪律处分、自律监管措施的除外；就不同事项实施同一行政处罚、监管措施、纪律处分、自律监管措施的，应当分别计算、合计扣分。证券公司因同一事项在不同评价期被分别实施行政处罚、监管措施、纪律处分、自律监管措施的，按最高分值扣分；同一事项在以前评价期已被扣分但未达到最高分值扣分的，按最高分值与已扣分值的差额扣分。

(三）基于分类监管要求划分的证券公司基本类别

1. 基本类别划分

中国证监会根据证券公司评价计分的高低，将证券公司分为 A（AAA、AA、A）、B（BBB、BB、B）、C（CCC、CC、C）、D、E 五大类十一个级别。其中，C 级是正常经营状态的最低等级。

被依法采取责令停业整顿、指定其他机构托管、接管、行政重组等风险处置措施的证券公司，评价计分为 0 分，定为 E 类公司。评价计分低于 60 分的证券公司，定为 D 类公司。

中国证监会每年根据行业发展情况，结合以前年度分类结果，事先确定 A、B、C 三大类别公司的相对比例，并根据评价计分的分布情况，具体确定各类别、各级别公司的数量，其中 B 类 BB 级及以上公司的评价计分应高于基准分 100 分。根据评价计分及分布情况，中国证监会对各类别公司的最终比例及分数线还可能略作调整。

（1）A 类公司风险管理能力在行业内最高，能较好地控制新业务、新产品方面的风险；

（2）B 类公司风险管理能力在行业内较高，在市场变化中能较好地控制业务扩张的风险；

（3）C 类公司风险管理能力与其现有业务相匹配；

（4）D 类公司风险管理能力低，潜在风险可能超过公司可承受范围；

（5）E 类公司潜在风险已经变为现实风险，已被采取风险处置措施。

2. 基本类别的调整

除了按照上述方法确定基本类别以外，证券公司还可能因发生违法违规行为等事项被监管机构调整基本类别。证券公司在评价期内存在挪用客户资产、违规委托理财、财务信息虚假、恶意规避监管或股东虚假出资、抽逃出资等违法违规行为的，将公司分类结果下调 3 个级别；情节严重的，将公司分类结果直接认定为 D 类。

证券公司在自评时，若不如实标注存在问题，存在遗漏、隐瞒等情况，将在应扣分事项上加倍扣分；自评时存在隐瞒重大事项或者报送、提供的信息和资料有虚假记载、误导性陈述或重大遗漏的，将视情节轻重将公司分类结果下调 1 至 3 个级别；证券公司未在规定日期之前上报自评结果的，将公司分类结果下调 1 个级别；未在确定分类结果期限之前上报自评结果的，将公司分类结果直接认定为 D 类。

六、证券公司反洗钱工作

反洗钱是指为了预防通过各种方式掩饰、隐瞒毒品犯罪、黑社会性质的组织犯罪、恐怖活动犯罪、走私犯罪、贪污贿赂犯罪、破坏金融管理秩序犯罪、金融诈骗犯罪等犯罪所得及其收益的来源和性质的洗钱活动，依照《反洗钱法》等相关法律法规、部门规章、部门规范性文件以及行业自律规则等规定采取相关措施的行为。

证券公司应当依法采取预防、监控措施，建立健全客户身份识别制度和风险等级划分制度、客户身份资料和交易记录保存制度、大额交易和可疑交易报告制度、保密制度、宣传培训制度等反洗钱内部控制制度，设立反洗钱专门机构或者指定内设机构负责反洗钱工作，制定反洗钱内部操作规程和控制措施，按照反洗钱预防、监控制度的要求，开展反洗钱培训和宣传工作，增强反洗钱工作能力，履行反洗钱义务。证券公司及其分支机构负责人应当对反洗钱内部控制制度的有效实施负责。

（一）客户身份识别和客户身份资料及交易记录保存基本要求

证券公司总部应对客户身份识别、客户身份资料和交易记录保存工作作出统一要求，并对其分支机构执行客户身份识别制度、客户身份资料和交易记录保存制度的情况进行监督管理。

1. 客户身份识别的基本要求

证券公司应当勤勉尽责，建立健全和执行客户身份识别制度，遵循"了解你的客户"的原则，开展客户身份识别、重新识别和持续识别工作。任何单位和个人在与证券公司建立业务关系或者证券公司为其提供一次性金融服务时，都应当提供真实有效的身份证件或者其他身份证明文件。证券公司在与客户建立业务关系时，应当识别客户身份，了解实际控制客户的自然人和交易的实际受益人，核对客户的有效身份证件或者其他身份证明文件，登记客户身份基本信息，并留存有效身份证件或者其他身份证明文件的复印件或者影印件。针对具有不同洗钱或者恐怖融资风险特征的客户、业务关系或者交易，证券公司应采取相应的措施，了解客户及其交易目的和交易性质，了解实际控制客户的自然人和交易的实际受益人。

证券公司不得为身份不明的客户提供服务或者与其进行交易，不得为客户开立匿名账户或者假名账户。客户由他人代理办理业务的，证券公司应当同时对代理人和被代理人的身份证件或者其他身份证明文件进行核对并登记。

此外，根据《中国人民银行关于加强反洗钱客户身份识别有关工作的通知》要求，证券公司应有效开展非自然人客户身份识别，逐层深入并最终明确掌握控制权或者获取收益的自然人。对于外国政要、国际组织高级管理人员等特定自然人客户及其特定关系人，证券公司除采取正常的客户身份识别措施外，还应采取强化的身份识别措施。

2. 持续与重新识别客户身份

在与客户的业务关系存续期间，证券公司应当采取持续的客户身份识别措施，关注客户及其日常经营活动、金融交易情况，及时提示客户更新资料信息。客户先前提交的身份证件或者身份证明文件已过有效期的，客户没有在合理期限内更新且没有提出合理理由的，证券公司应中止为客户办理业务。

证券公司应当在发生《金融机构客户身份识别和客户身份资料及交易记录保存管理办法》第二十二条规定的情形时，对客户进行重新识别。

3. 委托第三方进行客户身份识别

金融机构通过第三方识别客户身份的，应当确保第三方已经采取符合《反洗钱法》要求的客户身份识别措施；第三方未采取符合本法要求的客户身份识别措施的，由该金融机构承担未履行客户身份识别义务的责任。

4. 客户身份资料和交易记录保存的基本要求

证券公司应当保存的客户身份资料包括记载客户身份信息、资料以及反映证券公司开展客户身份识别工作情况的各种记录和资料。在业务关系存续期间，客户身份资料发生变更的，证券公司应当及时更新客户身份资料。

证券公司应按照安全、准确、完整、保密的原则，采取必要管理措施和技术措施，防止客户身份资料和交易记录的缺失、损毁，防止泄漏客户身份信息和交易信息。客户身份资料在业务关系结束后、客户交易信息在交易结束后，应当至少保存 5 年。证券公司破产或者解散时，应当将客户身份资料和交易记录移交中国证监会指定的机构。

（二）洗钱和恐怖融资风险评估及客户分类管理制度

证券公司应在总部或集团层面建立统一的洗钱风险管理基本政策，并在各分支机构、各条线（部门）执行，证券公司应指定适当的条线（部门）及人员整体负责风险评估工作流程的设置及监控工作，组织各相关条线（部门）充分参与风险评估工作。

1. 洗钱风险管理工作基本原则

（1）风险相当原则。证券公司应依据风险评估结果科学配置反洗钱资源，在洗钱风险较高的领域采取强化的反洗钱措施，在洗钱风险较低的领域采取简化的反洗钱措施。

（2）全面性原则。除特定例外情形外，证券公司应全面评估客户及地域、业务、行业（职业）等方面的风险状况。

（3）同一性原则。证券公司应赋予同一客户在本金融机构唯一的风险等级。

（4）动态管理原则。证券公司应根据客户风险状况的变化，及时调整其风险等级及所对应的风险控制措施。

（5）自主管理原则。证券公司经评估论证后认定的风险评估标准或风险控制措施的实施效果不低于《金融机构洗钱和恐怖融资风险评估及客户分类管理指引》的要求。

（6）保密原则。证券公司不得向客户或其他与反洗钱工作无关的第三方泄露客户风险等级信息。

2. 洗钱风险评估指标体系要求

洗钱风险评估指标体系包括客户特性、地域、业务（含金融产品、金融服务）、行业（含职业）四类基本要素。证券公司应综合考虑客户背景、社会经济活动特点、声誉、权威媒体披露信息以及非自然人客户的组织架构等各方面情况，衡量本机构对其开展客户尽职调查工作的难度，评估风险。

3. 开展客户风险等级划分的基本要求

对于新建立业务关系的客户，证券公司应在建立业务关系后的 10 个工作日内，按照收集信息、筛选分析信息、初评和复评的流程，划分其风险等级。

对于已确立过风险等级的客户，证券公司应根据其风险程度设置相应的重新审核期限，实现对风险的动态追踪。原则上，风险等级最高的客户的审核期限不得超过半年，低一等级客户的审核期限不得超出上一级客户审核期限时长的两倍。对于首次建立业务关系的客户，无论其风险等级高低，证券公司在初次确定其风险等级后的三年内至少应进行一次复核。

当客户变更重要身份信息、司法机关调查本证券公司客户、客户涉及权威媒体的案件报道等可能导致风险状况发生实质性变化的事件发生时，证券公司应考虑重新评定客户风险等级。

4. 客户风险分类控制措施

证券公司应在客户风险等级划分的基础上，采取相应的客户尽职调查及其他风险管控措施，对高风险客户采取强化的客户尽职调查及其他风险控制措施；对低风险客户可采取简化的客户尽职调查及其他风险控制措施，有效预防风险。

5. 委托其他机构开展客户风险等级划分等洗钱风险管理工作要求

证券公司委托其他机构开展客户风险等级划分等洗钱风险管理工作时，应与受托机构签订书面协议，并由高级管理层批准。委托机构对受托机构进行的洗钱风险管理工作承担最终法律责任。

（三）反洗钱保密要求

证券公司及其工作人员应对依法履行反洗钱职责或者义务获得的客户身份资料和交易信息，对依法监测、分析、报告可疑交易的有关情况，对配合中国人民银行调查可疑交易活动等有关反洗钱工作信息，以及对采取冻结措施有关的工作信息予以保密。非依法律规定，不得向任何单位和个人提供。

（四）证券公司大额交易和可疑交易报告制度

证券公司应当制定大额交易和可疑交易报告内部管理制度和操作规程，并对分支机构、附属机构大额交易和可疑交易报告制度的执行情况进行监督管理。

1. 大额交易报告

证券公司与客户进行金融交易并通过银行账户划转款项的，由银行机构按照《金融机构大额交易和可疑交易报告管理办法》规定提交大额交易报告。对单客户多银行主辅账户划转、B股非银证转账外部资金进出等情形，如证券公司未发现交易或行为异常的，可以不提交大额交易报告。

2. 可疑交易报告

证券公司应当制定本公司的交易监测标准，并对其有效性负责。交易监测标准包括但不限于客户的身份、行为，交易的资金来源、金额、频率、流向、性质等存在异常的情形。

证券公司发现或者有合理理由怀疑客户、客户的资金或者其他资产、客户的交易或者试图进行的交易与洗钱、恐怖融资等犯罪活动相关的，不论所涉资金金额或者资产价值大小，应当向中国反洗钱监测分析中心提交可疑交易报告。

当可疑交易符合下列情形之一的，证券公司应当在向中国反洗钱监测分析中心提交可疑交易报告的同时，以电子形式或书面形式向所在地中国人民银行或者其分支机构报告，并配合反洗钱调查：

（1）明显涉嫌洗钱、恐怖融资等犯罪活动的；

（2）严重危害国家安全或者影响社会稳定的；

（3）其他情节严重或者情况紧急的情形。

对于既属于大额交易又属于可疑交易的交易，证券公司应当分别提交大额交易报告和可疑交易报告。

3. 涉恐名单监控

证券公司应当对恐怖活动组织及恐怖活动人员名单①开展实时监测，并覆盖证券公司的所有业务条线和业务环节。当证券公司有合理理由怀疑客户或者其交易对手、资金或者其他资产与名单相关的，应当在立即向中国反洗钱监测分析中心提交可疑交易报告的同时，以电子形式或书面形式向所在地中国人民银行或者其分支机构报告，并按照相关主管部门的要求依法采取措施。

恐怖活动组织及恐怖活动人员名单调整的，证券公司应当立即开展回溯性调查，并按照规定提交可疑交易报告。法律、行政法规、规章对上述名单的监控另有规定的，从其规定。

(五) 恐怖活动资产冻结工作

证券公司应当严格按照公安部发布的恐怖活动组织及恐怖活动人员名单、冻结资产的决定，依法对相关资产采取冻结措施。证券公司发现恐怖活动组织及恐怖活动人员拥有或者控制的资产，应立即采取冻结措施。

证券公司采取冻结措施后，除中国人民银行及其分支机构、公安机关、国家安全机关另有要求外，应当及时告知客户，并说明采取冻结措施的依据和理由。

证券公司及其工作人员应当依法协助、配合中国人民银行及其省会（首府）城市中心支行以上分支机构的反洗钱调查，以及公安机关和国家安全机关的调查、侦查，提供与恐怖活动组织及恐怖活动人员有关的信息、数据以及相关资产情况。

非依法律规定，证券公司不得擅自解除冻结措施。

证券公司对根据《涉及恐怖活动资产冻结管理办法》被采取冻结措施的资产的管理及处置，应当按照中国人民银行、中国证监会等相关规定执行；没有规定的，参照公安机关、国家安全机关、检察机关的相关规定执行。

境外有关部门以涉及恐怖活动为由，要求证券公司冻结相关资产、提供客户身份信息及交易信息的，证券公司应当告知对方通过外交途径或者司法协助途径提出请求；不得擅自采取冻结措施，不得擅自提供客户身份信息及交易信息。

(六) 典型案例

中国人民银行某支行对辖区金融机构进行现场检查中发现，某证券公司营业

---

① 《金融机构大额交易和可疑交易报告管理办法》第18条规定，恐怖活动组织及恐怖活动人员名单包括：(1) 中国政府发布的或者要求执行的恐怖活动组织及恐怖活动人员名单；(2) 联合国安理会决议中所列的恐怖活动组织及恐怖活动人员名单；(3) 中国人民银行要求关注的其他涉嫌恐怖活动的组织及人员名单。

部对客户留存身份证明文件（第二代身份证）无期限 1038 户、开户申请书无职业 425 户、无国籍 240 户。该营业部对客户留存身份证明文件失效 102 户，其中失效后存在交易的 61 户。

上述情况违反了《金融机构客户身份识别和客户身份资料及交易记录保存管理办法》第十一条及第十九条识别与持续识别客户身份的相关规定，人民银行当地分支机构对该证券公司营业部处以行政处罚。

第二节 证券公司风险管理

本节将重点梳理、总结、解释与证券公司整体风险管理相关的法律法规规定，包括证券公司风险控制指标管理、全面风险管理和流动性风险管理等方面的规定。本节依据的行政法规、自律规则主要包括《证券公司风险控制指标管理办法》《证券公司全面风险管理规范》《证券公司流动性风险管理指引》等。

一、证券公司风险控制指标管理

（一）证券公司风险控制指标管理基本规定

1. 风险控制指标体系

证券公司风险控制指标体系以净资本和流动性为核心，主要包括净资本、风险覆盖率、资本杠杆率、流动性覆盖率、净稳定资金率等（见表 2-3）。

表 2-3　　　　　　　　　风险控制指标体系

主要风险控制指标	基本计算方法
净资本	核心净资本 + 附属净资本
风险覆盖率	净资本/各项风险资本准备之和 ×100%
资本杠杆率	核心净资本/表内外资产总额 ×100%
流动性覆盖率	优质流动性资产/未来 30 日内现金净流出 ×100%
净稳定资金率	可用稳定资金/所需稳定资金 ×100%

注：各指标的具体计算方法，请参考《证券公司风险控制指标计算标准规定》。

净资本是根据证券公司的业务范围和资产的流动性特点，在净资产的基础上对资产等项目进行一定调整后得出的综合性风险控制指标。具体而言，净资本由核心净资本和附属净资本构成。其中，核心净资本是在净资产的基础上，扣除资产项目的风险调整和或有负债的风险调整，再扣除或者加上中国证监会认定或核准的其他调整项目。附属净资本是在将长期次级债按照规定比例计入净资本的基础上，扣除或者加上中国证监会认定或核准的其他调整项目。

风险覆盖率等于净资本除以各项风险资本准备之和。

资本杠杆率等于核心净资本除以表内外资产总额。

流动性覆盖率等于优质流动性资产除以未来30天现金净流出量。

净稳定资金率等于可用稳定资金除以所需稳定资金。

此外，证券公司经营证券自营业务、为客户提供融资或融券服务的，应当符合中国证监会对该项业务的风险控制指标标准。对于未规定风险控制指标标准及计算要求的新产品、新业务，证券公司在投资该产品或者开展该业务前，应当按照规定事先向中国证监会、公司注册地的中国证监会派出机构报告或者报批。

2. 基本要求

证券公司应当按照中国证监会的有关规定，遵循审慎、实质重于形式的原则，计算各项风险控制指标。

证券公司应当根据自身资产负债状况和业务发展情况，建立动态的风险控制指标监控和资本补足机制，确保净资本等各项风险控制指标在任一时点都符合规定标准。

中国证监会及其派出机构应当对证券公司净资本等各项风险控制指标数据的生成过程及计算结果的真实性、准确性、完整性进行定期或不定期检查，并可以根据监管需要，要求证券公司聘请具有证券、期货相关业务资格的会计师事务所对其风险控制指标监管报表进行审计。

（二）证券公司从事相关证券业务的净资本标准

证券公司经营证券经纪业务的，其净资本不得低于人民币2 000万元。

证券公司经营证券承销与保荐、证券自营、证券资产管理、其他证券业务等业务之一的，其净资本不得低于人民币5 000万元。

证券公司经营证券经纪业务，同时经营证券承销与保荐、证券自营、证券资产管理、其他证券业务等业务之一的，其净资本不得低于人民币1亿元。

证券公司经营证券承销与保荐、证券自营、证券资产管理、其他证券业务中两项及两项以上的，其净资本不得低于人民币2亿元。

（三）证券公司应持续符合的风险控制指标标准

证券公司必须持续符合下列风险控制指标标准：
(1) 风险覆盖率不得低于 100%；
(2) 资本杠杆率不得低于 8%；
(3) 流动性覆盖率不得低于 100%；
(4) 净稳定资金率不得低于 100%。

（四）风险控制指标报告相关要求

证券公司应当至少每半年经主要负责人、首席风险官签署确认后，向公司全体董事报告一次公司净资本等风险控制指标的具体情况和达标情况。

证券公司应当至少每半年经董事会签署确认，向公司全体股东报告一次公司净资本等风险控制指标的具体情况和达标情况，并至少获得主要股东的签收确认证明文件。

净资本指标与上月相比发生 20% 以上不利变化或不符合规定标准时，证券公司应当在 5 个工作日内向公司全体董事报告，10 个工作日内向公司全体股东报告。

证券公司应当在每月结束之日起 7 个工作日内，向中国证监会及其派出机构报送月度风险控制指标监管报表。

证券公司的净资本等风险控制指标与上月相比发生不利变化超过 20% 的，应当在该情形发生之日起 3 个工作日内，向中国证监会及其派出机构报告，说明基本情况和变化原因。

证券公司的净资本等风险控制指标达到预警标准或者不符合规定标准的，应当分别在该情形发生之日起 3 个、1 个工作日内，向中国证监会及其派出机构报告，说明基本情况、问题成因以及解决问题的具体措施和期限。

（五）监管措施

1. 风险控制指标监管报表报送或者编制方面问题的监管措施

证券公司未按照监管部门要求报送风险控制指标监管报表，或者风险控制指标监管报表存在重大错报、漏报以及虚假报送情况，中国证监会及其派出机构可以根据情况采取出具警示函、责令改正、监管谈话、责令处分有关人员等监管措施。

2. 风险控制指标不符合规定标准的监管措施

证券公司净资本或者其他风险控制指标不符合规定标准的，派出机构应当责令公司限期改正，在 5 个工作日内制定并报送整改计划，整改期限最长不超过 20 个工作日；证券公司未按时报送整改计划的，派出机构应当立即限制其业务活动。

整改期内，中国证监会及其派出机构应当区别情形，对证券公司采取下列措施：

（1）停止批准新业务；

（2）停止批准增设、收购营业性分支机构；

（3）限制分配红利；

（4）限制转让财产或在财产上设定其他权利。

证券公司整改后，经派出机构验收符合有关风险控制指标的，中国证监会及其派出机构应当自验收完毕之日起 3 个工作日内解除对其采取的有关措施。

证券公司未按期完成整改的，自整改期限到期的次日起，派出机构应当区别情形，对其采取下列措施：

（1）限制业务活动；

（2）责令暂停部分业务；

（3）限制向董事、监事、高级管理人员支付报酬、提供福利；

（4）责令更换董事、监事、高级管理人员或者限制其权利；

（5）责令控股股东转让股权或者限制有关股东行使股东权利；

（6）认定董事、监事、高级管理人员为不适当人选；

（7）中国证监会及其派出机构认为有必要采取的其他措施。

证券公司未按期完成整改、风险控制指标情况继续恶化，严重危及该证券公司的稳健运行的，中国证监会可以撤销其有关业务许可。

证券公司风险控制指标无法达标，严重危害证券市场秩序、损害投资者利益的，中国证监会可以区别情形，对其采取下列措施：

（1）责令停业整顿；

（2）指定其他机构托管、接管；

（3）撤销经营证券业务许可；

（4）撤销。

二、证券公司全面风险管理

（一）全面风险管理的含义

全面风险管理是指证券公司董事会、经理层以及全体员工共同参与，对公司经营中的流动性风险、市场风险、信用风险、操作风险、声誉风险等各类风险，进行准确识别、审慎评估、动态监控、及时应对及全程管理。

全面风险管理包含"全员"的含义，要求证券公司董事会、经理层以及全体员工，从上到下，共同参与风险管理。

全面风险管理包含对"全部风险"进行管理的含义，要求对各类风险进行管理，要求管理的风险包括但不限于流动性风险、市场风险、信用风险、操作风险、流动性风险、声誉风险等。

全面风险管理包含开展风险管理的"全部活动"的含义，要求对风险进行准确识别、审慎评估、动态监控和及时应对。

全面风险管理包含对风险进行"全程管理"的含义。

（二）全面风险管理体系的内容和覆盖范围

全面风险管理体系应当包括可操作的管理制度、健全的组织架构、可靠的信息技术系统、量化的风险指标体系、专业的人才队伍、有效的风险应对机制。

证券公司应将所有子公司以及比照子公司管理的各类孙公司（统称"子公司"）纳入全面风险管理体系，强化分支机构风险管理，实现风险管理全覆盖。

（三）全面风险管理的责任主体

按照《证券公司全面风险管理规范》，证券公司全面风险管理的责任主体包括董事会、监事会、经理层、各部门、分支机构、子公司以及每一名员工。上述责任主体分别承担不同的风险管理职责。

1. 董事会的风险管理职责

证券公司董事会承担全面风险管理的最终责任，履行以下职责：

（1）推进风险文化建设；
（2）审议批准公司全面风险管理的基本制度；
（3）审议批准公司的风险偏好、风险容忍度以及重大风险限额；
（4）审议公司定期风险评估报告；
（5）任免、考核首席风险官，确定其薪酬待遇；
（6）建立与首席风险官的直接沟通机制；
（7）公司章程规定的其他风险管理职责。

董事会可授权其下设的风险管理相关专业委员会履行其全面风险管理的部分职责。

2. 监事会的风险管理职责

证券公司监事会承担全面风险管理的监督责任，负责监督检查董事会和经理层在风险管理方面的履职尽责情况并督促整改。

3. 经理层的风险管理职责

证券公司经理层对全面风险管理承担主要责任，应当履行以下职责：

（1）制定风险管理制度，并适时调整。

（2）建立健全公司全面风险管理的经营管理架构，明确全面风险管理职能部门、业务部门以及其他部门在风险管理中的职责分工，建立部门之间有效制衡、相互协调的运行机制。

（3）制定风险偏好、风险容忍度以及重大风险限额等的具体执行方案，确保其有效落实；对其进行监督，及时分析原因，并根据董事会的授权进行处理。

（4）定期评估公司整体风险和各类重要风险管理状况，解决风险管理中存在的问题并向董事会报告。

（5）建立涵盖风险管理有效性的全员绩效考核体系。

（6）建立完备的信息技术系统和数据质量控制机制。

（7）风险管理的其他职责。

证券公司应当任命一名高级管理人员负责全面风险管理工作（以下统称首席风险官）。首席风险官不得兼任或者分管与其职责相冲突的职务或者部门。

4. 风险管理部门的职责

证券公司应当指定或者设立专门部门履行风险管理职责，在首席风险官的领导下推动全面风险管理工作，监测、评估、报告公司整体风险水平，并为业务决策提供风险管理建议，协助、指导和检查各部门、分支机构及子公司的风险管理工作。

流动性风险、声誉风险等风险管理工作可由证券公司其他相关部门负责。

5. 各业务部门、分支机构和子公司的风险管理职责

证券公司各业务部门、分支机构及子公司负责人应当全面了解并在决策中充分考虑与业务相关的各类风险，及时识别、评估、应对、报告相关风险，并承担风险管理的直接责任。

6. 员工的风险管理职责

证券公司每一名员工对风险管理有效性承担勤勉尽责、审慎防范、及时报告的责任。包括但不限于：通过学习、经验积累增强风险意识；谨慎处理工作中涉及的风险因素；发现风险隐患时主动应对并及时履行报告义务。

（四）证券公司将子公司风险管理纳入统一体系的要求

证券公司应当将子公司的风险管理纳入统一体系，对其风险管理工作实行垂

直管理，要求并确保子公司在整体风险偏好和风险管理制度框架下，建立自身的风险管理组织架构、制度流程、信息技术系统和风控指标体系，保障全面风险管理的一致性和有效性。

证券公司子公司应当任命一名高级管理人员负责公司的全面风险管理工作，子公司负责全面风险管理工作的负责人不得兼任或者分管与其职责相冲突的职务或者部门。子公司风险管理工作负责人的任命应由证券公司首席风险官提名，子公司董事会聘任，其解聘应征得证券公司首席风险官同意。子公司风险管理工作负责人应在首席风险官指导下开展风险管理工作，并向首席风险官履行风险报告义务。子公司风险管理工作负责人应由证券公司首席风险官考核，考核权重不低于50%。

（五）中国证券业协会就全面风险管理实施的自律管理

中国证券业协会对证券公司实施《证券公司全面风险管理规范》的情况进行自律管理，督促证券公司持续完善全面风险管理体系。

中国证券业协会可以对证券公司全面风险管理情况进行评估和检查，证券公司应予以配合。

证券公司违反《证券公司全面风险管理规范》的，中国证券业协会依据《中国证券业协会自律管理措施和纪律处分实施办法》对公司及相关负责人采取自律管理措施。

证券公司违反《证券公司全面风险管理规范》第十条、第十五条、第十六条、第十七条、第十八条、第三十一条、第三十二条、第三十三条、第三十四条的规定，情节严重的，中国证券业协会依据《中国证券业协会自律管理措施和纪律处分实施办法》对公司及相关负责人进行纪律处分。

三、证券公司流动性风险管理

（一）证券公司流动性风险的定义

流动性风险是指证券公司无法以合理成本及时获得充足资金，以偿付到期债务、履行其他支付义务和满足正常业务开展的资金需求的风险。

（二）证券公司流动性风险管理的目标

证券公司流动性风险管理的目标是，建立健全流动性风险管理体系，对流动性风险实施有效识别、计量、监测和控制,确保其流动性需求能够及时以合理成本得到满足。

(三) 证券公司流动性风险管理应遵循的原则

证券公司流动性风险管理应遵循全面性、审慎性和预见性原则。

全面性原则,是指证券公司流动性风险管理应全面覆盖证券公司各部门、分支机构、子公司,包含所有表内外和境内外业务,贯穿决策、执行、监督、反馈等各个环节。

审慎性原则,是指证券公司应对流动性风险管理各个环节进行严谨、审慎判断,保障公司流动性的安全。

预见性原则,是指证券公司应加强资金来源、资金运用规模及期限结构变化方面的预测分析,合理预见各种可能出现的风险,协调公司表内外各项业务发展。

(四) 证券公司流动性风险管理的组织架构及职责

证券公司应建立有效的流动性风险管理组织架构,明确董事会、经理层及其首席风险官、相关部门在流动性风险管理中的职责和报告路线,建立健全有效的考核及问责机制。证券公司应将子公司的流动性风险纳入管理范围,明确子公司流动性风险信息报告的路径、内容、形式、频率和报送范围,并对其流动性风险管理状况进行分析和监督。

1. 董事会的流动性风险管理职责

证券公司董事会应承担流动性风险管理的最终责任,负责审核批准公司的流动性风险偏好、政策、信息披露等风险管理重大事项,持续关注流动性风险状况并对流动性管理情况进行监督检查。

2. 经理层的流动性风险管理职责

证券公司经理层应确定流动性风险管理组织架构,明确各部门职责分工;确保公司具有足够的资源,独立、有效地开展流动性风险管理工作;确保流动性风险偏好和政策在公司内部的有效沟通、传达和实施;建立完备的管理信息系统或采取相应手段,支持流动性风险的识别、计量、监测和控制;充分了解风险水平及其管理状况等。

证券公司首席风险官应充分了解证券公司流动性风险水平及其管理状况,并及时向董事会及经理层报告;对公司流动性风险管理中存在的风险隐患进行质询和调查,并提出整改意见。

3. 流动性风险管理部门的职责

证券公司应明确负责流动性风险管理的部门及职责，并配备履行职责所需要的人力、物力资源。

负责流动性风险管理的部门应统筹公司资金来源与融资管理，协调安排公司资金需求，监控优质流动性资产状况，组织流动性风险应急计划制定、演练和评估；负责制定流动性风险管理策略、措施和流程；监测流动性风险限额执行情况，及时报告超限额情况；定期向首席风险官报告流动性风险水平、管理状况及其重大变化；组织开展流动性风险压力测试。

（五）证券公司流动性风险限额管理的基本要求

证券公司应对流动性风险实施限额管理，根据其业务规模、性质、复杂程度、流动性风险偏好和外部市场发展变化、监管要求等情况，设定流动性风险限额并对其执行情况进行监控。

证券公司应至少每年对流动性风险限额进行一次评估，必要时进行调整。

（六）证券公司融资管理的基本要求

证券公司应建立并完善融资策略，提高融资来源的多元化和稳定程度，建立包括但不限于银行借款、同业拆借、债券、收益凭证、短期融资券、证券回购等灵活的场内及场外融资渠道。

证券公司的融资管理应符合以下要求：

（1）分析正常和压力情景下未来不同时间段的融资需求和来源。

（2）加强负债品种、期限、交易对手、融资抵（质）押品和融资市场等的集中度管理，适当设置集中度限额。

（3）加强融资渠道管理，积极维护与主要融资交易对手的关系，保持在市场上的适当活跃程度，并定期评估市场融资和资产变现能力。

（4）密切监测主要金融市场的交易量和价格等变动情况，评估市场流动性对公司融资能力的影响。

（七）中国证券业协会就流动性风险管理实施的自律管理

中国证券业协会通过非现场检查、现场检查等方式对证券公司的流动性风险水平及其管理状况实施自律管理。

四、典型案例

20×4 年 9 月至 12 月期间，某证券公司将 20 多亿元自有资金投向单一资金信托计划，但在月度风险控制指标监管报表和年度报告中，将上述投资计入银行存款。某会计师事务所在年度审计时，认为该证券公司年度报告、净资本计算表、风险资本准备计算表、风险控制指标监管报表等报表存在违反会计准则、证券公司净资本计算规则的情形，因此出具了保留意见。

针对该违规事件，当地证监局在查实情况后，按照《证券公司监督管理条例》第七十条、《证券公司风险控制指标管理办法》第三十五条的规定，对该证券公司采取以下行政监管措施：暂停该证券公司自营业务（固定收益证券自营除外）；暂停核准该证券公司新业务的申请；对该证券公司予以谴责。同时，按照《证券公司监督管理条例》第七十条的规定，对该证券公司董事长、财务总监、合规总监和副总经理采取谴责等行政监管措施。

第三节　投资者适当性管理

本节重点介绍了证券经营机构执行投资者适当性的基本原则；经营机构向投资者销售产品或提供服务应了解的投资者信息；普通投资者享有特别保护的规定；专业投资者的范围；确定普通投资者风险承受能力的主要因素；划分产品或服务风险等级时应考虑的因素；经营机构在投资者坚持购买风险等级高于其承受能力的产品时的职责；经营机构销售产品或提供服务的禁止性行为；经营机构向普通投资者销售产品或提供服务前应告知的信息；经营机构需进行现场录音或录像留痕的要求；对经营机构违反适当性管理规定的监管措施。本章依据和参考的部门规章和自律规则主要包括《证券期货投资者适当性管理办法》《证券经营机构投资者适当性管理实施指引（试行）》等。

投资者适当性制度是证券期货经营机构（以下简称"经营机构"）服务投资者、控制经营风险和保护投资者合法权益的重要操作流程，其核心目的在于"将适当的产品或服务销售或提供给适当的投资者"。

建立完善的投资者适当性管理制度，有利于规范证券期货投资者适当性管理，维护投资者合法权益。世界主要成熟资本市场，包括美国、欧盟、英国、德国、新加坡以及中国香港等国家和地区均建立了完善的投资者适当性管理制度。适当性管理制度的核心框架包括了解投资者、投资者分类，了解产品或服务、产品或服务分级，适当性匹配以及经营机构内部控制等内容。

一、证券经营机构执行投资者适当性的基本原则

《证券期货投资者适当性管理办法》要求经营机构在向投资者销售证券期货产品或者提供证券期货服务的过程中，应当遵守法律法规及其他有关规定，勤勉尽责，审慎履职，全面了解投资者情况，深入调查分析产品或者服务信息，科学有效评估，充分揭示风险，基于投资者的不同风险承受能力以及产品或者服务的不同风险等级等因素，提出明确的适当性匹配意见，将适当的产品或者服务销售或者提供给适合的投资者，并对违法违规行为承担法律责任。

经营机构及其工作人员在落实投资者适当性管理的过程中，应当遵循以下原则：

（一）投资者利益优先原则

当经营机构及其工作人员的利益与投资者的利益发生冲突时，应当优先保障投资者的合法权益。

（二）勤勉尽责原则

经营机构及其工作人员应当全面了解投资者的情况，包括与投资者分类、风险承受能力评估相关的各类信息；深入调查分析产品或者服务信息，充分了解划分产品或服务风险等级时应当综合考虑的因素以及应当审慎评估的特殊因素。

（三）客观性原则

经营机构应当采用科学合理的方法，设置必要的标准和流程，保证适当性管理的实施。经营机构及其从业人员应当客观公正地对产品或服务以及投资者情况进行调查和评价，尽力做到客观、准确，并将相关调查和评价结果作为向投资者推介适当产品或服务的重要依据。

（四）有效性原则

经营机构应当建立科学的投资者适当性管理制度与方法，确保投资者适当性

管理的有效执行；同时，经营机构及其从业人员还应根据投资者的不同类别、投资知识和经验等采取与之对应的信息披露措施，确保风险揭示充分、有效。

（五）差异性原则

经营机构应当对投资者进行分类管理，对普通投资者和专业投资者实施差别的适当性管理措施，履行不同的适当性义务。

二、经营机构向投资者销售产品或提供服务应了解的投资者信息

"了解你的客户"是投资者适当性管理工作的核心内容之一，经营机构只有全面了解客户的信息，才能根据每个客户的综合情况，向其提供适当的金融产品或服务。

《证券公司监督管理条例》等法律法规已经明确经营机构应当了解投资者身份、财产与收入状况、证券投资经验、投资需求、风险偏好等信息。此外，从国际实践来看，不同国家或地区对经营机构向投资者提供投资相关服务、推荐或销售金融产品，需要了解的客户信息范围均包括：基本信息、财务状况、投资目标、投资知识、投资经验。

随着资本市场不断发展以及投资者适当性制度的完善，2016 年末中国证监会出台的《证券期货投资者适当性管理办法》进一步完善了了解投资者信息的要求，在原有了解投资者信息的基础上，明确了投资目标包括投资期限、品种以及期望收益等，新增了投资者风险偏好及可承受损失，还要求了解投资者诚信记录、实际控制投资者的自然人和交易的实际受益人以及投资者准入要求等相关信息。

根据《证券期货投资者适当性管理办法》的要求，经营机构向投资者销售产品或者提供服务时，应当了解投资者的下列信息：

（1）自然人的姓名、住址、职业、年龄、联系方式，法人或者其他组织的名称、注册地址、办公地址、性质、资质及经营范围等基本信息；

（2）收入来源和数额、资产、债务等财务状况；

（3）投资相关的学习、工作经历及投资经验；

（4）投资期限、品种、期望收益等投资目标；

（5）风险偏好及可承受的损失；

（6）诚信记录；

（7）实际控制投资者的自然人和交易的实际受益人；

(8) 法律法规、自律规则规定的投资者准入要求相关信息；

(9) 其他必要信息。

三、普通投资者享有特别保护的规定

根据《证券期货投资者适当性管理办法》的规定，投资者分为普通投资者与专业投资者。普通投资者在信息告知、风险警示、适当性匹配等方面享有特别保护。

对于普通投资者的特别保护应当至少体现在以下方面：

(1) 信息告知。经营机构及其从业人员面向普通投资者销售金融产品、提供投资服务时应当确保所告知的信息真实、准确、完整，并采取通俗易懂的方式向普通投资者进行介绍，帮助普通投资者理解产品或服务的风险等级、投资标的和结构、收益以及风险特征等，以帮助普通投资者选择适当的金融产品或服务。

(2) 风险警示。经营机构及其从业人员在向普通投资者提供服务时应当进行更为充分的风险警示，包括为普通投资者提供风险揭示材料，向普通投资者销售高风险产品或提供相关服务时履行特别的注意义务，在营业网点向普通投资者进行告知、警示的，应当全过程录音录像等。

(3) 适当性匹配。经营机构及其从业人员应当针对普通投资者及其选择的产品或服务提供明确具体的适当性匹配意见，并通过书面或电子方式进行留痕。

四、专业投资者的范围

依据《证券期货投资者适当性管理办法》，专业投资者可以划分为三类。第一类是专业机构投资者，即经有关金融监管部门批准设立的金融机构、金融机构发行的理财产品以及经监管部门批准设立的养老基金、社会公益基金、合格境外机构投资者（QFII）、人民币合格境外机构投资者（RQFII）等。第二类是符合一定条件的专业投资者，即符合一定资产、财务规模并且具备一定投资知识和经验的投资者。此类投资者需提供相关证明材料，经经营机构核验属实的可以直接认定为专业投资者。第三类属于普通投资者自愿申请转化的专业投资者，在其资产、财务规模以及投资知识和经验符合一定要求的前提下，经营机构有权自主决定是否同意其转化。

(一) 第一类专业投资者

第一类专业投资者具体包括：

1. 经有关金融监管部门批准设立的金融机构，包括证券公司、期货公司、基金管理公司及其子公司、商业银行、保险公司、信托公司、财务公司等；经行业协会备案或者登记的证券公司子公司、期货公司子公司、私募基金管理人。

2. 上述机构面向投资者发行的理财产品，包括但不限于证券公司资产管理产品、基金管理公司及其子公司产品、期货公司资产管理产品、银行理财产品、保险产品、信托产品、经行业协会备案的私募基金。

3. 社会保障基金、企业年金等养老基金，慈善基金等社会公益基金，合格境外机构投资者（QFII），人民币合格境外机构投资者（RQFII）。

（二）第二类专业投资者

符合下列条件之一的是第二类专业投资者：

1. 同时符合下列条件的法人或者其他组织：

（1）最近 1 年末净资产不低于 2 000 万元；

（2）最近 1 年末金融资产不低于 1 000 万元；

（3）具有 2 年以上证券、基金、期货、黄金、外汇等投资经历。

2. 同时符合下列条件的自然人：

（1）金融资产不低于 500 万元，或者最近 3 年个人年均收入不低于 50 万元；

（2）具有 2 年以上证券、基金、期货、黄金、外汇等投资经历，或者具有 2 年以上金融产品设计、投资、风险管理及相关工作经历，或者属于前述第一类专业投资者中的第 1 部分的金融机构的高级管理人员、获得职业资格认证的从事金融相关业务的注册会计师和律师。

以上所称金融资产，包括银行存款、股票、债券、基金份额、资产管理计划、银行理财产品、信托计划、保险产品、期货及其他衍生产品等。

第二类专业投资者可以书面告知经营机构选择成为普通投资者，经营机构应当对其履行相应的适当性义务。

（三）由普通投资者转化的专业投资者

符合下列条件之一的普通投资者可以申请转化成为专业投资者：

1. 最近 1 年末净资产不低于 1 000 万元，最近 1 年末金融资产不低于 500 万元，且具有 1 年以上证券、基金、期货、黄金、外汇等投资经历的除专业投资者外的法人或其他组织；

2. 金融资产不低于 300 万元或者最近 3 年个人年均收入不低于 30 万元，且具有 1 年以上证券、基金、期货、黄金、外汇等投资经历或者 1 年以上金融产品设计、投资、风险管理及相关工作经历的自然人投资者。

普通投资者申请转化为专业投资者亦需要遵守相应的程序。投资者须主动通过书面形式提出申请并确认自主承担可能产生的风险和后果，提供相关证明材料。经营机构应当通过追加了解信息、投资知识测试或模拟交易等方式对投资者情况及证明材料进行审慎评估，确认其是否符合相关要求，说明对不同类别投资者履行适当性义务的差别，警示投资者可能承担的投资风险，告知审核结果及理由。经营机构有权自主决定是否同意投资者转化为专业投资者。

五、确定普通投资者风险承受能力的主要因素

专业投资者之外的投资者为普通投资者。经营机构应当按照有效维护投资者合法权益的要求，综合考虑收入来源、资产状况、债务、投资知识和经验、风险偏好、诚信状况等因素，确定普通投资者的风险承受能力，对其进行细化分类和管理。

经营机构在了解客户信息之后，可以通过请投资者填写《投资者风险承受能力评估问卷》等方法对投资者风险承受能力进行综合评估。评估普通投资者风险承受能力的主要因素包括以下几个方面：

（1）财务状况，具体包含收入来源、用于投资资产占家庭总资产比例、债务状况以及可用于投资的资产规模等；

（2）投资知识，包括金融相关学历情况、工作经历以及相关资格证书等；

（3）投资经验，包括投资金融产品情况、交易频率以及投资时间等；

（4）投资目标，包括拟投资期限、投资品种、期望收益等；

（5）风险偏好，包括可承受的投资损失以及投资回报的用途等；

（6）其他信息，包括投资者的年龄、抚养、扶养和赡养义务、学历以及本人及配偶的就业状况等。

除以上述列举六项主要因素外，经营机构可结合实际操作经验及投资者的特殊情况，调整和补充具体评估指标。经过评估，经营机构可将普通投资者按照其风险承受能力由低至高至少划分为 C1、C2、C3、C4、C5 五个等级。

普通投资者风险承受能力等级评估是一个持续性的工作，经营机构应当定期或在得知投资者信息发生重要变化、可能影响投资者分类时及时对普通投资者风险承受能力等级进行重新评估，并根据最新的评估结果向投资者销售适当的产品或提供适当的服务。

六、划分产品或服务风险等级时应考虑的因素

经营机构应当了解所销售产品或者所提供服务的信息,根据风险特征和程度,对销售产品或者提供的服务划分风险等级。划分产品或者服务风险等级时应综合考虑如下因素:流动性、到期时限、杠杆情况、结构复杂性、投资单位产品或者相关服务的最低金额、投资方向和投资范围、募集方式、发行人等相关主体的信用状况、同类产品或者服务过往业绩等。涉及投资组合的产品或者服务,应当按照产品或者服务整体风险等级进行评估。

产品或者服务存在下列因素的,应当审慎评估其风险等级:

(1) 存在本金损失的可能性,因杠杆交易等因素容易导致本金大部分或者全部损失的产品或者服务;

(2) 产品或者服务的流动变现能力,因无公开交易市场、参与投资者少等因素导致难以在短期内以合理价格顺利变现的产品或者服务;

(3) 产品或者服务的可理解性,因结构复杂、不易估值等因素导致普通人难以理解其条款和特征的产品或者服务;

(4) 产品或者服务的募集方式,涉及面广、影响力大的公募产品或者相关服务;

(5) 产品或者服务的跨境因素,存在市场差异、适用境外法律等情形的跨境发行或者交易的产品或者服务;

(6) 自律组织认定的高风险产品或者服务;

(7) 其他有可能构成投资风险的因素。

《证券期货投资者适当性管理办法》规定,由行业协会制定并定期更新本行业的产品或者服务风险等级名录,经营机构评估相关产品或者服务的风险等级不得低于行业协会名录规定的风险等级。

七、经营机构在投资者坚持购买风险等级高于其承受能力的产品时的职责

经营机构应当根据产品或者服务的不同风险等级,对其适合销售产品或者提供服务的投资者类型作出判断,并向投资者提出适当性匹配意见。如存在适当性不匹配的情况,不得主动向投资者进行推介。经营机构告知投资者不适合购买相关产品或者接受相关服务,投资者仍主动要求购买风险等级高于其风险承受能力的产品或者相关服务的,经营机构应当做到:

（1）确认投资者是否属于风险承受能力最低类别的投资者：对于风险承受能力最低类别的投资者，业务人员应当拒绝向其销售或提供高于其风险承受能力的产品或服务。

（2）以书面形式进行特别风险警示：如投资者不属于风险承受能力最低类别，经营机构业务人员应当就产品或服务的风险等级高于投资者承受能力的情况进行特别书面风险警示。如投资者仍坚持购买的，可以向其销售相关产品或者提供相关服务。

八、经营机构销售产品或提供服务的禁止性行为

经营机构在销售产品或者提供服务的过程中，应勤勉尽责，审慎履职，全面了解投资者情况，充分揭示风险，基于投资者的不同风险承受能力以及产品或者服务的不同风险等级等因素，提出明确的适当性匹配意见，将适当的产品或者服务提供给适合的投资者，并禁止进行下列活动：

（1）向不符合准入要求的投资者销售产品或者提供服务；

（2）向投资者就不确定事项提供确定性的判断，或者告知投资者有可能使其误认为具有确定性的意见；

（3）向普通投资者主动推介风险等级高于其风险承受能力的产品或者服务；

（4）向普通投资者主动推介不符合其投资目标的产品或者服务；

（5）向风险承受能力最低类别的投资者销售或者提供风险等级高于其风险承受能力的产品或者服务；

（6）其他违背适当性要求，损害投资者合法权益的行为。

同时，证券经营机构销售产品、提供服务，应当向投资者充分披露产品或服务信息以及有助于投资者作出投资分析判断的其他信息，披露的信息不得含有虚假、误导性陈述或重大遗漏，不得欺诈投资者。"投资者基本信息表"《投资者风险承受能力评估问卷》应当由投资者本人或合法授权人填写，经营机构业务人员不得以任何方式诱导、误导或欺骗投资者，从而影响填写结果。

九、经营机构向普通投资者销售产品或提供服务前应告知的信息

证券经营机构销售产品、提供服务，应当向投资者充分披露产品或服务信息以及有助于投资者作出投资分析判断的其他信息，并向投资者充分揭示产品或服务的信用风险、市场风险、流动性风险等可能影响投资者权益的主要风险以及具

体产品或服务的特别风险，并由投资者签署确认。

经营机构向普通投资者销售产品或者提供服务前，应当告知下列信息：

（1）可能直接导致本金亏损的事项；

（2）可能直接导致超过原始本金损失的事项；

（3）因经营机构的业务或者财产状况变化，可能导致本金或者原始本金亏损的事项；

（4）因经营机构的业务或者财产状况变化，影响客户判断的重要事由；

（5）限制销售对象权利行使期限或者可解除合同期限等全部限制内容；

（6）投资者适当性匹配意见。

经营机构在充分履行以上披露和告知义务后，应当提醒投资者，适当性匹配意见不代表经营机构对产品或服务的风险和收益作出实质性保证，投资者在参考经营机构给出的适当性匹配意见基础上，应根据自身能力审慎独立决策，独立承担投资风险。

十、经营机构需进行现场录音或录像留痕的要求

在普通投资者申请转为专业投资者，向普通投资者销售高风险产品或者提供相关服务，经营机构主动调整投资者分类、产品或者服务分级、适当性匹配意见以及向普通投资者履行信息告知义务这四种情形下，经营机构：

（1）通过营业网点向普通投资者进行告知、警示的，应当全过程录音或者录像。

（2）通过互联网等非现场方式进行的，应当完善配套留痕安排，由普通投资者通过符合法律、行政法规要求的电子方式进行确认。

同时，经营机构应当按照相关规定妥善保存其履行适当性义务的相关信息资料，防止泄露或者被不当利用，接受中国证监会及其派出机构和自律组织的检查。对匹配方案、告知警示资料、录音录像资料、自查报告等的保存期限不得少于20年。

十一、对经营机构违反适当性管理规定的监管措施

《证券期货投资者适当性管理办法》本着有义务必有追责的原则，针对每一项义务都制定了相应的违规罚则，要求监管自律机构通过检查督促，采取监督管理措施、行政处罚和市场禁入措施等方式，确保经营机构自觉落实适当性义务。

《证券期货投资者适当性管理办法》第三十七条至第四十二条具体规定了经

营机构违反适当性管理规定时应当采取的监管措施，包括但不限于：

（1）经营机构违反《证券期货投资者适当性管理办法》规定的，中国证监会及其派出机构可以对经营机构及其直接负责的主管人员和其他直接责任人员，采取责令改正、监管谈话、出具警示函、责令参加培训等监督管理措施。

（2）证券公司、期货公司违反《证券期货投资者适当性管理办法》规定，存在较大风险或者风险隐患的，中国证监会及其派出机构可以按照《证券公司监督管理条例》第七十条、《期货交易管理条例》第五十五条的规定，采取监督管理措施。

（3）违反《证券期货投资者适当性管理办法》相关规定，存在向投资者销售产品或提供服务时未了解投资者信息，未合理划分产品或服务的风险等级，在投资者坚持购买风险等级高于其承受能力的产品时未尽到相关职责及注意义务，未在情况变化时主动调整投资者分类、产品或者服务分级及适当性匹配意见，向投资者销售、提供了禁止销售的产品或提供的服务，在销售产品或提供服务前未告知相关信息或提供了虚假信息等情形时，按照《证券投资基金法》第一百三十七条、《证券公司监督管理条例》第八十四条、《期货交易管理条例》第六十七条予以处理。

（4）违反《证券期货投资者适当性管理办法》的规定，存在向不符合准入要求的投资者销售产品或者提供服务，向投资者就不确定的事项提供确定性的判断，在委托其他机构销售时未审慎选择受托方，在代销其他机构发行的产品或服务时未在合同中要求委托方提供相关信息等情形时，按照《证券投资基金法》第一百三十五条、《证券公司监督管理条例》第八十三条、《期货交易管理条例》第六十六条予以处理。

（5）经营机构有下列情形之一的，给予警告，并处以3万元以下罚款；对直接负责的主管人员和其他直接责任人员，给予警告，并处以3万元以下罚款：

①违反《证券期货投资者适当性管理办法》第十条，未按规定对普通投资者进行细化分类和管理的；

②违反《证券期货投资者适当性管理办法》第十一条、第十二条，未按规定进行投资者类别转化的；

③违反《证券期货投资者适当性管理办法》第十三条，未建立或者更新投资者评估数据库的；

④违反《证券期货投资者适当性管理办法》第十五条，未按规定了解所销售产品或者所提供服务信息或者履行分级义务的；

⑤违反《证券期货投资者适当性管理办法》第十六条、第十七条，未按规

定划分产品或者服务风险等级的；

⑥违反《证券期货投资者适当性管理办法》第二十五条，未按规定录音录像或者采取配套留痕安排的；

⑦违反《证券期货投资者适当性管理办法》第二十九条，未按规定制定或者落实适当性内部管理制度和相关制度机制的；

⑧违反《证券期货投资者适当性管理办法》第三十条，未按规定开展适当性自查的；

⑨违反《证券期货投资者适当性管理办法》第三十二条，未按规定妥善保存相关信息资料的；

⑩违反《证券期货投资者适当性管理办法》第六条、第十八条至第二十四条、第二十六条、第二十七条、第三十三条规定，未构成《证券投资基金法》第一百三十五条、第一百三十七条，《证券公司监督管理条例》第八十三条、第八十四条，《期货交易管理条例》第六十六条、第六十七条规定情形的。

（6）经营机构从业人员违反相关法律法规和《证券期货投资者适当性管理办法》规定，情节严重的，中国证监会可以依法采取市场禁入的措施。

十二、典型案例

某证券公司营业部在销售某专项资产管理计划过程中，存在以下问题：

（一）未尽到充分了解客户的义务，投资者背景调查流于形式。投资者周某在产品风险承受能力调查中选择的投资经验与其在营业部实际投资经历不一致，但营业部未进一步核实。

（二）未根据对客户风险状况的基本判断，为客户推荐与其风险承受能力相匹配的金融产品。投资者周某年龄较大（购买产品时勾选年龄"60岁以上"），在营业部开立证券账户以来仅有一次10万元基金投资记录，未有过买卖股票等其他投资经验；而营业部推荐其购买的某专项资产管理计划，属于较为复杂的金融产品，且最低认购规模为100万元，明显高于营业部所掌握的投资者周某投资能力和日常交易额。

（三）对客户的风险承受能力评估体系不够完善。营业部对投资者周某风险承受能力的评估所使用的由资产管理人提供的《风险承受能力调查表》等材料，主观性较强，客观性与针对性不足，不能够全面客观反映投资者周某真实的风险承受能力。

当地证监局认为，上述问题反映出该营业部在投资者适当性管理方面存在严重不足，违反了《证券公司监督管理条例》第二十九条的规定。根据《证券公司监督管理条例》第七十条规定，作出暂停该营业部开展代销金融产品业务6个月的决定。

第四节 从业人员管理

本节重点梳理从事证券业务人员管理相关的法律法规规定，主要介绍了《证券业从业人员资格管理办法》和《证券业从业人员执业行为准则》两部分内容。涉及各类证券执业种类包括经纪业务相关人员、证券经纪业务营销人员、证券投资基金销售人员、证券投资咨询人员（证券投资顾问、证券分析师）、保荐代表人、客户资产管理业务投资主办人、财务顾问主办人、证券资信评级业务人员。依据的法律、行政法规、部门规章及其他规范性文件包括：《证券法》《证券公司监督管理条例》《证券业从业人员资格管理办法》《关于证券业从业人员资格考试测试制度改革有关问题的通知》《证券业从业人员执业行为准则》《证券期货市场诚信监督管理办法》《中国证券业协会诚信管理办法》《证券市场禁入规定》《关于加强证券公司从事经纪业务营销活动人员资格管理的通知》《证券经纪人管理暂行规定》《关于加强证券经纪业务管理的规定》《证券投资基金销售人员从业资质管理规则》《证券投资基金销售管理办法》《证券公司代销金融产品管理规定》《证券、期货投资咨询管理暂行办法》《关于加强对利用"荐股软件"从事证券投资咨询业务监管的暂行规定》《证券投资顾问业务暂行规定》《发布证券研究报告执业规范》《证券发行上市保荐业务管理办法》《保荐人尽职调查工作准则》《证券公司客户资产管理业务管理办法》《证券公司客户资产管理业务规范》《证券公司集合资产管理业务实施细则》《上市公司并购重组财务顾问业务管理办法》《证券市场资信评级业务管理暂行办法》《证券期货经营机构及其工作人员廉洁从业规定》等。

一、从事证券业务的专业人员

（一）从事证券业务的专业人员范围

根据《证券业从业人员资格管理办法》，从事证券业务的专业人员是指：

1. 证券公司中从事自营、经纪、承销、投资咨询、受托投资管理等业务的专业人员,包括相关业务部门的管理人员。

2. 基金管理公司、基金托管机构中从事基金销售、研究分析、投资管理、交易、监察稽核等业务的专业人员,包括相关业务部门的管理人员;基金销售机构中从事基金宣传、推销、咨询等业务的专业人员,包括相关业务部门的管理人员。

3. 证券投资咨询机构中从事证券投资咨询业务的专业人员及其管理人员。

4. 证券资信评估机构中从事证券资信评估业务的专业人员及其管理人员。

5. 中国证监会规定需要取得从业资格和执业证书的其他人员。

(二) 专业人员从事证券业务的资格条件

1. 在依法从事证券业务的机构中从事证券业务的专业人员,应当按照规定取得从业资格。取得从业资格的条件为:

(1) 参加资格考试的人员,应当年满18周岁,具有高中以上文化程度和完全民事行为能力;

(2) 资格考试由中国证券业协会统一组织。参加考试的人员考试合格的,取得从业资格。

2015年7月,中国证券业协会发布《关于证券业从业人员资格考试测试制度改革有关问题的通知》,规定证券业从业资格考试测试划分为一般从业资格考试、专项业务类资格考试和管理类资格考试三种类别。

改革后的入门资格考试科目设定两门:《证券市场基本法律法规》和《金融市场基础知识》。

2. 申请从事一般证券业务应当具备下列条件:

(1) 已取得证券从业资格;

(2) 被证券公司、基金管理公司、基金托管机构、基金销售机构聘用;

(3) 具有完全民事行为能力;

(4) 最近3年未受过刑事处罚;

(5) 未被中国证监会认定为证券市场禁入者,或者已过禁入期的;

(6) 品行端正,具有良好的职业道德;

(7) 法律、行政法规和中国证监会规定的其他条件。

(三) 从业人员申请执业证书的条件和程序

1. 申请条件

根据《证券业从业人员资格管理办法》，取得从业资格的人员，符合下列条件的，可以通过机构申请执业证书：

（1）已被机构聘用；

（2）最近3年未受过刑事处罚；

（3）不存在《证券法》第一百二十六条规定的情形；

（4）未被中国证监会认定为证券市场禁入者，或者已过禁入期的；

（5）品行端正，具有良好的职业道德；

（6）法律、行政法规和中国证监会规定的其他条件。

申请执业证券投资咨询以及证券资信评估业务的，申请人应当同时符合《证券法》第一百五十八条，以及其他相关规定。

2. 申请程序

根据《证券业从业人员资格管理实施细则（试行）》，执业证书的申请程序是：

（1）申请人登录证券业协会执业证书管理系统，填写执业证书申请表，连同打印的书面申请表及第八条规定的其他申请材料提交所在机构；

（2）机构资格管理员对执业证书申请表进行初审并确认，书面申请表由机构保管备查，电子申请表提交证券业协会；

（3）证券业协会对机构提交的执业证书申请表进行审核，必要时要求机构提交书面申请表及有关证明材料，协会在收到完整申请材料后30日内审核完毕。

（四）从业人员监督管理的相关规定

根据《证券业从业人员资格管理办法》，从业人员应当依法接受以下监督管理：

1. 取得执业证书的人员，连续3年不在机构从业的，由证券业协会注销其执业证书；重新执业的，应当参加证券业协会组织的执业培训，并重新申请执业证书。

2. 从业人员取得执业证书后，辞职、不为原聘用机构所聘用的，或者其他原因与原聘用机构解除劳动合同的，原聘用机构应当在上述情形发生后10日内向协会报告，由证券业协会变更该人员执业注册登记。取得执业证书的从业人员变更聘用机构的，新聘用机构应当在上述情形发生后10日内向证券业协会报告，由证券业协会变更该人员执业注册登记。

3. 机构不得聘用未取得执业证书的人员对外开展证券业务。

4. 从业人员在执业过程中违反有关证券法律、行政法规以及中国证监会有关规定，受到聘用机构处分的，该机构应当在处分后 10 日内向证券业协会报告。

5. 证券业协会、机构应当定期组织取得执业证书的人员进行后续职业培训，提高从业人员的职业道德和专业素质。

6. 证券业协会依据《证券业从业人员资格管理办法》及中国证监会有关规定制定的从业资格考试办法、考试大纲、执业证书管理办法以及执业行为准则等，应当报中国证监会核准。

7. 证券业协会应当建立从业人员资格管理数据库，进行资格公示和执业注册登记管理。

（五）违反从业人员资格管理相关规定的法律责任

根据《证券业从业人员资格管理办法》，从业人员违法违规的，应当依法承担以下法律责任：

1. 参加资格考试的人员，违反考场规则，扰乱考场秩序的，在两年内不得参加资格考试。

2. 取得从业资格的人员提供虚假材料，申请执业证书的，不予颁发执业证书；已颁发执业证书的，由证券业协会注销其执业证书。

3. 机构办理执业证书申请过程中，弄虚作假、徇私舞弊、故意刁难有关当事人的，或者不按规定履行报告义务的，由证券业协会责令改正；拒不改正的，由证券业协会对机构及其直接责任人员给予纪律处分；情节严重的，由中国证监会单处或者并处警告、3 万元以下罚款。

4. 机构聘用未取得执业证书的人员对外开展证券业务的，由证券业协会责令改正；拒不改正的，给予纪律处分；情节严重的，由中国证监会单处或者并处警告、3 万元以下罚款。

5. 从业人员拒绝协会调查、检查的，或者所聘用机构拒绝配合调查的，由证券业协会责令改正；拒不改正的，给予纪律处分；情节严重的，由中国证监会给予从业人员暂停执业 3 个月至 12 个月，或者吊销其执业证书的处罚；对机构单处或者并处警告、3 万元以下罚款。

6. 被中国证监会依法吊销执业证书或者因违反《证券业从业人员资格管理办法》被证券业协会注销执业证书的人员，证券业协会可在 3 年内不受理其执业证书申请。

7. 证券业协会工作人员不按《证券业从业人员资格管理办法》规定履行职责，徇私舞弊、玩忽职守或者故意刁难有关当事人的，证券业协会应当给予纪律处分。

二、证券业从业人员执业行为准则

(一) 证券业从业人员执业行为准则

《证券业从业人员执业行为准则》对证券从业人员的执业行为作出了具体规定:

1. 从业人员应自觉遵守法律、行政法规,接受并配合中国证监会的监督与管理,接受并配合证券业协会的自律管理,遵守交易场所有关规则、所在机构的规章制度以及行业公认的职业道德和行为准则。

2. 从业人员在执业过程中应当维护客户和其他相关方的合法利益,诚实守信,勤勉尽责,维护行业声誉。

3. 从业人员应依照相应的业务规范和执业标准为客户提供专业服务,了解客户需求、财务状况及风险承受能力,为客户推荐合适的产品或服务,充分揭示其推荐产品或服务涉及的责任、义务及相关风险,包括但不限于法律风险、政策风险、市场风险等。

4. 从业人员应具备从事相关业务活动所需的专业知识和技能,取得相应的从业资格,通过所在机构向证券业协会申请执业注册,接受证券业协会和所在机构组织的后续职业培训,维持专业胜任能力。

5. 从业人员应保守国家秘密、所在机构的商业秘密、客户的商业秘密及个人隐私,对客户服务结束或者离开所在机构后,仍应按照有关规定或合同约定承担上述保密义务。

6. 从业人员应当公平对待所有客户,不得从事与履行职责有利益冲突的业务。遇到自身利益或相关方利益与客户的利益发生冲突或可能发生冲突时,应及时向所在机构报告;当无法避免时,应确保客户的利益得到公平的对待。

7. 机构或者其管理人员对从业人员发出指令涉嫌违法违规的,从业人员应及时按照所在机构内部程序向高级管理人员或者董事会报告。机构未妥善处理的,从业人员应及时向中国证监会或者证券业协会报告。

8. 从业人员应当尊重同业人员,公平竞争,不得贬损同行或以其他不正当竞争手段争揽业务。

9. 证券从业人员不得从事以下活动:

(1) 从事内幕交易或利用未公开信息交易活动,泄露利用工作便利获取的内幕信息或其他未公开信息，或明示、暗示他人从事内幕交易活动；

（2）利用资金优势、持股优势和信息优势，单独或者合谋串通，影响证券交易价格或交易量，误导和干扰市场；

（3）编造、传播虚假信息，作出虚假陈述或信息误导，扰乱证券市场；

（4）损害社会公共利益、所在机构或者他人的合法权益；

（5）从事与其履行职责有利益冲突的业务；

（6）接受利益相关方的贿赂或对其进行贿赂，如接受或赠送礼物、回扣、补偿或报酬等，或从事可能导致与投资者或所在机构之间产生利益冲突的活动；

（7）买卖法律明文禁止买卖的证券；

（8）利用工作之便向任何机构和个人输送利益，损害客户和所在机构利益；

（9）违规向客户作出投资不受损失或保证最低收益的承诺；

（10）隐匿、伪造、篡改或者毁损交易记录；

（11）中国证监会、中国证券业协会禁止的其他行为。

10. 从业人员应主动倡导理性成熟的投资理念，坚持长期投资、价值投资导向，自觉弘扬行业文化，加强自身职业道德修养，规范自身行为，履行社会责任，遵守社会公德，服务社会和投资者。

（二）中国证监会诚信管理的有关规定

《证券期货市场诚信监督管理办法》规定，中国证监会建立全国统一的证券期货市场诚信档案数据库，记录证券期货市场诚信信息。

1. 诚信信息的采集和管理

从事证券期货市场活动的证券从业人员的下列诚信信息，计入诚信档案：

（1）姓名、性别、国籍、身份证件号码，法人或者其他组织的名称、住所、统一社会信用代码等基本信息；

（2）中国证监会、国务院其他主管部门等其他省部级及以上单位和证券期货交易场所、证券期货市场行业协会、证券登记结算机构等全国性证券期货市场行业组织（以下简称"证券期货市场行业组织"）作出的表彰、奖励、评比，以及信用评级机构、诚信评估机构作出的信用评级、诚信评估；

（3）中国证监会及其派出机构作出的行政许可决定；

（4）中国证监会及其派出机构作出的行政处罚、市场禁入决定和采取的监督管理措施；

（5）证券期货市场行业组织实施的纪律处分措施和法律、行政法规、规章规定的管理措施；

(6) 因涉嫌证券期货违法被中国证监会及其派出机构调查及采取强制措施；

(7) 到期拒不执行中国证监会及其派出机构生效行政处罚决定及监督管理措施，因拒不配合中国证监会及其派出机构监督检查、调查被有关机关作出行政处罚或者处理决定，以及拒不履行已达成的证券期货纠纷调解协议；

(8) 因涉嫌证券期货犯罪被中国证监会及其派出机构移送公安机关、人民检察院处理；

(9) 以不正当手段干扰中国证监会及其派出机构监管执法工作，被予以行政处罚、纪律处分，或者因情节较轻，未受到处罚处理，但被纪律检查或者行政监察机构认定的信息；

(10) 因证券期货犯罪或者其他犯罪被人民法院判处刑罚；

(11) 因证券期货侵权、违约行为被人民法院判决承担较大民事赔偿责任；

(12) 因违法开展经营活动被银行、保险、财政、税收、环保、工商、海关等相关主管部门予以行政处罚；

(13) 因非法开设证券期货交易场所或者组织证券期货交易被地方政府行政处罚或者采取清理整顿措施；

(14) 因违法失信行为被证券公司、期货公司、基金管理人、证券期货服务机构以及证券期货市场行业组织开除；

(15) 违背诚实信用原则的其他行为信息。

2. 诚信信息的效力期限

《证券期货市场诚信监督管理办法》规定的违法失信信息，在诚信档案中的效力期限为 3 年，但因证券期货违法行为被行政处罚、市场禁入、刑事处罚和判决承担较大侵权、违约民事赔偿责任的信息，其效力期限为 5 年。

法律、行政法规或者中国证监会规章对违法失信信息的效力期限另有规定的，国务院其他主管部门对其产生的违法失信信息的效力期限另有规定的，从其规定。

前款所规定的效力期限，自对违法失信行为的处理决定执行完毕之日起算。超过效力期限的违法失信信息，不再进行诚信信息公开，并不再接受诚信信息申请查询，公民、法人或者其他组织根据《证券期货市场诚信监督管理办法》申请查询自己信息的除外。

（三）中国证券业协会诚信管理的有关规定

《中国证券业协会诚信管理办法》规定，中国证券业协会建立诚信信息管理系统、诚信状况评估和检查制度，对会员和从业人员的诚信建设进行日常管理。

1. 诚信信息

诚信信息，是指会员、从业人员在经营、执业活动中是否遵纪守法、诚实守信的信息和对评价其诚信状况有影响的其他信息。

诚信信息包括：基本信息、奖励信息、处罚处分信息及协会自律规则规定的其他信息。

（1）诚信基本信息与证券业协会会员信息管理系统、从业人员信息管理系统基本信息保持一致。

（2）奖励信息包括受奖励单位或个人、表彰单位、表彰内容、荣誉称号或奖励等级、表彰时间和文号等。

下列主体作出的表彰、奖励、评比应记入奖励信息：

①中国证券业协会、中证机构间报价系统股份有限公司及地方性证券业协会。

②中国证券业协会认为有必要记录其奖励信息的其他单位。

（3）处罚处分信息包括受处罚处分机构或个人名称、受处罚处分机构责任人、处罚处分时间、效力期限、处罚处分原因、作出处罚处分决定的机构、处罚处分类别、文号等。

下列信息应记入处罚处分信息：

①中国证券业协会、中证机构间报价系统股份有限公司、地方性证券业协会等证券市场行业组织实施的自律惩戒措施；

②中国证券业协会认为有必要记录的其他情况。

会员对本单位从业人员作出的处罚处分不作为处罚处分信息，但应记入诚信信息备注栏。

2. 诚信信息的效力期限

基本信息长期有效。

奖励信息、处罚处分信息效力期限为 3 年，但因证券期货违法行为被行政处罚、市场禁入的信息，效力期限为 5 年。效力期限自奖励、处罚处分决定生效之日起算。奖励、处罚处分本身有执行期间的，效力期限自执行期间届满之日起算。

超过效力期限的诚信信息转入历史记录库。转入历史记录库的信息不再提供查询服务，但法律法规及证券业协会另有规定的除外。

3. 诚信信息的使用与查询

效力期限内的诚信信息根据性质分为公开信息和有限公开信息。公开信息在证券业协会网站公布，内容包括协会会员和从业人员信息管理系统公开的会员和从业人员基本信息、会员和从业人员效力期限内受奖励次数、证券业协会对会员和从业人员作出的公开谴责及自律惩戒决定，证券业协会认为有必要公开的其他诚信信息。任何机构或个人可以通过证券业协会网站查询公开诚信信息。

效力期限内除公开信息以外的信息为有限公开信息，从业人员可登陆证券业协会从业人员管理系统查询本人的诚信信息。

其他机构、个人可持查询申请书、本机构、本人及查询对象的身份证明文件向证券业协会申请查询从业人员的诚信信息。查询申请书应注明查询原因、用途。

4. 诚信状况评估与检查

从业人员受奖励、受处分处罚以及其他影响诚信状况的情况纳入诚信状况评估。

证券业协会可根据行业诚信建设需要，对会员、从业人员诚信情况进行检查，对于违反诚信规定的会员、从业人员，采取自律惩戒措施。

5. 诚信自律管理与责任

从业人员对自己报送的诚信信息的真实性、准确性、完整性负责。从业人员报送的诚信信息有虚假内容的，证券业协会应采取谈话提醒、警示及其他自律管理措施；情节严重的，证券业协会应给予纪律处分。

（四）证券市场禁入措施的实施对象、内容、期限及程序

1. 证券市场禁入措施的实施对象

根据《证券市场禁入规定》，下列人员违反法律、行政法规或者中国证监会有关规定，情节严重的，中国证监会可以根据情节严重的程度，采取证券市场禁入措施：

（1）发行人、上市公司、非上市公众公司的董事、监事、高级管理人员，其他信息披露义务人或者其他信息披露义务人的董事、监事、高级管理人员；

（2）发行人、上市公司、非上市公众公司的控股股东、实际控制人，或者发行人、上市公司、非上市公众公司控股股东、实际控制人的董事、监事、高级管理人员；

（3）证券公司的董事、监事、高级管理人员及其内设业务部门负责人、分支机构负责人或者其他证券从业人员；

（4）证券公司的控股股东、实际控制人或者证券公司控股股东、实际控制人的董事、监事、高级管理人员；

（5）证券服务机构的董事、监事、高级管理人员等从事证券服务业务的人员和证券服务机构的实际控制人或者证券服务机构实际控制人的董事、监事、高级管理人员；

（6）证券投资基金管理人、证券投资基金托管人的董事、监事、高级管理人员及其内设业务部门、分支机构负责人或者其他证券投资基金从业人员；

（7）中国证监会认定的其他违反法律、行政法规或者中国证监会有关规定的有关责任人员。

2. 证券市场禁入措施的内容

被中国证监会采取证券市场禁入措施的人员，在禁入期间内，除不得继续在原机构从事证券业务或者担任原上市公司、非上市公众公司董事、监事、高级管理人员职务外，也不得在其他任何机构中从事证券业务或者担任其他上市公司、非上市公众公司董事、监事、高级管理人员职务。

被采取证券市场禁入措施的人员，应当在收到中国证监会作出的证券市场禁入决定后立即停止从事证券业务或者停止履行上市公司、非上市公众公司董事、监事、高级管理人员职务，并由其所在机构按规定的程序解除其被禁止担任的职务。

3. 证券市场禁入措施的期限

违反法律、行政法规或者中国证监会有关规定，情节严重的，可以对有关责任人员采取 3 年至 5 年的证券市场禁入措施；行为恶劣、严重扰乱证券市场秩序、严重损害投资者利益或者在重大违法活动中起主要作用等情节较为严重的，可以对有关责任人员采取 5 年至 10 年的证券市场禁入措施；有下列情形之一的，可以对有关责任人员采取终身的证券市场禁入措施：

（1）严重违反法律、行政法规或者中国证监会有关规定，构成犯罪的；

（2）从事保荐、承销、资产管理、融资融券等证券业务及其他证券服务业务，负有法定职责的人员，故意不履行法律、行政法规或者中国证监会规定的义务，并造成特别严重后果的；

（3）违反法律、行政法规或者中国证监会有关规定，采取隐瞒、编造重要事实等特别恶劣手段，或者涉案数额特别巨大的；

（4）违反法律、行政法规或者中国证监会有关规定，从事欺诈发行、内幕交易、操纵市场等违法行为，严重扰乱证券、期货市场秩序并造成严重社会影响，或者获取违法所得等不当利益数额特别巨大，或者致使投资者利益遭受特别严重损害的；

（5）违反法律、行政法规或者中国证监会有关规定，情节严重，应当采取证券市场禁入措施，且存在故意出具虚假重要证据，隐瞒、毁损重要证据等阻

碍、抗拒证券监督管理机构及其工作人员依法行使监督检查、调查职权行为的;

(6) 因违反法律、行政法规或者中国证监会有关规定,5 年内被中国证监会给予除警告之外的行政处罚 3 次以上,或者 5 年内曾经被采取证券市场禁入措施的;

(7) 组织、策划、领导或者实施重大违反法律、行政法规或者中国证监会有关规定的活动的;

(8) 其他违反法律、行政法规或者中国证监会有关规定,情节特别严重的。

违反法律、行政法规或者中国证监会有关规定,情节严重的,中国证监会可以单独对有关责任人员采取证券市场禁入措施,或者一并依法进行行政处罚;涉嫌犯罪的,依法移送公安机关、人民检察院,并可同时采取证券市场禁入措施。

有下列情形之一的,中国证监会可以对有关责任人员从轻、减轻或者免予采取证券市场禁入措施:

(1) 主动消除或者减轻违法行为危害后果的;

(2) 配合查处违法行为有立功表现的;

(3) 受他人指使、胁迫有违法行为,且能主动交代违法行为的;

(4) 其他可以从轻、减轻或者免予采取证券市场禁入措施的。

共同违反法律、行政法规或者中国证监会有关规定,需要采取证券市场禁入措施的,对负次要责任的人员,中国证监会可以比照应负主要责任的人员,适当从轻、减轻或者免予采取证券市场禁入措施。

4. 证券市场禁入措施的程序

中国证监会采取证券市场禁入措施前,应当告知当事人采取证券市场禁入措施的事实、理由及依据,并告知当事人有陈述、申辩和要求举行听证的权利。

被采取证券市场禁入措施者因同一违法行为同时被认定有罪或者进行行政处罚的,如果对其所作有罪认定或行政处罚决定被依法撤销或者变更,并因此影响证券市场禁入措施的事实基础或者合法性、适当性的,依法撤销或者变更证券市场禁入措施。

被中国证监会采取证券市场禁入措施的人员,中国证监会将通过中国证监会网站或指定媒体向社会公布,并记入被认定为证券市场禁入者的诚信档案。

(五) 廉洁从业的有关规定

根据《证券期货经营机构及其工作人员廉洁从业规定》(以下简称《规定》),各类证券期货经营机构及其工作人员严禁在证券期货业务活动中以各类形式输送和谋取不正当利益。

1. 廉洁从业，是指证券期货经营机构及其工作人员在开展证券期货业务及相关活动中，严格遵守法律法规、中国证监会的规定和行业自律规则，遵守社会公德、商业道德、职业道德和行为规范，公平竞争，合规经营，忠实勤勉，诚实守信，不直接或者间接向他人输送不正当利益或者谋取不正当利益。

2. 证券期货经营机构及其工作人员不得输送不正当利益。

证券期货经营机构工作人员在开展证券期货业务及相关活动中，不得以下列方式向公职人员、客户、正在洽谈的潜在客户或者其他利益关系人输送不正当利益：

（1）提供礼金、礼品、房产、汽车、有价证券、股权、佣金返还等财物，或者为上述行为提供代持等便利；

（2）提供旅游、宴请、娱乐健身、工作安排等利益；

（3）安排显著偏离公允价格的结构化、高收益、保本理财产品等交易；

（4）直接或者间接向他人提供内幕信息、未公开信息、商业秘密和客户信息，明示或者暗示他人从事相关交易活动；

（5）其他输送不正当利益的情形。

证券期货经营机构及其工作人员按照证券期货经营机构依法制定的内部规定及限定标准，依法合理营销的，不适用前款规定。

3. 证券期货经营机构及其工作人员不得以下列方式谋取不正当利益：

（1）直接或者间接以《规定》第九条所列形式收受、索取他人的财物或者利益；

（2）直接或者间接利用他人提供或主动获取的内幕信息、未公开信息、商业秘密和客户信息谋取利益；

（3）以诱导客户从事不必要交易、使用客户受托资产进行不必要交易等方式谋取利益；

（4）违规从事营利性经营活动，违规兼任可能影响其独立性的职务或者从事与所在机构或者投资者合法利益相冲突的活动；

（5）违规利用职权为近亲属或者其他利益关系人从事营利性经营活动提供便利条件；

（6）其他谋取不正当利益的情形。

4. 证券期货经营机构及其工作人员不得以下列方式干扰或者唆使、协助他人干扰证券期货监督管理或者自律管理工作：

（1）以不正当方式影响监督管理或者自律管理决定；

（2）以不正当方式影响监督管理或者自律管理人员工作安排；

(3) 以不正当方式获取监督管理或者自律管理内部信息；

(4) 协助利益关系人，拒绝、干扰、阻碍或者不配合监管人员行使监督、检查、调查职权；

(5) 其他干扰证券期货监督管理或者自律管理工作的情形。

5. 证券期货经营机构及其工作人员在开展投资银行类业务过程中，不得以下列方式输送或者谋取不正当利益：

(1) 以非公允价格或者不正当方式为自身或者利益关系人获取拟上市公司股权；

(2) 以非公允价格或者不正当方式为自身或者利益关系人获取拟并购重组上市公司股权或者标的资产股权；

(3) 以非公允价格为利益关系人配售债券或者约定回购债券；

(4) 泄露证券发行询价和定价信息，操纵证券发行价格；

(5) 直接或者间接通过聘请第三方机构或者个人的方式输送利益；

(6) 以与监管人员或者其他相关人员熟悉，或者以承诺价格、利率、获得批复及获得批复时间等为手段招揽项目、商定服务费；

(7) 其他输送或者谋取不正当利益的行为。

6. 违反《规定》的相关法律责任。

(1) 自律措施。中国证券业协会、中国期货业协会、中国基金业协会等自律组织应当制定和实施行业廉洁从业自律规则，监督、检查会员及其从业人员的执业行为，对违反廉洁从业规定的采取自律惩戒措施，并按照规定记入证券期货市场诚信档案。

(2) 行政监管措施。证券期货经营机构及其工作人员违反《规定》的，中国证监会可以采取出具警示函、责令参加培训、责令定期报告、责令改正、监管谈话、认定为不适当人选、暂不受理行政许可相关文件等行政监管措施。

证券期货经营机构及其工作人员违反《规定》，并构成违反《证券法》《证券投资基金法》《证券公司监督管理条例》《期货交易管理条例》规定情形的，中国证监会可以采取限制业务活动，限制向董事、监事、高级管理人员支付报酬、提供福利，责令更换董事、监事、高级管理人员等行政监管措施，并按照相关法律法规的规定进行处罚。证券期货经营机构董事、监事、高级管理人员和其他人员负有管理责任的，中国证监会可以对其采取《规定》第十八条和第二十条规定的行政监管措施或者行政处罚。

证券期货经营机构及其工作人员违反《规定》第九条、第十条、第十一条、第十二条、第十三条、第十四条、第十五条的，按照相关法律法规的规定进行处罚，相关法律法规没有规定的，处以警告、3万元以下罚款。

证券期货经营机构工作人员违反相关法律法规和《规定》，情节严重的，中国证监会可以依法对其采取市场禁入的措施。证券期货经营机构工作人员在开展证券期货业务及相关活动中向公职人员及其利益关系人输送不正当利益，或者唆使、协助他人向公职人员及其利益关系人输送不正当利益，情节特别严重的，中国证监会可以依法对其采取终身市场禁入的措施。

（3）党纪、政纪及刑事责任。证券期货经营机构及其工作人员涉嫌违反党纪、政纪的，中国证监会将有关情况通报相关主管单位纪检监察部门；涉嫌犯罪的，依法移送监察、司法机关，追究其刑事责任。

7. 从重处理和减、免处理。

证券期货经营机构及其工作人员违反本《规定》，有下列情形之一的，中国证监会应当从重处理：

（1）直接、间接或者唆使、协助他人向监管人员输送利益；

（2）连续或者多次违反本规定；

（3）涉及金额较大或者涉及人员较多；

（4）产生恶劣社会影响；

（5）曾为公职人员特别是监管人员，以及曾任证券期货经营机构合规风控职务的人员违反本规定；

（6）中国证监会认定应当从重处理的其他情形。

证券期货经营机构工作人员违反《规定》，事后及时向中国证监会报告，或者积极配合调查的，依法免于追究责任或者从轻、减轻处理。

（六）执业行为准则典型案例

例如，某证券公司从业人员A违规向客户作出投资不受损失承诺，违背销售适当性原则，被某证券公司予以处罚。《证券业从业人员执业行为准则》明确规定"禁止证券业从业人员违规向客户作出投资不受损失或保证最低收益的承诺"，但实际工作中，确实存在个别证券从业人员为获得短期利益，以宣称知悉内幕信息、承诺保本保息等方式，诱导客户进行投资。

例如，某证券公司营业部客户经理B，在向多名老年客户销售该公司代销的某高风险等级信托产品时，擅自向客户作出保本保息承诺，并表示即使信托产品亏损，该证券公司也会弥补投资者的损失。另外，B为取得销售奖励，诱导多位客户不客观地填写《风险评估表》，使得风险承受能力较低的客户购买该产品。最终，该信托产品投资失败，投资者的本金遭受损失，B的多名老年客户上门要求该公司赔偿并向当地监管部门投诉，严重影响了该证券公司的正常经营。B 的行为违反了职业道德和从业人员行为准则，事发后该公司及时向证券业协会报告，对 B 予以处罚并告知投资者可以通过法律途径向 B 主张权利。

上述案例说明，从业人员任何漠视、无视、违反《证券业从业人员执业行为准则》的规定和监管机构要求的行为，对个人、机构、客户，乃至行业都可能造成不可挽回的损失和巨大影响。警钟长鸣，从业人员应当时刻谨慎自重。

三、证券经纪业务相关人员

（一）从事证券经纪业务相关人员的要求

根据《关于加强证券经纪业务管理的规定》，证券公司应当建立健全证券经纪业务人员管理和科学合理的绩效考核制度，规范证券经纪业务人员行为。

与客户权益变动相关业务的经办人员之间，应当建立制衡机制。涉及客户资金账户及证券账户的开立、信息修改、注销，建立及变更客户资金存管关系，客户证券账户转托管和撤销指定交易等与客户权益直接相关的业务应当一人操作、一人复核，复核应当留痕。涉及限制客户资产转移、改变客户证券账户和资金账户的对应关系、客户账户资产变动记录的差错确认与调整等非常规性业务操作，应当事先审批，事后复核，审批及复核均应留痕。

（二）从事证券经纪业务人员的不得存在的行为

根据《关于加强证券经纪业务管理的规定》，证券公司从事证券经纪业务的人员应当客观说明公司业务资格、服务职责、范围等情况，不得提供虚假、误导性信息，不得采取不正当竞争手段开展业务，不得诱导无投资意愿或者无风险承受能力的投资者参与证券交易活动。

（三）从事技术、风险监控、合规管理人员不得从事的工作

根据《关于加强证券经纪业务管理的规定》，从事技术、风险监控、合规管理的人员不得从事营销、客户账户及客户资金存管等业务活动。

（四）违反证券经纪业务相关规定的人员承担的法律责任

从事证券经纪业务的人员违反《关于加强证券经纪业务管理的规定》的，中国证监会及其派出机构将视情况依法采取责令改正、监管谈话、出具警示函、

暂不受理与行政许可有关的文件、责令处分有关人员、暂停核准新业务、限制业务活动等监管措施。违反法律法规的，依法进行行政处罚。构成犯罪的，移送司法机关处理。

（五）证券经纪业务从业人员典型案例

某证券公司非营销人员参与营销活动，被监管机构出具警示函。

201×年2月至201×年6月期间，某证券公司证券营业部部分技术、合规人员参与客户介绍和产品营销业务。

上述情形违反了《关于加强证券经纪业务管理的规定》第四条。根据《关于加强证券经纪业务管理的规定》第八条，监管机构对该营业部采取出具警示函的措施，要求该营业部进一步加强内部管理，规范员工执业行为，提升合规运作水平。

四、证券经纪业务营销人员

（一）证券经纪业务营销人员执业资格管理有关规定

《关于加强证券公司从事经纪业务营销活动人员资格管理的通知》对证券经纪业务营销人员执业资格管理作出了相关规定：

1. 通过证券经纪人专项考试取得证券从业资格的证券公司员工，经所在机构向证券业协会申请执业注册，可以取得证券经纪营销执业证书成为营销人员，此类人员不得从事证券经纪业务营销活动以外的证券经营业务活动；

2. 申请人需登录证券业协会执业证书管理系统填写"执业注册申请表"，经所在机构审核后通过该系统向证券业协会提交申请；

3. 营销人员应遵守证券业务的相关法律、法规和行政规章，遵守从业人员执业行为准则，并按要求参加从业人员年检；

4. 营销人员应按照证券业协会对从业人员的统一要求参加后续职业培训，规范执业行为，不断提高业务水平、职业道德水平和综合素质。

（二）证券经纪人与证券公司之间的委托关系

《证券经纪人管理暂行规定》对证券经纪人与证券公司之间的委托关系作出了相关规定。

1. 委托与接受委托

证券经纪人，是指接受证券公司的委托，代理其从事客户招揽和客户服务等活动的证券公司以外的自然人。

证券公司可以通过公司员工或者委托公司以外的人员从事客户招揽和客户服务等活动。委托公司以外的人员的，应当按照《证券公司监督管理条例》规定的证券经纪人形式进行，不得采取其他形式。

证券经纪人为证券从业人员，应当通过证券从业人员资格考试，并具备规定的证券从业人员执业条件。

取得证券经纪人证书后，证券经纪人方可执业。证券经纪人应当在执业过程中向客户出示证券经纪人证书，明示其与证券公司的委托代理关系，并在委托合同约定的代理权限、代理期间、执业地域范围内从事客户招揽和客户服务等活动。

证券经纪人只能接受一家证券公司的委托，并应当专门代理证券公司从事客户招揽和客户服务等活动。

证券经纪人在执业过程中，可以根据证券公司的授权，从事下列部分或者全部活动：

（1）向客户介绍证券公司和证券市场的基本情况；

（2）向客户介绍证券投资的基本知识及开户、交易、资金存取等业务流程；

（3）向客户介绍与证券交易有关的法律、行政法规、中国证监会规定、自律规则和证券公司的有关规定；

（4）向客户传递由证券公司统一提供的研究报告及与证券投资有关的信息；

（5）向客户传递由证券公司统一提供的证券类金融产品宣传推介材料及有关信息；

（6）法律、行政法规和中国证监会规定证券经纪人可以从事的其他活动。

2. 签订委托合同

证券公司应当在与证券经纪人签订委托合同前，对其资格条件进行严格审查。对不具备规定条件的人员，证券公司不得与其签订委托合同。

证券公司与证券经纪人签订委托合同，应当遵循平等、自愿、诚实信用的原则，公平地确定双方的权利和义务。

委托合同应当载明下列事项：

（1）证券公司的名称和证券经纪人的姓名；

（2）证券经纪人的代理权限；

（3）证券经纪人的代理期间；

（4）证券经纪人服务的证券营业部；

（5）证券经纪人的执业地域范围；

（6）证券经纪人的基本行为规范；

（7）证券经纪人的报酬计算与支付方式；

（8）双方权利义务；

（9）违约责任。

证券经纪人的执业地域范围，应当与其服务的证券公司的管理能力及证券营业部的客户管理水平和客户服务的合理区域相适应。

3. 执业前培训和执业注册登记

证券公司应当对证券经纪人进行不少于 60 个小时的执业前培训，其中法律法规和职业道德的培训时间不少于 20 个小时。证券公司应当对证券经纪人执业前培训的效果进行测试。

证券公司应当在与证券经纪人签订委托合同、对其进行执业前培训并经测试合格后，为其向中国证券业协会进行执业注册登记。执业注册登记事项包括证券经纪人的姓名、身份证号码、代理权限、代理期间、服务的证券营业部、执业地域范围和公司查询与投诉电话等。

证券公司应当在为证券经纪人进行执业注册登记后，按照证券业协会的规定打印证券经纪人证书，并加盖公司公章，颁发给证券经纪人。证券经纪人证书由证券业协会统一印制、编号。

证券经纪人证书载明事项发生变动的，证券公司应当将该证书收回，向证券业协会变更该人员的执业注册登记，并按照《证券经纪人管理暂行规定》第八条第二款办理新证书的打印和颁发事宜。

证券公司终止与证券经纪人的委托关系的，应当收回其证券经纪人证书，并自委托关系终止之日起 5 个工作日内向证券业协会注销该人员的执业注册登记。证券公司因故未能收回证券经纪人证书的，应当自委托关系终止之日起 10 个工作日内，通过中国证监会指定报纸和公司网站等媒体公告该证书作废。

（三）证券经纪业务营销人员执业行为的禁止性规定

1. 根据《关于加强证券经纪业务管理的规定》，营销人员不得经办客户账户及客户资金存管业务。

2. 根据《证券经纪人管理暂行规定》，证券经纪人不得有下列行为：

（1）替客户办理账户开立、注销、转移，证券认购、交易或者资金存取、划转、查询等事宜；

（2）提供、传播虚假或者误导客户的信息，或者诱使客户进行不必要的证券买卖；

（3）与客户约定分享投资收益，对客户证券买卖的收益或者赔偿证券买卖的损失作出承诺；

（4）采取贬低竞争对手、进入竞争对手营业场所劝导客户等不正当手段招揽客户；

（5）泄漏客户的商业秘密或者个人隐私；

（6）为客户之间的融资提供中介、担保或者其他便利；

（7）为客户提供非法的服务场所或者交易设施，或者通过互联网络、新闻媒体从事客户招揽和客户服务等活动；

（8）委托他人代理其从事客户招揽和客户服务等活动；

（9）损害客户合法权益或者扰乱市场秩序的其他行为。

3. 根据《证券经纪人执业规范（试行）》，证券经纪人应在《证券经纪人管理暂行规定》和所服务证券公司授权的范围内执业，除不得有《证券经纪人管理暂行规定》禁止的行为外，也不得有以下行为：

（1）以所服务证券公司或证券营业部的名义，与客户或他人签订任何合同、协议；

（2）代客户在相关合同、协议、文件等资料上签字；

（3）在执业过程中索取或收受客户款项和财物；

（4）向客户提供非由所服务证券公司统一提供的研究报告及与证券投资有关的信息、证券类金融产品宣传推介材料及有关信息；

（5）违背职业道德的其他行为。

（四）证券经纪业务营销人员执业行为典型案例

Z证券经纪业务营销人员违规委托他人代理从事客户招揽，被监管机构出具警示函。

W某在Z证券公司某证券营业部担任客户经理期间，存在违规委托他人代理从事客户招揽的问题。

上述行为违反了《证券经纪人管理暂行规定》第十三条第（八）项的相关规定。根据《证券经纪人管理暂行规定》第二十五条、第二十七条的规定，监管机构对W某采取出具警示函的监督管理措施。

五、证券投资基金销售人员

（一）证券投资基金销售人员从业资格管理的有关规定

《证券投资基金销售人员从业资质管理规则》对证券投资基金销售人员从业资格的管理作出了规定。

1. 证券投资基金销售人员是指下列基金销售人员：

（1）基金销售机构总部及主要分支机构负责基金销售业务的部门中从事基金销售业务管理的人员，包括部门基金业务负责人；

（2）基金销售机构从事基金宣传推介活动、基金理财业务咨询等活动的人员。

2. 基金销售机构是指办理基金销售业务的基金管理公司和经中国证监会认定的取得基金销售业务资格的其他机构，包括商业银行、证券公司、证券投资咨询机构、专业基金销售机构等。

3. 基金销售人员应按照《证券投资基金销售人员从业资质管理规则》的要求取得从业资质证明。

4. 基金销售人员应符合下列资质要求：

（1）基金管理公司的全部基金销售人员应取得从业资格；

（2）证券公司总部及营业网点、商业银行总行及其一级分行、专业基金销售机构和证券投资咨询总部及营业网点从事基金销售业务管理的人员应取得从业资格；

（3）证券公司总部及营业网点、商业银行总行、各级分行及营业网点、专业基金销售机构和证券投资咨询机构总部及营业网点从事基金宣传推介、基金理财业务咨询等活动的人员应取得基金销售人员从业考试成绩合格证。

5. 基金销售人员在开展基金宣传推介、基金理财业务咨询等活动时应通过适当的方式向基金投资人出示从业资质证明。

目前，中国基金业协会负责证券投资基金销售人员资格管理。

（二）证券投资基金销售人员执业行为的典型案例

某证券公司违规代销金融产品，被监管机构责令整改。

某证券公司分公司未经公司总部批准，擅自代销金融产品；该分公司负责人Z某及员工Y某，汇集不合格投资者资金，以Z某和Y某个人名义购买私募基金产品。

上述问题反映出该证券公司代销金融产品业务合规管理存在漏洞、内部控制不完善。Z 某作为该分公司负责人，对违规问题负有直接责任。

上述行为违反了《证券公司代销金融产品管理规定》第五条、第六条、第十二条的规定，按照《证券公司监督管理条例》第七十条第一款第（一）项、第（二）项的规定，监管机构对该证券公司和 Z 某采取以下措施：责令该公司在 201×年×月×日前予以改正，并于 201×年×月×日前向监管机构提交书面报告，监管机构将组织检查验收；责令该公司在 201×年×月×日至××月××日期间，每 3 个月开展一次内部合规检查，并在每次检查后 10 个工作日内，向监管机构报送合规检查报告；通过监管机构官方网站，对该分公司负责 Z 某予以公开谴责。

六、证券投资咨询人员

（一）证券投资咨询人员的概念

证券、期货投资咨询人员，即从事证券、期货投资咨询业务的投资咨询人员，主要包括证券投资顾问及证券分析师两类。

（二）证券投资咨询人员从业资格管理的有关规定

为了加强对证券投资咨询活动的管理，保障投资者的合法权益和社会公共利益，根据《证券、期货投资咨询管理暂行办法》，从事证券、期货投资咨询业务，必须取得中国证监会的业务许可。未经中国证监会许可，任何机构和个人均不得从事各种形式证券、期货投资咨询业务。从事证券、期货投资咨询业务的人员，必须取得证券、期货投资咨询从业资格并加入一家有从业资格的证券、期货投资咨询机构后，方可从事证券、期货投资咨询业务。任何人未取得证券、期货投资咨询从业资格的，或者取得证券、期货投资咨询从业资格，但是未在证券、期货投资咨询机构工作的，不得从事证券、期货投资咨询业务。

证券、期货投资咨询人员申请取得证券、期货投资咨询从业资格，必须具备下列条件：

1. 具有中华人民共和国国籍；
2. 具有完全民事行为能力；
3. 品行良好、正直诚实，具有良好的职业道德；

4. 未受过刑事处罚或者与证券、期货业务有关的严重行政处罚；

5. 具有大学本科以上学历；

6. 证券投资咨询人员具有从事证券业务两年以上的经历，期货投资咨询人员具有从事期货业务两年以上的经历；

7. 通过中国证监会统一组织的证券、期货从业人员资格考试；

8. 中国证监会规定的其他条件。

（三）证券投资顾问和证券分析师的注册登记要求

1. 注册登记的分类

证券投资咨询人员主要包括证券投资顾问及证券分析师两类。根据《关于证券投资顾问和证券分析师注册登记有关事宜的通知》《证券投资顾问和证券分析师注册登记程序及要求》，证券公司、证券投资咨询机构应当按照《证券投资顾问业务暂行规定》和《发布证券研究报告暂行规定》的要求，根据选择的证券投资顾问、发布证券研究报告业务类别，做好证券投资咨询执业人员分类管理，并向中国证券业协会申请办理证券投资顾问、证券分析师的注册登记。

注册登记为证券投资顾问的人员，其申请从事的证券业务类别为证券投资咨询业务（投资顾问）；注册登记为证券分析师的人员，其申请从事的证券业务类别为证券投资咨询业务（分析师）。

2. 注册登记的申报

证券公司、证券投资咨询机构为现有证券投资咨询执业人员，集中办理证券投资顾问、证券分析师的注册登记，应当向证券业协会报送下列书面申请材料：

（1）公司证券投资咨询业务许可证明复印件；

（2）申请注册为证券投资顾问的人员基本信息表，包括人员姓名、身份证号码、证券投资咨询执业资格证书编号、所在业务部门、工作地点等信息；

（3）申请注册为证券分析师的人员基本信息表，包括人员姓名、身份证号码、证券投资咨询执业资格证书编号、所在业务部门、工作地点等信息；

（4）公司证券投资顾问人员管理制度、证券分析师人员管理制度及人员分类情况说明；

（5）公司关于所提供材料真实、准确、完整的承诺书；

（6）证券业协会要求提供的其他材料或者证明文件。

证券公司、证券投资咨询机构向证券业协会提交书面申请时，应当同步在中国证券业执业证书管理系统，录入有关人员的申请材料和相关信息。

3. 新增人员、变更岗位及注销登记

（1）新增人员注册登记

证券公司、证券投资咨询机构可以依据证券投资咨询相关法规、《证券业从业人员资格管理办法》等规定的证券投资咨询执业资格条件，按照《关于证券投资顾问和证券分析师注册登记有关事宜的通知》附件明确的注册登记程序及要求，为从事证券投资顾问、发布证券研究报告业务的新增人员，在证券业协会办理证券投资顾问、证券分析师注册登记。

（2）变更岗位注册登记

证券投资顾问变更岗位从事发布证券研究报告业务，或者证券分析师变更岗位从事证券投资顾问业务，所在的证券公司或者证券投资咨询机构应当在10个工作日内，向证券业协会申请注销有关人员的原注册登记，并为该人员办理新的注册登记。有关人员变更注册登记完成后，方可从事相关业务。

（3）注销登记

证券投资顾问或者证券分析师变更岗位，不再从事证券投资顾问或者发布证券研究报告业务的，所在证券公司、证券投资咨询机构应当在该事项发生之日起10个工作日内，向证券业协会办理申请注销有关人员的证券投资顾问或者证券分析师注册登记。

证券投资顾问、证券分析师离职，其所在证券公司、证券投资咨询机构应当在劳动合同解除之日起10个工作日内，通过中国证券业执业证书管理系统提交离职备案。证券业协会依据公司提交的该人员离职备案材料，办理注销该人员的证券投资顾问或者证券分析师注册登记。

（四）证券投资咨询人员发布证券研究报告应遵循的执业规范

1. 总体规定

根据《发布证券研究报告执业规范》，证券公司、证券投资咨询机构发布证券研究报告，应当遵循独立、客观、公平、审慎原则，加强合规管理，提升研究质量和专业服务水平。

证券公司、证券投资咨询机构发布证券研究报告，应当建立健全研究对象覆盖、信息收集、调研、证券研究报告制作、质量控制、合规审查、证券研究报告发布以及相关销售服务等关键环节的管理制度，加强流程管理和内部控制。

证券公司、证券投资咨询机构应当从组织设置、人员职责上，将证券研究报告制作发布环节与销售服务环节分开管理，以维护证券研究报告制作发布的独立性。制作发布证券研究报告的相关人员，应当独立于证券研究报告相关销售服务人员；证券研究报告相关销售服务人员不得在证券研究报告发布前干涉和影响证券研究报告的制作过程、研究观点和发布时间。

2. 对署名分析师发布证券研究报告的基本要求

根据《发布证券研究报告执业规范》，证券分析师应当对其署名的证券研究报告的内容和观点负责。参与制作证券研究报告，但尚未注册为证券分析师的研究部门或者研究子公司相关证券从业人员，如果已通过证券投资咨询从业资格考试，经署名证券分析师和研究部门或研究子公司同意，可以用"研究助理"等名义在证券研究报告中列示。

证券公司、证券投资咨询机构应当建立健全证券研究报告发布前的质量控制机制，明确质量审核程序和审核人员职责，加强质量审核管理。证券研究报告应当由署名证券分析师之外的证券分析师或者专职质量审核人员进行质量审核。质量审核应当涵盖信息处理、分析逻辑、研究结论等内容，重点关注研究方法和研究结论的专业性和审慎性。

（五）证券投资咨询人员禁止性行为规定和法律责任

1. 禁止性行为规定

（1）根据《证券法》，投资咨询机构及其从业人员从事证券服务业务不得有下列行为：

①代理委托人从事证券投资；

②与委托人约定分享证券投资收益或者分担证券投资损失；

③买卖本咨询机构提供服务的上市公司股票；

④利用传播媒介或者通过其他方式提供、传播虚假或者误导投资者的信息；

⑤法律、行政法规禁止的其他行为。

有前款所列行为之一，给投资者造成损失的，依法承担赔偿责任。

（2）根据《证券、期货投资咨询管理暂行办法》，证券、期货投资咨询机构及其投资咨询人员，不得从事下列活动：

①代理投资人从事证券、期货买卖；

②向投资人承诺证券、期货投资收益；

③与投资人约定分享投资收益或者分担投资损失；

④为自己买卖股票及具有股票性质、功能的证券以及期货；

⑤利用咨询服务与他人合谋操纵市场或者进行内幕交易；

⑥法律、法规、规章所禁止的其他证券、期货欺诈行为。

根据《发布证券研究报告暂行规定》，在证券研究报告发布之前，制作发布证券研究报告的相关人员不得向证券研究报告相关销售服务人员、客户及其他无关人员泄露研究对象覆盖范围的调整、制作与发布研究报告的计划，证券研究报告的发布时间、观点和结论，以及涉及盈利预测、投资评级、目标价格等内容的调整计划。

2. 法律责任

根据《证券法》及《证券、期货投资咨询管理暂行办法》等相关规定，任何单位和个人发现证券、期货投资咨询机构、投资咨询人员或其他机构和个人有违反《证券、期货投资咨询管理暂行办法》规定的行为时，可以向中国证监会及其授权的地方证券、期货监管部门［以下简称地方证管办（证监会）］投诉和举报。地方证管办（证监会）对违反办法的行为，应当进行立案调查并将调查结果报中国证监会备案。地方证管办（证监会）根据投资人或者社会公众的投诉或者举报，有权要求证券、期货投资咨询机构及其投资咨询人员说明情况并提供相关资料。

证券、期货投资咨询人员违反《证券、期货投资咨询管理暂行办法》第十八条、第十九条、第二十条、第二十一条、第二十二条、第二十四条的规定或者未按《证券、期货投资咨询管理暂行办法》规定向证券主管部门履行报告、年检义务的，由地方证管办（证监会）单处或者并处警告、没收违法所得、1万元以上3万元以下罚款；情节严重的，地方证管办（证监会）应当向中国证监会报告，由中国证监会作出暂停或者撤销其业务资格的处罚；构成犯罪的，依法追究刑事责任。

另外，根据《关于加强对利用"荐股软件"从事证券投资咨询业务监管的暂行规定》，向投资者销售或者提供"荐股软件"，并直接或者间接获取经济利益的，属于从事证券投资咨询业务，应当经中国证监会许可，取得证券投资咨询业务资格。未取得证券投资咨询业务资格，任何机构和个人不得利用"荐股软件"从事证券投资咨询业务。

证券投资咨询机构及其工作人员利用"荐股软件"从事证券投资咨询业务，违反相关法律法规和《关于加强对利用"荐股软件"从事证券投资咨询业务监管的暂行规定》的，中国证监会及其派出机构依法采取监管措施或者依法进行处罚；涉嫌犯罪的，依法移送司法机关。未取得证券投资咨询业务资格的机构和个人利用"荐股软件"从事非法证券投资咨询活动的，中国证监会及其派出机构按照法律法规和《国务院办公厅关于严厉打击非法发行股票和非法经营证券业务有关问题的通知》的规定，配合地方政府、工商行政管理部门、公安机关、司法机关等，依法予以查处；涉嫌犯罪的，依法追究刑事责任。

(六) 证券投资咨询人员典型案例

例如，某证券公司投资咨询人员代理投资者从事证券、期货买卖，被责令增加合规检查次数。某证券公司投资咨询人员 L 某，在营业部组织的推介会上向投资者宣传"由其进行操作投资者账户，并和投资者约定对收益进行三七分成。"另外，L 某还私下接受客户 S 某、W 某委托买卖证券，累计交易百余笔。根据《证券、期货投资咨询管理暂行办法》第二十四条规定，证券、期货投资咨询机构及其投资咨询人员，不得从事下列活动：（1）代理投资人从事证券、期货买卖；（2）向投资人承诺证券、期货投资收益；（3）与投资人约定分享投资收益或者分担投资损失。L 某的行为违反了上述规定，被监管责令增加合规检查次数。

例如，研究报告估值调整依据不足，信息来源标准不完整，被出具警示函。某证券公司于 201× 年发布 8 篇"XX 股票"研究报告，S 某系研究报告的制作人和署名人。报告中通过调整估值倍数方式，将"XX 股票"×个月内目标股价从×月的 8 元提升至××月的 48 元，估值倍数调整依据不充分，不审慎。同时，上述研究报告中标注的资料来源未载明引用信息来自投资者关系活动记录表及上市公司相关公告等，信息来源标注不完整。根据《发布证券研究报告暂行规定》第八条规定，证券公司、证券投资咨询机构发布的证券研究报告，应当载明下列事项：（1）"证券研究报告"字样；（2）证券公司、证券投资咨询机构名称；（3）具备证券投资咨询业务资格的说明；（4）署名人员的证券投资咨询执业资格证书编码；（5）发布证券研究报告的时间；（6）证券研究报告采用的信息和资料来源；（7）使用证券研究报告的风险提示。根据《发布证券研究报告暂行规定》第九条规定，制作证券研究报告应当合规、客观、专业、审慎。署名的证券分析师应当对证券研究报告的内容和观点负责，保证信息来源合法合规，研究方法专业审慎，分析结论具有合理依据。

S 某作为上述 8 篇"XX 股票"研究报告的制作人和署名人，对报告内容负有直接责任，被采取出具警示函的行政监管措施，要求其严守合规底线，严格遵循客观、审慎、专业等执业原则，切实提高研究报告的制作质量。

七、保荐代表人

(一) 保荐代表人的资格管理规定

根据《证券发行上市保荐业务管理办法》，个人申请保荐代表人资格，应当具备下列条件：

1. 具备 3 年以上保荐相关业务经历；

2. 最近 3 年内在《证券发行上市保荐业务管理办法》第二条规定的境内证券发行项目中担任过项目协办人；

3. 参加中国证监会认可的保荐代表人胜任能力考试且成绩合格有效；

4. 诚实守信，品行良好，无不良诚信记录，最近 3 年未受到中国证监会的行政处罚；

5. 未负有数额较大到期未清偿的债务；

6. 中国证券业协会规定的其他条件。

证券公司和个人应当保证申请文件真实、准确、完整。申请期间，申请文件内容发生重大变化的，应当自变化之日起 2 个工作日内向中国证监会提交更新资料。中国证监会依法受理、审查申请文件。对保荐机构资格的申请，自受理之日起 45 个工作日内作出核准或者不予核准的书面决定。

（二）保荐代表人执业行为规范及应遵守的职业道德准则

1. 保荐代表人执业行为总体规范

根据《证券发行上市保荐业务管理办法》，保荐机构及其保荐代表人应当遵守法律、行政法规和中国证监会的相关规定，恪守业务规则和行业规范，诚实守信，勤勉尽责，尽职推荐发行人证券发行上市，持续督导发行人履行规范运作、信守承诺、信息披露等义务。保荐机构及其保荐代表人不得通过从事保荐业务谋取任何不正当利益。

保荐代表人应当遵守职业道德准则，珍视和维护保荐代表人职业声誉，保持应有的职业谨慎，保持和提高专业胜任能力。保荐代表人应当维护发行人的合法利益，对从事保荐业务过程中获知的发行人信息保密。保荐代表人应当恪守独立履行职责的原则，不因迎合发行人或者满足发行人的不当要求而丧失客观、公正的立场，不得唆使、协助或者参与发行人及证券服务机构实施非法的或者具有欺诈性的行为。保荐代表人及其配偶不得以任何名义或者方式持有发行人的股份。

保荐代表人及其他保荐业务相关人员属于内幕信息的知情人员，应当遵守法律、行政法规和中国证监会的规定，不得利用内幕信息直接或者间接为保荐机构、本人或者他人谋取不正当利益。

2. 培训及工作底稿要求

保荐机构应当建立健全对保荐代表人及其他保荐业务相关人员的持续培训制度。

保荐机构应当建立健全工作底稿制度，为每个项目建立独立的保荐工作底稿。

保荐代表人必须为其具体负责的每个项目建立尽职调查工作日志，作为保荐工作底稿的一部分存档备查；保荐机构应当定期对尽职调查工作日志进行检查。保荐工作底稿应当真实、准确、完整地反映整个保荐工作的全过程，保存期不少于10年。

保荐机构应当指定2名保荐代表人具体负责1家发行人的保荐工作，出具由法定代表人签字的专项授权书，并确保保荐机构有关部门和人员有效分工协作。保荐机构可以指定1名项目协办人。

3. 持续督导及相关报告

保荐机构应当针对发行人的具体情况，确定证券发行上市后持续督导的内容，督导发行人履行有关上市公司规范运作、信守承诺和信息披露等义务，审阅信息披露文件及向中国证监会、证券交易所提交的其他文件，并承担下列工作：

（1）督导发行人有效执行并完善防止控股股东、实际控制人、其他关联方违规占用发行人资源的制度；

（2）督导发行人有效执行并完善防止其董事、监事、高级管理人员利用职务之便损害发行人利益的内控制度；

（3）督导发行人有效执行并完善保障关联交易公允性和合规性的制度，并对关联交易发表意见；

（4）持续关注发行人募集资金的专户存储、投资项目的实施等承诺事项；

（5）持续关注发行人为他人提供担保等事项，并发表意见；

（6）中国证监会、证券交易所规定及保荐协议约定的其他工作。

证券发行后，保荐机构不得更换保荐代表人，但因保荐代表人离职或者被撤销保荐代表人资格的，应当更换保荐代表人。保荐机构更换保荐代表人的，应当通知发行人，并在5个工作日内向中国证监会、证券交易所报告，说明原因。原保荐代表人在具体负责保荐工作期间未勤勉尽责的，其责任不因保荐代表人的更换而免除或者终止。

保荐机构法定代表人、保荐业务负责人、内核负责人、保荐代表人和项目协办人应当在发行保荐书上签字，保荐机构法定代表人、保荐代表人应同时在证券发行募集文件上签字。

持续督导工作结束后，保荐机构应当在发行人公告年度报告之日起的10个工作日内向中国证监会、证券交易所报送保荐总结报告书。保荐机构法定代表人和保荐代表人应当在保荐总结报告书上签字。保荐总结报告书应当包括下列内容：

（1）发行人的基本情况；

（2）保荐工作概述；

（3）履行保荐职责期间发生的重大事项及处理情况；

（4）对发行人配合保荐工作情况的说明及评价；

（5）对证券服务机构参与证券发行上市相关工作情况的说明及评价；

（6）中国证监会要求的其他事项。

（三）保荐代表人违反有关规定的法律责任或被采取的监管措施

1. 保荐机构、保荐代表人、保荐业务负责人和内核负责人违反《证券发行上市保荐业务管理办法》，未诚实守信、勤勉尽责地履行相关义务的，中国证监会责令改正，并对其采取监管谈话、重点关注、责令进行业务学习、出具警示函、责令公开说明、认定为不适当人选等监管措施；依法应给予行政处罚的，依照有关规定进行处罚；情节严重涉嫌犯罪的，依法移送司法机关，追究其刑事责任。

2. 保荐代表人出现下列情形之一的，中国证监会可根据情节轻重，自确认之日起 3 个月到 12 个月内不受理相关保荐代表人具体负责的推荐；情节特别严重的，撤销其保荐代表人资格：

（1）尽职调查工作日志缺失或者遗漏、隐瞒重要问题；

（2）未完成或者未参加辅导工作；

（3）未参加持续督导工作，或者持续督导工作未勤勉尽责；

（4）因保荐业务或其具体负责保荐工作的发行人在保荐期间内受到证券交易所、中国证券业协会公开谴责；

（5）唆使、协助或者参与发行人干扰中国证监会及其发行审核委员会的审核工作；

（6）严重违反诚实守信、勤勉尽责义务的其他情形。

3. 保荐代表人出现下列情形之一的，中国证监会撤销其保荐代表人资格；情节严重的，对其采取证券市场禁入的措施：

（1）在与保荐工作相关文件上签字推荐发行人证券发行上市，但未参加尽职调查工作，或者尽职调查工作不彻底、不充分，明显不符合业务规则和行业规范；

（2）通过从事保荐业务谋取不正当利益；

（3）本人及其配偶持有发行人的股份；

(4）唆使、协助或者参与发行人及证券服务机构提供存在虚假记载、误导性陈述或者重大遗漏的文件；

（5）参与组织编制的与保荐工作相关文件存在虚假记载、误导性陈述或者重大遗漏。

4. 发行人出现下列情形之一的，中国证监会自确认之日起暂停保荐机构的保荐机构资格3个月，撤销相关人员的保荐代表人资格：

（1）证券发行募集文件等申请文件存在虚假记载、误导性陈述或者重大遗漏；

（2）公开发行证券上市当年即亏损；

（3）持续督导期间信息披露文件存在虚假记载、误导性陈述或者重大遗漏。

5. 发行人在持续督导期间出现下列情形之一的，中国证监会可根据情节轻重，自确认之日起3个月到12个月内不受理相关保荐代表人具体负责的推荐；情节特别严重的，撤销相关人员的保荐代表人资格：

（1）证券上市当年累计50%以上募集资金的用途与承诺不符；

（2）公开发行证券并在主板上市当年营业利润比上年下滑50%以上；

（3）首次公开发行股票并上市之日起12个月内控股股东或者实际控制人发生变更；

（4）首次公开发行股票并上市之日起12个月内累计50%以上资产或者主营业务发生重组；

（5）上市公司公开发行新股、可转换公司债券之日起12个月内累计50%以上资产或者主营业务发生重组，且未在证券发行募集文件中披露；

（6）实际盈利低于盈利预测达20%以上；

（7）关联交易显失公允或者程序违规，涉及金额较大；

（8）控股股东、实际控制人或其他关联方违规占用发行人资源，涉及金额较大；

（9）违规为他人提供担保，涉及金额较大；

（10）违规购买或出售资产、借款、委托资产管理等，涉及金额较大；

（11）董事、监事、高级管理人员侵占发行人利益受到行政处罚或者被追究刑事责任；

（12）违反上市公司规范运作和信息披露等有关法律法规，情节严重的；

（13）中国证监会规定的其他情形。

6. 保荐代表人被暂不受理具体负责的推荐或者被撤销保荐代表人资格的，保荐业务负责人、内核负责人应承担相应的责任，对已受理的该保荐代表人具体负责推荐的项目，保荐机构应当撤回推荐；情节严重的，责令保荐机构就各项保荐业务制度限期整改，责令保荐机构更换保荐业务负责人、内核负责人；逾期仍然不符合要求的，撤销其保荐机构资格。

保荐机构、保荐业务负责人或者内核负责人在 1 个自然年度内被采取《证券发行上市保荐业务管理办法》第六十二条规定监管措施累计 5 次以上，中国证监会可暂停保荐机构的保荐机构资格 3 个月，责令保荐机构更换保荐业务负责人、内核负责人。

保荐代表人在 2 个自然年度内被采取《证券发行上市保荐业务管理办法》第六十二条规定监管措施累计 2 次以上，中国证监会可 6 个月内不受理相关保荐代表人具体负责的推荐。

（四）保荐代表人典型案例

保荐代表人在持续督导期间未能勤勉尽责地履行持续督导义务，被出具警示函。

A 上市公司股东 AA 集团及其子公司占用 A 上市公司应收票据 8 000 余万元。A 公司保荐代表人 F 某、H 某在持续督导期间，未能勤勉尽责地履行持续督导义务，未能及时发现并制止上述违规行为，也未能有效督导 A 上市公司建立健全并执行相关内部控制制度和信息披露制度。

根据《证券发行上市保荐业务管理办法》第三十一条规定，保荐机构应当针对发行人的具体情况，确定证券发行上市后持续督导的内容，督导发行人履行有关上市公司规范运作、信守承诺和信息披露等义务，审阅信息披露文件及向中国证监会、证券交易所提交的其他文件，并承担下列工作：督导发行人有效执行并完善防止控股股东、实际控制人、其他关联方违规占用发行人资源的制度。

根据《证券发行上市保荐业务管理办法》第六十六条规定，保荐机构、保荐代表人因保荐业务涉嫌违法违规处于立案调查期间的，中国证监会暂不受理该保荐机构的推荐；暂不受理相关保荐代表人具体负责的推荐。保荐代表人 F 某、H 某的行为违反了上述规定，被予以警示。

八、财务顾问主办人

（一）财务顾问主办人应该具备的条件

根据《上市公司并购重组财务顾问业务管理办法》，财务顾问主办人应当具备下列条件：

1. 具有证券从业资格；
2. 具备中国证监会规定的投资银行业务经历；
3. 参加中国证监会认可的财务顾问主办人胜任能力考试且成绩合格；
4. 所任职机构同意推荐其担任本机构的财务顾问主办人；
5. 未负有数额较大到期未清偿的债务；
6. 最近 24 个月无违反诚信的不良记录；
7. 最近 24 个月未因执业行为违反行业规范而受到行业自律组织的纪律处分；
8. 最近 36 个月未因执业行为违法违规受到处罚；
9. 中国证监会规定的其他条件。

（二）财务顾问主办人执业行为规范

1. 签章及报告制度

财务顾问的法定代表人或者其授权代表人、部门负责人、内部核查机构负责人、财务顾问主办人和项目协办人应当在财务顾问专业意见上签名，并加盖财务顾问单位公章。

财务顾问应当建立健全内部报告制度，财务顾问主办人应当就中国证监会在反馈意见中提出的问题按照内部程序向部门负责人、内部核查机构负责人等相关负责人报告，并对中国证监会提出的问题进行充分的研究、论证，审慎回复。回复意见应当由财务顾问的法定代表人或者其授权代表人、财务顾问主办人和项目协办人签名，并加盖财务顾问单位公章。

财务顾问应当建立健全内部检查制度，确保财务顾问主办人切实履行持续督导责任，按时向中国证监会派出机构提交持续督导工作的情况报告。

2. 保密及培训制度

财务顾问及其财务顾问主办人应当严格履行保密责任，不得利用职务之便买卖相关上市公司的证券或者牟取其他不当利益，并应当督促委托人、委托人的董事、监事和高级管理人员及其他内幕信息知情人严格保密，不得进行内幕交易。

财务顾问应当按照中国证监会的要求，配合提供上市公司并购重组相关内幕信息知情人买卖、持有相关上市公司证券的文件，并向中国证监会报告内幕信息知情人的违法违规行为，配合中国证监会依法进行的调查。

财务顾问主办人应当参加中国证券业协会组织的相关培训，接受后续教育。

（三）财务顾问主办人典型案例

财务顾问主办人员未能勤勉尽责地履行核查义务，专项核查意见出现重大遗漏,被采取自律措施。

A 证券公司财务顾问主办人员 M 某某、N 某某在 A 证券公司作为 B 公司股东权益变动的财务顾问项目中,未发现 B 公司数名自然人股东签署一致行动协议的行为违反了其曾出具的相关承诺,但在《XX 权益变动报告书之财务顾问核查意见》中披露"已履行勤勉尽责义务,对信息披露义务人的《XX 权益变动报告书》的内容进行了核查和验证,未发现虚假记载、误导性陈述和重大遗漏"。

M 某某、N 某某在履职过程中未发现 B 公司的违规行为,未能勤勉尽责地履行核查义务,专项核查意见出现了重大遗漏,被自律组织采取自律措施,提示其充分重视上述问题,吸取教训,及时整改,杜绝上述问题再次发生。

九、客户资产管理业务投资主办人

(一)客户资产管理业务投资主办人执业注册的有关要求

1. 执业注册条件

根据《证券公司客户资产管理业务规范》,证券公司客户资产管理业务投资主办人应当在中国证券业协会进行执业注册。申请投资主办人注册的人员应当具备下列条件:

(1)已取得证券从业资格;

(2)具有 3 年以上证券投资、研究、投资顾问或类似从业经历;

(3)具备良好的诚信记录及职业操守,且最近 3 年内没有受到监管部门的行政处罚;

(4)证券业协会规定的其他条件。

2. 禁止注册情形

有下列情形之一的人员,不得注册为投资主办人:

(1)不符合《证券公司客户资产管理业务规范》第三十一条(申请投资主办人注册的人员应当具备的条件)规定的条件;

(2)被监管机构采取重大行政监管措施未满 2 年;

(3)被证券业协会采取纪律处分未满 2 年;

(4)未通过证券从业人员年检;

(5)尚处于法律法规规定或劳动合同约定的竞业禁止期内;

(6)其他情形。

（二）客户资产管理业务投资主办人执业行为管理的有关要求

根据《证券公司客户资产管理业务管理办法》，证券公司从事客户资产管理业务，应当遵守法律、行政法规和中国证监会的规定，遵循公平、公正的原则，维护客户的合法权益，诚实守信，勤勉尽责，避免利益冲突。证券公司从事客户资产管理业务，应当充分了解客户，对客户进行分类，遵循风险匹配原则，向客户推荐适当的产品或服务，禁止误导客户购买与其风险承受能力不相符合的产品或服务。

根据《证券公司客户资产管理业务规范》，投资主办人从事投资管理活动，应当遵循诚实守信、勤勉尽责、独立客观、专业审慎的原则，自觉维护所在证券公司及行业的声誉，公平对待客户，保护投资者合法权益。投资主办人不得进行内幕交易、操纵证券价格等损害证券市场秩序的行为，或其他违反规定的操作。投资主办人应当按照所在证券公司的规定和劳动合同的约定履行保密义务。

投资主办人违反《证券公司客户资产管理业务规范》的，证券业协会视情况对其采取谈话提醒、警示、行业内通报批评、公开谴责等自律管理措施或纪律处分，并记入从业人员诚信档案。证券业协会发现证券公司、投资主办人违反法律、行政法规或中国证监会规定的，移交中国证监会或其他有权机关处理。

根据《证券公司集合资产管理业务实施细则》，证券公司应当指定投资主办人负责集合计划的投资管理事宜。投资主办人发生变更的，证券公司应当提前或者在合理时间内按照集合资产管理合同约定的方式披露，并向住所地、资产管理分公司所在地中国证监会派出机构及中国证券业协会报告。

证券公司应当实现集合资产管理业务与证券自营业务、证券承销业务、证券经纪业务及其他证券业务之间的有效隔离，防范内幕交易，避免利益冲突。同一高级管理人员不得同时分管资产管理业务和自营业务；同一人不得兼任上述两类业务的部门负责人；同一投资主办人不得同时办理资产管理业务和自营业务。集合资产管理业务的投资主办人不得兼任其他资产管理业务的投资主办人。

根据《证券公司定向资产管理业务实施细则》，证券公司从事定向资产管理业务，发生变更投资主办人等可能影响客户利益的重大事项的，证券公司应当提前或者在合理时间内告知客户。

同一投资主办人不得同时办理资产管理业务和自营业务。定向资产管理业务的投资主办人不得兼任其他资产管理业务的投资主办人。

（三）客户资产管理业务投资主办人典型案例

集合计划投资主办人未遵守法律、行政法规和中国证监会的规定，申购新股的申报金额超过集合计划的现金总额,被采取监管谈话措施。

S 某作为客户资产管理业务投资主办人,在管理 A1 号集合资产管理计划、B2 号集合资产管理计划、C3 集合资产管理计划等多只集合资产管理计划期间,相关集合资产管理计划申购新股的申报金额超过集合计划的现金总额。

《证券公司客户资产管理业务管理办法》(中国证监会令第 93 号)第三条第一款规定,证券公司从事客户资产管理业务,应当遵守法律、行政法规和中国证监会的规定,遵循公平、公正的原则,维护客户的合法权益,诚实守信,勤勉尽责,避免利益冲突。《证券公司集合资产管理业务实施细则》第三十四条规定,集合计划申购新股,可以不设申购上限,但是申报的金额不得超过集合计划的现金总额,申报的数量不得超过拟发行股票公司本次发行股票的总量。

S 某作为客户资产管理业务投资主办人,其管理行为违反了上述规定,被采取监管谈话措施。

十、证券资信评级业务人员

(一)证券评级业务的定义

证券评级业务,是指对下列评级对象开展资信评级服务:

1. 中国证监会依法核准发行的债券、资产支持证券以及其他固定收益或者债务型结构性融资证券;

2. 在证券交易所上市交易的债券、资产支持证券以及其他固定收益或者债务型结构性融资证券,国债除外;

3. 上述两条规定的证券的发行人、上市公司、非上市公众公司、证券公司、证券投资基金管理公司;

4. 中国证监会规定的其他评级对象。

(二)证券评级业务的原则

证券评级机构及证券资信评级业务人员从事证券评级业务,应当遵循一致性原则,对同一类评级对象评级,或者对同一评级对象跟踪评级,应当采用一致的评级标准和工作程序。评级标准有调整的,应当充分披露。

证券评级机构及证券资信评估业务人员从事证券评级业务,应当制定科学的评级方法和完善的质量控制制度,遵守行业规范、职业道德和业务规则,勤勉尽责,审慎分析。

(三) 证券资信评级业务人员应该具备的条件

资信评级机构负责证券评级业务的高级管理人员，应当具备下列条件：

1. 取得证券从业资格；
2. 熟悉资信评级业务有关的专业知识、法律知识，具备履行职责所需要的经营管理能力和组织协调能力，且通过证券评级业务高级管理人员资质测试；
3. 无《公司法》《证券法》规定的禁止任职情形；
4. 未被金融监管机构采取市场禁入措施，或者禁入期已满；
5. 最近3年未因违法经营受到行政处罚，不存在因涉嫌违法经营、犯罪正在被调查的情形；
6. 正直诚实，品行良好，最近3年在税务、工商、金融等行政管理机关，以及自律组织、商业银行等机构无不良诚信记录。

境外人士担任前款规定职务的，还应当在中国境内或者香港、澳门等地区工作不少于3年。

(四) 证券资信评级业务人的回避及禁止行为

证券评级机构应当建立回避制度。证券评级机构评级委员会委员及评级从业人员在开展证券评级业务期间有下列情形之一的，应当回避：

1. 本人、直系亲属持有受评级机构或者受评级证券发行人的股份达到5%以上，或者是受评级机构、受评级证券发行人的实际控制人；
2. 本人、直系亲属担任受评级机构或者受评级证券发行人的董事、监事和高级管理人员；
3. 本人、直系亲属担任受评级机构或者受评级证券发行人聘任的会计师事务所、律师事务所、财务顾问等证券服务机构的负责人或者项目签字人；
4. 本人、直系亲属持有受评级证券或者受评级机构发行的证券金额超过50万元，或者与受评级机构、受评级证券发行人发生累计超过50万元的交易；
5. 中国证监会认定的足以影响独立、客观、公正原则的其他情形。

证券评级机构的董事、监事和高级管理人员以及评级从业人员不得以任何方式在受评级机构或者受评级证券发行人兼职。

(五) 证券资信评级业务人员的法律责任

证券评级机构及从业人员违反《证券市场资信评级业务管理暂行办法》规定的，中国证监会派出机构应当向证券评级机构发出警示函，对责任人或者高级管理人员进行监管谈话，责令限期整改。

证券评级机构逾期未改正的，中国证监会可以不受理由其出具的评级报告。

证券评级机构及其从业人员未勤勉尽责，出具的文件有虚假记载、误导性陈述或者重大遗漏的，依照《证券法》第二百二十三条的规定处理。证券评级机构的从业人员，故意提供虚假资料，诱骗投资者买卖证券的，依照《证券法》第二百条的规定处理。

利用证券评级业务进行内幕交易的，依照《证券法》第二百零二条的规定处理。

证券评级机构有下列行为之一的，责令改正，给予警告，并处以 1 万元以上 3 万元以下的罚款；对直接负责的主管人员和其他直接责任人员给予警告，并处以 1 万元以上 3 万元以下的罚款；情节严重或者拒不改正的，依照《证券法》第二百二十六条第三款的规定处理：

1. 违反回避制度或者利益冲突防范制度；
2. 违反信息保密制度；
3. 未按照办法规定进行跟踪评级；
4. 未按照办法规定披露信息，或者未对其所依据的文件资料内容的真实性、准确性、完整性进行核查和验证；
5. 涂改、倒卖、出租、出借证券评级业务许可证，或者以其他形式非法转让证券评级业务许可证；
6. 违反办法规定，拒不报送、提供经营管理信息和资料，或者报送、提供的经营管理信息和资料有虚假记载、误导性陈述或者重大遗漏；
7. 承诺给予高等级信用级别，贬低、诋毁其他证券评级机构、评级从业人员等不正当竞争行为；
8. 内部控制机制、管理制度与业务制度不健全、执行不规范，拒不改正；
9. 为他人提供融资或者担保；
10. 董事、监事和高级管理人员投资其他证券评级机构。

（六）证券资信评级业务人员典型案例

Z 证券资信评估机构业务人员未充分应用评级模型，未严格履行相关评级工作程序，被监管机构采取出具警示函监管措施。

Z 证券资信评估机构 F 项目 2017 年 10 月末跟踪评级由 AA 上调至 AA+。跟踪评级中，Z 证券资信评估机构业务人员未充分应用评级模型，未严格履行相关评级工作程序，同时评级系统未能调取最新财务数据，致使 F 项目评级模型测算结果第二部分各项定量指标的因子分数与 2016 年 8 月初评时完全一致。Z 证券资信评估机构后续审查程序中亦未发现该错误。

  Z 证券资信评估机构业务人员未充分应用评级模型，未严格履行相关评级工作程序，评级系统存在漏洞，未能充分发挥内部控制与质量控制作用。上述问题违反了《证券市场资信评级业务管理暂行办法》第五条的规定。根据《证券市场资信评级业务管理暂行办法》第三十二条的规定，Z 证券资信评估机构被监管机构采取出具警示函的行政监管措施。

第三章
证券公司业务规范

第一节 证券经纪

本节将重点梳理、解释、总结与证券经纪业务相关的法律法规和准则,主要包括《证券法》《证券公司监督管理条例》《客户交易结算资金管理办法》《关于加强证券经纪业务管理的规定》《证券经纪人管理暂行规定》《证券登记结算管理办法》《证券公司开立客户账户规范》《内地与香港股票市场交易互联互通机制若干规定》等及自律规则。

一、法规概述

(一)法律、行政法规

《证券法》第五章"证券交易所"、第六章"证券公司"对证券公司的证券经纪业务作出了原则性规定,《证券公司监督管理条例》第四章"业务规则与风险控制"第二节"证券经纪业务"对证券经纪业务作出了一般规定。上述法律及行政法规是中国证监会等监管机构制定证券经纪业务相关监管政策、实施监督管理的重要法律依据。

(二)部门规章及规范性文件

除上述法律及行政法规外,证券公司经纪业务涉及的主要部门规章及规范性文件包括《客户交易结算资金管理办法》《证券登记结算管理办法》《关于加强证券经纪业务管理的规定》《证券经纪人管理暂行规定》《中国证券业协会证券经纪人执业规范（试行）》《证券公司开立客户账户规范》《中国证券登记结算有限责任公司证券账户管理规则》《证券账户非现场开户实施暂行办法》《内地与香港股票市场交易互联互通机制若干规定》等，对证券经纪业务进行了具体要求。

二、证券经纪业务的概念与特点

（一）证券经纪业务的概念

证券经纪业务，是指在证券交易中，接受投资者委托，处理交易指令、办理清算交收的经营性活动。

证券经纪商，是指接受客户委托、代客买卖证券并以此收取佣金的中间人。证券经纪商以代理人的身份从事证券交易，与客户是委托代理关系。证券经纪商必须遵照客户发出的委托指令进行证券买卖，其向客户提供服务以收取佣金作为报酬。目前，我国证券经纪商是指在证券交易中代理买卖证券，从事经纪业务的证券公司。

（二）证券经纪业务的特点

1. 业务对象的广泛性

所有上市交易的股票和债券都是证券经纪业务的对象，因此，证券经纪业务的对象具有广泛性。同时，由于证券经纪业务的具体对象是特定价格的证券，而证券价格受宏观经济运行状况、上市公司经营业绩、市场供求情况、社会政治变化、投资者心理、监管部门的政策及调控措施等多种因素的影响，经常涨跌变化。同一种证券在不同时点上会有不同的价格，因此，证券经纪业务的对象还具有价格变动性的特点。

2. 证券经纪商的中介性

证券经纪业务是一种代理活动，证券经纪商不以自己的资金进行证券买卖，也不承担交易中证券价格涨跌的风险，而是充当证券买方和卖方的代理人。证券经纪商发挥着沟通买卖双方和按一定的要求和规则执行指令并代办手续，同时尽量使买卖双方按自己意愿成交的媒介作用，因此具有中介性的特点。

3. 客户指令的权威性

在证券经纪业务中，客户是委托人，证券经纪商是受托人，证券经纪商应当忠实执行投资者的委托指令，严格按照委托人的要求办理委托事务。委托人的指令具有权威性，证券经纪商必须严格地按照委托人指定的证券、数量、价格和有效时间买卖证券，不能自作主张，擅自改变委托人的意愿。

4. 客户资料的保密性

在证券经纪业务中，委托人的资料关系到其资产的安全和投资决策的实施，证券经纪商有义务为客户保密，但法律法规另有规定的除外。

（三）客户和证券经纪商的委托代理事项

根据中国证券业协会《证券交易委托代理协议指引》的规定，客户可以委托证券公司代理的事项主要如下：

1. 接受并执行客户依照《证券交易委托代理协议》约定的方式下达的合法有效的委托指令；
2. 代理客户进行资金、证券的清算、交收；
3. 代理保管客户买入或存入的有价证券；
4. 代理客户领取红利股息及其他利益分配；
5. 接受客户对其委托、成交及账户内的资产及变化情况的查询，并应客户的要求提供相应的清单；
6. 法律、法规、规章、自律规则规定的、证券公司可以代理客户进行的其他活动。

三、证券经纪业务的营销管理

根据《证券法》《证券公司监督管理条例》以及《证券经纪人管理暂行规定》的规定，我国对证券经纪业务营销的监督管理主要体现在对开展证券经纪业务的证券公司及对证券经纪人等证券经纪业务营销人员的管理。

（一）证券公司经纪业务营销的主要内容

证券公司经纪业务的营销，是市场营销管理与证券经纪业务相结合的产物。由证券经纪业务的性质和特点可知，在证券经纪业务营销过程中，证券公司提供的经纪业务服务和客户进行股票、债券、基金等证券类金融产品投资是不可分割的，因此，证券经纪业务营销是以证券类金融产品为载体的金融服务营销。具体而言，证券经纪业务营销活动主要包括客户招揽和客户服务两个方面。

1. 客户招揽

客户招揽，即证券经纪业务营销人员通过营销渠道，与客户建立关系并促成交易的过程。

2. 客户服务

客户服务是证券公司营销的重要组成部分，贯穿于证券公司营销活动的始终。证券公司通过营销人员开发市场、招揽客户，仅仅是证券公司经纪业务拓展的第一步，证券公司及其营销人员只有通过提供优质的服务，才能与客户建立长期的关系，奠定有广度和深度的客户基础，才能达到业务拓展和提升市场占有率的目标。在证券经纪业务营销中，客户服务主要包括交易通道服务、有形服务和信息咨询服务等附加服务。

在客户服务的过程中，证券公司及其营销人员除了应当始终坚持以客户需求为导向之外，鉴于证券投资的风险性特征，证券公司及其营销人员还需要按照法律法规的规定，承担投资者教育的义务和责任，包括对投资者进行风险教育，向投资者讲解证券市场基础知识，向投资者传达正确的投资理念和提高投资者自身的理财素质等。

（二）证券公司经纪业务营销的主要渠道

目前，我国证券公司的营销渠道包括通过证券公司内部营销人员进行直接营销和委托证券经纪人开展证券经纪业务营销活动。

（三）证券经纪人制度

1. 证券经纪人制度的历史沿革

20世纪90年代初期，随着我国证券市场的持续发展和证券行业竞争的加剧，部分证券公司出于市场竞争的要求催生出一批自然人形态的证券经纪人。国务院于2008年以国务院令的形式颁布了《证券公司监督管理条例》，首次对证券公司聘用证券经纪人予以认可，为证券经纪业务营销提供了一种新的选择，证券公司既可以通过内部员工开展经纪业务营销，也可以按规定委托公司以外的人员作为证券经纪人开展经纪业务营销工作。

为配合证券经纪人制度的具体实施，中国证监会、中国证券业协会先后发布了《证券经纪人管理暂行规定》《中国证券业协会证券经纪人执业规范（试行）》《证券经纪人执业注册登记暂行办法》等规范性文件和自律规则，对证券经纪人的定义、资格、行为规范和法律地位等作出了明确规定。

2. 证券经纪人制度的主要内容

根据《证券经纪人管理暂行规定》，证券经纪人是指接受证券公司的委托，代理其从事客户招揽和客户服务等活动的证券公司以外的自然人。证券公司委托证券经纪人开展证券经纪业务营销的，应当符合以下要求：

（1）证券公司应当建立健全证券经纪人管理制度，采取有效措施，对证券经纪人及其执业行为实施集中统一管理，保障证券经纪人具备基本的职业道德和业务素质，防止证券经纪人在执业过程中从事违法违规或者超越代理权限、损害投资者合法权益的行为。

（2）证券经纪人为证券从业人员，应当通过证券从业人员资格考试，并具备规定的证券从业人员执业条件。证券经纪人只能接受一家证券公司的委托，并应当专门代理证券公司从事客户招揽和客户服务等活动。证券公司应当在与证券经纪人签订委托合同前，对其资格条件进行严格审查。

（3）证券公司应当对证券经纪人进行不少于60个小时的执业前培训，其中法律法规和职业道德的培训时间不少于20个小时。此外，证券公司应当按照中国证券业协会的规定，组织对证券经纪人的后续职业培训。

（4）证券公司应当在与证券经纪人签订委托合同、对其进行执业前培训并经测试合格后，为其向中国证券业协会进行执业注册登记。

（5）证券公司应当建立健全信息查询制度，保证客户能够通过现场、电话或者互联网络的方式随时查询证券经纪人的姓名、代理权限、代理期间、服务的证券营业部、执业地域范围及证券经纪人证书编号等信息。

（6）证券公司应当建立健全客户回访制度，指定人员定期通过面谈、电话、信函或者其他方式对证券经纪人招揽和服务的客户进行回访。负责客户回访的人员不得从事客户招揽和客户服务活动。

（7）证券公司应当建立健全异常交易和操作监控制度，采取技术手段，对证券经纪人所招揽和服务客户的账户进行有效监控，发现异常情况的，立即查明原因并按照规定处理。

（8）证券公司应当建立健全客户投诉和纠纷处理机制，明确处理流程，妥善处理客户投诉和与客户之间的纠纷，持续做好客户投诉和纠纷处理工作。

（9）证券公司应当将证券经纪人的执业行为纳入合规管理范围，并建立科学合理的证券经纪人绩效考核制度，将证券经纪人执业行为的合规性纳入其绩效考核范围。

（10）证券公司应当建立健全证券经纪人档案，实现证券经纪人执业过程留痕。

3. 委托合同必备事项

证券公司与证券经纪人签订委托合同，应当遵循平等、自愿、诚实信用的原则，公平地确定双方的权利和义务，委托合同中应当载明的事项详见本书第二章第四节"从业人员管理"相关叙述。

4. 证券公司在经纪业务营销中的禁止性行为

《证券经纪人管理暂行规定》及《证券经纪人执业规范（试行）》规定了证券经纪人及证券营销人员的禁止性行为，具体内容详见本书第二章第四节"从业人员管理"相关叙述。

四、证券经纪业务的营运管理

证券经纪业务运营管理的主要内容包括账户管理、信息了解、适当性管理、交易委托、交易席位与交易单元、异常交易行为管理、资产托管、佣金管理、转销户、回访与投诉等业务内容。

（一）账户管理

证券经纪业务中客户账户主要包括：客户在证券公司开立的资金账户、代理中国证券登记结算有限责任公司（以下简称"中国结算"）开立的各市场证券账户、代理基金注册登记机构开立的开放式基金账户，以及经核准允许受理的其他金融产品账户等。本章节根据《证券公司开立客户账户规范》《证券账户非现场开户实施暂行办法》《中国证券登记结算有限责任公司证券账户管理规则》等规定，重点介绍客户账户管理的一般性规则和证券账户管理的具体要求，关于信用账户的具体内容详见本章第七节"证券公司信用业务"。

1. 账户开立的总体要求

《证券公司开立客户账户规范》对证券公司为客户账户开立作出了总体要求，主要如下：

（1）证券公司为客户办理开户，应当遵循合法、自愿、审慎原则，审核客户身份的真实性，确保客户资料真实、准确和完整。

（2）证券公司应建立健全客户账户开户管理制度、操作流程和风险识别、评估与控制体系，确保风险可测、可控、可承受。

（3）证券公司可以在经营场所内为客户现场开立账户，也可以通过见证、网上及中国证监会认可的其他方式为客户开立账户。

2. 账户开立的业务规则

《证券公司开立客户账户规范》对证券公司为客户开立账户作出了具体要

求，主要如下：

（1）证券公司在受理客户开户申请时，应当要求客户出具真实有效的身份证明文件，并采取必要措施对客户身份的真实性进行审核。

证券公司在受理机构客户和自然人客户委托他人代理开户时，应当要求代理人出具真实有效的身份证明文件及授权委托文件，并采取必要措施对代理人身份的真实性及有效性进行审核。自然人客户委托他人代理开户的，应提供经公证的授权委托文件。

（2）客户账户开立前，证券公司应当指定专人向客户讲解相关业务规则和开户协议等内容，并将风险揭示书交由客户签字，按规定履行投资者教育职责。

客户委托他人代理开户的，证券公司应采取必要措施对客户本人和代理人进行投资者教育。

（3）客户账户开立前，证券公司应当按照规定了解客户情况，对客户风险承受能力进行评估，履行适当性管理义务，并将评估结果以书面或电子方式记载和保存。

（4）证券公司应当采取有效措施对客户开户资料的真实性、准确性、完整性进行审核。

（5）证券公司应当校验同一客户不同账户的名称、证件类型、证件号码等关键信息，确保账户实名对应且信息一致。

（6）证券公司应在验证客户身份、与客户签署开户相关协议、审核客户资料合格后，方可为客户开立资金账户及对应的其他账户，并按规定同时为客户办理客户交易结算资金存管手续。

（7）证券公司应当统一组织回访客户，对新开户客户应当在1个月内完成回访，对原有客户的回访比例应当不低于上年末客户总数（不含休眠账户及中止交易账户客户）的10%。客户回访应当留痕，相关资料应当保存不少于3年。回访内容包括但不限于：

①确认客户身份，如客户委托他人代理开户的，应向客户确认代理人身份及代理权限。

②确认客户已阅读各类风险揭示文件并理解相关条款。

③确认客户开户为其真实意愿。

④提醒客户自行设置和妥善保管密码。

⑤确认客户开户方式。

（8）证券公司应当在开户时与客户明确约定客户名称、证件类型及证件号码等关键信息的变更方式，并在变更时重新核实客户身份真实性。

（9）证券公司应当在开户时与客户明确约定办理账户注销的方式，并按照事先约定方式办理。

（10）证券公司应当及时、准确、完整地为每个客户单独建立纸质或者电子档案，妥善保管客户档案和资料，为客户保密。

（11）证券公司及其从业人员不得以办理见证开户或网上开户的名义设立非法经营网点。

3. 证券账户的管理

证券账户，是记录证券及证券衍生品种持有及其变动情况的载体。中国结算对证券账户实施统一管理，证券账户的管理主要包括：账户的开立、查询、信息变更、注销、休眠账户、不合格账户、解除挂失、关联关系维护、账户信息比对、证券账户业务资料保管等。

（1）证券账户的开立

①证券账户的开立方式。中国结算对证券账户实施统一管理，具体账户业务可以委托开户代理机构办理。开户代理机构，是指取得中国结算开户代理资格，与中国结算签订开户代理协议，代理中国结算办理证券账户业务的证券公司等机构，以下统称"证券公司等开户代理机构"。投资者应当到证券公司等开户代理机构办理证券账户开立业务。自2013年起，我国正式放开非现场开户方式，中国结算发布了《证券账户非现场开户实施暂行办法》，对实施非现场方式开立证券账户提出了更为具体的要求。

证券账户开立方式包括现场方式和非现场方式。其中，非现场方式包括见证开户、网上开户以及中登认可的其他非现场开户方式。

现场开户，是指证券公司等开户代理机构工作人员在营业场所内为客户现场办理证券账户的开立手续，该开户方式适用于机构与自然人。

见证开户，是指证券公司等开户代理机构工作人员在营业场所外面见投资者，验证投资者身份并见证投资者签署开户申请表后，为投资者办理证券账户开立手续，该开户方式适用于机构与自然人。

见证开户的特殊要求：证券公司等开户代理机构当面见证客户开户的，证券公司可以委派2名或以上工作人员为投资者办理开户手续，其中至少1名应为见证人员；视频见证开户的，证券公司等开户代理机构可以委派1名或以上工作人员面见投资者，并由证券公司等开户代理机构见证人员通过实时视频方式完成见证。证券公司等开户代理机构工作人员应当向投资者出示工作证件，并告知投资者可通过证券公司等开户代理机构网站、客服热线核实身份。

网上开户，是指证券公司等开户代理机构通过数字证书验证投资者身份，并通过互联网为投资者办理证券账户开立手续，该开户方式仅适用于自然人。

网上开户的特殊要求：开户代理机构应通过其公司网站为投资者办理网上开户业务，不得利用第三方网站办理网上开户业务。投资者应当使用中国结算或其认可的其他机构颁发的数字证书作为网上开户的身份认证工具。

②证券账户的开立数量。1个投资者只能申请开立1个一码通账户，1个投资者在同1市场最多可以申请开立3个A股账户、3个封闭式基金账户，只能申请开立1个信用账户、1个B股账户。投资者申请开立A股账户时，除投资者确有需要开立单边A股账户之外，证券公司等开户代理机构应当为其同时开立沪市及深市双边A股账户。

（2）特殊法人与产品开立证券账户的开立

根据《中国证券登记结算有限责任公司特殊机构及产品证券账户业务指南》，特殊机构及产品证券账户的开立手续应当在中国结算北京、上海或者深圳分公司任一柜台申请办理，而不得由证券公司等开户代理机构代为办理其证券账户的开立。

其中，"特殊机构"是指证券公司、基金管理公司及其子公司、保险公司、信托公司、银行（含商业银行、农村合作银行、城市信用社、农村信用社等其他银行类金融机构）及外国战略投资者等特殊市场参与主体。

"产品"，是指证券公司定向资产管理计划及集合资产管理计划、基金管理公司单一客户特定资产管理计划及多个客户特定资产管理计划、基金子公司专项资产管理计划、期货公司单一客户资产管理计划及特定多客户资产管理计划、保险资产管理公司特定客户资产管理计划及集合资产管理计划、信托产品、保险产品、银行理财产品、企业年金计划、养老金产品、全国社会保障基金投资组合、地方社保基金、私募基金、合格境外机构投资者（QFII）、人民币合格境外机构投资者（RQFII）等依法设立的证券投资产品。

上述产品证券账户的开立、变更、注销等业务，有资产托管人的，应当由资产托管人申请办理，无资产托管人的由资产管理人办理。

特殊机构及产品证券账户在开立及使用中应严格遵守账户实名制有关要求：

①特殊机构及产品证券账户持有人不得通过在证券账户下设立子账户、分账户、虚拟账户等方式违规进行证券交易，不得出借证券账户给他人使用。

②不得为专门申购新股、炒作风险警示股票（ST股票）的产品申请开立证券账户；产品证券账户名称应当恰当反映产品属性。

③为产品、资管计划及员工持股计划申请开立账户时应当申报登记产品、资管计划或员工持股计划存续期且一般不得超过3年。

④产品资产管理人、托管人应当履行账户使用环节实名制审核监督义务，监督是否存在违规使用证券账户的行为。资产管理人、托管人发现涉嫌违反账户实名制要求的，应当及时向中国结算报告。

（3）证券账户的信息变更

客户变更证券账户信息的办理方式如下：

①关键信息变更：投资者姓名或名称、有效身份证明文件类型及号码三项为关键信息。对于上述关键信息以及有效身份证明文件有效期、手机号码的变更，投资者应通过临柜、见证等方式办理。

②其他非关键信息变更：开户代理机构可通过临柜、见证、网络、电话等方式受理投资者申请，核实投资者身份后予以办理。

（4）证券账户的注销

①申请账户注销的条件。投资者申请注销证券账户应当同时满足以下条件：证券账户持有余额为零且不存在与该证券账户相关的未了结业务。

②应当主动申请注销情形。发生自然人投资者死亡的、法人以及合伙企业等非法人组织因依法被解散或破产清算等原因导致主体资格丧失、产品到期或其他终止情形的，证券账户持有人、证券资产合法继承人或承继人等相关当事人应当申请注销证券账户。

特殊机构与产品开户后 6 个月内出现没有进行交易、产品终止、合同失效或被撤销等情形时，应当及时办理证券账户注销手续。

（5）不合格账户业务的认定与规范

不合格账户主要有如下三类情形：

①违规以他人名义或利用虚假身份开立的账户、违规使用他人账户或使用以虚假身份开立的账户，证券公司应当要求投资者办理账户注销手续，有证券余额的，应当督促投资者清空证券后予以注销。

②代理关系不规范，即投资者委托他人代理开立证券账户，但缺少经公证的授权委托书等能够证明委托代理关系的相关材料，证券公司应当督促投资者补齐经公证的授权委托书能证明其委托代理关系的材料。

③账户关键信息不全、不准确或关键凭证缺失，即证券账户名称、有效身份证明文件类型、有效身份证明文件号码三项关键信息不全、不准确，或有效身份证明文件复印件等关键凭证缺失，证券公司应当督促投资者变更证券账户关键信息或补齐账户资料。

（6）证券账户的网络服务功能

投资者可通过证券公司向中国结算申请开通证券账户网络服务功能，在线办理证券查询、上市公司股东大会网络投票等业务。

（7）非交易过户

根据中国结算发布的《证券非交易过户业务实施细则（适用于继承、赠与、依法进行的财产分割、法人资格丧失等情形)》规定，登记在中国结算开立的证券账户中的 A 股股票（不含非流通股）、债券、基金（限于证券交易所场内登记的份额，下同）、权证等证券，因发生证券继承、赠与、依法进行的财产分割、法人资格丧失等情形之一涉及证券持有人变更的，作为过出方和过入方（以下统称申请人）可以申请办理非交易过户登记。

其中对于赠与情形，目前中国结算仅受理经省级（含）以上民政部门或作为受赠方基金会的业务主管单位确认的向基金会捐赠涉及的过户登记申请，且所指基金会需是依据《基金会管理条例》合法设立，并在民政部门登记的基金会（不含境外基金会代表机构）。

对于依法进行的财产分割情形，中国结算暂仅受理离婚涉及的过户登记申请。

对于法人资格丧失情形，中国结算仅受理法人已处于解散状态涉及的过户登记申请。

上述情形中，继承、离婚等情形涉及的过户登记申请，申请人可通过托管证券公司或直接向中国结算申请办理，但涉及申请人申请办理过户登记的证券数量占该只证券总发行数量 5%（含）以上的，有关信息披露义务人按信息披露规定需履行信息披露义务的，申请人应当在信息披露义务人履行完成信息披露程序并经证券交易所确认后，直接向中国结算申请办理；捐赠、法人资格丧失等情形涉及的过户登记申请，申请人需直接向中国结算申请办理。

4. 客户交易结算资金存管制度

根据《客户交易结算资金管理办法》规定，客户交易结算资金必须全额存入具有从事证券交易结算资金存款业务资格的商业银行，单独立户管理。严禁挪用客户交易结算资金。

（1）客户交易结算资金三方存管制度的历史沿革

我国原《证券法》中未规定客户交易结算资金存管制度，为加强客户交易资金管理，中国证监会于 2001 年开始实施《客户交易结算资金管理办法》，要求客户的交易结算资金应当存放在商业银行，以每个客户的名义单独立户管理，证券公司不再向客户提供交易结算资金存取服务，只提供客户证券交易、清算、交收等服务。2005 年修订的《证券法》以法律的形式对该制度进行明确，要求"证券公司客户的交易结算资金应当存放在商业银行，以每个客户的名义单独立户管理"。

(2) 客户交易结算资金三方存管的定义

根据《客户交易结算资金管理办法》，客户交易结算资金三方存管，是指证券公司将客户交易结算资金存放在指定的商业银行，并以每个客户名义单独立户管理，商业银行负责资金存取，发挥第三方监督作用，以保障客户资金安全为目的的资金存管模式。

(3) 客户交易结算资金三方存管制度的主要内容

根据《客户交易结算资金管理办法》，客户资金三方存管制度的主要内容如下：

①明确"单独立户"要求，防止资金被混合使用。证券公司从事证券经纪业务，应当以自己的名义在指定商业银行开立客户资金汇总账户，用于存放客户资金，其中，指定商业银行开立的账户则称为管理账户。证券公司、指定商业银行应当在客户签署资金存管合同后，分别为客户开立与客户资金汇总账户对应的二级账户，用于记载客户资金明细数据，以实现对每个客户的客户资金进行单独立户管理的目标，证券公司为客户开立的二级账户称为资金账户。

②明确"封闭运行"要求，防止资金被违规动用。除客户取款、交易等规定情形外，证券公司不得动用客户资金：客户资金存取应当以银证转账方式通过本人银行结算账户进行。指定商业银行根据客户指令，负责在客户银行结算账户与客户资金汇总账户之间划转资金，无须证券公司介入，从而防止证券公司假借客户提款挪用资金。

证券公司代理客户证券申购及交易结算应当定向划转资金，相关资金只能在规定的账户之间划转。同时，证券公司需将相关账户提前向指定商业银行备案，指定商业银行据此对证券公司的划款指令进行逐笔审核，以防止证券公司假借代理交易结算违规动用客户资金。

③除向客户收取与证券交易有关的佣金、费用或者代扣税款等特定情形外，证券公司不得将客户资金转入自有资金账户。

(二) 客户适当性管理

根据《证券公司监督管理条例》，中国证监会指导中国证券业协会于2012年制定并发布了《证券公司投资者适当性制度指引》，2016年中国证监会正式发布了《证券期货投资者适当性管理办法》，随后中国证券业协会于2017年修订并发布了相应的配套规则《证券经营机构投资者适当性管理实施指引（试行）》。

适当性管理主要分为以下三大安排：

1. 全面了解客户

证券公司应勤勉尽责，审慎履职，全面了解投资者信息，包括基本信息、财务状况、投资经验、投资目标、风险偏好、诚信记录等信息，综合评估和确定投资者的风险承受能力。

2. 对产品或服务分级

证券公司应当深入调查产品或服务信息，综合考虑产品或服务的流动性、到期时限、杠杆情况、结构复杂性等因素，综合评估和确定产品或服务的风险等级。

3. 适当性匹配

证券公司应当将适当的服务提供给适合的投资者，证券公司应当基于投资者不同的风险承受能力等级、投资期限和投资品种对拟投资产品或服务进行匹配，并提出明确的适当性匹配意见。

关于客户适当性管理的具体内容详见第二章"经营机构管理规范"中第三节"投资者适当性管理"章节。

（三）委托交易

1. 委托方式

客户向证券公司下达委托指令的方式由双方约定，其中客户委托指令的下达方式包括柜台委托、自助委托以及证券公司认可的其他合法委托方式，自助委托包括网上委托、电话委托、热键委托等。

2. 委托指令

（1）委托指令的要求

①客户委托证券公司代理其进行证券交易而发出的委托及撤销委托等指令的内容和方式应符合证券市场的交易规则及协议的相关约定。

②客户通过证券公司委托系统进行证券交易时，如因客户操作失误或因客户指令违反证券市场交易规则或协议约定，或其他可归咎于客户的原因而造成损失的，由客户承担。

③对于客户可能影响正常交易秩序的异常交易行为，证券公司有权按照证券交易所的要求对客户的交易委托采取限制措施。

（2）委托指令的无效

客户在进行委托前须确保已完全了解有关交易规则，避免发出无效委托指令。如客户发出的指令被证券公司委托系统或证券交易所交易系统拒绝受理，则该委托应视为无效委托。

证券公司接受客户委托指令时，如果出现由于客户原委托指令未撤销而造成证券公司无法执行客户新的委托指令时，由此导致的后果、风险和损失，由客户承担。

（3）委托指令的撤销

客户在委托有效期内可对未显示成交回报的委托发出撤销委托指令（交易规则另有规定的除外），但由于市场价格随时波动及成交回报速度的原因，客户的撤销委托指令虽经证券公司发出，但客户委托可能已在市场成交，此时客户应承认并接受该成交结果。

（4）委托指令的成交

客户委托指令成交与否以证券登记结算机构发送的清算数据为准，成交即时回报仅供参考。

（5）委托结果的查询

证券公司接受客户对其委托成交及账户资金和证券变化情况的查询，并应根据客户的要求提供相应的清单。

客户逾期未办理查询或未对有异议的查询结果以书面方式向证券公司提出质询的，视同客户对该委托结果无异议。

（四）交易席位与交易单元

上海、深圳证券交易所分别发布《上海证券交易所参与者交易业务单元实施细则》《深圳证券交易所席位与交易单元管理细则》对交易单元的使用进行了规范。

1. 席位的定义及一般规定

根据上海、深圳证券交易所的相关规定，席位代表了会员（证券公司）在深圳证券交易所的权益，会员（证券公司）须拥有席位方可在证券交易所进行交易。

会员（证券公司）应当至少取得并持有一个席位，但会员（证券公司）不得共有席位。会员（证券公司）取得的席位可向其他会员转让，但不得退回证券交易所。未经证券交易所同意，会员（证券公司）不得将席位出租、质押，或将席位所属权益以其他任何方式转给他人。

2. 交易单元定义及一般规定

根据上海、深圳证券交易所的相关规定，交易单元是指会员（证券公司）向交易所申请设立的、参与证券交易与接受监管及服务的基本业务单位。会员（证券公司）可以根据需要，向交易所申请设立一个或多个交易单元；不同的会员（证券公司）不得使用同一交易单元。交易所通过交易单元对会员进行业务管理。根据会员（证券公司）的业务许可范围和申请，交易所按照相关业务规则开通或限制交易单元各项交易权限。

3. 交易席位与交易单元的管理

证券公司从事证券经纪、自营、融资融券等业务，应当分别通过专用的交易单元进行。

证券公司不得共有席位，证券公司取得的席位可向其他证券交易所会员进行转让，但不得退回证券交易所。

未经证券交易所同意，证券公司不得将席位出租、质押，或将席位所属权益以其他任何方式转给他人。

（五）委托交易证券托管与转销户

根据《上海证券交易所交易规则》《深圳证券交易所交易规则》对委托交易关系的规定，我国上海证券交易所实行指定交易制度，深圳证券交易所实施证券托管制度。

1. 指定交易

除境外投资者从事 B 股交易外，上海证券交易所证券交易从 1998 年起实行全面指定交易制度。指定交易是指，凡在上海证券交易所市场进行证券交易的投资者，必须事先指定上海证券交易所市场交易参与人，作为其证券交易的受托人，并由该交易参与人通过其特定的交易单元参与上海证券交易所市场证券交易的制度。其中，交易参与人即指证券公司，每一个证券账户只能指定一个交易参与人（证券公司）。

（1）指定交易的办理

投资者应当与指定交易的证券公司签订指定交易协议，明确双方的权利、义务和责任。指定交易协议一经签订，证券公司即可根据投资者的申请向上海证券交易所交易主机申报办理指定交易手续。

（2）指定交易的撤销

投资者变更指定交易的，应当向已指定的证券公司提出撤销申请，由该证券公司申报撤销指令。对于符合撤销指定条件的，证券公司不得限制、阻挠或拖延其办理撤销指定手续。指定交易撤销后即可重新申办指定交易。

2. 证券托管

深圳证券交易所实行证券托管制度，根据《深圳证券交易所交易规则》的规定，证券托管制度是指投资者可以以同一证券账户在单个或者多个证券公司的不同证券营业部买入证券。投资者买入的证券可以通过原买入证券的交易单元委托卖出，也可以向原买入证券的交易单元发出转托管指令，转托管完成后，在转入的交易单元委托卖出。

3. 转销户

证券公司不得违反规定限制客户终止交易代理关系、转移资产。客户申请转托管、撤销指定交易和销户的，应当在接受客户申请并完成其账户交易结算（包括但不限于交易、基金代销、新股申购等业务）后的两个交易日内办理完毕，法律法规、中国证监会及证券交易所、证券登记结算机构另有规定的从其规定。

（六）客户交易安全监控

第一，证券公司应当要求客户在开立资金账户时自行设置密码，提醒客户适时修改密码和增强密码强度，并在证券营业部经营场所、公司网站、网上证券客户端及自助证券交易客户端提示客户加强身份证件、账号、密码的保护。

第二，证券公司应当根据法律法规、中国证监会的规定及合同约定，以信函、电子邮件、手机短信、网上查询或者与客户约定的其他方式，保证客户至少在证券公司营业时间内能够查询其委托、交易记录、证券和资金余额等信息。

第三，证券公司应当配合监管部门、证券交易所建立健全客户交易安全监控制度，保护客户资产安全。证券公司发现盗买盗卖等异常交易行为疑点时，应当及时通知客户并核实确认、留存证据；基本确认盗买盗卖等异常交易行为的，应当立即采取措施控制资产，并协助客户向公安机关报案。

（七）异常交易行为管理

1. 证券交易所对证券交易实时监控事项

上海证券交易所和深圳证券交易所对下列可能影响证券交易价格或者证券交易量的异常交易行为，予以重点监控：

（1）可能对证券交易价格产生重大影响的信息披露前，大量买入或者卖出相关证券。

（2）以同一身份证明文件、营业执照或其他有效证明文件开立的证券账户之间，大量或者频繁进行互为对手方的交易。

（3）委托、授权给同一机构或者同一个人代为从事交易的证券账户之间，大量或者频繁进行互为对手方的交易。

（4）两个或两个以上固定的或涉嫌关联的证券账户之间，大量或者频繁进行互为对手方的交易。

（5）大笔申报、连续申报或者密集申报，以影响证券交易价格。

（6）频繁申报或频繁撤销申报，以影响证券交易价格或其他投资者的投资决定。

（7）巨额申报，且申报价格明显偏离申报时的证券市场成交价格。

（8）一段时期内进行大量且连续的交易。

（9）在同一价位或者相近价位大量或者频繁进行回转交易。

（10）大量或者频繁进行高买低卖交易。

（11）进行与自身公开发布的投资分析、预测或建议相背离的证券交易。

（12）在大宗交易中进行虚假或其他扰乱市场秩序的申报。

（13）证券交易所认为需要重点监控的其他异常交易。

2. 出现异常交易行为需采取的措施

（1）证券交易所会员如果发现投资者的证券交易出现上述所列的异常交易行为之一，且可能严重影响证券交易秩序的，应当予以提醒，并及时向证券交易所报告。另外，出现上述所列异常交易行为之一，且对证券交易价格或者交易量产生重大影响的，证券交易所可采取非现场调查和现场调查措施，要求相关会员及其营业部提供投资者开户资料、授权委托书、资金存取凭证、资金账户情况、相关交易情况等资料；如异常交易涉及投资者的，证券交易所可以直接要求相关投资者提供有关材料。证券交易所会员及其营业部、投资者应当配合证券交易所进行相关调查，及时、真实、准确、完整地提供有关文件和资料。

（2）对情节严重的异常交易行为，证券交易所可以视情况采取下列措施：

①口头或书面警示。

②约见谈话。

③要求相关投资者提交书面承诺。

④限制相关证券账户交易。

⑤报请中国证监会冻结相关证券账户或资金账户。

⑥上报中国证监会查处。

如果相关人对其中第④项限制相关证券账户交易措施有异议的，可以向证券交易所提出复核申请，复核期间不停止相关措施的执行。

其中，限制证券账户交易的措施包括：限制买入指定证券或全部交易品种（但允许卖出）、限制卖出指定证券或全部交易品种（但允许买入）、限制买入和卖出指定证券或全部交易品种。

（八）佣金管理

证券公司收取的证券交易佣金，是证券公司为客户提供证券代理买卖服务收取的报酬。为规范证券市场的收费行为,维护投资者的合法权益,促进证券市场的发展,中国证监会、原国家计划和发展委员会(现为国家发展和改革委员会,以下简称"原国家计委")、税务总局于2002年联合出台了《关于调整证券交易佣金收取标准的通知》,形成我国现行的证券经纪业务佣金管理制度。

1. 佣金收费标准

佣金的收费标准因交易品种、交易场所的不同而有所差异。我国《证券法》第四十六条规定:"证券交易的收费必须合理,并公开收费项目、收费标准和收费办法。证券交易的收费项目、收费标准和管理办法由国务院有关部门统一规定。"根据《关于调整证券交易佣金收取标准的通知》,其第一条明确规定了我国现行的证券经纪业务佣金标准,A股、B股、证券投资基金的交易佣金实行最高上限向下浮动制度。证券经纪商向客户收取的佣金(包括代收的证券交易监管费和证券交易所手续费等)不得高于证券交易金额的3‰,也不得低于代收的证券交易监管费和证券交易所手续费等。具体标准如下:

(1) A股、证券投资基金每笔交易佣金不足5元的,按5元收取。

(2) B股每笔交易佣金不足1美元或5港元的,按1美元或5港元收取。

(3) 国债现券、企业债(含可转换债券)、国债回购以及以后出现的新的交易品种,其交易佣金标准由证券交易所制定并报中国证监会和原国家计委备案,备案15天内无异议后实施。

2. 佣金收取标准公示

证券公司收取的交易佣金应当与代收的印花税、证券监管费、证券交易经手费、登记过户费等其他费用分开列示,并按照规定与约定提供给投资者,证券公司应当在公司网站、营业场所、客户端公示对应类别的投资者具体证券交易佣金收取标准,证券公司实际收取的证券交易佣金应当与公示标准一致。

五、沪港通、深港通业务

为加强内地与香港资本市场联系、推动资本市场双向开放等,也为内地和香港投资者通过当地证券公司买卖规定范围内的对方交易所上市的股票提供途径,我国于2014年推出了"内地与香港股票市场交易互联互通机制"。

"内地与香港股票市场交易互联互通机制",是指上海证券交易所(以下简称"上交所")、深圳证券交易所(以下简称"深交所")分别和香港联合交易所有限公司(以下简称"联交所")建立技术连接,使内地和香港投资者可以通过当地证券公司或经纪商买卖规定范围内的对方交易所上市的股票。内地与香港股票市场交易互联互通机制包括沪港股票市场交易互联互通机制（以下简称"沪港通"）和深港股票市场交易互联互通机制（以下简称"深港通"）。

（一）沪港通

2014年4月10日，中国证监会和香港证券及期货事务监察委员会发布《中国证券监督管理委员会香港证券及期货事务监察委员会联合公告》，决定原则批准上交所、联交所、中国结算、香港结算公司开展沪港股票市场交易互联互通机制试点，即"沪港通"机制。

1. 沪港通定义

（1）沪港通，即"沪港股票市场交易互联互通机制"，指内地和香港投资者委托上交所会员或者联交所参与者，通过上交所或者联交所在对方所在地设立的证券交易服务公司，买卖规定范围内的对方交易所上市股票。沪港通包括沪股通和港股通两部分。

（2）沪股通，是指香港投资者委托香港经纪商，经由联交所设立的证券交易服务公司，向上交所进行申报，买卖规定范围内的上交所上市的股票。

（3）港股通，是指内地投资者委托内地证券公司，经由上交所设立的证券交易服务公司，向联交所进行申报，买卖规定范围内的联交所上市的股票。

2. 沪港通可交易的证券品种

沪股通股票包括以下范围内的股票：

（1）上证180指数成分股；

（2）上证380指数成分股；

（3）A+H股上市公司的证券交易所上市A股。

在上交所上市公司股票风险警示板交易的股票（即ST、*ST股票和退市整理股票）、以外币报价交易的股票（即B股）和具有上交所认定的其他特殊情形的股票，不纳入沪股通股票。

（二）深港通

沪港通推出两年后，业务运作模式较为成熟有效，规则体系已被投资者广泛熟知。深交所在保持沪港通基本框架和模式不变的原则下，于2016年正式推出"深港通"业务。

1. 深港通的概念

深港通，是"深港股票市场交易互联互通机制"的简称，是指深交所和联交所建立技术连接，使内地和香港投资者通过当地证券公司或经纪商买卖规定范围内的对方交易所上市的股票。

深港通包括深股通和深港通下的港股通（以下简称"港股通"）两部分。其中，深股通，是指香港投资者委托香港经纪商，经由联交所在深圳设立的证券交易服务公司，向深交所进行申报，买卖规定范围内的深交所上市的股票；港股通，是指内地投资者委托内地证券公司，经由深交所在香港设立的证券交易服务公司，向联交所进行申报，买卖规定范围内的联交所上市的股票。

2. 深港通的标的范围

深股通的股票范围是市值60亿元人民币及以上的深证成分指数和深证中小创新指数的成分股，以及深交所上市的A+H股公司股票。与沪股通标的偏重大型蓝筹股相比，深股通标的充分展现了深交所新兴行业集中、成长特征鲜明的市场特色。

深港通下的港股通的股票范围是恒生综合大型股指数的成分股、恒生综合中型股指数的成分股、市值50亿元港币及以上的恒生综合小型股指数的成分股，以及联交所上市的A+H股公司股票。

沪港通和深港通下的港股通每日额度由沪、深证券交易所分别控制。

除上述规则以外，沪港通与深港通的基本交易规则还包括订单设计、订单修改、T+2交收制度、额度控制、回转交易等内容。

六、证券经纪业务的主要风险及其防范

（一）证券经纪业务的主要风险

证券经纪业务的风险是指证券公司在开展证券经纪业务过程中因种种原因而导致其自身利益遭受损失的可能性。按风险起因不同，经纪业务的风险主要包括合规风险、管理风险和技术风险等。

1. 合规风险

证券经纪业务的合规风险主要是指证券公司在经纪业务活动中违反法律、行政法规和监管部门规章及规范性文件、行业规范和自律规则、公司内部规章制度、行业公认并普遍遵守的职业道德和行为准则等行为，可能使证券公司受到法律制裁、被采取监管措施、遭受财产损失或声誉损失的风险。

合规风险主要有下列情形：

（1）为客户开立账户时不按规定与客户签订业务合同，或者未在业务合同中载入规定的必备条款。

（2）在与客户签订业务合同之前未按规定指定专人向客户讲解有关业务规则和合同内容，并以书面方式向其揭示投资风险。

（3）客户开立账户时未按规定程序了解客户的身份、财产与收入状况、证券投资经验和风险偏好。

（4）违反规定为客户开立账户。

（5）将客户的资金账户、证券账户提供给他人使用。

（6）不按规定存放、管理客户的交易结算资金，违反规定动用客户的交易结算资金和证券。

（7）客户资金不足而接受其买入委托，或者客户证券不足而接受其卖出委托。

（8）向客户推荐的产品或者服务与所了解的客户情况不相适应。

（9）向客户提供投资建议，对证券价格的涨跌或者市场走势作出确定性的判断。

（10）在经纪业务营销活动中违反规定委托或招聘不具有受托资格的单位或个人进行客户招揽、客户服务或者产品销售活动。

（11）不按规定建立并有效执行信息查询制度、客户回访和投诉处理制度等。无法对营销人员在客户开发、客户招揽过程中的违规行为进行有效管理。客户在营业时间不能随时查询其账户及交易信息和公司业务经办人及证券经纪人执业信息。

（12）违反规定在法定营业场所之外办理客户账户管理相关业务。

（13）在法定营业场所之外设立交易场所为客户提供现场委托服务。

（14）超出中国证监会批准的经营范围从事相关产品的营销活动、经营未经批准的业务。

（15）与他人合资、合作经营管理分支机构，或者将分支机构承包、租赁或者委托给他人经营管理。

（16）法律、行政法规和监管部门规章及规范性文件、行业规范和自律规则明令禁止的其他行为。

2. 管理风险

管理风险主要是指证券公司在经纪业务经营中由于管理制度不健全、内部控制不严，或工作人员有章不循、违规操作等而导致客户账户管理差错或违规、侵害客户权益、造成客户资产损失、引发客户纠纷，而使证券公司受到监管处罚或因承担赔偿责任遭受财产损失或声誉损失的风险。

管理风险主要表现为证券公司员工或其经纪人在执业过程中出现下列情形：

(1) 在办理开户业务时未严格有效地查验客户身份的真实性及其所提供资料的完整性和一致性，而导致开立虚假账户、不合格账户、无权或越权代理等。
(2) 违规为客户证券交易提供融资、融券等信用交易。
(3) 侵占、损害客户的合法权益，挪用客户的资金或证券。
(4) 误导客户、对客户买卖证券承诺收益或赔偿。
(5) 为获取交易佣金或其他利益，诱导客户进行不必要的证券买卖。
(6) 私下接受客户委托或接受客户的全权委托代理其买卖证券。
(7) 提供、传播虚假信息，利用或泄露内幕信息，从事内幕交易。
(8) 从事有损其他证券经营机构或经纪业务从业人员的不正当竞争等。

3. 技术风险

技术风险是指证券公司信息技术系统（包括电脑设备、供电、通讯设施等）发生技术故障，导致行情中断、交易停滞、银证转账不畅，或在容量、运作等方面不能保障交易业务正常、有序、高效、顺利地进行，从而可能给客户造成损失，证券公司因承担赔偿责任而带来经济或声誉损失的风险。

技术风险主要来自于硬件设备和软件两个方面。硬件设备方面主要是由于硬件设备、场地、设施、电脑、通讯设备等的机型、容量、数量、运营状况及在业务高峰时的处理能力等方面不能适应正常行情传送、证券交易和银证转账需要，不能有效及时地应付突发事件。软件方面主要是软件的运行效率、行情传送和业务处理速度及精度不能满足业务需要，可能造成行情中断、交易停滞、银证转账不畅等。

（二）证券经纪业务风险的防范

1. 合规风险的防范

(1) 证券公司要加强合规文化建设，从高级管理人员到普通员工都要增强法治观念和合规意识。要从指导思想上牢固树立依法、合规、诚信、公平的经营理念，进而转化成全体员工在业务经营中的自觉行为。

(2) 要建立健全各项规章制度，严格按经纪业务内部控制的要求完善内部控制机制和制度。制定统一、完善、标准化的经纪业务操作规程，做到各项业务都有章可循，业务操作标准化、规范化。证券公司应设立合规总监。合规总监是公司的合规负责人，对公司及其工作人员的经营管理和执业行为的合规性进行审查、监督和检查。

(3) 对客户交易结算资金实行第三方存管，对经纪业务账户管理、交易、清算、核算、操作权限、风险控制等实行集中统一管理；对风险程度和重要性不同的业务，实行实时复核、分级审批。加强对经纪业务主要环节和风险点的控制。

（4）强化岗位制约和监督，对经纪业务主要部门和岗位实行相互分离的管理制度。经纪业务营销、账户管理、信息系统管理、会计核算等部门或岗位应严格分开，不得兼职或混合操作。严格限定不同岗位人员的操作权限。

2. 管理风险的防范

（1）加强经纪业务营销管理

证券公司应对全公司所属营业部、全部营销人员的营销活动进行有序组织、合理分工、统筹管理；要明确营销人员的授权范围、业务职责、组织控制、绩效考核及禁止行为。要确保营销人员了解授权范围和所承担的责任，规范开展客户招揽、资讯传递、风险提示、投资者教育等业务活动；要对营销人员的执业行为实施有效监控，及时发现并严肃处理证券经纪活动中的违法违规行为。

（2）严格执行经纪业务操作规程

营业部在办理业务时，不论是否繁忙、客户是谁，每笔业务都必须严格按规定的程序操作。特别是对《证券交易委托代理协议书》及《风险揭示书》的签署、证券及资金账户的开立、重要客户资料的变更、客户资产的转移等重要业务要实行经办、复核、审批机制并强制留痕，以防止发生违规操作和业务差错。

同时，要明确业务差错的处理办法与程序，提高差错的处理效率。防止因业务差错损害客户权益和引发客户纠纷。对发生违规操作或差错应按性质、数额和责任大小追究有关责任人的责任。

（3）建立经纪业务营销和账户管理操作信息管理系统，防范从业人员执业行为引发的风险，保护客户合法权益

一是记录营销和账户管理人员的个人基本信息、执业资格状态、职业培训、工作权限及业务状况、绩效考核、客户投诉、违法违规行为及处理等情况，并通过现场、电话、互联网络等方式为客户提供查询；二是对客户的交易行为进行监控分析，通过发现异常操作、异常交易、异常资金流动等情况，及时发现和纠正营销或账户管理人员的不当行为；三是提供证券公司统一的证券资讯和咨询信息，建立公司、员工与客户三者之间信息传递和反馈的有效渠道；四是通过面谈、电话、网站、信函或其他方式对客户进行定期访问，了解营销和账户管理人员执业情况，并对回访记录强制留痕。

（4）加强员工培训，提高员工素质

对经纪业务从业人员要进行专业知识、业务规则、业务技能、法律法规和执业道德等方面的执业前培训和后续执业培训。全面提高员工的知识水平、专业技

能，增强其守法合规意识和职业道德修养，促进其自觉遵守法律法规、规章制度，合规、规范执业。

（5）建立客户投诉处理及责任追究机制

证券公司应明确客户投诉和纠纷处理流程，并以适当形式向客户公示。公司总部和营业网点至少在营业时间内投诉电话有人值守，投诉事项有人受理并及时反馈客户。对公司从业人员在执业过程中的违法违规行为，按照有关法律法规和公司有关制度的规定，追究其责任。

（6）建立经纪业务检查稽核制度

公司应对营业部经纪业务开展情况及操作过程进行定期或不定期检查或稽核，发现问题及时督促整改。对违法违规行为应按公司有关制度规定追究有关责任人的责任。

3. 技术风险的防范

（1）证券公司的信息系统建设和管理，包括基础环境、网络通信、应用系统、管理制度、系统运行维护、安全保障等方面应符合中国证券业协会制定的《证券公司证券营业部信息技术指引》的有关要求。这是防范技术风险的重要基础和根本保障。

（2）证券公司应根据业务需求建立完善的信息技术系统及相应的容错备份系统和灾难备份系统：一是信息系统机房要符合规定的安全标准要求；二是配备先进、可靠、高效的软硬件设施。设施的配备要能保障业务正常运行、满足业务发展需要、符合容错备份和灾难备份的要求。

（3）制定并严格执行信息系统运行管理制度和备份方案、系统故障及业务应急处理预案；做好信息系统的日常管理和维护保养，定期按应急处理预案进行演练。一方面，要确保信息系统正常运行；另一方面，即使信息系统发生故障，也能最大限度地保证交易正常进行，将系统故障导致的风险降到最低程度。

七、监管措施和法律责任

（一）法律责任

1. 《证券公司监督管理条例》的有关规定

证券公司从事证券经纪业务，违反《证券公司监督管理条例》规定的，证监会及其派出机构依法予以处罚，具体详见"第一章 证券市场基本法律法规"中"第六节 证券公司监督管理条例"相关内容。

2. 中国证监会《关于加强证券经纪业务管理的规定》的有关规定

证券公司及证券营业部违反该规定的，中国证监会及其派出机构将视情况依法采取责令改正、监管谈话、出具警示函、暂不受理与行政许可有关的文件、责令处分有关人员、暂停核准新业务、限制业务活动等监管措施。违反法律法规的，依法进行行政处罚。构成犯罪的，移送司法机关处理。

3. 中国证监会《证券经纪人管理暂行规定》的相关规定

中国证监会及其派出机构依法对证券经纪人进行监督管理，对违法违规的证券经纪人依法予以处罚，具体详见本书"第二章　证券经营机构管理规范"中"第四节　从业人员管理"的相关内容。

（二）监管措施

1. 中国证券业协会发布的《证券公司开立客户账户规范》的有关规定

中国证券业协会应组织对证券公司执行该规范的情况进行执业检查。对违反该规定的证券公司，中国证券业协会视情节轻重对其采取谈话提醒、警示、责令整改等自律管理措施并记入其诚信档案；造成严重后果的，视情况对其采取行业内通报批评、公开谴责、暂停或者取消协会授予的业务资格、暂停部分会员权利、取消会员资格等纪律处分并记入其诚信档案。

2. 中国结算发布的《中国证券登记结算有限责任公司证券账户管理规则》的有关规定

对违反该规则的开户代理机构及其网点，中国结算视情节轻重单处或并处口头警示、书面警示、约见谈话、通报批评、公开谴责、暂停或终止开户代理机构或网点的开户代理业务资格；终止开户代理机构或网点的开户代理业务资格、提请国务院证券监督管理机构采取相关监管措施等自律管理措施，并根据国务院证券监督管理机构及中国结算的有关规定记入诚信档案。

3. 上海、深圳证券交易所分部发布的《上海证券交易会员管理规则》《深圳证券交易所会员管理规则》的有关规定

对于会员违反上海、深圳证券交易所业务规则，上海、深圳证券交易所有权采取责令改正的自律措施，并视情节轻重单处或者并处在会员范围内通报批评、在中国证监会指定媒体上公开谴责、暂停或者限制交易、取消交易权限、取消会员资格等纪律处分措施，上海、深圳证券交易所采取上述纪律处分时，可视情况通报中国证监会或者其派出机构。

（三）证券经纪业务违规案例

A某在某证券公司营业部任职并从事市场营销工作，系证券从业人员。20×0

年×月，客户B某委托A某操作其证券账户，同时A某与客户B某补充签订了《理财协议》，约定由A某保证补偿账户上发生的亏损。后在A某的操作下客户B某证券账户发生亏损，为弥补客户B某亏损，A某先后向客户B某三方存管账户转入30万元、20万元。后客户B某修改了证券账户密码，不再给A某操作。上述B某代客户操作证券账户期间，B某客户证券账户未获得收益。

A某作为证券从业人员，在从业期间私下接受客户委托买卖证券的行为违反了《证券法》第一百四十五条的规定，根据《证券法》第二百一十五条的规定，当地证监局依法对A某作出给予警告，并处以10万元罚款的行政处罚决定。

第二节　证券投资咨询

本节重点梳理、解释、总结与证券投资咨询业务（包括发布证券研究报告业务和证券投资顾问业务）相关的法律法规、自律规定，主要包括《证券、期货投资咨询管理暂行办法》《发布证券研究报告暂行规定》《证券投资顾问业务暂行规定》《发布证券研究报告执业规范》《证券分析师执业行为准则》等。

一、法规概述

（一）法律、行政法规

《证券法》第六章"证券公司"、第八章"证券服务机构"对证券公司、证券投资咨询机构的证券投资咨询业务作出了原则性规定；《证券公司监督管理条例》第四章"业务规则与风险控制"第一节对证券公司证券投资咨询业务作出了一般规定。《证券、期货投资咨询管理暂行办法》对证券投资咨询机构及人员的资格管理、证券投资咨询业务管理规范、罚则等进行了规定。上述法律及行政法规是中国证监会等监管机构制定证券投资咨询业务相关监管政策、实施监督管理的重要法律依据。

（二）部门规章及规范性文件

除上述法律及行政法规外，证券投资咨询业务涉及的主要部门规章及规范性文件包括《中国证券监督管理委员会关于规范面向公众开展的证券投资咨询业务行为若干问题的通知》《发布证券研究报告暂行规定》《证券投资顾问业务暂行规定》《关于加强对利用"荐股软件"从事证券投资咨询业务监管的暂行规定》《发布证券研究报告执业规范》《证券分析师执业行为准则》等。

二、证券投资咨询、证券投资顾问、发布证券研究报告的概念和基本关系

根据《证券、期货投资咨询管理暂行办法》《发布证券研究报告暂行规定》《证券投资顾问业务暂行规定》，证券投资咨询、证券投资顾问、发布证券研究报告的概念和基本关系分别如下：

（一）证券投资咨询、证券投资顾问、发布证券研究报告的概念

1. 证券投资咨询

证券投资咨询是指从事证券投资咨询业务的机构及其投资咨询人员以下列形式为证券投资人或者客户提供证券投资分析和预测或者建议等直接或者间接有偿咨询服务的活动：

（1）接受投资人或者客户委托，提供证券投资咨询服务；
（2）举办有关证券投资咨询的讲座、报告会、分析会等；
（3）在报刊上发表证券投资咨询的文章、评论、报告，以及通过电台、电视等公众传播媒体提供证券投资咨询服务；
（4）通过电话、传真、电脑网络等电信设备系统，提供证券投资咨询服务；
（5）中国证监会认定的其他形式。

总体而言，证券投资咨询业务包括证券投资顾问业务及发布证券研究报告。

2. 证券投资顾问

证券投资顾问业务，是证券投资咨询业务的一种基本形式，指证券公司、证券投资咨询机构接受客户委托，按照约定，向客户提供涉及证券及证券相关产品的投资建议服务，辅助客户作出投资决策，并直接或者间接获取经济利益的经营活动。投资建议服务内容包括投资的品种选择、投资组合以及理财规划建议等。

3. 发布证券研究报告

发布证券研究报告，是证券投资咨询业务的一种基本形式，指证券公司、证券投资咨询机构对证券及证券相关产品的价值、市场走势或者相关影响因素进行分析，形成证券估值、投资评级等投资分析意见，制作证券研究报告，并向客户发布的行为。

证券研究报告主要包括涉及证券及证券相关产品的价值分析报告、行业研究报告、投资策略报告等。证券研究报告可以采用书面或者电子文件形式。

(二) 证券投资咨询、证券投资顾问、发布证券研究报告的基本关系

证券投资顾问业务和发布证券研究报告是证券投资咨询业务的两种基本形式，也是证券经营机构服务客户的重要手段。两者既具有显著区别，又密切联系。

1. 证券投资顾问业务和发布证券研究报告的区别

(1) 立场不同。证券投资顾问基于特定客户的立场，遵循忠实客户利益原则，向客户提供适当的证券投资建议；证券分析师基于独立、客观的立场，对证券及证券相关产品的价值进行研究分析，撰写发布研究报告。

(2) 服务方式和内容不同。证券投资顾问在了解客户的基础上，依据合同约定，向特定客户提供适当的、有针对性的操作性投资建议，关注品种选择、组合管理建议以及买卖时机等。证券研究报告向不特定的客户发布，提供证券估值等研究成果，关注证券定价，不关注买卖时机选择等具体的操作性投资建议。

(3) 服务对象有所不同。证券投资顾问一般服务于普通投资者，强调针对客户类型、风险偏好等提供适当的服务；证券研究报告一般服务于基金、QFII等能够理解研究报告和有效处理有关信息的专业投资者，强调公平对待证券研究报告接收人。

(4) 市场影响有所不同。证券投资顾问服务与特定客户的证券投资及其利益密切相关，但通常不会显著影响证券定价；证券研究报告向多个机构客户同时发布，对证券价格可能产生较大影响。

2. 证券投资顾问业务和发布证券研究报告的联系

一方面，在服务流程上，证券研究报告一般是证券投资顾问服务的重要基础，证券投资顾问团队依据证券研究报告以及其他公开证券信息，整合形成有针对性的证券投资顾问建议，再按照协议约定向客户提供。

另一方面，在制度规范要求上，《证券投资顾问业务暂行规定》第十六条规定，证券投资顾问向客户提供投资建议，应当具有合理的依据；投资建议的依据包括证券研究报告或者基于证券研究报告、理论模型以及分析方法形成的投资分析意见等。第十七条要求证券公司、证券投资咨询机构应当为证券投资顾问服务提供证券研究支持。

三、证券投资咨询机构及人员资格管理

根据《证券、期货投资咨询管理暂行办法》《关于证券投资顾问和证券分析师注册登记有关事宜的通知》规定,证券投资咨询机构及证券投资咨询人员应当符合以下资格管理要求:

(一) 证券投资咨询机构资格管理

申请证券投资咨询从业资格的机构,应当具备下列条件:

1. 单独从事证券投资咨询业务的机构,有5名以上取得证券投资咨询从业资格的专职人员;同时从事证券和期货投资咨询业务的机构,有10名以上取得证券、期货投资咨询从业资格的专职人员;其高级管理人员中,至少有1名取得证券投资咨询从业资格;
2. 有100万元人民币以上的注册资本;
3. 有固定的业务场所和与业务相适应的通讯及其他信息传递设施;
4. 有公司章程;
5. 有健全的内部管理制度;
6. 具备中国证监会要求的其他条件。

符合设立条件的证券投资咨询机构,由中国证监会颁发业务许可证。证券公司亦可申请业务许可证,从事证券投资咨询业务。

(二) 证券投资咨询人员资格管理

从事证券投资咨询业务的人员,必须取得证券投资咨询从业资格并加入一家有从业资格的证券投资咨询机构后,方可从事证券投资咨询业务。证券投资咨询人员不得同时在2个或者2个以上的证券投资咨询机构执业。

从事证券投资咨询业务的人员分为两类:

第一,在发布的证券研究报告上署名的人员,应当具有证券投资咨询执业资格,并在中国证券业协会注册登记为证券分析师。

第二,向客户提供证券投资顾问服务的人员,应当具有证券投资咨询执业资格,并在中国证券业协会注册登记为证券投资顾问。

同一人员不得同时注册为证券分析师和证券投资顾问。

证券投资咨询人员符合取得证券投资咨询执业资格的申请条件的,中国证券业协会通过执业证书管理系统向中国证监会有关部门备案后,颁发执业证书,并

在协会的互联网站公告。

四、发布证券研究报告业务的有关规定

根据《发布证券研究报告暂行规定》《发布证券研究报告执业规范》的规定，证券公司、证券投资咨询机构发布证券研究报告，应当遵守以下要求：

（一）基本原则

证券公司、证券投资咨询机构发布证券研究报告，应当遵守法律、行政法规和其他有关规定，遵循独立、客观、公平、审慎原则，有效防范利益冲突，公平对待发布对象，禁止传播虚假、不实、误导性信息，禁止从事或者参与内幕交易、操纵证券市场活动。

1. 独立原则

证券公司、证券投资咨询机构应当维护证券研究报告制作发布的独立性，从组织设置、人员职责上，将证券研究报告制作发布环节与销售服务环节分开管理；制作发布证券研究报告的相关人员，应当独立于证券研究报告相关销售服务人员；证券研究报告相关销售服务人员不得在证券研究报告发布前干涉和影响证券研究报告的制作过程、研究观点和发布时间。

证券公司、证券投资咨询机构应当采取有效措施，保证制作发布证券研究报告不受证券发行人、上市公司、基金管理公司、资产管理公司等利益相关者的干涉和影响。

2. 客观原则

证券公司、证券投资咨询机构制作证券研究报告应当坚持客观原则，避免使用夸大、诱导性的标题或者用语，不得对证券估值、投资评级作出任何形式的保证。

3. 公平原则

证券公司、证券投资咨询机构应当公平对待证券研究报告的发布对象，不得将证券研究报告的内容或者观点，优先提供给公司内部部门、人员或者特定对象。

4. 审慎原则

证券公司、证券投资咨询机构制作证券研究报告应当采用严谨的研究方法和分析逻辑，基于合理的数据基础和事实依据，审慎提出研究结论。

（二）发布证券研究报告业务关键环节的规范要求

1. 证券研究报告载明事项

证券公司、证券投资咨询机构发布的证券研究报告，应当载明下列事项：

（1）"证券研究报告"字样。

（2）证券公司、证券投资咨询机构名称。

（3）具备证券投资咨询业务资格的说明。

（4）署名人员的证券投资咨询执业资格证书编码。

（5）发布证券研究报告的时间。

（6）证券研究报告采用的信息和资料来源。

（7）使用证券研究报告的风险提示。

2. 证券研究报告覆盖范围管理

证券公司、证券投资咨询机构发布证券研究报告，应当加强研究对象覆盖范围管理。将上市公司纳入研究对象覆盖范围并作出证券估值或投资评级，或者将该上市公司移出研究对象覆盖范围的，应当由研究部门或者研究子公司独立作出决定并履行内部审核程序。

3. 证券研究报告信息来源管理

（1）建立证券研究报告信息来源管理制度

证券公司、证券投资咨询机构应当建立证券研究报告的信息来源管理制度，加强信息收集环节的管理，维护信息来源的合法合规性。

（2）证券研究报告可使用的信息来源

①政府部门、行业协会、证券交易所等机构发布的政策、市场、行业以及企业相关信息。

②上市公司按照法定信息披露义务通过指定媒体公开披露的信息。

③上市公司及其子公司通过公司网站、新闻媒体等公开渠道发布的信息，以及上市公司通过股东大会、新闻发布会、产品推介会等非正式公告方式发布的信息。

④证券公司、证券投资咨询机构通过上市公司调研或者市场调查，从上市公司及其子公司、供应商、经销商等处获取的信息，但内幕信息和未公开重大信息除外。

⑤证券公司、证券投资咨询机构从信息服务机构等第三方合法取得的市场、行业及企业相关信息。

⑥经公众媒体报道的上市公司及其子公司的其他相关信息。

⑦其他合法合规信息来源。

（3）证券研究报告信息使用的禁止要求

证券公司、证券投资咨询机构发布证券研究报告，应当审慎使用信息，不得将无法确认来源合法合规性的信息写入证券研究报告；不得将无法认定真实性的市场传言作为确定性研究结论的依据；不得以任何形式使用或者泄露国家保密信息、上市公司内幕信息以及未公开重大信息。

4. 调研活动管理

证券公司、证券投资咨询机构应当建立调研活动的管理制度，加强对调研活动的管理。发布证券研究报告相关人员进行上市公司调研活动，应当符合以下要求：

（1）事先履行所在证券公司、证券投资咨询机构的审批程序。

（2）不得向证券研究报告相关销售服务人员、特定客户和其他无关人员泄露研究部门或研究子公司未来一段时间的整体调研计划、调研底稿，以及调研后发布证券研究报告的计划、研究观点的调整信息。

（3）不得主动寻求上市公司相关内幕信息或者未公开重大信息。

（4）被动知悉上市公司内幕信息或者未公开重大信息的，应当对有关信息内容进行保密，并及时向所在机构的合规管理部门报告本人已获知有关信息的事实，在有关信息公开前不得发布涉及该上市公司的证券研究报告。

（5）在证券研究报告中使用调研信息的，应当保留必要的信息来源依据。

5. 证券研究报告质量控制

（1）研究方法要求

证券公司、证券投资咨询机构制作证券研究报告应当秉承专业的态度，采用严谨的研究方法和分析逻辑，基于合理的数据基础和事实依据，审慎提出研究结论。

（2）报告用语要求

证券公司、证券投资咨询机构制作证券研究报告应当坚持客观原则，避免使用夸大、诱导性的标题或者用语，不得对证券估值、投资评级作出任何形式的保证。

证券公司、证券投资咨询机构应提示投资者自主作出投资决策并自行承担投资风险，任何形式的分享证券投资收益或者分担证券投资损失的书面或口头承诺均为无效。

（3）投资评级要求

证券研究报告中对证券及证券相关产品提出投资评级的，应当披露所使用的投资评级分类及其含义。

（4）工作底稿管理

证券公司、证券投资咨询机构应当建立发布证券研究报告工作底稿制度。工作底稿包括必要的信息资料、调研纪要、分析模型等内容，纳入发布证券研究报告相关业务档案予以保存和管理。

（5）证券研究报告署名人员资质要求

证券分析师应当对其署名的证券研究报告的内容和观点负责，保证信息来源合法合规，研究方法专业审慎，分析结论具有合理依据。

参与制作证券研究报告，但尚未注册为证券分析师的研究部门或者研究子公司相关证券从业人员，如果已通过证券投资咨询从业资格考试，经署名证券分析师和研究部门或研究子公司同意，可以用"研究助理"等名义在证券研究报告中列示。

（6）证券研究报告质量审核

证券公司、证券投资咨询机构应当建立健全证券研究报告发布前的质量控制机制，明确质量审核程序和审核人员职责，加强质量审核管理。

证券研究报告应当由署名证券分析师之外的证券分析师或者专职质量审核人员进行质量审核。

质量审核应当涵盖信息处理、分析逻辑、研究结论等内容，重点关注研究方法和研究结论的专业性和审慎性。

6. 证券研究报告发布管理

证券公司、证券投资咨询机构在证券研究报告发布前，可以就证券研究报告涉及上市公司相关信息的真实性向该上市公司进行确认，但不得透露该证券研究报告的发布时间、观点和结论。

证券公司、证券投资咨询机构应当通过公司规定的证券研究报告发布系统平台向发布对象统一发布证券研究报告，以保障发布证券研究报告的公平性。

7. 发布证券研究报告的利益冲突防范及信息隔离墙机制

（1）利益冲突防范机制

①建立健全利益冲突防范机制。证券公司、证券投资咨询机构应当建立健全与发布证券研究报告相关的利益冲突防范机制，明确管理流程、披露事项和操作要求，有效防范发布证券研究报告与其他证券业务之间的利益冲突。

证券公司、证券投资咨询机构应当采取有效管理措施，防止制作发布证券研究报告的相关人员利用发布证券研究报告为自身及其利益相关者谋取不当利益，或者在发布证券研究报告前泄露证券研究报告的内容和观点。

②人员岗位的利益冲突防范。从事发布证券研究报告业务的相关人员，不得同时从事证券自营、证券资产管理等存在利益冲突的业务。公司高级管理人员同时负责管理发布证券研究报告业务和其他证券业务的，应当采取防范利益冲突的措施，并有充分证据证明已经有效防范利益冲突。

③有关利益冲突情形的披露要求。发布对具体股票作出明确估值和投资评级的证券研究报告时，公司持有该股票达到相关上市公司已发行股份1%以上的，应当在证券研究报告中向客户披露本公司持有该股票的情况，并且在证券研究报告发布日及第二个交易日，不得进行与证券研究报告观点相反的交易。

（2）信息隔离墙机制

①严格执行隔离墙制度。证券公司、证券投资咨询机构应当严格执行发布证券研究报告与其他证券业务之间的隔离墙制度，防止存在利益冲突的部门及人员利用发布证券研究报告谋取不当利益。

②静默期安排。证券公司、证券投资咨询机构发布证券研究报告，应当按照《发布证券研究报告暂行规定》及《证券公司信息隔离墙指引》的有关规定，建立健全信息隔离墙制度，并遵循下列静默期安排：

第一，担任发行人股票首次公开发行的保荐机构、主承销商或者财务顾问，自确定并公告发行价格之日起40日内，不得发布与该发行人有关的证券研究报告。

第二，担任上市公司股票增发、配股、发行可转换公司债券等再融资项目的保荐机构、主承销商或者财务顾问，自确定并公告公开发行价格之日起10日内，不得发布与该上市公司有关的证券研究报告。

第三，担任上市公司并购重组财务顾问，在证券公司、证券投资咨询机构的合规部门将该上市公司列入相关限制名单期间，按照合规管理要求限制发布与该上市公司有关的证券研究报告。

③跨越隔离墙管理。证券公司、证券投资咨询机构的证券分析师因公司业务需要，阶段性参与公司承销保荐、财务顾问等业务项目，撰写投资价值研究报告或者提供行业研究支持的，应当履行公司内部跨越隔离墙审批程序。

合规管理部门和相关业务部门应当对证券分析师跨越隔离墙后的业务活动实行监控。证券分析师参与公司承销保荐、财务顾问等业务项目期间，不得发布与该业务项目相关的证券研究报告。跨越隔离墙期满，证券分析师不得利用公司承销保荐、财务顾问等业务项目的非公开信息，发布证券研究报告。

8. 绩效考核和激励机制

证券公司、证券投资咨询机构应当建立合理的发布证券研究报告相关人员绩效考核和激励机制，以维护发布证券研究报告行为的独立性。

证券公司、证券投资咨询机构应当综合考虑研究质量、客户评价、工作量等多种因素，设立发布证券研究报告相关人员的考核激励标准。发布证券研究报告相关人员的薪酬标准不得与外部媒体评价单一指标直接挂钩。

与发布证券研究报告业务存在利益冲突的部门不得参与对发布证券研究报告相关人员的考核。证券分析师跨越信息隔离墙参与公司承销保荐、财务顾问业务等项目的，其个人薪酬不得与相关项目的业务收入直接挂钩。

9. 定制证券研究报告服务的有关要求

证券公司、证券投资咨询机构的研究部门或者研究子公司接受特定客户委托，就尚未覆盖的具体股票提供含有证券估值或投资评级的研究成果或者投资分析意见的，自提供之日起6个月内不得就该股票发布证券研究报告。

证券公司、证券投资咨询机构的研究部门或者研究子公司不得就已经覆盖的具体股票接受委托提供仅供特定客户使用的、与最新已发布证券研究报告结论不一致的研究成果或者投资分析意见。

证券公司、证券投资咨询机构的研究部门或者研究子公司接受特定客户委托的，应当要求委托方同时提供对委托事项的合规意见。

10. 媒体刊载、转发证券研究报告的管理要求

（1）授权媒体刊载、转发证券研究报告的管理要求

证券公司、证券投资咨询机构授权公众媒体及其他机构刊载或者转发涉及具体上市公司的证券研究报告，应当慎重评估，充分论证必要性，并符合以下要求：

①与相关公众媒体及其他机构作出协议约定，明确由被授权机构承担相关刊载或者转发责任，要求相关机构注明证券研究报告的发布人和发布日期，提示使用证券研究报告的风险；

②采取有效措施提供相应的后续解读服务，防止误导公众投资者；

③通过公司网站等途径披露本公司授权公众媒体及其他机构刊载或者转发证券研究报告有关情况，提醒公众投资者慎重使用未经授权刊载或者转发的本公司证券研究报告；

④具备相应的应对措施，妥善处理投资者投诉。

（2）防止媒体未经授权刊载、转发证券研究报告

证券公司、证券投资咨询机构应当采取下列措施，防止公众媒体或者其他机构未经授权私自刊载或者转发公司的证券研究报告：

①加强证券研究报告发布环节管理，要求公司相关人员不得将证券研究报告

私自提供给未经公司授权的公众媒体或者其他机构,提示客户不要将证券研究报告转发给他人;

②建立跟踪监测机制,发现公司证券研究报告被私自刊载或者转发的,及时采取维权措施;

③加强投资者教育和客户沟通,提示客户及公众投资者慎重使用公众媒体刊载的证券研究报告。

公众媒体或者其他机构未经授权刊载或者转发证券研究报告的,应当承担相应的法律责任。

(三) 发布证券研究报告的内部控制要求

1. 发布证券研究报告实行集中统一管理

发布证券研究报告的证券公司、证券投资咨询机构,应当设立专门研究部门或者子公司,建立健全业务管理制度,对发布证券研究报告行为及相关人员实行集中统一管理。

证券公司、证券投资咨询机构发布证券研究报告,应当建立健全研究对象覆盖、信息收集、调研、证券研究报告制作、质量控制、合规审查、证券研究报告发布以及相关销售服务等关键环节的管理制度,加强流程管理和内部控制。

2. 发布证券研究报告合规管理要求

证券公司、证券投资咨询机构应当严格执行合规管理制度,对与发布证券研究报告相关的人员资格、利益冲突、跨越隔离墙等情形进行合规审查和监控。

3. 业务、合规培训和职业道德教育

证券公司、证券投资咨询机构应当加强对制作发布证券研究报告相关人员的业务、合规培训和职业道德教育,提升相关人员的专业能力、合规意识和职业道德水平。

4. 业务留痕管理和档案保存要求

证券公司、证券投资咨询机构发布证券研究报告,应当对发布的时间、方式、内容、对象和审阅过程实行留痕管理。

发布证券研究报告相关业务档案的保存期限自证券研究报告发布之日起不得少于5年。

五、证券投资顾问业务的有关规定

根据《证券投资顾问业务暂行规定》,证券公司、证券投资咨询机构从事证券投资顾问业务，应当遵守以下要求：

(一) 基本原则

1. 守法合规

证券公司、证券投资咨询机构从事证券投资顾问业务，应当遵守法律、行政法规和其他有关规定，加强合规管理，健全内部控制，防范利益冲突，切实维护客户合法权益。

2. 诚实信用

证券公司、证券投资咨询机构及其人员应当遵循诚实信用原则，勤勉、审慎地为客户提供证券投资顾问服务。

3. 忠实客户利益

证券公司、证券投资咨询机构及其人员提供证券投资顾问服务，应当忠实客户利益，不得为公司及其关联方的利益损害客户利益；不得为证券投资顾问人员及其利益相关者的利益损害客户利益；不得为特定客户利益损害其他客户利益。

证券公司、证券投资咨询机构及其人员就同一问题向不同客户提供的投资分析、预测或者建议应当一致；就同一问题向社会公众和其自营部门提供的咨询意见应当一致，不得为自营业务获利的需要误导社会公众。

(二) 证券投资顾问业务关键环节的规范要求

1. 了解客户环节的规范要求

证券公司、证券投资咨询机构向客户提供证券投资顾问服务，应当按照公司制定的程序和要求，了解客户的身份、财产与收入状况、证券投资经验、投资需求与风险偏好，评估客户的风险承受能力，并以书面或者电子文件形式予以记载、保存。

2. 风险揭示环节的规范要求

证券公司、证券投资咨询机构向客户提供证券投资顾问服务，应当告知客户下列基本信息：

(1) 公司名称、地址、联系方式、投诉电话、证券投资咨询业务资格等；
(2) 证券投资顾问的姓名及其证券投资咨询执业资格编码；
(3) 证券投资顾问服务的内容和方式；
(4) 投资决策由客户作出，投资风险由客户承担；
(5) 证券投资顾问不得代客户作出投资决策。

证券公司、证券投资咨询机构应当通过营业场所、中国证券业协会和公司网站，公示前款第（1）（2）项信息，方便投资者查询、监督。

证券公司、证券投资咨询机构应当向客户提供风险揭示书，并由客户签收确认。

3. 签订证券投资顾问服务协议环节的规范要求

证券公司、证券投资咨询机构提供证券投资顾问服务，应当与客户签订证券投资顾问服务协议，并对协议实行编号管理。协议应当包括下列内容：

（1）当事人的权利义务；

（2）证券投资顾问服务的内容和方式；

（3）证券投资顾问的职责和禁止行为；

（4）收费标准和支付方式；

（5）争议或者纠纷解决方式；

（6）终止或者解除协议的条件和方式。

证券投资顾问服务协议应当约定，自签订协议之日起 5 个工作日内，客户可以书面通知方式提出解除协议。证券公司、证券投资咨询机构收到客户解除协议书面通知时，证券投资顾问服务协议解除。

4. 提供投资建议服务环节的规范要求

（1）服务适当性要求

证券投资顾问应当根据了解的客户情况，在评估客户风险承受能力和服务需求的基础上，向客户提供适当的投资建议服务。

（2）具有合理依据

证券投资顾问向客户提供投资建议，应当具有合理的依据。投资建议的依据包括证券研究报告或者基于证券研究报告、理论模型以及分析方法形成的投资分析意见等。

（3）研究支持

证券公司、证券投资咨询机构应当为证券投资顾问服务提供必要的研究支持。证券公司、证券投资咨询机构的证券研究不足以支持证券投资顾问服务需要的，应当向其他具有证券投资咨询业务资格的证券公司或者证券投资咨询机构购买证券研究报告，提升证券投资顾问服务能力。

（4）告知客户有关信息

证券投资顾问依据本公司或者其他证券公司、证券投资咨询机构的证券研究报告作出投资建议的，应当向客户说明证券研究报告的发布人、发布日期。

（5）风险提示和底线要求

证券投资顾问向客户提供投资建议，应当提示潜在的投资风险，禁止以任何方式向客户承诺或者保证投资收益。

鼓励证券投资顾问向客户说明与其投资建议不一致的观点，作为辅助客户评估投资风险的参考。

（6）信息保密

证券投资顾问向客户提供投资建议，知悉客户作出具体投资决策计划的，不得向他人泄露该客户的投资决策计划信息。

5. 客户回访和投诉处理环节的规范要求

证券公司、证券投资咨询机构从事证券投资顾问业务，应当建立客户回访机制，明确客户回访的程序、内容和要求，并指定专门人员独立实施。

证券公司、证券投资咨询机构从事证券投资顾问业务，应当建立客户投诉处理机制，及时、妥善处理客户投诉事项。

6. 收费环节的规范要求

证券公司、证券投资咨询机构应当按照公平、合理、自愿的原则，与客户协商并书面约定收取证券投资顾问服务费用的安排，可以按照服务期限、客户资产规模收取服务费用，也可以采用差别佣金等其他方式收取服务费用。

证券投资顾问服务费用应当以公司账户收取。禁止证券公司、证券投资咨询机构及其人员以个人名义向客户收取证券投资顾问服务费用。

7. 业务推广和客户招揽环节的规范要求

（1）底线要求

证券公司、证券投资咨询机构应当规范证券投资顾问业务推广和客户招揽行为，禁止对服务能力和过往业绩进行虚假、不实、误导性的营销宣传，禁止以任何方式承诺或者保证投资收益。

（2）公众媒体广告宣传的规范要求

证券公司、证券投资咨询机构通过广播、电视、网络、报刊等公众媒体对证券投资顾问业务进行广告宣传，应当遵守《广告法》和证券信息传播的有关规定，广告宣传内容不得存在虚假、不实、误导性信息以及其他违法违规情形。

证券公司、证券投资咨询机构应当提前5个工作日将广告宣传方案和时间安排向公司住所地证监局、媒体所在地证监局报备。

（3）以讲座、报告会、分析会等形式进行业务推广和客户招揽的规范要求

证券公司、证券投资咨询机构通过举办讲座、报告会、分析会等形式，进行证券投资顾问业务推广和客户招揽的，应当提前5个工作日向举办地证监局报备。

8. 以软件工具、终端设备等为载体提供投资建议的规范要求

以软件工具、终端设备等为载体，向客户提供投资建议或者类似功能服务的，除遵守上述规定外，还应当符合下列要求：

（1）客观说明软件工具、终端设备的功能，不得对其功能进行虚假、不实、误导性宣传。

（2）揭示软件工具、终端设备的固有缺陷和使用风险，不得隐瞒或者有重大遗漏。

（3）说明软件工具、终端设备所使用的数据信息来源。

（4）表示软件工具、终端设备具有选择证券投资品种或者提示买卖时机功能的，应当说明其方法和局限性。

9. 以合作方式提供证券投资顾问服务的规范要求

证券公司、证券投资咨询机构以合作方式向客户提供证券投资顾问服务，应当对服务方式、报酬支付、投诉处理等作出约定，明确当事人的权利和义务。

（三）证券投资顾问业务的内部控制要求

1. 证券投资顾问人员管理制度要求

证券公司、证券投资咨询机构应当制定证券投资顾问人员管理制度，加强对证券投资顾问人员注册登记、岗位职责、执业行为的管理。

2. 证券投资顾问业务管理制度、合规管理和风险控制机制要求

证券公司、证券投资咨询机构应当建立健全证券投资顾问业务管理制度、合规管理和风险控制机制，覆盖业务推广、协议签订、服务提供、客户回访、投诉处理等业务环节。

3. 保证与服务方式、业务规模相适应

证券公司、证券投资咨询机构从事证券投资顾问业务，应当保证证券投资顾问人员数量、业务能力、合规管理和风险控制与服务方式、业务规模相适应。

4. 业务留痕管理和档案保存要求

证券公司、证券投资咨询机构应当对证券投资顾问业务推广、协议签订、服务提供、客户回访、投诉处理等环节实行留痕管理。向客户提供投资建议的时间、内容、方式和依据等信息，应当以书面或者电子文件形式予以记录留存。证券投资顾问业务档案的保存期限自协议终止之日起不得少于5年。

5. 人员培训要求

证券公司、证券投资咨询机构应当加强人员培训，提升证券投资顾问的职业操守、合规意识和专业服务能力。

六、证券投资咨询机构及其执业人员向社会公众开展证券投资咨询业务活动的有关规定

根据《中国证券监督管理委员会关于规范面向公众开展的证券投资咨询业务行为若干问题的通知》，证券投资咨询机构及其执业人员面向社会公众开展的证券投资咨询业务活动应当遵守以下要求：

（一）资质要求

任何机构或个人从事就证券市场、证券品种的走势、投资证券的可行性，以口头、书面、电脑网络或者中国证监会认定的其他形式向公众提供分析、预测或建议的业务，必须先行取得中国证监会授予的证券投资咨询业务资格证书或者证券投资咨询人员执业证书。

（二）基本原则

证券投资咨询机构及其执业人员从事证券投资咨询活动必须遵循客观公正、诚实信用的基本原则：

第一，不得以虚假信息、内幕信息或者市场传言为依据向客户或投资者提供分析、预测或建议。

第二，预测证券市场、证券品种的走势或者就投资证券的可行性进行建议时需有充分的理由和依据，不得主观臆断。

第三，证券投资分析报告、投资分析文章等形式的咨询服务产品不得有建议投资者在具体证券品种上进行具体价位买卖等方面的内容。

第四，证券投资咨询机构及其执业人员不得参加媒体等机构举办的荐股"擂台赛"、模拟证券投资大赛或类似的栏目或节目。

第五，证券投资咨询机构及其执业人员有权拒绝媒体对其所提供的稿件进行断章取义、作有损原意的删节和修改，并自提供之日起将其稿件以书面形式保存3年。

第六，证券投资咨询执业人员向公众提供证券投资分析报告、投资分析文章等形式的咨询服务时，须先行取得所在机构的同意或认可。

（三）执业回避

证券投资咨询机构及其执业人员在与自身有利害冲突的下列情况下应当进行

执业回避：

第一，经中国证监会核准的公开发行证券的企业的承销商或上市推荐人及其所属的证券投资咨询机构和证券投资咨询执业人员（包括自有关证券公开发行之日起 18 个月内调离的证券投资咨询执业人员），不得在公众传播媒体上刊登或发布其为客户撰写的投资价值分析报告，也不得以假借其他机构和个人名义等方式变相从事前述业务。

第二，证券公司的自营、受托投资管理、财务顾问和投资银行等业务部门的专业人员在离开原岗位后的 6 个月内不得从事面向社会公众开展的证券投资咨询业务。

第三，证券投资咨询机构或其执业人员在知悉本机构、本人以及财产上的利害关系人与有关证券有利害关系时，不得就该证券的走势或投资的可行性提出评价或建议。

第四，中国证监会根据合理理由认定的其他可能存在利益冲突的情形。

（四）信息披露

证券投资咨询机构或其执业人员在预测证券品种的走势或对投资证券的可行性提出建议时，应明确表示在自己所知情的范围内本机构、本人以及财产上的利害关系人与所评价或推荐的证券是否有利害关系。

七、利用"荐股软件"从事证券投资咨询业务的规范要求

根据《关于加强对利用"荐股软件"从事证券投资咨询业务监管的暂行规定》，证券投资咨询机构及其工作人员利用"荐股软件"从事证券投资咨询业务，应当遵守以下规定：

（一）"荐股软件"的概念

"荐股软件"是指具备下列一项或多项证券投资咨询服务功能的软件产品、软件工具或者终端设备：

第一，提供涉及具体证券投资品种的投资分析意见，或者预测具体证券投资品种的价格走势。

第二，提供具体证券投资品种选择建议。

第三，提供具体证券投资品种的买卖时机建议。

第四，提供其他证券投资分析、预测或者建议。

具备证券信息汇总或者证券投资品种历史数据统计功能，但不具备上述第一至第四点所列功能的软件产品、软件工具或者终端设备，不属于"荐股软件"。

（二）资格管理

向投资者销售或者提供"荐股软件"，并直接或者间接获取经济利益的，属于从事证券投资咨询业务，应当经中国证监会许可，取得证券投资咨询业务资格。

（三）基本原则

证券投资咨询机构利用"荐股软件"从事证券投资咨询业务，应当遵循客观公正、诚实信用原则，不得误导、欺诈客户，不得损害客户利益。

（四）主要监管要求

证券投资咨询机构利用"荐股软件"从事证券投资咨询业务，必须遵守《证券法》《证券、期货投资咨询管理暂行办法》《证券投资顾问业务暂行规定》等法律法规和中国证监会的有关规定，并符合下列监管要求：

第一，在公司营业场所、公司网站、中国证券业协会网站公示信息，包括但不限于公司名称、住所、联系方式，投诉电话，证券投资咨询业务许可证号，证券投资咨询执业人员姓名及其执业资格编码；同时还应当通过公司网站公示产品分类、具体功能、产品价格、服务收费标准和收费方式等信息。

第二，将"荐股软件"销售（服务）协议格式、营销宣传、产品推介等材料报住所地证监局和中国证券业协会备案。

第三，遵循客户适当性原则，制定了解客户的制度和流程，对"荐股软件"产品进行分类分级，并向客户揭示产品的特点及风险，将合适的产品销售给适当的客户。

第四，在合同签订、产品销售、服务提供、客户回访、投诉处理等各个业务环节中，加强投资者教育和客户权益保护。证券投资咨询机构应当主动告知客户公司及执业人员的证券投资咨询业务资格及其查询方式；客观、准确告知客户"荐股软件"的作用，全面揭示"荐股软件"存在的局限和纠纷解决方式；主动向客户提示非法证券投资咨询活动的风险和危害。

第五，公平对待客户，不得通过诱导客户升级付费等方式，将相同产品以不同价格销售给不同客户。

第六，建立健全内部管理制度，实现对营销和服务过程的客观、完整、全面留痕，并将留痕记录归档管理；相关业务档案的保存期限自相关协议终止之日起不得少于 5 年。

第七，通过网络、电话、短信方式营销产品、提供服务的，应当明确告知客户公司的联系方式，并提醒客户发现营销或者服务人员通过其他方式联系时，可以向本公司反映、举报，也可以向中国证监会及其派出机构投诉、举报。

第八，不得对产品功能和服务业绩进行虚假、不实、夸大、误导性的营销宣传，不得以任何方式向客户承诺或者保证投资收益。

第九，产品销售、协议签订、服务提供、客户回访、投诉处理等业务环节均应当自行开展，不得委托未取得证券投资咨询业务资格的机构和个人代理。

八、证券投资咨询人员执业行为准则

根据《证券、期货投资咨询管理暂行办法》《证券分析师执业行为准则》《证券投资顾问业务暂行规定》，证券投资咨询人员应当规范执业行为，遵守以下执业行为准则：

（一）证券投资咨询人员执业行为的总体要求

1. 谨慎、诚实、勤勉尽责

证券投资咨询人员应当以行业公认的谨慎、诚实和勤勉尽责的态度，为投资人或者客户提供证券投资咨询服务。

2. 完整、客观、准确

证券投资咨询人员应当完整、客观、准确地运用有关信息、资料向投资人或者客户提供投资分析、预测和建议，不得断章取义地引用或者篡改有关信息、资料；不得以虚假信息、市场传言或者内幕信息为依据向投资人或者客户提供投资分析、预测或建议；引用有关信息、资料时，应当注明出处和著作权人。

3. 规范在传播媒体上发表投资咨询文章、报告、意见

证券投资咨询人员在报刊、电台、电视台或者其他传播媒体上发表投资咨询文章、报告或者意见时，必须注明所在证券、期货投资咨询机构的名称和个人真实姓名，并对投资风险作充分说明。证券、期货投资咨询机构向投资人或者客户提供的证券、期货投资咨询传真件必须注明机构名称、地址、联系电话和联系人姓名。

证券投资咨询机构与报刊、电台、电视台合办或者协办证券投资咨询版面、节目或者与电信服务部门进行业务合作时，应当向证监会派出机构备案，备案材

料包括：合作内容、起止时间、版面安排或者节目时间段、项目负责人等，并加盖双方单位的印鉴。

4. 禁止行为

证券投资咨询人员不得从事《证券、期货投资咨询管理暂行办法》中规定的禁止性行为。

（二）证券分析师执业行为准则

证券分析师应当自觉遵守法律、法规、中国证监会的有关规定、行业自律规则以及所在证券公司、证券投资咨询机构的内部管理制度，规范执业行为，遵循独立、客观、公平、审慎、专业、诚信的执业原则。

1. 保持独立性

证券分析师应当保持独立性，不因所在公司内部其他部门、证券发行人、上市公司、基金管理公司、资产管理公司等利益相关者的不当要求而放弃自己的独立立场。

证券分析师在执业过程中，不得向上市公司、证券发行人、基金管理公司、资产管理公司以及其他利益相关者提供、索要或接受任何贵重财物或可能对证券分析师独立客观执业构成不利影响的其他利益。

2. 保持客观性

证券分析师制作发布证券研究报告、提供相关服务，不得用以往推荐具体证券的表现佐证未来预测的准确性，也不得对具体的研究观点或结论进行保证或夸大。

3. 公平对待发布对象

证券分析师应当通过公司规定的系统平台发布证券研究报告，不得通过短信、个人邮件等方式向特定客户、公司内部部门提供或泄露尚未发布的证券研究报告内容和观点，不得通过论坛、博客、微博等互联网平台对外提供或泄露尚未发布的证券研究报告内容和观点。

4. 认真审慎、专业严谨

证券分析师制作发布证券研究报告，应当基于认真审慎的工作态度、专业严谨的研究方法与分析逻辑得出研究结论。证券研究报告的分析与结论应当保持逻辑一致性。

证券分析师制作发布证券研究报告、提供相关服务，应当向客户进行必要的风险提示。

5. 恪守诚信原则

证券分析师应当恪守诚信原则，其研究结论应当是证券分析师真实意思的表达，不得在提供投资分析意见时违背自身真实意思误导投资者。

6. 信息保密

证券分析师制作发布证券研究报告，应当自觉使用合法合规信息，不得以任何形式使用或泄露国家保密信息、上市公司内幕信息以及未公开重大信息，不得编造并传播虚假、不实、误导性信息。

7. 充分尊重知识产权

证券分析师应当充分尊重知识产权，不得抄袭他人著作、论文或其他证券分析师的研究成果，在证券研究报告中引用他人著作、论文或研究成果时，应当加以注明。

8. 报告违法违规事项

证券分析师明知特定客户、公司内部其他部门的要求或拟委托的事项违反了法律、法规、中国证监会监管规定、行业自律规则以及公司管理制度的，应当予以拒绝，并及时向公司报告。

9. 防范利益冲突

（1）证券分析师在执业过程中遇到自身利益与公司利益、客户利益存在冲突时，应当主动向公司报告。

（2）证券分析师的配偶、子女、父母担任其所研究覆盖的上市公司的董事、监事、高级管理人员的，证券分析师应当按照公司的规定进行执业回避或者在证券研究报告中对上述事实进行披露。

（3）证券分析师只能与一家证券公司、证券投资咨询机构签订劳动合同，不得以任何形式同时在两家或两家以上的机构执业。

（4）证券分析师不得在公司内部或外部兼任有损其独立性与客观性的其他职务，包括担任上市公司的独立董事。

10. 珍惜职业称号和职业声誉

证券分析师应当珍惜职业称号和职业声誉，以真实姓名执业。

11. 防范不正当竞争

证券分析师参加媒体组织的研究评价活动，应当经所在公司同意，秉承公平竞争的原则，不得以不正当手段争取较高的研究评价结果。

证券分析师应当相互尊重，共同维护行业声誉，不得在公众场合及媒体上发表贬低、损害同行声誉的言论，不得以不正当手段与同行竞争。

12. 规范参与公众交流活动

证券分析师通过广播、电视、网络、报刊等公众媒体以及报告会、交流会等

形式,发表涉及具体证券的评论意见,或者解读其撰写的证券研究报告,应当符合证券信息传播的有关规定以及下列要求:

(1) 由所在证券公司或者证券投资咨询机构统一安排。

(2) 说明所依据的证券研究报告的发布日期。

(3) 禁止明示或者暗示保证投资收益。

(4) 准确地表述自己的研究观点,不得与其所在公司已发布证券研究报告的最新意见和建议相矛盾,也不得就所在研究机构未覆盖的公司发表证券估值或投资评级意见。

证券分析师通过论坛、博客、微博等互联网平台发表评论意见的行为应当符合上述规定。

13. 维护所在机构利益

证券分析师应当遵守所在公司的管理制度,履行岗位职责,充分尊重和维护所在公司的合法权益。

证券分析师离职后,应当履行与原所在公司所签署的劳动合同或协议的有关约定,承担相应的保密、竞业限制、培训赔偿等义务。

14. 加强后续培训

证券分析师应当按照中国证券业协会的相关规定参加后续执业培训,积极参加所在公司组织的业务培训及合规培训,不断提高专业能力、执业水平以及合规意识。

(三) 证券投资顾问执业行为准则

证券投资顾问应当遵循诚实信用原则,勤勉、审慎地为客户提供证券投资顾问服务。

1. 忠实客户利益

证券投资顾问不得为公司及其关联方的利益损害客户利益;不得为证券投资顾问人员及其利益相关者的利益损害客户利益;不得为特定客户利益损害其他客户利益。

2. 提供适当的投资建议服务

证券投资顾问应当根据了解的客户情况,在评估客户风险承受能力和服务需求的基础上,向客户提供适当的投资建议服务,并提示潜在的投资风险。

3. 提供投资建议应具有合理依据

证券投资顾问向客户提供投资建议,应当具有合理的依据。投资建议的依据包括证券研究报告或者基于证券研究报告、理论模型以及分析方法形成的投资分析意见等。

4. 规范参与媒体证券节目

证券投资顾问参与媒体证券节目的，应当按照证券信息传播的有关规定，通过广播、电视、网络、报刊等公众媒体，客观、专业、审慎地对宏观经济、行业状况、证券市场变动情况发表评论意见，为公众投资者提供证券资讯服务，传播证券知识，揭示投资风险，引导理性投资。

5. 禁止行为

证券投资顾问不得从事下列活动：

（1）以任何方式向客户承诺或者保证投资收益；

（2）对服务能力和过往业绩进行虚假、不实、误导性的营销宣传；

（3）向他人泄露客户的投资决策计划信息；

（4）以个人名义向客户收取证券投资顾问服务费用；

（5）通过广播、电视、网络、报刊等公众媒体作出买入、卖出或者持有具体证券的投资建议。

九、监管措施和自律管理措施

根据《证券、期货投资咨询管理暂行办法》《发布证券研究报告暂行规定》《证券投资顾问业务暂行规定》《发布证券研究报告执业规范》《证券分析师执业行为准则》等，中国证监会及其派出机构依法对证券公司、证券投资咨询机构发布证券研究报告行为以及从事证券投资顾问业务实行监督管理。中国证券业协会对证券公司、证券投资咨询机构发布证券研究报告行为以及从事证券投资顾问业务实行自律管理。

（一）监管部门对证券投资咨询业务的监管措施

1. 对证券投资咨询业务的监管措施

（1）未经中国证监会许可，擅自从事证券投资咨询业务的，由证监会派出机构责令停止，并处没违法所得和违法所得等值以下的罚款。

（2）证券投资咨询机构有下列行为之一的，由证监会派出机构处1万元以上5万元以下的罚款；情节严重的，证监会派出机构应当向中国证监会报告，由中国证监会作出暂停或者撤销其业务资格的处罚：

①向证券监管部门报送的文件、资料有虚假陈述或者重大遗漏的。

②未按照规定履行报告和年检义务的。

③未按照规定履行对本机构有关情况发生变化的变更手续的。
④本机构证券投资咨询人员违反规定,受到证券监管部门行政处罚的。
⑤干扰、阻碍证监会派出机构检查、调查,或者隐瞒、销毁证据的。

(3) 证券投资咨询机构有下列行为之一的,由证监会派出机构单处或者并处警告、没收违法所得、1万元以上10万元以下罚款;情节严重的,证监会派出机构应当向中国证监会报告,由中国证监会作出暂停或者撤销业务资格的处罚;构成犯罪的,依法追究刑事责任:

①证券、期货投资咨询人员同时在两个或者两个以上的证券、期货投资咨询机构执业的。
②未以行业公认的谨慎、诚实和勤勉尽责的态度,为投资人或者客户提供证券投资咨询服务的。
③未完整、客观、准确地运用有关信息、资料向投资人或者客户提供投资分析、预测和建议;断章取义地引用或者篡改有关信息、资料;引用有关信息、资料时未注明出处和著作权人的。
④以虚假信息、市场传言或者内幕信息为依据向投资人或者客户提供投资分析、预测或建议的。
⑤在报刊、电台、电视台或者其他传播媒体上发表投资咨询文章、报告或者意见时未注明所在证券、期货投资咨询机构的名称和个人真实姓名;未对投资风险作充分说明;提供的证券投资咨询传真件未注明机构名称、地址、联系电话和联系人姓名的。
⑥与报刊、电台、电视台合办或者协办证券、期货投资咨询版面、节目或者与电信服务部门进行业务合作时未向证监会派出机构备案。
⑦代理投资人从事证券买卖;向投资人承诺证券投资收益;与投资人约定分享投资收益或者分担投资损失;为自己买卖股票及具有股票性质、功能的证券;利用咨询服务与他人合谋操纵市场或者进行内幕交易;从事法律、法规、规章所禁止的其他证券、期货欺诈行为的。
⑧就同一问题向不同客户提供的投资分析、预测或者建议不一致的;就同一问题向社会公众和其自营部门提供的咨询意见不一致,为自营业务获利的需要误导社会公众的。
⑨未将其向投资人或者社会公众提供的投资咨询资料自提供之日起保存二年。

证券投资咨询人员违反上述第①②③④⑤⑦点,由证监会派出机构单处或者并处警告、没收违法所得、1万元以上3万元以下罚款;情节严重的,证监会派出机构应当向中国证监会报告,由中国证监会作出暂停或者撤销其业务资格的处罚;构成犯罪的,依法追究刑事责任。

(4)证券经营机构向社会公众提供本机构内部使用的证券、期货信息简报、快讯、动态以及信息系统等,或者经中国证监会批准的公开发行股票的公司的承销商或者上市推荐人及其所属证券投资咨询机构在公众传播媒体上刊登其为客户撰写的投资价值分析报告的,由证监会派出机构责令改正,并处以警告或者1万元以上5万元以下罚款。

2. 对发布证券研究报告业务和证券投资顾问业务的监管措施

证券公司、证券投资咨询机构及其人员从事发布证券研究报告业务、证券投资顾问业务,违反法律、行政法规和《发布证券研究报告暂行规定》《证券投资顾问业务暂行规定》的,中国证监会及其派出机构可以采取责令改正、监管谈话、出具警示函、责令增加内部合规检查次数并提交合规检查报告、责令暂停发布证券研究报告、责令处分有关人员等监管措施;情节严重的,中国证监会依照法律、行政法规和有关规定作出行政处罚;涉嫌犯罪的,依法移送司法机关。

(二) 自律组织对证券投资咨询业务的自律管理措施

证券公司、证券投资咨询机构及其人员违反《发布证券研究报告执业规范》、证券分析师违反《证券分析师执业行为准则》的,中国证券业协会将根据自律规定,视情节轻重采取自律管理措施或纪律处分,并将纪律处分结果报送中国证监会。

(三) 证券投资咨询业务违规案例

某上市公司陆续披露了其互联网金融相关业务的信息,与现实状况不符,具有片面性,存在不准确、不完整情形,缺乏相应的事实基础,未来可实现性极小,具有较大误导性。在此期间,A证券公司的证券分析师甲、乙两人根据该上市公司披露的上述信息,在未经A证券公司内控部门审批、复核的情况下,使用诱导性和夸大性的语言文字编写邮件,向多家基金、券商、私募等机构发送,传播该上市公司开展互联网金融服务业务和互联网金融业务的情况。上述披露、传播行为发生后,部分基金管理公司大量买入该上市公司股票,推动股价大幅上涨。中国证监会认定,证券分析师甲、乙的行为违反了《证券法》第七十八条第二款禁止证券服务机构及其人员在证券交易活动中作出信息误导的规定,构成《证券法》第二百零七条规定的信息误导违法行为。中国证监会依法对甲、乙责令改正,并处以相应罚款。

第三节　与证券交易、证券投资活动有关的财务顾问

本节重点梳理、解释、总结与证券交易、证券投资活动有关的财务顾问相关的法律法规。涉及的主要内容包括财务顾问相关的法规概述、业务资格的核准、业务规则、监督管理及法律责任等。依据的法律法规主要包括《证券法》《上市公司收购管理办法》《上市公司重大资产重组管理办法》和《上市公司并购重组财务顾问业务管理办法》等。

一、法规概述

（一）法律、行政法规

《证券法》第八章"证券服务机构"就财务顾问机构在业务资格的核准管理、从业人员的要求及禁止行为、出具文件的要求与责任等方面进行了指导性规定，是中国证监会等监管机构制定监管政策、实施监督管理的重要法律依据之一。

（二）部门规章及规范性文件

除《证券法》外，与证券交易、证券投资活动有关的财务顾问涉及的主要部门规章及规范性文件包括《上市公司收购管理办法》《上市公司重大资产重组管理办法》《上市公司并购重组财务顾问业务管理办法》等。此外，中国证监会、上海证券交易所和深圳证券交易所还制定发布了一系列规定、指引等，对财务顾问的执业行为进行规范、监管。

二、财务顾问业务资格的核准

（一）基本概念

上市公司并购重组财务顾问业务是指，为上市公司的收购、重大资产重组、合并、分立、股份回购等对上市公司股权结构、资产和负债、收入和利润等具有

重大影响的并购重组活动提供交易估值、方案设计、出具专业意见等专业服务。

(二) 业务资格

依据《上市公司并购重组财务顾问业务管理办法》，经中国证监会核准具有上市公司并购重组财务顾问业务资格的证券公司、证券投资咨询机构或者其他符合条件的财务顾问机构，可以依照该办法的规定从事上市公司并购重组财务顾问业务。未经中国证监会核准，任何单位和个人不得从事上市公司并购重组财务顾问业务。上市公司并购重组活动涉及公开发行股票的，应当按照有关规定聘请具有保荐资格的证券公司从事相关业务。

此外，不得担任财务顾问或独立财务顾问的情形如下：

1. 证券公司、证券投资咨询机构和其他财务顾问机构有下列情形之一的，不得担任财务顾问：

（1）最近24个月内存在违反诚信的不良记录；

（2）最近24个月内因执业行为违反行业规范而受到行业自律组织的纪律处分；

（3）最近36个月内因违法违规经营受到处罚或者因涉嫌违法违规经营正在被调查。

2. 证券公司、证券投资咨询机构或者其他财务顾问机构受聘担任上市公司独立财务顾问的，应当保持独立性，不得与上市公司存在利害关系；存在下列情形之一的，不得担任独立财务顾问：

（1）持有或者通过协议、其他安排与他人共同持有上市公司股份达到或者超过5%，或者选派代表担任上市公司董事；

（2）上市公司持有或者通过协议、其他安排与他人共同持有财务顾问的股份达到或者超过5%，或者选派代表担任财务顾问的董事；

（3）最近2年财务顾问与上市公司存在资产委托管理关系、相互提供担保，或者最近一年财务顾问为上市公司提供融资服务；

（4）财务顾问的董事、监事、高级管理人员、财务顾问主办人或者其直系亲属有在上市公司任职等影响公正履行职责的情形；

（5）在并购重组中为上市公司的交易对方提供财务顾问服务；

（6）上市公司董事会或者独立董事聘请的独立财务顾问，不得同时担任收购人的财务顾问或者与收购人的财务顾问存在关联关系；

（7）与上市公司存在利害关系、可能影响财务顾问及其财务顾问主办人独立性的其他情形。

三、财务顾问业务的业务规则

《公司法》《证券法》《上市公司收购管理办法》《上市公司重大资产重组管理办法》及《上市公司并购重组财务顾问业务管理办法》等法律法规均对上市公司并购重组财务顾问业务的业务规则进行了规定，以加强对财务顾问的监管，督促其充分发挥并购重组"第一看门人"的积极作用。总体而言，财务顾问在开展上述业务时，应当遵守法律、行政法规、中国证监会的规定和行业规范，诚实守信，勤勉尽责，对上市公司并购重组活动进行尽职调查，对委托人的申报文件进行核查，出具专业意见，并保证其所出具的意见真实、准确、完整。

（一）财务顾问的职责

具体而言，财务顾问从事上市公司并购重组财务顾问业务，应当履行以下职责：

第一，接受并购重组当事人的委托，对上市公司并购重组活动进行尽职调查，全面评估相关活动所涉及的风险。

第二，就上市公司并购重组活动向委托人提供专业服务，帮助委托人分析并购重组相关活动所涉及的法律、财务、经营风险，提出对策和建议，设计并购重组方案，并指导委托人按照上市公司并购重组的相关规定制作申报文件。

第三，对委托人进行证券市场规范化运作的辅导，使其熟悉有关法律、行政法规和中国证监会的规定，充分了解其应承担的义务和责任，督促其依法履行报告、公告和其他法定义务。

第四，在对上市公司并购重组活动及申报文件的真实性、准确性、完整性进行充分核查和验证的基础上，依据中国证监会的规定和监管要求，客观、公正地发表专业意见。

第五，接受委托人的委托，向中国证监会报送有关上市公司并购重组的申报材料，并根据中国证监会的审核意见，组织和协调委托人及其他专业机构进行答复。

第六，根据中国证监会的相关规定，持续督导委托人依法履行相关义务。

第七，中国证监会要求的其他事项。

（二）业务规则

为规范财务顾问执业行为，提高其执业质量，《上市公司并购重组财务顾问业务管理办法》就财务顾问如何履行职责、如何建立并实施内控制度等作出了详细、明确的规定，主要内容包括：

1. 接受或终止委托

财务顾问应当与委托人签订委托协议，明确双方的权利和义务，就委托人配合财务顾问履行其职责的义务、应提供的材料和责任划分、双方的保密责任等事项作出约定。财务顾问接受上市公司并购重组多方当事人委托的，不得存在利益冲突或者潜在的利益冲突。接受委托的，财务顾问应当指定2名财务顾问主办人负责，同时，可以安排1名项目协办人参与。

在终止委托关系后，财务顾问应根据终止事项的不同原因、时点等及时履行相应的报告、公告程序，主要规定包括：

（1）委托人应当配合财务顾问进行尽职调查，提供相应的文件资料。若委托人不能提供必要的材料、不配合进行尽职调查或者限制调查范围的，财务顾问应当终止委托关系或者相应修改其结论性意见。

（2）财务顾问将申报文件报中国证监会审核期间，委托人和财务顾问终止委托协议的，财务顾问和委托人应当自终止之日起5个工作日内向中国证监会报告，申请撤回申报文件，并说明原因。委托人重新聘请财务顾问就同一并购重组事项进行申报的，应当在报送中国证监会的申报文件中予以说明。

（3）在持续督导期间，财务顾问解除委托协议的，应当及时向中国证监会派出机构做出书面报告，说明无法继续履行持续督导职责的理由，并予以公告。委托人应当在1个月内另行聘请财务顾问对其进行持续督导。

2. 尽职调查

财务顾问应当建立尽职调查制度和具体工作规程，对上市公司并购重组活动进行充分、广泛、合理的调查，核查委托人提供的为出具专业意见所需的资料，对委托人披露的内容进行独立判断，有充分理由确信所作的判断与委托人披露的内容不存在实质性差异，并据此在专业意见中对重要事项进行分析和说明。委托人应当配合财务顾问进行尽职调查，提供相应的文件资料。

此外，财务顾问在开展工作时可利用其他证券服务机构出具的专业意见，但应当对其进行必要的审慎核查，对委托人提供的资料和披露的信息进行独立判断。财务顾问对同一事项所作的判断与其他证券服务机构的专业意见存在重大差异的，应当进一步调查、复核，并可自行聘请相关专业机构提供专业服务。

3. 辅导与验收

财务顾问应当采取有效方式对新进入上市公司的董事、监事和高级管理人员、控股股东和实际控制人的主要负责人进行证券市场规范化运作的辅导，包括上述人员应履行的责任和义务、上市公司治理的基本原则、公司决策的法定程序和信息披露的基本要求，并对辅导结果进行验收，将验收结果存档。验收不合格的，财务顾问应当重新进行辅导和验收。

4. 发表专业意见

财务顾问应当设立由专业人员组成的内部核查机构，内部核查机构应当恪尽职守，保持独立判断，对相关业务活动进行充分论证与复核，并就所出具的财务顾问专业意见提出内部核查意见。

唯有在充分尽职调查和内部核查的基础上，财务顾问方可按照中国证监会的相关规定，对并购重组事项出具财务顾问专业意见，并作出相关承诺。

财务顾问的法定代表人或者其授权代表人、部门负责人、内部核查机构负责人、财务顾问主办人和项目协办人应当在财务顾问专业意见上签名，并加盖财务顾问单位公章。

5. 接受监管机构审核

财务顾问代表委托人向中国证监会提交申请文件后，应当配合中国证监会的审核，并承担以下工作：

（1）指定财务顾问主办人与中国证监会进行专业沟通，并按照中国证监会提出的反馈意见作出回复。

（2）按照中国证监会的要求对涉及本次并购重组活动的特定事项进行尽职调查或者核查。

（3）组织委托人及其他专业机构对中国证监会的意见进行答复。

（4）委托人未能在行政许可的期限内公告相关并购重组报告全文的，财务顾问应当督促委托人及时公开披露中国证监会提出的问题及委托人未能如期公告的原因。

（5）自申报至并购重组事项完成前，对于上市公司和其他并购重组当事人发生较大变化对本次并购重组构成较大影响的情况予以高度关注，并及时向中国证监会报告。

（6）申报本次担任并购重组财务顾问的收费情况。

（7）中国证监会要求的其他事项。

同时，财务顾问应当建立健全内部报告制度，财务顾问主办人应当就中国证监会在反馈意见中提出的问题按照内部程序向部门负责人、内部核查机构负责人等相关负责人报告，并对中国证监会提出的问题进行充分的研究、论证，审慎回复。回复意见应当由财务顾问的法定代表人或者其授权代表人、财务顾问主办人和项目协办人签名，并加盖财务顾问单位公章。

6. 持续督导

根据中国证监会有关并购重组的规定，自上市公司收购、重大资产重组、发行股份购买资产、合并等事项完成后的规定期限内，财务顾问承担持续督导责任。具体而言，财务顾问应当通过日常沟通、定期回访等方式，结合上市公司定期报告的披露，做好以下持续督导工作：

（1）督促并购重组当事人按照相关程序规范实施并购重组方案，及时办理产权过户手续，并依法履行报告和信息披露的义务。

（2）督促上市公司按照《上市公司治理准则》的要求规范运作。

（3）督促和检查申报人履行对市场公开作出的相关承诺的情况。

（4）督促和检查申报人落实后续计划及并购重组方案中约定的其他相关义务的情况。

（5）结合上市公司定期报告，核查并购重组是否按计划实施、是否达到预期目标；其实施效果是否与此前公告的专业意见存在较大差异，是否实现相关盈利预测或者管理层预计达到的业绩目标。

（6）结合上市公司披露的定期报告出具持续督导意见，并在前述定期报告披露后的15日内向上市公司所在地的中国证监会派出机构报告。

（7）中国证监会要求的其他事项。

此外，财务顾问应当建立健全内部检查制度，确保财务顾问主办人切实履行持续督导责任，按时向中国证监会派出机构提交持续督导工作的情况报告。

7. 工作底稿

财务顾问应当建立并购重组工作档案和工作底稿制度，为每一项目建立独立的工作档案。财务顾问的工作档案和工作底稿应当真实、准确、完整，保存期不少于10年。

8. 保密责任

财务顾问及其财务顾问主办人应当严格履行保密责任，不得利用职务之便买卖相关上市公司的证券或者牟取其他不当利益，并应当督促委托人、委托人的董事、监事和高级管理人员及其他内幕信息知情人严格保密，不得进行内幕交易。

财务顾问应当按照中国证监会的要求，配合提供上市公司并购重组相关内幕信息知情人买卖、持有相关上市公司证券的文件，并向中国证监会报告内幕信息知情人的违法违规行为，配合中国证监会依法进行的调查。

9. 公平竞争

财务顾问从事上市公司并购重组财务顾问业务，应当公平竞争，按照业务复杂程度及所承担的责任和风险与委托人商议财务顾问报酬，不得以明显低于行业水平等不正当竞争手段招揽业务。

10. 接受培训

中国证券业协会可以根据《上市公司并购重组财务顾问业务管理办法》的规定，制定财务顾问执业规范，组织财务顾问主办人进行持续培训。

财务顾问可以申请加入中国证券业协会。财务顾问主办人应当参加中国证券业协会组织的相关培训，接受后续教育。

四、财务顾问的监管和法律责任

（一）财务顾问的监管

根据《证券法》《上市公司并购重组财务顾问业务管理办法》等法律法规，中国证监会及其派出机构可以根据审慎监管原则，要求财务顾问提供按规定履行尽职调查义务的证明材料、工作档案和工作底稿，并对财务顾问的公司治理、内部控制、经营运作、风险状况、从业活动等方面进行非现场检查或者现场检查。财务顾问及其有关人员应当配合中国证监会及其派出机构的检查工作，提交的材料应当真实、准确、完整，不得以任何理由拒绝、拖延提供有关材料，或者提供不真实、不准确、不完整的材料。

同时，中国证监会建立监管信息系统，对财务顾问及其财务顾问主办人进行持续动态监管，并将以下事项记入其诚信档案：

第一，财务顾问及其财务顾问主办人被中国证监会采取监管措施的。

第二，在持续督导期间，上市公司或者其他委托人违反公司治理有关规定、相关资产状况及上市公司经营成果等与财务顾问的专业意见出现较大差异的。

第三，中国证监会认定的其他事项。

（二）财务顾问的法律责任

《证券法》《上市公司重大资产重组管理办法》《上市公司收购管理办法》及《上市公司并购重组财务顾问业务管理办法》等法律法规均对财务顾问的法律责任进行了规定，主要包括：

1. 财务顾问及其财务顾问主办人出现下列情形之一的，中国证监会对其采取监管谈话、出具警示函、责令改正等监管措施：

（1）内部控制机制和管理制度、尽职调查制度以及相关业务规则存在重大缺陷或者未得到有效执行的。

（2）未按照相关规定发表专业意见的。

（3）在受托报送申报材料过程中，未切实履行组织、协调义务、申报文件制作质量低下的。

（4）未依法履行持续督导义务的。

（5）未按照相关规定向中国证监会报告或者公告的。

（6）违反其就上市公司并购重组相关业务活动所作承诺的。

（7）违反保密制度或者未履行保密责任的。

（8）采取不正当竞争手段进行恶性竞争的。

（9）唆使、协助或者伙同委托人干扰中国证监会审核工作的。

（10）中国证监会认定的其他情形。

责令改正的，财务顾问及其财务顾问主办人在改正期间，或者按照要求完成整改并经中国证监会验收合格之前，不得接受新的上市公司并购重组财务顾问业务。

2. 上市公司就并购重组事项出具盈利预测报告的，在相关并购重组活动完成后，凡不属于上市公司管理层事前无法获知且事后无法控制的原因，上市公司或者购买资产实现的利润未达到盈利预测报告或者资产评估报告预测金额80%的，中国证监会责令财务顾问及其财务顾问主办人在股东大会及中国证监会指定报刊上公开说明未实现盈利预测的原因并向股东和社会公众投资者道歉；利润实现数未达到盈利预测50%的，中国证监会可以同时对财务顾问及其财务顾问主办人采取监管谈话、出具警示函、责令定期报告等监管措施。

3. 出具财务顾问报告、估值报告及其他专业文件的证券服务机构及其从业人员未履行诚实守信、勤勉尽责义务，违反行业规范、业务规则，或者未依法履行报告和公告义务、持续督导义务的，由中国证监会责令改正，并可以采取监管谈话、出具警示函、责令公开说明、责令参加培训、责令定期报告、认定为不适当人选等监管措施；情节严重的，依照《证券法》第二百二十六条予以处罚。

4. 财务顾问及其财务顾问主办人或者其他责任人员所发表的专业意见存在虚假记载、误导性陈述或者重大遗漏的，中国证监会责令改正并依据《证券法》第二百二十三条的规定予以处罚。

5. 财务顾问及其财务顾问主办人在相关并购重组信息未依法公开前，泄漏该信息、买卖或者建议他人买卖该公司证券，利用相关并购重组信息散布虚假信息、操纵证券市场或者进行证券欺诈活动的，中国证监会依据《证券法》第二百零二条、第二百零三条、第二百零七条等相关规定予以处罚；涉嫌犯罪的，依法移送司法机关追究刑事责任。

6. 财务顾问不再符合《上市公司并购重组财务顾问业务管理办法》规定条件的，应当在 5 个工作日内向中国证监会报告并依法进行公告，由中国证监会责令改正。责令改正期满后，仍不符合规定条件的，中国证监会撤销其从事上市公司并购重组财务顾问业务资格。

财务顾问主办人发生变化的，财务顾问应当在 5 个工作日内向中国证监会报告。财务顾问主办人不再符合规定条件的，中国证监会将其从财务顾问主办人名单中去除，财务顾问不得聘请其作为财务顾问主办人从事相关业务。

7. 中国证券业协会对财务顾问及其财务顾问主办人违反自律规范的行为，依法进行调查，给予纪律处分。

8. 上市公司、证券公司、证券交易所、证券登记结算机构、证券服务机构，未按照有关规定保存有关文件和资料的，责令改正，给予警告，并处以 3 万元以上 30 万元以下的罚款；隐匿、伪造、篡改或者毁损有关文件和资料的，给予警告，并处以 30 万元以上 60 万元以下的罚款。

（三）财务顾问受到监管机构处罚的案例

依据有关法律法规，中国证监会等监管机构对证券期货市场实施监管，对证券期货违法违规行为进行调查、处罚。事实上，多家财务顾问曾在开展上市公司并购重组财务顾问业务时因未能勤勉尽责而受到处罚。

例如，曾有某证券公司在担任某上市公司重大资产重组项目的独立财务顾问时，对交易标的资产的财务数据尽职调查不充分、未勤勉尽责，从而未发现交易标的资产存在财务造假的问题，导致其所出具文件存在虚假记录。为此，中国证监会依据《证券法》第二百二十三条、第二百二十六条第三款等，对该财务顾问机构作出责令改正、罚款的决定，对相关直接责任人作出警告及罚款的决定。

又如，某证券公司在担任某上市公司重大资产重组项目的独立财务顾问时，未按规定与受托人签订委托协议，且未对该项目进行充分、广泛的尽职调查，从而未发现交易标的资产存在虚增收入、存款等事实，导致其所出具文件存在虚假记载、重大遗漏。中国证监会依据《上市公司重大资产重组管理办法》第五十八条第二款、《上市公司并购重组财务顾问业务管理办法》第四十二条和《证券法》第二百二十三条等，对该财务顾问机构作出责令整改、没收业务收入及罚款的决定，对相关直接责任人作出警告及罚款的决定。

第四节 证券承销与保荐

本节重点梳理、总结与证券承销与保荐业务相关的主要法律法规。本节涉及的证券承销与保荐业务种类包括证券（股票类）发行与承销业务、债券发行与承销业务，其中：本节所述证券（股票类）主要涉及应当由具有保荐机构资格的证券公司履行保荐职责的首次公开发行股票并上市、上市公司发行新股、可转换公司债券以及中国证监会认定的其他情形；本节所述债券主要涉及证券公司参与发行与承销的公司债券、企业债券、金融债券、非金融企业债务融资工具等。

一、证券公司发行与承销业务的主要法律法规

（一）主要法律、行政法规

证券公司发行与承销业务的主要法律、行政法规包括《公司法》《证券法》《企业债券管理条例》《中国人民银行法》等。

（二）证券（股票类）发行与承销业务的主要部门规章及规范性文件

证券（股票类）发行与承销业务的主要部门规章及规范性文件包括《证券发行上市保荐业务管理办法》《证券发行与承销管理办法》《首次公开发行股票并上市管理办法》《首次公开发行股票并在创业板上市管理办法》《上市公司证券发行管理办法》《创业板上市公司证券发行管理暂行办法》《优先股试点管理办法》《证券公司投资银行类业务内部控制指引》等。

（三）债券发行与承销的主要部门规章及规范性文件

1. 公司债券发行与承销的主要部门规章及规范性文件

公司债券发行与承销业务的主要部门规章及规范性文件包括《公司债券发行与交易管理办法》《非公开发行公司债券备案管理办法》《非公开发行公司债券项目承接负面清单指引》《公司债券承销业务规范》《上市公司股东发行可交换公司债券试行规定》等。

2. 企业债券发行与承销的主要部门规章及规范性文件

企业债券发行与承销业务的主要部门规章及规范性文件包括《国家发展改革委关于进一步改进和加强企业债券管理工作的通知》《国家发展改革委关于推进企业债券市场发展、简化发行核准程序有关事项的通知》《关于进一步推进企业债券市场化方向改革有关工作的意见》《国家发展改革委办公厅关于进一步改进企业债券发行审核工作的通知》《关于试行全面加强企业债券风险防范的若干意见的函》《国家发展改革委办公厅关于充分发挥企业债券融资功能支持重点项目建设促进经济平稳较快发展的通知》《国家发展改革委办公厅关于简化企业债券审报程序加强风险防范和改革监管方式的意见》等。

3. 金融债券发行与承销的主要部门规章及规范性文件

金融债券发行与承销业务的主要部门规章及规范性文件包括《全国银行间债券市场金融债券发行管理办法》《全国银行间债券市场金融债券发行管理操作规程》《证券公司次级债管理规定》《证券公司短期融资券管理办法》《商业银行次级债券发行管理办法》《保险公司次级定期债务管理办法》等。

4. 非金融企业债务融资工具发行与承销的主要部门规章及规范性文件

非金融企业债务融资工具发行与承销业务的主要部门规章及规范性文件包括《银行间债券市场非金融企业债务融资工具管理办法》《银行间债券市场非金融企业中期票据业务指引》《银行间债券市场非金融企业短期融资券业务指引》《银行间债券市场中小非金融企业集合票据业务指引》《银行间债券市场非金融企业资产支持票据指引》《银行间债券市场非金融企业债务融资工具信息披露规则》《关于公布实施〈非金融企业债务融资工具公开发行注册文件表格体系（2016版）〉有关事项的通知》等。

二、证券发行保荐业务的一般规定

（一）证券（股票类）发行保荐业务的一般规定

1. 发行人应当就下列事项聘请有保荐机构资格的证券公司履行保荐职责：
（1）首次公开发行股票并上市；
（2）上市公司发行新股、可转换公司债券；
（3）中国证监会认定的其他情形。
2. 证券公司从事证券（股票类）发行上市保荐业务，应依照《证券发行上市保荐业务管理办法》的规定向中国证监会申请保荐机构资格。

保荐机构履行保荐职责，应当指定依照《证券发行上市保荐业务管理办法》

规定取得保荐代表人资格的个人具体负责保荐工作。

未经中国证监会核准，任何机构和个人不得从事保荐业务。

3. 保荐机构及其保荐代表人应当遵守法律、行政法规和中国证监会的相关规定，恪守业务规则和行业规范，诚实守信，勤勉尽责，尽职推荐发行人证券发行上市，持续督导发行人履行规范运作、信守承诺、信息披露等义务。

保荐机构及其保荐代表人不得通过从事保荐业务谋取任何不正当利益。

4. 保荐代表人应当遵守职业道德准则，珍视和维护保荐代表人职业声誉，保持应有的职业谨慎，保持和提高专业胜任能力。

保荐代表人应当维护发行人的合法利益，对从事保荐业务过程中获知的发行人信息保密。保荐代表人应当恪守独立履行职责的原则，不因迎合发行人或者满足发行人的不当要求而丧失客观、公正的立场，不得唆使、协助或者参与发行人及证券服务机构实施非法的或者具有欺诈性的行为。

保荐代表人及其配偶不得以任何名义或者方式持有发行人的股份。

5. 同次发行的证券（股票类），其发行保荐和上市保荐应当由同一保荐机构承担。保荐机构依法对发行人申请文件、股票和可转换公司债券发行募集文件进行核查，向中国证监会、证券交易所出具保荐意见。保荐机构应当保证所出具的文件真实、准确、完整。

证券（股票类）发行规模达到一定数量的，可以采用联合保荐，但参与联合保荐的保荐机构不得超过2家。

证券（股票类）发行的主承销商可以由该保荐机构担任，也可以由其他具有保荐机构资格的证券公司与该保荐机构共同担任。

6. 发行人及其董事、监事、高级管理人员，为证券（股票类）发行上市制作、出具有关文件的律师事务所、会计师事务所、资产评估机构等证券服务机构及其签字人员，应当依照法律、行政法规和中国证监会的规定，配合保荐机构及其保荐代表人履行保荐职责，并承担相应的责任。

保荐机构及其保荐代表人履行保荐职责，不能减轻或者免除发行人及其董事、监事、高级管理人员、证券服务机构及其签字人员的责任。

7. 中国证监会依法对保荐机构及其保荐代表人进行监督管理。中国证券业协会对保荐机构及其保荐代表人进行自律管理。

（二）债券发行业务的一般规定

1. 公司债券发行业务的一般规定

（1）公司债券，是指公司依照法定程序发行、约定在一定期限还本付息的有价证券。

（2）公司债券可以公开发行，也可以非公开发行，包括在中华人民共和国境内，公开发行公司债券并在证券交易所、全国中小企业股份转让系统交易或转让，非公开发行公司债券并按照规定承销或自行销售，或在证券交易所、全国中小企业股份转让系统、机构间私募产品报价与服务系统、证券公司柜台转让的情形以及法律法规和中国证监会另有规定的其他情形。

（3）发行人及其控股股东、实际控制人应当诚实守信，发行人的董事、监事、高级管理人员应当勤勉尽责，维护债券持有人享有的法定权利和债券募集说明书约定的权利。

（4）债券募集说明书及其他信息披露文件所引用的审计报告、资产评估报告、评级报告，应当由具有从事证券服务业务资格的机构出具。

债券募集说明书所引用的法律意见书，应当由律师事务所出具，并由两名执业律师和所在律师事务所负责人签署。

（5）为公司债券发行提供服务的承销机构、资信评级机构、受托管理人、会计师事务所、资产评估机构、律师事务所等专业机构和人员应当勤勉尽责，严格遵守执业规范和监管规则，按规定和约定履行义务。

（6）发行人、承销机构及其相关工作人员在发行定价和配售过程中，不得有违反公平竞争、进行利益输送、直接或间接谋取不正当利益以及其他破坏市场秩序的行为。

（7）中国证监会对公司债券发行的核准或者中国证券业协会按照《公司债券发行与交易管理办法》对公司债券发行的备案，不表明其对发行人的经营风险、偿债风险、诉讼风险以及公司债券的投资风险或收益等作出判断或者保证。公司债券的投资风险，由投资者自行承担。

（8）中国证监会依法对公司债券的公开发行、非公开发行及其交易或转让活动进行监督管理。

证券自律组织可依照相关规定对公司债券的上市交易或转让、非公开发行及转让、承销、尽职调查、信用评级、受托管理及增信等进行自律管理。

证券自律组织应当制定相关业务规则，明确公司债券承销、备案、上市交易或转让、信息披露、投资者适当性管理、持有人会议及受托管理等具体规定，报中国证监会批准。

（9）上市公司、股票公开转让的非上市公众公司发行的公司债券，可以附认股权、可转换成相关股票等条款。上市公司、股票公开转让的非上市公众公司股东可以发行附可交换成上市公司或非上市公众公司股票条款的公司债券。商业银行等金融机构可以按照有关规定发行附减记条款的公司债券。

上市公司发行附认股权、可转换成股票条款的公司债券，应当符合《上市公司证券发行管理办法》《创业板上市公司证券发行管理暂行办法》的相关规定。

股票公开转让的非上市公众公司发行附认股权、可转换成股票条款的公司债券，由中国证监会另行规定。

（10）发行人全体董事、监事、高级管理人员应当在债券募集说明书上签字，承诺不存在虚假记载、误导性陈述或者重大遗漏，并承担相应的法律责任，但是能够证明自己没有过错的除外。

（11）《公司债券发行与交易管理办法》所称合格投资者，应当具备相应的风险识别和承担能力，知悉并自行承担公司债券的投资风险，并符合下列资质条件：

①经有关金融监管部门批准设立的金融机构，包括证券公司、基金管理公司及其子公司、期货公司、商业银行、保险公司和信托公司等，以及经中国基金业协会登记的私募基金管理人。

②上述金融机构面向投资者发行的理财产品，包括但不限于证券公司资产管理产品、基金及基金子公司产品、期货公司资产管理产品、银行理财产品、保险产品、信托产品以及经中国基金业协会备案的私募基金。

③净资产不低于人民币1 000万元的企事业单位法人、合伙企业。

④合格境外机构投资者（QFII）、人民币合格境外机构投资者（RQFII）。

⑤社会保障基金、企业年金等养老基金，慈善基金等社会公益基金。

⑥名下金融资产不低于人民币300万元的个人投资者。

⑦经中国证监会认可的其他合格投资者。

前款所称金融资产包括银行存款、股票、债券、基金份额、资产管理计划、银行理财产品、信托计划、保险产品、期货权益等；理财产品、合伙企业拟将主要资产投向单一债券，需要穿透核查最终投资者是否为合格投资者并合并计算投资者人数，具体标准由中国基金业协会规定。

证券自律组织可以在《公司债券发行与交易管理办法》规定的基础上，设定更为严格的合格投资者资质条件。

（12）公开发行公司债券，募集资金应当用于核准的用途；非公开发行公司债券，募集资金应当用于约定的用途。除金融类企业外，募集资金不得转借他人。

发行人应当指定专项账户，用于公司债券募集资金的接收、存储、划转与本息偿付。

2. 企业债券发行业务的一般规定

（1）企业债券，是指企业依照法定程序发行、约定在一定期限内还本付息的有价证券,适用于境内具有法人资格的企业(以下简称"企业")在境内发行的债券,但是金融债券和外币债券除外。企业进行有偿筹集资金活动,必须通过公开发行企业债券的形式进行,法律和国务院另有规定的除外。

(2) 发行和购买企业债券应当遵循自愿、互利、有偿的原则。

(3) 企业债券持有人有权按照约定期限取得利息、收回本金,但是无权参与企业的经营管理。

(4) 企业债券持有人对企业的经营状况不承担责任。

(5) 企业债券可以转让、抵押和继承。

(6) 国家发展和改革委员会会同中国人民银行、财政部、国务院证券委员会拟订全国企业债券发行的年度规模和规模内的各项指标,报国务院批准后,下达各省、自治区、直辖市、计划单列市人民政府和国务院有关部门执行。

未经国务院同意,任何地方、部门不得擅自突破企业债券发行的年度规模,并不得擅自调整年度规模内的各项指标。

(7) 企业发行企业债券必须按照《企业债券管理条例》进行审批;未经批准的,不得擅自发行和变相发行企业债券。

中央企业发行企业债券,由中国人民银行会同国家计划委员会审批;地方企业发行企业债券,由中国人民银行省、自治区、直辖市、计划单列市分行会同同级计划主管部门审批。

3. 金融债券发行业务的一般规定

(1) 金融债券,是指依法在中华人民共和国境内设立的金融机构法人在全国银行间债券市场发行的、按约定还本付息的有价证券。上述金融机构法人,包括政策性银行、商业银行、企业集团财务公司及其他金融机构。

(2) 中国人民银行依法对金融债券的发行进行监督管理。未经中国人民银行核准,任何金融机构不得擅自发行金融债券。

(3) 金融债券的投资风险由投资者自行承担。

(4) 中国人民银行核准金融债券发行申请的期限,适用《中国人民银行行政许可实施办法》的有关规定。

(5) 金融债券可在全国银行间债券市场公开发行或定向发行。

(6) 金融债券的发行可以采取一次足额发行或限额内分期发行的方式。发行人分期发行金融债券的,应在募集说明书中说明每期发行安排。

(7) 金融债券的发行应由具有债券评级能力的信用评级机构进行信用评级。金融债券发行后信用评级机构应每年对该金融债券进行跟踪信用评级。如发生影响该金融债券信用评级的重大事项,信用评级机构应及时调整该金融债券的信用评级,并向投资者公布。

(8) 金融债券定向发行的,经认购人同意,可免于信用评级。定向发行的金融债券只能在认购人之间进行转让。

4. 非金融企业债务融资工具发行业务的一般规定

(1) 非金融企业债务融资工具(以下简称"债务融资工具"),是指具有法人资格的非金融企业(以下简称"企业")在银行间债券市场发行的,约定在一定期限内还本付息的有价证券。

(2) 债务融资工具发行与交易应遵循诚信、自律原则。

(3) 企业发行债务融资工具应在中国银行间市场交易商协会(以下简称交易商协会)注册。

(4) 债务融资工具在中央国债登记结算有限责任公司(以下简称"中央结算公司")登记、托管、结算。

(5) 全国银行间同业拆借中心(以下简称"同业拆借中心")为债务融资工具在银行间债券市场的交易提供服务。

(6) 企业发行债务融资工具应在银行间债券市场披露信息。信息披露应遵循诚实信用原则,不得有虚假记载、误导性陈述或重大遗漏。

(7) 企业发行债务融资工具应由金融机构承销。企业可自主选择主承销商。需要组织承销团的,由主承销商组织承销团。

(8) 企业发行债务融资工具应由在中国境内注册且具备债券评级资质的评级机构进行信用评级。

(9) 为债务融资工具提供服务的承销机构、信用评级机构、注册会计师、律师等专业机构和人员应勤勉尽责,严格遵守执业规范和职业道德,按规定和约定履行义务。

上述专业机构和人员所出具的文件含有虚假记载、误导性陈述和重大遗漏的,应当就其负有责任的部分承担相应的法律责任。

(10) 债务融资工具发行利率、发行价格和所涉费率以市场化方式确定,任何商业机构不得以欺诈、操纵市场等行为获取不正当利益。

(11) 债务融资工具投资者应自行判断和承担投资风险。

三、证券发行与承销信息披露的有关规定

(一) 证券(股票类)发行与承销信息披露的有关规定

1. 发行人和主承销商在发行过程中,应当按照中国证监会规定的要求编制

信息披露文件，履行信息披露义务。发行人和承销商在发行过程中披露的信息，应当真实、准确、完整、及时，不得有虚假记载、误导性陈述或者重大遗漏。

2. 首次公开发行股票申请文件受理后至发行人发行申请经中国证监会核准、依法刊登招股意向书前，发行人及与本次发行有关的当事人不得采取任何公开方式或变相公开方式进行与股票发行相关的推介活动，也不得通过其他利益关联方或委托他人等方式进行相关活动。

3. 首次公开发行股票招股意向书刊登后，发行人和主承销商可以向网下投资者进行推介和询价，并通过互联网等方式向公众投资者进行推介。

发行人和主承销商向公众投资者进行推介时，向公众投资者提供的发行人信息的内容及完整性应与向网下投资者提供的信息保持一致。

4. 发行人和主承销商在推介过程中不得夸大宣传，或以虚假广告等不正当手段诱导、误导投资者，不得披露除招股意向书等公开信息以外的发行人其他信息。

承销商应当保留推介、定价、配售等承销过程中的相关资料至少 3 年并存档备查，包括推介宣传材料、路演现场录音等，如实、全面反映询价、定价和配售过程。

5. 发行人和主承销商在发行过程中公告的信息只需选择一家中国证监会指定的报刊披露，同时将其刊登在中国证监会指定的互联网网站，并置备于中国证监会指定的场所，供公众查阅。

6. 发行人披露的招股意向书除不含发行价格、筹资金额以外，其内容与格式应当与招股说明书一致，并与招股说明书具有同等法律效力。

7. 首次公开发行股票的发行人和主承销商应当在发行和承销过程中公开披露以下信息：

（1）招股意向书刊登首日在发行公告中披露发行定价方式、定价程序、参与网下询价投资者条件、股票配售原则、配售方式、有效报价的确定方式、中止发行安排、发行时间安排和路演推介相关安排等信息；发行人股东拟老股转让的，还应披露预计老股转让的数量上限，老股转让股东名称及各自转让老股数量，并明确新股发行与老股转让数量的调整机制。

（2）网上申购前披露每位网下投资者的详细报价情况，包括：投资者名称、申购价格及对应的拟申购数量；剔除最高报价有关情况；剔除最高报价部分后网下投资者报价的中位数和加权平均数以及公募基金报价的中位数和加权平均数；有效报价和发行价格（或发行价格区间）的确定过程；发行价格（或发行价格区间）及对应的市盈率；网上、网下的发行方式和发行数量；回拨机制；中止发行安排；申购缴款要求等。已公告老股转让方案的，还应披露老股转让和新股发行的确定数量，老股转让股东名称及各自转让老股数量，并应提示投资者关注，发行人将不会获得老股转让部分所得资金。按照发行价格计算的预计募集资金总额低于拟以本次募集资金投资的项目金额的，还应披露相关投资风险。

（3）如公告的发行价格（或发行价格区间上限）市盈率高于同行业上市公司二级市场平均市盈率，发行人和主承销商应当在披露发行价格的同时，在投资风险特别公告中明示该定价可能存在估值过高给投资者带来损失的风险，提醒投资者关注。内容至少包括：

①比较分析发行人与同行业上市公司的差异及该差异对估值的影响；提请投资者关注发行价格与网下投资者报价之间存在的差异。

②提请投资者关注投资风险，审慎研判发行定价的合理性，理性作出投资决策。

（4）在发行结果公告中披露获配机构投资者名称、个人投资者个人信息以及每个获配投资者的报价、申购数量和获配数量等，并明确说明自主配售的结果是否符合事先公布的配售原则；对于提供有效报价但未参与申购，或实际申购数量明显少于报价时拟申购量的投资者应列表公示并着重说明。

缴款后的发行结果公告中披露网上、网下投资者获配未缴款金额以及主承销商的包销比例，列表公示获得配售但未足额缴款的网下投资者；发行后还应披露保荐费用、承销费用、其他中介费用等发行费用信息。

（5）向战略投资者配售股票的，应当在网下配售结果公告中披露战略投资者的名称、认购数量及持有期限等情况。

（6）上述信息中网上申购前每位网下投资者的详细报价情况及发行结果公告中网下投资者的情况只需刊登在中国证监会指定的互联网网站。

8. 发行人和主承销商在披露发行市盈率时，应同时披露发行市盈率的计算方式。在进行行业市盈率比较分析时，应当按照中国证监会有关上市公司行业分类指引中制定的行业分类标准确定发行人行业归属，并分析说明行业归属的依据。存在多个市盈率口径时，应当充分列示可供选择的比较基准，并应当按照审慎、充分提示风险的原则选取和披露行业平均市盈率。发行人还可以同时披露市净率等反映发行人所在行业特点的估值指标。

发行人尚未盈利的，可以不披露发行市盈率及与同行业市盈率比较的相关信息，应当披露市销率、市净率等反映发行人所在行业特点的估值指标。

（二）债券发行与承销信息披露的有关规定

1. 公司债券发行与承销信息披露的有关规定

（1）发行人及其他信息披露义务人应当按照中国证监会及证券自律组织的相关规定及时、公平地履行披露义务，所披露或者报送的信息必须真实、准确、完整，不得有虚假记载、误导性陈述或者重大遗漏。

（2）公开发行公司债券的发行人应当按照规定及时披露债券募集说明书，并在债券存续期内披露中期报告和经具有从事证券服务业务资格的会计师事务所审计的年度报告。

非公开发行公司债券的发行人信息披露的时点、内容，应当按照募集说明书的约定履行，相关信息披露文件应当由受托管理人向中国证券业协会备案。

（3）公司债券募集资金的用途应当在债券募集说明书中披露。发行人应当在定期报告中披露公开发行公司债券募集资金的使用情况。

非公开发行公司债券的，应当在债券募集说明书中约定募集资金使用情况的披露事宜。

（4）公开发行公司债券的发行人应当及时披露债券存续期内发生可能影响其偿债能力或债券价格的重大事项。重大事项包括：

①发行人经营方针、经营范围或生产经营外部条件等发生重大变化；
②债券信用评级发生变化；
③发行人主要资产被查封、扣押、冻结；
④发行人发生未能清偿到期债务的违约情况；
⑤发行人当年累计新增借款或对外提供担保超过上年末净资产的20%；
⑥发行人放弃债权或财产，超过上年末净资产的10%；
⑦发行人发生超过上年末净资产10%的重大损失；
⑧发行人作出减资、合并、分立、解散及申请破产的决定；
⑨发行人涉及重大诉讼、仲裁事项或受到重大行政处罚；
⑩保证人、担保物或者其他偿债保障措施发生重大变化；
⑪发行人情况发生重大变化导致可能不符合公司债券上市条件；
⑫发行人涉嫌犯罪被司法机关立案调查，发行人董事、监事、高级管理人员涉嫌犯罪被司法机关采取强制措施；
⑬其他对投资者作出投资决策有重大影响的事项。

（5）资信评级机构为公开发行公司债券进行信用评级，应当符合以下规定：

①按照规定或约定将评级信息告知发行人，并及时向市场公布首次评级报告、定期和不定期跟踪评级报告；
②在债券有效存续期间，应当每年至少向市场公布一次定期跟踪评级报告；
③应充分关注可能影响评级对象信用等级的所有重大因素，及时向市场公布

信用等级调整及其他与评级相关的信息变动情况，并向证券交易所或其他证券交易场所报告。

（6）公开发行公司债券的发行人及其他信息披露义务人应当将披露的信息刊登在其债券交易场所的互联网网站，同时将披露的信息或信息摘要刊登在至少一种中国证监会指定的报刊，供公众查阅。

2. 企业债券发行与承销信息披露的有关规定

（1）发行人是信息披露的第一责任人。发行人对信息披露内容负有诚信责任，必须确保信息披露真实、准确、完整、及时。发行人应全面配合中介机构开展尽职调查，按要求提供财务会计资料和其他资料；在存续期内定期披露财务数据、债券资金使用情况等相关信息，并及时依法依规披露募投项目变更等存续期内可能影响偿债能力的重大事项。

（2）中介机构应协助发行人做好信息公开工作。主承销商必须诚实守信、勤勉尽责，对发行人进行尽职调查，充分了解发行人的经营情况和偿债风险，对发行人的申请文件和信息披露资料进行全面审慎核查，对申请文件的合规性承担责任，对发行人的偿债能力作出专业判断，并有充分理由确信发行人披露的信息真实、准确、完整、及时，持续督导发行人规范运作。会计师事务所、评级机构、律师事务所、资产评估机构等中介机构必须遵照执业规范和监管规则，对相关文件资料进行核查和验证，确保其出具的专业文件真实、准确、完整、及时。

3. 金融债券发行与承销信息披露的有关规定

（1）金融债券的发行应遵循公平、公正、诚信、自律的原则，金融债券发行人及相关中介机构应充分披露有关信息，并提示投资风险。

（2）发行人应在金融债券发行前和存续期间履行信息披露义务。信息披露应通过中国货币网、中国债券信息网进行。

（3）发行人应保证信息披露真实、准确、完整、及时，不得有虚假记载、误导性陈述和重大遗漏。

发行人及相关知情人在信息披露前不得泄漏其内容。

（4）对影响发行人履行债务的重大事件，发行人应在第一时间向中国人民银行报告，并按照中国人民银行指定的方式披露。

（5）经中国人民银行核准发行金融债券的，发行人应于每期金融债券发行前3个工作日披露募集说明书和发行公告。

发行人应在募集说明书与发行公告中说明金融债券的清偿顺序和投资风险，并在显著位置提示投资者："投资者购买本期债券，应当认真阅读本文件及有关的信息披露文件，进行独立的投资判断。主管部门对本期债券发行的核准，并不表明对本期债券的投资价值作出了任何评价，也不表明对本期债券的投资风险作出了任何判断。"

（6）金融债券存续期间，发行人应于每年 4 月 30 日前向投资者披露年度报告，年度报告应包括发行人上一年度的经营情况说明、经注册会计师审计的财务报告以及涉及的重大诉讼事项等内容。

采用担保方式发行金融债券的，发行人还应在其年度报告中披露担保人上一年度的经营情况说明、经审计的财务报告以及涉及的重大诉讼事项等内容。

（7）发行人应于金融债券每次付息日前 2 个工作日公布付息公告，最后一次付息暨兑付日前 5 个工作日公布兑付公告。

（8）金融债券存续期间，发行人应于每年 7 月 31 日前披露债券跟踪信用评级报告。

（9）信息披露涉及的财务报告，应经注册会计师审计，并出具审计报告；信息披露涉及的法律意见书和信用评级报告，应分别由执业律师和具有债券评级能力的信用评级机构出具。上述注册会计师、律师和信用评级机构所出具的有关报告文件不得含有虚假记载、误导性陈述或重大遗漏。

（10）发行人应将相关信息披露文件分别送全国银行间同业拆借中心（以下简称"同业拆借中心"）和中央结算公司，由同业拆借中心和中央结算公司分别通过中国货币网和中国债券信息网披露。

同业拆借中心和中央结算公司应为金融债券信息披露提供服务，及时将违反信息披露规定的行为向中国人民银行报告并公告。

（11）金融债券定向发行的，其信息披露的内容与形式应在发行章程与募集说明书中约定；信息披露的对象限于其认购人。

4. 非金融企业债务融资工具发行与承销信息披露的有关规定

（1）企业发行债务融资工具应在银行间债券市场披露信息。信息披露应遵循诚实信用原则，不得有虚假记载、误导性陈述或重大遗漏。

（2）企业及其全体董事或具有同等职责的人员，应当保证所披露的信息真实、准确、完整、及时，承诺其中不存在虚假记载、误导性陈述或重大遗漏，并承担个别和连带法律责任。个别董事或具有同等职责的人员无法保证所披露的信息真实、准确、完整、及时或对此存在异议的，应当单独发表意见并陈述理由。

（3）为债务融资工具的发行、交易提供中介服务的承销机构、信用评级机构、会计师事务所、律师事务所等中介机构及其指派的经办人员，应对所出具的专业报告和专业意见负责。

（4）债务融资工具的投资者应对披露信息进行独立分析，独立判断债务融资工具的投资价值，自行承担投资风险。

四、证券公司发行与承销业务的内部控制规定

证券公司应当建立健全承销业务制度和决策机制，加强对定价、发行等环节的决策管理，明确具体的操作规程，切实落实承销责任。

证券公司应当设立相应的职能部门或团队，专门负责证券发行与承销工作。

证券公司应当建立定价配售集体决策机制，以现场、通讯、书面表决等方式对定价配售过程中的重要事项进行集体决策。重要事项包括但不限于：发行利率或者价格的确定、配售及分销安排。

决策结果应当制作书面或电子文件，并由参与决策的人员确认。

证券公司应当建立完善的包销风险评估与处理机制，通过事先评估、制定风险处置预案等措施有效控制包销风险。

证券公司应当对存在包销风险的投资银行类项目实行集体决策，以现场通讯、书面表决等方式对包销事宜作出决议。证券公司应当制定包销决策的具体规则，明确参与决策的人员、决策流程和表决机制等内容。

包销决议应当制作书面或电子文件，并由参与决策人员确认。

证券公司风险管理部应当委派代表参与包销决策过程，独立发表意见。

五、监管部门对证券发行与承销的监管措施

（一）监管部门对证券（股票类）发行与承销的监管措施

1. 中国证监会可以对保荐机构及其保荐代表人从事保荐业务的情况进行定期或者不定期现场检查，保荐机构及其保荐代表人应当积极配合检查，如实提供有关资料，不得拒绝、阻挠、逃避检查，不得谎报、隐匿、销毁相关证据材料。

2. 中国证监会对保荐机构及其相关人员进行持续动态的跟踪管理，记录其业务资格、执业情况、违法违规行为、其他不良行为以及对其采取的监管措施等。保荐信用记录向社会公开。

3. 自保荐机构向中国证监会提交保荐文件之日起，保荐机构及其保荐代表人承担相应的责任。

4. 中国证监会对股票和可转换公司债券发行承销过程实施事中事后监管，发现涉嫌违法违规或者存在异常情形的，可责令发行人和承销商暂停或中止发

行，对相关事项进行调查处理。

5. 中国证券业协会应当建立对承销商询价、定价、配售行为和网下投资者报价行为的日常监管制度，加强相关行为的监督检查，发现违规情形的，应当及时采取自律监管措施。中国证券业协会还应当建立对网下投资者和承销商的跟踪分析和评价体系，并根据评价结果采取奖惩措施。

6. 发行人、证券公司、证券服务机构、投资者及其直接负责的主管人员和其他直接责任人员有失诚信、违反法律、行政法规或者《证券发行与承销管理办法》规定的，中国证监会可以视情节轻重采取责令改正、监管谈话、出具警示函、责令公开说明、认定为不适当人选等监管措施，或者采取市场禁入措施，并记入诚信档案；依法应予行政处罚的，依照有关规定进行处罚；涉嫌犯罪的，依法移送司法机关，追究其刑事责任。

（二）监管部门对债券发行与承销的监管措施

1. 监管部门对公司债券发行与承销的监管措施

中国证监会依法对公司债券的公开发行、非公开发行及其交易或转让活动进行监督管理。

证券自律组织可依照相关规定对公司债券的上市交易或转让、非公开发行及转让、承销、尽职调查、信用评级、受托管理及增信等进行自律管理。

证券自律组织应当制定相关业务规则，明确公司债券承销、备案、上市交易或转让、信息披露、投资者适当性管理、持有人会议及受托管理等具体规定，报中国证监会批准。

2. 监管部门对企业债券发行与承销的监管措施

为了进一步加强企业债券监督管理工作，国家发展和改革委员会依法对企业债券的发行、托管、兑付、信息披露、募集资金使用等以及在证券交易所之外其他合法交易等相关事项进行监督管理，维护企业债券市场秩序。

（1）国家发展和改革委员会根据工作需要授权省级发展改革部门对本行政区域内企业债券发行及其相关活动进行监督检查，省级发展改革部门应当及时将监督检查结果报告国家发展和改革委员会。

（2）在企业债券发行过程中，各承销商面向社会公开零售企业债券的所有营业网点及每个营业网点的承销份额，均须在各营业网点所在地省级发展改革部门备案，并自觉接受当地省级发展改革部门的监督检查。

（3）国家发展和改革委员会和省级发展改革部门在履行监督检查职责时，有关单位和当事人应给予积极配合，对违法违规行为的，依法制止，责令纠正。

涉嫌犯罪的，移送司法机关处理。

3. 监管部门对金融债券发行与承销的监管措施

中国人民银行依法对金融债券的发行进行监督管理。

4. 监管部门对非金融企业债务融资工具发行与承销的监管措施

（1）交易商协会依据《银行间债券市场非金融企业债务融资工具管理办法》及中国人民银行相关规定对债务融资工具的发行与交易实施自律管理。交易商协会应制定相关自律管理规则，并报中国人民银行备案。

（2）同业拆借中心负责债务融资工具交易的日常监测，每月汇总债务融资工具交易情况向交易商协会报送。

（3）中央结算公司负责债务融资工具登记、托管、结算的日常监测，每月汇总债务融资工具发行、登记、托管、结算、兑付等情况向交易商协会报送。

（4）交易商协会应每月向中国人民银行报告债务融资工具注册汇总情况、自律管理工作情况、市场运行情况及自律管理规则执行情况。

六、违反证券发行与承销有关规定的法律责任

（一）违反证券（股票类）发行与承销有关规定的法律责任

1. 证券公司承销未经核准擅自公开发行的证券（股票类）的，依照《证券法》第一百九十条的规定处罚。

证券公司承销证券（股票类）有前款所述情形的，中国证监会可以采取12至36个月暂不受理其股票和可转换公司债券承销业务有关文件的监管措施。

2. 证券公司及其直接负责的主管人员和其他直接责任人员在承销证券过程中，有下列行为之一的，中国证监会可以采取《证券发行与承销管理办法》第三十八条规定的监管措施；情节比较严重的，还可以采取3至12个月暂不受理其证券（股票类）承销业务有关文件的监管措施；依法应予行政处罚的，依照《证券法》第一百九十一条的规定予以处罚：

（1）夸大宣传，或以虚假广告等不正当手段诱导、误导投资者；

（2）以不正当竞争手段招揽承销业务；

（3）从事《证券发行与承销管理办法》第十七条规定禁止的行为；

（4）向不符合《证券发行与承销管理办法》第五条规定的网下投资者配售股票，或向《证券发行与承销管理办法》第十六条规定禁止配售的对象配售股票；

（5）未按《证券发行与承销管理办法》要求披露有关文件；

（6）未按照事先披露的原则和方式配售股票，或其他未依照披露文件实施的行为；

（7）向投资者提供除招股意向书等公开信息以外的发行人其他信息；

（8）未按照《证券发行与承销管理办法》要求保留推介、定价、配售等承销过程中相关资料；

（9）其他违反证券承销业务规定的行为。

3. 发行人及其直接负责的主管人员和其他直接责任人员有下列行为之一的，中国证监会可以采取《证券发行与承销管理办法》第三十八条规定的监管措施；构成违反《证券法》相关规定的，依法进行行政处罚：

（1）从事《证券发行与承销管理办法》第十七条规定禁止的行为；

（2）夸大宣传，或以虚假广告等不正当手段诱导、误导投资者；

（3）向投资者提供除招股意向书等公开信息以外的发行人信息；

（4）中国证监会认定的其他情形。

（二）违反债券发行与承销有关规定的法律责任

1. 违反公司债券发行与承销有关规定的法律责任

（1）对违反法律法规及《公司债券发行与交易管理办法》规定的机构和人员，中国证监会可采取责令改正、监管谈话、出具警示函、责令公开说明、责令参加培训、责令定期报告、认定为不适当人选、暂不受理与行政许可有关的文件等相关监管措施；依法应予行政处罚的，依照《证券法》《行政处罚法》等法律法规和中国证监会的有关规定进行处罚；涉嫌犯罪的，依法移送司法机关，追究其刑事责任。

（2）发行人、承销机构向不符合规定条件的投资者发行公司债券的，中国证监会可以对发行人、承销机构及其直接负责的主管人员和其他直接责任人员采取上述（1）规定的相关监管措施；情节严重的，处以警告、罚款。

（3）非公开发行公司债券，发行人违反《公司债券发行与交易管理办法》第十五条规定的，中国证监会可以对发行人及其直接负责的主管人员和其他直接责任人员采取上述（1）规定的相关监管措施；情节严重的，处以警告、罚款。

（4）承销机构承销未经核准擅自公开发行的公司债券的，中国证监会可以采取12至36个月暂不受理其证券承销业务有关文件等监管措施；对其直接负责的主管人员和其他直接责任人员，可以采取上述（1）规定的相关监管措施。

（5）除中国证监会另有规定外，承销或自行销售非公开发行公司债券未按规定进行备案的，中国证监会可以对承销机构及其直接负责的主管人员和其他直接责任人员采取上述（1）规定的相关监管措施；情节严重的，处以警告、罚款。

（6）承销机构在承销公司债券过程中，有下列行为之一的，中国证监会可以对承销机构及其直接负责的主管人员和其他直接责任人员采取上述（1）规定的相关监管措施；情节严重的，可以对承销机构采取 3 至 12 个月暂不受理其证券承销业务有关文件的监管措施：

①以不正当竞争手段招揽承销业务；
②从事《公司债券发行与交易管理办法》第三十八条规定禁止的行为；
③从事《公司债券发行与交易管理办法》第四十条规定禁止的行为；
④未按《公司债券发行与交易管理办法》及相关规定要求披露有关文件；
⑤未按照事先披露的原则和方式配售公司债券，或其他未依照披露文件实施的行为；
⑥未按照《公司债券发行与交易管理办法》及相关规定要求保留推介、定价、配售等承销过程中相关资料；
⑦其他违反承销业务规定的行为。

（7）发行人有下列行为之一的，中国证监会可以对发行人及其直接负责的主管人员和其他直接责任人员采取上述（1）规定的相关监管措施：

①从事《公司债券发行与交易管理办法》第三十八条规定禁止的行为；
②从事《公司债券发行与交易管理办法》第四十条规定禁止的行为；
③其他违反承销业务规定的行为。

（8）非公开发行公司债券，发行人及其他信息披露义务人未按规定披露信息，或者所披露的信息存在虚假记载、误导性陈述或者重大遗漏的，依照《证券法》和中国证监会有关规定处理，对发行人、其他信息披露义务人及其直接负责的主管人员和其他直接责任人员可以采取上述（1）规定的相关监管措施；情节严重的，处以警告、罚款。

（9）发行人、债券受托管理人违反《公司债券发行与交易管理办法》规定，损害债券持有人权益的，中国证监会可以对发行人、受托管理人及其直接负责的主管人员和其他直接责任人员采取上述（1）规定的相关监管措施；情节严重的，处以警告、罚款。

（10）发行人的控股股东滥用公司法人独立地位和股东有限责任，损害债券持有人利益的，应当依法对公司债务承担连带责任。

2. 违反企业债券发行与承销有关规定的法律责任

（1）未经批准发行或者变相发行企业债券的，以及未通过证券经营机构发行企业债券的，责令停止发行活动，退还非法所筹资金，处以相当于非法所筹资金金额5%以下的罚款。

（2）超过批准数额发行企业债券的，责令退还超额发行部分或者核减相当于超额发行金额的贷款额度，处以相当于超额发行部分5%以下的罚款。

（3）超过《企业债券管理条例》第十八条规定的最高利率发行企业债券的，责令改正，处以相当于所筹资金金额5%以下的罚款。

（4）用财政预算拨款、银行贷款或者国家规定不得用于购买企业债券的其他资金购买企业债券的，以及办理储蓄业务的机构用所吸收的储蓄存款购买企业债券的，责令收回该资金，处以相当于所购买企业债券金额5%以下的罚款。

（5）未按批准用途使用发行企业债券所筹资金的，责令改正，没收其违反批准用途使用资金所获收益，并处以相当于违法使用资金金额5%以下的罚款。

（6）非证券经营机构和个人经营企业债券的承销或者转让业务的，责令停止非法经营，没收非法所得，并处以承销或者转让企业债券金额5%以下的罚款。

上述（1）（2）（3）（4）（5）（6）规定的处罚，由中国人民银行及其分支机构决定。

上述（1）（2）（3）（4）（5）（6）所列违法行为单位的法定代表人和直接责任人员，由中国人民银行及其分支机构给予警告或者处以1万元以上10万元以下的罚款；构成犯罪的，依法追究刑事责任。

地方审批机关违反《企业债券管理条例》规定，批准发行企业债券的，责令改正，给予通报批评，根据情况相应核减该地方企业债券的发行规模。

企业债券监督管理机关的工作人员玩忽职守、徇私舞弊的，给予行政处分；构成犯罪的，依法追究刑事责任。

发行企业债券的企业违反规定，给他人造成损失的，应当依法承担民事赔偿责任。

3. 违反金融债券发行与承销有关规定的法律责任

（1）发行人有下列行为之一的，由中国人民银行按照《中国人民银行法》第四十六条的规定予以处罚。

①未经中国人民银行核准擅自发行金融债券；

②超规模发行金融债券；

③以不正当手段操纵市场价格、误导投资者；

④未按规定报送文件或披露信息；

⑤其他违反《全国银行间债券市场金融债券发行管理办法》的行为。

（2）承销人有下列行为之一的，由中国人民银行按照《中国人民银行法》

第四十六条的规定予以处罚。

①以不正当竞争手段招揽承销业务；

②发布虚假信息或泄露非公开信息；

③其他违反《全国银行间债券市场金融债券发行管理办法》的行为。

（3）托管机构有下列行为之一的，由中国人民银行按照《中国人民银行法》第四十六条的规定予以处罚。

①挪用托管客户金融债券；

②债券登记错误或遗失；

③发布虚假信息或泄露非公开信息；

④其他违反《全国银行间债券市场金融债券发行管理办法》的行为。

（4）注册会计师、律师、信用评级机构等相关机构和人员所出具的文件含有虚假记载、误导性陈述或重大遗漏的，由中国人民银行按照《中国人民银行法》第四十六条的规定予以处罚。其行为给他人造成损失的，应当就其负有责任的部分依法承担民事责任。

（5）《中国人民银行法》第四十六条的规定如下：

中国人民银行有权对金融机构以及其他单位和个人的下列行为进行检查监督：

①执行有关存款准备金管理规定的行为；

②与中国人民银行特种贷款有关的行为；

③执行有关人民币管理规定的行为；

④执行有关银行间同业拆借市场、银行间债券市场管理规定的行为；

⑤执行有关外汇管理规定的行为；

⑥执行有关黄金管理规定的行为；

⑦代理中国人民银行经理国库的行为；

⑧执行有关清算管理规定的行为；

⑨执行有关反洗钱规定的行为。

前款所称中国人民银行特种贷款，是指国务院决定的由中国人民银行向金融机构发放的用于特定目的的贷款。

上述所列行为违反有关规定，有关法律、行政法规有处罚规定的，依照其规定给予处罚；有关法律、行政法规未作处罚规定的，由中国人民银行区别不同情形给予警告，没收违法所得，违法所得50万元以上的，并处违法所得1倍以上5倍以下罚款；没有违法所得或者违法所得不足50万元的，处50万元以上200万元以下罚款；对负有直接责任的董事、高级管理人员和其他直接责任人员给予警告，处 5 万元以上 50 万元以下罚款；构成犯罪的，依法追究刑事责任。

4. 违反非金融企业债务融资工具发行与承销有关规定的法律责任

（1）交易商协会对违反自律管理规则的机构和人员，可采取警告、诫勉谈话、公开谴责等措施进行处理。

（2）中国人民银行依法对交易商协会、同业拆借中心和中央结算公司进行监督管理。

交易商协会、同业拆借中心和中央结算公司应按照中国人民银行的要求，及时向中国人民银行报送与债务融资工具发行和交易等有关的信息。

（3）对违规机构和人员，中国人民银行可依照《中国人民银行法》第四十六条规定进行处罚，构成犯罪的，依法追究刑事责任。

（三）违反证券发行与承销有关规定的处罚案例

1. 违反证券（股票类）发行与承销有关规定的处罚案例

某证券公司（以下简称"保荐人"）担任某股份公司（以下简称"发行人"）首次公开发行股票并上市的保荐机构，未审慎核查发行人与主要客户销售情况、生产情况、存货情况。保荐人在核查过程中未勤勉尽责，出具的《发行保荐书》等文件存在虚假记载的行为，违反了《证券法》第十一条第二款"保荐人应当遵守业务规则和行业规范，诚实守信，勤勉尽责，对发行人的申请文件和信息披露资料进行审慎核查，督导发行人规范运作"的规定，构成《证券法》第一百九十二条所述"保荐人出具有虚假性记载、误导性陈述或者重大遗漏的保荐书，或者不履行其他法定职责的"行为。对保荐人的上述行为，两名签字保荐代表人是直接负责的主管人员。根据当事人违法行为的事实、性质、情节与社会危害程度，依据《证券法》第一百九十二条的规定，中国证监会决定：第一，没收保荐人业务收入，并处以相应罚款；第二，对两名保荐代表人给予警告，并分别处以罚款。

2. 违反债券发行与承销有关规定的处罚案例

某证券公司（以下简称"受托管理人"）在担任某股份公司（以下简称"发行人"）发行的公司债券受托管理机构过程中，发行人未披露其与关联方的资金拆借情形，未及时披露债券存续期内发生的可能影响偿债能力或债券价格的重大事项。受托管理人没有按照《债券受托管理协议》第四条约定，在债券存续期内持续有效督促发行人履行信息披露义务，没有持续有效关注发行人的资信状况，对相关情况进行持续有效跟踪和监督，未能勤勉尽责地履行受托管理责任。违反了《公司债券发行与交易管理办法》第四十九条第二款和第五十二条的规定。受托管理人被地方证监局采取了出具警示函的监管措施，并将相关情况记入证券期货市场诚信档案。

第五节 证券自营

本节重点梳理、解释、总结与证券公司自营业务相关的法律法规规定，包括证券公司自营业务管理制度、投资决策机制和风险监控体系的一般规定；自营业务决策与授权的要求；自营业务操作的基本要求；自营业务投资范围的规定；自营业务风险控制指标的要求、禁止性行为以及自营业务的监管措施和相应法律责任。依据的规定主要包括《证券公司监督管理条例》《证券公司业务范围审批暂行规定》《证券公司内部控制指引》以及《证券公司证券自营业务指引》等。

一、法规概述

（一）法律、行政法规

《证券法》第六章"证券公司"对证券公司的证券自营业务作出了原则性规定，《证券公司监督管理条例》则在其第四章"业务规则与风险控制"的第三节专门对证券公司证券自营业务作出一般或基本规定。上述法律及行政法规是中国证监会等监管机构制定自营业务相关监管政策、实施监督管理的重要法律依据。

（二）部门规章及规范性文件

除上述法律及行政法规外，证券公司证券自营业务涉及的部门规章及规范性文件包括《证券公司风险控制指标管理办法》《证券公司风险控制指标计算标准规定》《证券公司内部控制指引》《证券公司证券自营业务指引》《关于证券公司证券自营业务投资范围及有关事项的规定》等。

二、证券自营业务的含义及投资范围

（一）证券自营业务的基本概念

证券自营业务是指经中国证监会批准经营证券自营业务的证券公司用自有资

金以自己名义开设的证券账户买卖依法公开发行的股票、债券、证券投资基金或者国务院证券监督管理机构认可的其他证券，以获取盈利的行为。

（二）证券自营业务的投资范围

1. 关于投资范围的一般性规定

根据《关于证券公司证券自营业务投资范围及有关事项的规定》，证券公司从事证券自营业务，可以买卖此规定附件《证券公司证券自营投资品种清单》所列证券，主要包括：

（1）已经和依法可以在境内证券交易所上市交易和转让的证券。这是证券自营业务主要的投资对象，主要包括股票、债券、证券投资基金等。

（2）已经在全国中小企业股份转让系统挂牌转让的证券。

（3）已经和依法可以在符合规定的区域性股权交易市场挂牌转让的私募债券，已经在符合规定的区域性股权交易市场挂牌转让的股票。

（4）已经和依法可以在境内银行间市场交易的证券。主要包括政府债券、国际开发机构人民币债券、央行票据、金融债券、短期融资券、公司债券、中期票据、企业债券。

（5）经国家金融监管部门或者其授权机构依法批准或备案发行并在境内金融机构柜台交易的证券。

2. 关于投资范围的特别规定

证券公司将自有资金投资于依法公开发行的国债、投资级公司债、货币市场基金、央行票据等中国证监会认可的风险较低、流动性较强的证券，或者委托其他证券公司或者基金管理公司进行证券投资管理，且投资规模合计不超过其净资本80%的，无须取得证券自营业务资格。

具备证券自营业务资格的证券公司可以从事金融衍生产品交易，不具备证券自营业务资格的证券公司只能以对冲风险为目的，从事金融衍生产品交易。

证券公司可以委托具备证券资产管理业务资格、特定客户资产管理业务资格或者合格境内机构投资者资格的其他证券公司或者基金管理公司进行证券投资管理。

具备证券自营业务资质的证券公司可以设立子公司，从事《证券公司证券自营投资品种清单》所列品种以外的金融产品等投资。该证券公司不得为子公司提供融资或担保。

三、证券自营业务管理及操作

（一）证券自营业务的基本管理及内控要求

根据《证券公司内部控制指引》，证券公司应加强自营业务投资决策、资金、账户、清算、交易和保密等的管理，重点防范规模失控、决策失误、超越授权、变相自营、账外自营、操纵市场、内幕交易等风险。

证券公司应建立独立的实时监控系统，证券公司的监督检查部门或其他独立监控部门负责对证券持仓、盈亏状况、风险状况和交易活动进行有效监控并定期对自营业务进行压力测试，确保自营业务各项风险指标符合监管指标的要求并控制在证券公司承受范围内。

证券公司应加强对参与投资决策和交易活动人员的监察，通过定期述职和签订承诺书等方式提高其自律意识，防止利用内幕消息为自己及他人谋取不当利益。

（二）证券自营业务的决策与授权

证券公司应建立健全相对集中、权责统一的投资决策与授权机制。

1. 投资决策机制

自营业务决策机构原则上应当按照董事会—投资决策机构—自营业务部门的三级体制设立。

（1）董事会是自营业务的最高决策机构，在严格遵守监管法规中关于自营业务规模等风险控制指标规定基础上，根据公司资产、负债、损益和资本充足等情况确定自营业务规模、可承受的风险限额等，并以董事会决议的形式进行落实，自营业务具体投资运作管理由董事会授权公司投资决策机构决定。

（2）投资决策机构是自营业务投资运作的最高管理机构，负责确定具体的资产配置策略、投资事项和投资品种等。

（3）自营业务部门为自营业务的执行机构，应在投资决策机构作出的决策范围内，根据授权负责具体投资项目的决策和执行工作。

自营业务的管理和操作由证券公司自营业务部门专职负责，非自营业务部门和分支机构不得以任何形式开展自营业务。自营业务中涉及自营规模、风险限额、资产配置、业务授权等方面的重大决策应当经过集体决策并采取书面形式，由相关人员签字确认后存档。

2. 授权机制

证券公司应建立健全自营业务授权制度，明确授权权限、时效和责任，对授权过程做书面记录，保证授权制度的有效执行。同时建立层次分明、职责明确的业务管理体系，制定标准的业务操作流程，明确自营业务相关部门、相关岗位的职责。

（三）证券自营业务的具体操作要求

1. 账户

证券自营业务必须以证券公司自身名义、通过专用自营席位进行，并由非自营业务部门负责自营账户的管理，包括开户、销户、使用登记等。

证券公司需建立健全自营账户的审核和稽核制度，严禁出借自营账户、使用非自营席位变相自营、账外自营。

2. 投资管理

证券公司需完善可投资证券品种的投资论证机制，建立证券池制度，自营业务部门只能在确定的自营规模和可承受风险限额内，从证券池内选择证券进行投资。并建立健全自营业务运作止盈止损机制，止盈止损的决策、执行与实效评估应当符合规定的程序并进行书面记录。

证券公司需建立严密的自营业务操作流程，投资品种的研究、投资组合的制订和决策以及交易指令的执行应当相互分离并由不同人员负责；交易指令执行前应当经过审核，并强制留痕。同时，应建立健全自营业务数据资料备份制度，并由专人负责管理。

3. 资金

证券自营业务需加强自营业务资金的调度管理和自营业务的会计核算，由非自营业务部门负责自营业务所需资金的调度。

自营业务资金的出入必须以公司名义进行，禁止以个人名义从自营账户中调入调出资金，禁止从自营账户中提取现金。

4. 清算

证券自营业务的清算、统计应由专门人员执行，并与财务部门资金清算人员及时对账，对账情况要有相应记录及相关人员签字。

对自营资金执行独立清算制度，自营清算岗位应当与经纪业务、资产管理业务及其他业务的清算岗位分离。

（四）证券自营业务的风险控制指标

根据《证券公司风险控制指标计算标准规定》，证券公司经营自营业务，其持仓规模必须符合下列规定：

第一，自营权益类证券及其衍生品的合计额不得超过净资本的100%。

第二，自营非权益类证券及其衍生品的合计额不得超过净资本的500%。

第三，持有一种权益类证券的成本不得超过净资本的30%。

第四，持有一种权益类证券的市值与其总市值的比例不得超过5%，因包销、中国证监会认可的做市业务以及股票质押违约处理等导致的情形及中国证监会另有认定的除外。

第五，持有一种非权益类证券的规模不得超过其总规模的20%，不含同业存单，因包销等导致的情形及中国证监会另有认定的除外。

（五）证券自营业务的禁止性行为

1. 禁止内幕交易

证券公司从事证券自营业务时，严禁以获取利益或者减少损失为目的，利用证券交易内幕信息的知情人和非法获取内幕信息的人利用内幕信息从事证券交易活动。

2. 禁止操纵市场

证券公司不得利用自营业务操纵证券市场。

3. 其他禁止的行为

其他禁止的行为包括：假借他人名义或者个人名义进行自营业务；违反规定委托他人代为买卖证券；违反规定购买本证券公司控股股东或者与本证券公司有其他重大利害关系的发行人发行的证券；将自营账户借给他人使用；将自营业务与经纪业务混合操作；法律、行政法规或中国证监会禁止的其他行为。

四、证券自营业务的监管措施和法律责任

（一）自营业务的监管措施

1. 中国证监会的监管

（1）证券公司从事证券自营业务，应当以公司名义开立证券自营账户，并报中国证监会备案。

（2）中国证监会对证券公司从事证券自营业务情况及相关的资金来源和运用情况进行定期或不定期检查，并可要求其证券公司报送其证券自营业务资料及其他相关业务资料。

（3）中国证监会及其派出机构对从事证券自营业务过程中涉嫌违反国家有关法规的证券公司，将进行调查，并可要求提供、复制或封存有关业务文件、资料、账册、报表、凭证和其他必要的资料。中国证监会及派出机构还可以要求证券公司有关人员在指定时间和地点提供有关证据。

（4）证券公司可聘请具有从事证券业务资格的会计师事务所、审计事务所等专业性中介机构，对证券公司从事证券自营业务情况进行稽核。证券公司对会计师事务所、审计事务所等专业性中介机构的稽核，应视同为中国证监会的检查并予以配合。

（5）证券自营业务原始凭证以及有关业务文件、资料、账册、报表和其他必要的材料应至少妥善保存20年。

（6）中国证监会及派出机构应加强对内幕交易等违法违规行为的监管，一经发现违法违规行为应严肃处理。

2. 证券交易所的监管

（1）证券公司的证券自营账户，应当自开户之日起3个交易日内报证券交易所备案。

（2）证券交易所应当按照章程、业务规则对证券公司通过证券自营等业务进行的证券交易实施监督管理。

（3）证券交易所应当按照章程、业务规则要求证券公司报备其通过自营账户开展产品业务创新的具体情况以及账户实际控制人的有关文件资料。

（二）自营业务的法律责任

1. 《证券法》的有关规定

（1）证券自营业务过程中涉嫌内幕交易的法律责任，详见本书第一章第三节"证券法"中相关叙述。

（2）证券自营业务过程中涉嫌操纵证券市场的法律责任，详见本书第一章第三节"证券法"中相关叙述。

（3）证券公司违反规定，假借他人名义或者以个人名义从事证券自营业务的法律责任，详见本书第一章第三节"证券法"中相关叙述。

（4）证券公司对其证券经纪业务、证券承销业务、证券自营业务、证券资产管理业务，不依法分开办理，混合操作的法律责任，详见本书第一章第三节"证券法"中相关叙述。

2. 《刑法》的有关规定

（1）证券、期货交易内幕信息的知情人员或者非法获取证券、期货交易内幕信息的人员，在涉及证券的发行，证券、期货交易或者其他对证券、期货交易价格有重大影响的信息尚未公开前，买入或者卖出该证券，或者从事与该内幕信息有关的期货交易，或者泄露该信息，或者明示、暗示他人从事上述交易活动，情节严重的，处5年以下有期徒刑或者拘役，并处或者单处违法所得1倍以上5倍以下罚金；情节特别严重的，处5年以上10年以下有期徒刑，并处违法所得1倍以上5倍以下罚金。

单位犯前述罪的，对单位判处罚金，并对其直接负责的主管人员和其他直接责任人员，处5年以下有期徒刑或者拘役。

（2）编造并且传播影响证券、期货交易的虚假信息，扰乱证券、期货交易市场，造成严重后果的，处5年以下有期徒刑或者拘役，并处或者单处1万元以上10万元以下罚金。

（3）有下列情形之一，操纵证券、期货市场，情节严重的，处5年以下有期徒刑或者拘役，并处或者单处罚金；情节特别严重的，处5年以上10年以下有期徒刑，并处罚金：单独或者合谋，集中资金优势、持股或者持仓优势或者利用信息优势联合或者连续买卖，操纵证券、期货交易价格或者证券、期货交易量的；与他人串通，以事先约定的时间、价格和方式相互进行证券、期货交易，影响证券、期货交易价格或者证券、期货交易量的；在自己实际控制的账户之间进行证券交易，或者以自己为交易对象，自买自卖期货合约，影响证券、期货交易价格或者证券、期货交易量的；以其他方法操纵证券、期货市场的。

3.《证券公司监督管理条例》的有关规定

（1）证券公司违反规定委托他人代为买卖证券；证券自营业务投资范围或者投资比例违反规定的法律责任，详见本书第一章第六节"证券公司监督管理条例"相关叙述。

（2）证券公司未按照规定将证券自营账户报证券交易所备案的法律责任，详见本书第一章第六节"证券公司监督管理条例"相关叙述。

（三）证券公司开展自营业务违规案例

某证券公司此前因公司约定购回式证券交易业务被动持有X股票以及自营业务通过二级市场交易持有X股票之合计数量达到其总股本5.1%，致使公司证券自营业务风险控制指标不合规。

根据《证券公司风险控制指标管理办法》《证券公司风险控制指标计算规定》的规定，证券公司持有一种权益类证券的市值与其总市值的比例不得超过5%。上述证券公司持有X股票的合计数量超过其总股本的5%，不符合自营业务风险控制指标的要求，被当地证监局责令整改。

第六节 资产管理业务

本节将重点梳理、解释、总结与证券公司资产管理业务，含合格境外机构投资者境内证券投资业务和合格境内机构投资者境外证券投资业务的相关法律法规规定，涉及的资产管理业务种类包括集合资产管理业务、定向资产管理业务、资产证券化业务。依据的法规主要包括《证券公司监督管理条例》《关于规范金融机构资产管理业务的指导意见》《证券公司客户资产管理业务管理办法》《证券公司及基金管理公司子公司资产证券化业务管理规定》《合格境外机构投资者境内证券投资管理办法》等。

一、法规概述

（一）法律、行政法规

《证券投资基金法》对资产管理业务作了基础性法律规定。《证券法》第六章"证券公司"对证券公司经营范围中规定经国务院证券监督管理机构批准，证券公司可以经营证券资产管理业务。《证券公司监督管理条例》则在其第四章"业务规则与风险控制"的第四节专门对证券公司资产管理业务作出基本性规定。上述法律及行政法规是中国证监会等监管机构制定资产管理业务相关监管政策、实施监督管理的重要法律依据。

（二）部门规章及规范性文件

除上述法律及行政法规外，证券公司资产管理业务涉及的主要部门规章及规范性文件包括《关于规范金融机构资产管理业务的指导意见》《证券公司客户资产管理业务管理办法》《证券公司及基金管理公司子公司资产证券化业务管理规定》《证券公司集合资产管理业务实施细则》《证券公司定向资产管理业务实施细则》《证券期货经营机构私募资产管理业务运作管理暂行规定》等。涉及合格境外机构投资者境内证券投资业务和合格境内机构投资者境外证券投资业务的制度包括《境内机构投资者境外证券投资管理试行办法》《合格境外机构投资者境内证券投资管理办法》《合格境外机构投资者境内证券投资外汇管理规定》《合格境内机构投资者境外证券投资外汇管理规定》。

二、资产管理业务的含义与分类

根据《关于规范金融机构资产管理业务的指导意见》，资产管理业务是指银行、信托、证券、基金、期货、保险资产管理机构、金融资产投资公司等金融机构接受投资者委托，对受托的投资者财产进行投资和管理的金融服务。根据《证券公司客户资产管理业务管理办法》，证券公司从事资产管理业务主要有如下三种：

（一）定向资产管理业务

定向资产管理业务是指证券公司与单一客户签订定向资产管理合同，通过专门账户为客户提供资产管理服务的业务。

（二）集合资产管理业务

集合资产管理业务是指证券公司设立集合资产管理计划，与多个客户签订集合资产管理合同，将客户资产交由取得基金托管业务资格的资产托管机构托管，通过专门账户为客户提供资产管理服务的业务。

（三）专项资产管理业务

为客户办理特定目的的专项资产管理业务是指证券公司与客户签订专项资产管理合同，针对客户的特殊要求和基础资产的具体情况，设定特定投资目标，通过专门账户为客户提供资产管理服务的业务。

三、资产管理业务基本要求

根据中国证监会《证券公司客户资产管理业务管理办法》的规定，证券公司从事资产管理业务应当遵守以下要求：

（一）勤勉尽责

证券公司从事客户资产管理业务，应当遵守法律、行政法规和中国证监会的规定，遵循公平、公正的原则，维护客户的合法权益，诚实守信，勤勉尽责，避免利益冲突。

（二）充分了解客户

证券公司、推广机构应当充分了解客户，对客户进行分类，遵循风险匹配原则，向客户推荐适当的资产管理计划，禁止误导客户购买与其风险承受能力不相符合的产品。客户应当独立承担投资风险。

（三）资格审批

证券公司从事客户资产管理业务，应当向中国证监会申请客户资产管理业务资格。未取得客户资产管理业务资格的证券公司，不得从事客户资产管理业务。

（四）业务隔离

证券公司办理资产管理业务，应将客户资产管理业务与公司的其他业务分开管理，控制敏感信息的不当流动和使用，防范内幕交易和利益冲突。证券公司应当保证客户资产与其自有资产的相互独立、集合资产管理计划资产与其他客户资产的相互独立、不同集合资产管理计划资产的相互独立。

四、证券资产管理业务的一般规定

（一）人员

证券公司开展资产管理业务，投资主办人不得少于5人。投资主办人须具有3年以上证券投资、研究、投资顾问或类似从业经历，具备良好的诚信纪录和职业操守，通过中国证券业协会的注册登记。

（二）合同

证券公司开展客户资产管理业务，应当依据法律法规的规定，与客户签订书面资产管理合同，就双方的权利义务和相关事宜作出明确约定。集合资产管理合同应当对客户参与和退出集合资产管理计划的时间、方式、价格、程序等事项作出明确约定。

证券公司应当在资产管理合同中明确规定，由客户自行承担投资风险。证券公司应当向客户如实披露其业务资质、管理能力和业绩等情况，应在合同和风险揭示书中充分揭示市场风险，证券公司因丧失客户资产管理业务资格给客户带来的法律风险，以及其他投资风险。

(三) 募集推广

证券公司可以自行推广集合资产管理计划，也可以委托其他证券公司、商业银行或者中国证监会认可的其他机构代为推广。

集合资产管理计划应当面向合格投资者推广，合格投资者累计不得超过200人。合格投资者是指具备相应风险识别能力和承担所投资集合资产管理计划风险能力且符合下列条件之一的单位和个人：

第一，个人或者家庭金融资产合计不低于100万元人民币。

第二，公司、企业等机构净资产不低于1 000万元人民币。

依法设立并受监管的各类集合投资产品视为单一合格投资者。

证券公司及其他推广机构不得通过广播、电视、报刊、互联网及其他公共媒体推广资产管理计划。

集合计划推广期间，证券公司、代理推广机构应当在规定期限内，将客户参与资金存入集合计划份额登记机构指定的专门账户。集合计划设立完成、开始投资运营之前，不得动用客户参与资金。集合计划推广结束后，证券公司应当聘请具有证券相关业务资格的会计师事务所，对集合计划募集的资金进行验资，出具验资报告。

(四) 委托资产

证券公司办理定向资产管理业务，接受单个客户的资产净值不得低于人民币100万元。客户委托资产应当是客户合法持有的现金、股票、债券、证券投资基金份额、集合资产管理计划份额、央行票据、短期融资券、资产支持证券、金融衍生品或者中国证监会允许的其他金融资产。证券公司董事、监事、从业人员及其配偶不得作为本公司定向资产管理业务的客户。

证券公司办理集合资产管理业务，单个客户参与金额不低于100万元人民币，集合资产管理计划只能接受货币资金形式的资产。

客户应以真实身份参与资产管理业务，委托资金或委托资产来源及用途应符合法律法规的规定，并作出承诺。自然人不得用筹集的他人资金参与资产管理业务。法人或者依法成立的其他组织用筹集的资金参与资产管理业务的，应当向证券公司提供合法筹集资金证明文件。任何人不得非法汇集他人资金参与资产管理计划。

集合计划资产独立于证券公司、资产托管机构和份额登记机构的自有资产。

证券公司、资产托管机构和份额登记机构不得将集合计划资产归入其自有资产。证券公司、资产托管机构和份额登记机构破产或者清算时，集合计划资产不属于其破产财产或者清算财产。

（五）成立及转让

集合计划成立应当具备下列条件：推广过程符合法律、行政法规和中国证监会的规定；募集资金规模在50亿元人民币以下并不低于3 000万元人民币；客户人数在200人以下并不少于2人；符合集合资产管理合同及计划说明书的约定；中国证监会规定的其他条件。

证券公司应当将集合资产管理计划设定为均等份额，并可以根据风险收益特征划分为不同种类。同一种类的集合资产管理计划份额，享有同等权益，承担同等风险。

集合计划存续期间，证券公司、代理推广机构的客户之间可以通过证券交易所等中国证监会认可的交易平台转让集合计划份额。

（六）投资交易

定向资产管理业务的投资范围由证券公司与客户通过合同约定，不得违反法律、行政法规和中国证监会的禁止规定，并且应当与客户的风险认知与承受能力，以及证券公司的投资经验、管理能力和风险控制水平相匹配。定向资产管理业务可以参与融资融券交易，也可以将其持有的证券作为融券标的证券出借给证券金融公司。

集合资产管理计划募集的资金可以投资中国境内依法发行的股票、债券、股指期货、商品期货等证券期货交易所交易的投资品种；央行票据、短期融资券、中期票据、利率远期、利率互换等银行间市场交易的投资品种；证券投资基金、证券公司专项资产管理计划、商业银行理财计划、集合资金信托计划等金融监管部门批准或备案发行的金融产品；以及中国证监会认可的其他投资品种。集合计划可以参与融资融券交易，也可以将其持有的证券作为融券标的证券出借给证券金融公司。

证券公司应当建立公平交易制度及异常交易日常监控机制，公平对待所管理的不同资产，对不同投资组合之间发生的同向交易和反向交易进行监控，并定期中国证监会派出机构及中国证券业协会报告。

因证券市场波动、证券发行人合并、资产管理计划规模变动等证券公司之外的因素致使资产管理计划投资不符合资产管理合同约定的投资比例的，证券公司应当在合同中明确约定相应处理原则，依法及时调整，并向中国证监会派出机构及中国证券业协会报告。

证券公司将其管理的客户资产投资于本公司及与本公司有关联方关系的公司发行的证券或承销期内承销的证券，或者从事其他重大关联交易的，应当遵循客户利益优先原则，事先取得客户的同意，事后告知资产托管机构和客户，同时向证券交易所报告，并采取切实有效措施，防范利益冲突，保护客户合法权益。

（七）证券公司自有资金参与

证券公司以自有资金参与集合计划，应当符合法律、行政法规和中国证监会的规定，并按照《公司法》和公司章程的规定，获得公司股东会、董事会或者其他授权程序的批准。

证券公司自有资金参与单个集合计划的份额，不得超过该计划总份额的20%。因集合计划规模变动等客观因素导致自有资金参与集合计划被动超限的，证券公司应当在合同中明确约定处理原则，依法及时调整。

集合计划存续期间，证券公司自有资金参与集合计划的持有期限不得少于6个月。参与、退出时，应当提前5日告知客户和资产托管机构。为应对集合计划巨额赎回，解决流动性风险，在不存在利益冲突并遵守合同约定的前提下，证券公司以自有资金参与或退出集合计划可不受前款规定限制，但需事后及时告知客户和资产托管机构，并向中国证监会派出机构及中国证券业协会报告。

（八）权利行使

证券公司办理定向资产管理业务，由客户自行行使其所持有证券的权利，履行相应的义务。证券公司将定向资产管理业务的客户资产投资于上市公司的股票，发生客户应当履行公告、报告、要约收购等法律、行政法规和中国证监会规定义务的情形时，证券公司应当立即通知有关客户，并督促其履行相应义务；客户拒不履行的，证券公司应当向证券交易所报告。

证券公司代表客户行使集合资产管理计划所拥有证券的权利，履行相应的义务。

（九）信息披露与报告

证券公司应当保证客户能够按照资产管理合同约定的时间和方式查询客户资产配置状况等信息。

证券公司应当至少每季度向客户提供一次准确、完整的资产管理报告，对报告期内客户资产的配置状况、价值变动等情况作出详细说明。发生资产管理合同约定的，或可能影响客户利益的重大事项的，证券公司应当提前或者在合理时间内告知客户。

（十）终止

有下列情形之一的，集合计划应当终止：计划存续期间，客户少于2人；计划存续期满且不展期；计划说明书约定的终止情形；法律、行政法规及中国证监会规定的其他终止情形。集合计划终止的，证券公司应当在发生终止情形之日起5日内开始清算集合计划资产，清算后的剩余资产，应当按照客户持有计划份额占计划总份额的比例或者集合资产管理合同的约定，以货币资金的形式全部分配给客户。

定向资产管理合同约定的投资管理期限届满或者发生合同约定的其他事由，应当终止资产管理合同的，证券公司在扣除合同约定的各项费用后，必须将客户账户内的全部资产交还客户。

（十一）托管

证券公司办理证券资产管理业务，应当将受托资产交由取得基金托管业务资格的资产托管机构托管。证券公司、资产托管机构应当为资产管理计划单独开立证券账户、资金账户等相关账户。

资产托管机构办理资产管理的资产托管业务，应当履行下列职责：安全保管资产管理业务资产；执行证券公司的投资或者清算指令，并负责办理资产管理业务资产运营中的资金往来；监督证券公司资产管理业务的经营运作，发现证券公司的投资或清算指令违反法律、行政法规、中国证监会的规定或者资产管理合同约定的，应当要求改正；未能改正的，应当拒绝执行，并向证券公司住所地、资产管理分公司所在地中国证监会派出机构及中国证券业协会报告；出具资产托管报告；资产管理合同约定的其他事项。

资产托管机构应将托管的资产管理业务资产与其自有资产及其管理的其他资产严格分开。资产托管机构有权随时查询资产管理业务的经营运作情况，并应定期核对资产管理业务资产的情况，防止出现挪用或者遗失。

（十二）禁止行为

证券公司从事客户资产管理业务，不得有下列行为：
第一，挪用客户资产。

第二，向客户作出保证其资产本金不受损失或者取得最低收益的承诺。

第三，以欺诈手段或者其他不当方式误导、诱导客户；将资产管理业务与其他业务混合操作；

第四，以转移资产管理账户收益或者亏损为目的，在自营账户与资产管理账户之间或者不同的资产管理账户之间进行买卖，损害客户的利益。

第五，利用所管理的客户资产为第三方谋取不正当利益，进行利益输送。

第六，自营业务抢先于资产管理业务进行交易，损害客户的利益。

第七，以获取佣金或者其他利益为目的，用客户资产进行不必要的证券交易。

第八，内幕交易、利用未公开信息交易、操纵市场。

第九，将集合资产管理计划资产用于可能承担无限责任的投资。违规将集合资产管理计划资产用于资金拆借、贷款、抵押融资或者对外担保等用途。

第十，法律、行政法规和中国证监会规定禁止的其他行为。

五、私募资产管理业务的专项监管要求

《证券期货经营机构私募资产管理业务运作管理暂行规定》自 2016 年 7 月 18 日起施行。该规定对证券公司、基金管理公司、期货公司及其依法设立的从事私募资产管理业务的子公司在私募资产管理业务产品销售推广等提出了更加细化的要求，主要为：

证券期货经营机构及相关销售机构不得违规销售资产管理计划，不得存在不适当宣传、误导欺诈投资者以及以任何方式向投资者承诺本金不受损失或者承诺最低收益等行为。

证券期货经营机构设立结构化资产管理计划，不得违背利益共享、风险共担、风险与收益相匹配的原则。

证券期货经营机构开展私募资产管理业务，不得从事违法证券期货业务活动或者为违法证券期货业务活动提供交易便利。

证券期货经营机构发行的资产管理计划不得投资于不符合国家产业政策、环境保护政策的项目（证券市场投资除外）。

证券期货经营机构开展私募资产管理业务，不得委托个人或不符合条件的第三方机构为其提供投资建议，管理人依法应当承担的职责不因委托而免除。

证券期货经营机构开展私募资产管理业务，不得从事非公平交易、利益输送、利用未公开信息交易、内幕交易、操纵市场等损害投资者合法权益的行为，

不得利用资产管理计划进行商业贿赂，不得从事违法证券期货业务活动或者为违法证券期货业务活动提供交易便利。

证券期货经营机构不得开展或参与具有"资金池"性质的私募资产管理业务，不得对私募资产管理业务主要业务人员及相关管理团队实施过度激励。

六、关于规范金融机构资产管理业务的指导意见

为规范金融机构资产管理业务，统一同类资产管理产品监管标准，有效防控金融风险，更好地服务实体经济，经国务院同意，中国人民银行、中国银行保险监督管理委员会、中国证券监督管理委员会、国家外汇管理局联合印发了《关于规范金融机构资产管理业务的指导意见》（以下简称《指导意见》），于2018年4月27日起实施。意见实施后，金融监督管理部门在意见框架内研究制定配套细则，配套细则之间应当相互衔接，避免产生新的监管套利和不公平竞争。目前《指导意见》刚刚实施，与证监会资产管理业务制度还存在一定差异，待证监会出台相应细则后予以统一。

（一）规范金融机构资产管理业务主要遵循以下几项原则：

第一，坚持严控风险的底线思维。把防范和化解资产管理业务风险放到更加重要的位置，减少存量风险，严防增量风险。

第二，坚持服务实体经济的根本目标。既充分发挥资产管理业务功能，切实服务实体经济投融资需求，又严格规范引导，避免资金脱实向虚在金融体系内部自我循环，防止产品过于复杂，加剧风险跨行业、跨市场、跨区域传递。

第三，坚持宏观审慎管理与微观审慎监管相结合、机构监管与功能监管相结合的监管理念。实现对各类机构开展资产管理业务的全面、统一覆盖，采取有效监管措施，加强金融消费者权益保护。

第四，坚持有的放矢的问题导向。重点针对资产管理业务的多层嵌套、杠杆不清、套利严重、投机频繁等问题，设定统一的标准规制，同时对金融创新坚持趋利避害、一分为二，留出发展空间。

第五，坚持积极稳妥审慎推进。正确处理改革、发展、稳定关系，坚持防范风险与有序规范相结合，在下决心处置风险的同时，充分考虑市场承受能力，合理设置过渡期，把握好工作的次序、节奏、力度，加强市场沟通，有效引导市场预期。

（二）金融机构运用受托资金进行投资，应当遵守审慎经营规则，制定科学合理的投资策略和风险管理制度，有效防范和控制风险。

金融机构应当履行以下管理人职责：依法募集资金，办理产品份额的发售和登记事宜；办理产品登记备案或者注册手续；对所管理的不同产品受托财产分别管理、分别记账，进行投资；按照产品合同的约定确定收益分配方案，及时向投资者分配收益；进行产品会计核算并编制产品财务会计报告；依法计算并披露产品净值或者投资收益情况，确定申购、赎回价格；办理与受托财产管理业务活动有关的信息披露事项；保存受托财产管理业务活动的记录、账册、报表和其他相关资料；以管理人名义，代表投资者利益行使诉讼权利或者实施其他法律行为；在兑付受托资金及收益时，金融机构应当保证受托资金及收益返回委托人的原账户、同名账户或者合同约定的受益人账户；金融监督管理部门规定的其他职责。

金融机构未按照诚实信用、勤勉尽责原则切实履行受托管理职责，造成投资者损失的，应当依法向投资者承担赔偿责任。

（三）金融机构代理销售其他金融机构发行的资产管理产品，应当符合金融监督管理部门规定的资质条件。未经金融监督管理部门许可，任何非金融机构和个人不得代理销售资产管理产品。

金融机构应当建立资产管理产品的销售授权管理体系，明确代理销售机构的准入标准和程序，明确界定双方的权利与义务，明确相关风险的承担责任和转移方式。

金融机构代理销售资产管理产品，应当建立相应的内部审批和风险控制程序，对发行或者管理机构的信用状况、经营管理能力、市场投资能力、风险处置能力等开展尽职调查，要求发行或者管理机构提供详细的产品介绍、相关市场分析和风险收益测算报告，进行充分的信息验证和风险审查，确保代理销售的产品符合意见规定并承担相应责任。

（四）金融机构应当做到每只资产管理产品的资金单独管理、单独建账、单独核算，不得开展或者参与具有滚动发行、集合运作、分离定价特征的资金池业务。

金融机构应当合理确定资产管理产品所投资资产的期限，加强对期限错配的流动性风险管理，金融监督管理部门应当制定流动性风险管理规定。

为降低期限错配风险，金融机构应当强化资产管理产品久期管理，封闭式资产管理产品期限不得低于90天。资产管理产品直接或者间接投资于非标准化债权类资产的，非标准化债权类资产的终止日不得晚于封闭式资产管理产品的到期日或者开放式资产管理产品的最近一次开放日。

资产管理产品直接或者间接投资于未上市企业股权及其受（收）益权的，应当为封闭式资产管理产品，并明确股权及其受（收）益权的退出安排。未上市企业股权及其受（收）益权的退出日不得晚于封闭式资产管理产品的到期日。

金融机构不得违反金融监督管理部门的规定，通过为单一融资项目设立多只资产管理产品的方式，变相突破投资人数限制或者其他监管要求。同一金融机构发行多只资产管理产品投资同一资产的，为防止同一资产发生风险波及多只资产管理产品，多只资产管理产品投资该资产的资金总规模合计不得超过300亿元。如果超出该限额，需经相关金融监督管理部门批准。

（五）金融机构对资产管理产品应当实行净值化管理，净值生成应当符合企业会计准则规定，及时反映基础金融资产的收益和风险，由托管机构进行核算并定期提供报告，由外部审计机构进行审计确认，被审计金融机构应当披露审计结果并同时报送金融管理部门。

金融资产坚持公允价值计量原则，鼓励使用市值计量。符合以下条件之一的，可按照企业会计准则以摊余成本进行计量：资产管理产品为封闭式产品，且所投金融资产以收取合同现金流量为目的并持有到期；资产管理产品为封闭式产品，且所投金融资产暂不具备活跃交易市场，或者在活跃市场中没有报价，也不能采用估值技术可靠计量公允价值。

金融机构以摊余成本计量金融资产净值，应当采用适当的风险控制手段，对金融资产净值的公允性进行评估。当以摊余成本计量已不能真实公允反映金融资产净值时，托管机构应当督促金融机构调整会计核算和估值方法。金融机构前期以摊余成本计量的金融资产的加权平均价格与资产管理产品实际兑付时金融资产的价值的偏离度不得达到5%或以上，如果偏离5%或以上的产品数超过所发行产品总数的5%，金融机构不得再发行以摊余成本计量金融资产的资产管理产品。

（六）经金融管理部门认定，存在以下行为的视为刚性兑付：

金融机构为资产管理产品投资的非标准化债权类资产或者股权类资产提供任何直接或间接、显性或隐性的担保、回购等代为承担风险的承诺。

资产管理产品的发行人或者管理人违反真实公允确定净值原则，对产品进行保本保收益；采取滚动发行等方式，使得资产管理产品的本金、收益、风险在不同投资者之间发生转移，实现产品保本保收益；资产管理产品不能如期兑付或者兑付困难时，发行或者管理该产品的金融机构自行筹集资金偿付或者委托其他机构代为偿付；金融管理部门认定的其他情形。

经认定存在刚性兑付行为的，区分以下两类机构进行惩处：存款类金融机构发生刚性兑付的，认定为利用具有存款本质特征的资产管理产品进行监管套利，由国务院银行保险监督管理机构和中国人民银行按照存款业务予以规范，足额补缴存款准备金和存款保险保费，并予以行政处罚；非存款类持牌金融机构发生刚性兑付的，认定为违规经营，由金融监督管理部门和中国人民银行依法纠正并予以处罚。

任何单位和个人发现金融机构存在刚性兑付行为的，可以向金融管理部门举报，查证属实且举报内容未被相关部门掌握的，给予适当奖励。

外部审计机构在对金融机构进行审计时，如果发现金融机构存在刚性兑付行为的，应当及时报告金融管理部门。外部审计机构在审计过程中未能勤勉尽责，依法追究相应责任或依法依规给予行政处罚，并将相关信息纳入全国信用信息共享平台，建立联合惩戒机制。

（七）关于分级要求，进行了如下规定：

公募产品和开放式私募产品不得进行份额分级。分级私募产品应当根据所投资资产的风险程度设定分级比例（优先级份额/劣后级份额，中间级份额计入优先级份额）。固定收益类产品的分级比例不得超过3:1，权益类产品的分级比例不得超过1:1，商品及金融衍生品类产品、混合类产品的分级比例不得超过2:1。发行分级资产管理产品的金融机构应当对该资产管理产品进行自主管理，不得转委托给劣后级投资者。

分级资产管理产品不得直接或者间接对优先级份额认购者提供保本保收益安排。

分级资产管理产品是指存在一级份额以上的份额为其他级份额提供一定的风险补偿，收益分配不按份额比例计算，由资产管理合同另行约定的产品。

（八）金融机构不得为其他金融机构的资产管理产品提供规避投资范围、杠杆约束等监管要求的通道服务。

资产管理产品可以再投资一层资产管理产品，但所投资的资产管理产品不得再投资公募证券投资基金以外的资产管理产品。

金融机构将资产管理产品投资于其他机构发行的资产管理产品，从而将本机构的资产管理产品资金委托给其他机构进行投资的，该受托机构应当为具有专业投资能力和资质的受金融监督管理部门监管的机构。公募资产管理产品的受托机构应当为金融机构，私募资产管理产品的受托机构可以为私募基金管理人。受托机构应当切实履行主动管理职责，不得进行转委托，不得再投资公募证券投资基金以外的资产管理产品。委托机构应当对受托机构开展尽职调查，实行名单制管理，明确规定受托机构的准入标准和程序、责任和义务、存续期管理、利益冲突防范机制、信息披露义务以及退出机制。委托机构不得因委托其他机构投资而免除自身应当承担的责任。

金融机构可以聘请具有专业资质的受金融监督管理部门监管的机构作为投资顾问。投资顾问提供投资建议指导委托机构操作。

金融监督管理部门和国家有关部门应当对各类金融机构开展资产管理业务实行平等准入、给予公平待遇。资产管理产品应当在账户开立、产权登记、法律诉讼等方面享有平等的地位。金融监督管理部门基于风险防控考虑，确实需要对其他行业金融机构发行的资产管理产品采取限制措施的，应当充分征求相关部门意见并达成一致。

（九）运用人工智能技术开展投资顾问业务应当取得投资顾问资质，非金融机构不得借助智能投资顾问超范围经营或者变相开展资产管理业务。

金融机构运用人工智能技术开展资产管理业务应当严格遵守意见有关投资者适当性、投资范围、信息披露、风险隔离等一般性规定，不得借助人工智能业务夸大宣传资产管理产品或者误导投资者。金融机构应当向金融监督管理部门报备人工智能模型的主要参数以及资产配置的主要逻辑，为投资者单独设立智能管理账户，充分提示人工智能算法的固有缺陷和使用风险，明晰交易流程，强化留痕管理，严格监控智能管理账户的交易头寸、风险限额、交易种类、价格权限等。金融机构因违法违规或者管理不当造成投资者损失的，应当依法承担损害赔偿责任。

金融机构应当根据不同产品投资策略研发对应的人工智能算法或者程序化交易，避免算法同质化加剧投资行为的顺周期性，并针对由此可能引发的市场波动风险制定应对预案。因算法同质化、编程设计错误、对数据利用深度不够等人工智能算法模型缺陷或者系统异常，导致羊群效应、影响金融市场稳定运行的，金融机构应当及时采取人工干预措施，强制调整或者终止人工智能业务。

（十）对资产管理业务实施监管遵循以下原则：机构监管与功能监管相结合，按照产品类型而不是机构类型实施功能监管，同一类型的资产管理产品适用同一监管标准，减少监管真空和套利；实行穿透式监管，对于多层嵌套资产管理产品，向上识别产品的最终投资者，向下识别产品的底层资产（公募证券投资基金除外）；强化宏观审慎管理，建立资产管理业务的宏观审慎政策框架，完善政策工具，从宏观、逆周期、跨市场的角度加强监测、评估和调节；实现实时监管，对资产管理产品的发行销售、投资、兑付等各环节进行全面动态监管，建立综合统计制度。

（十一）资产管理业务作为金融业务，属于特许经营行业，必须纳入金融监管。非金融机构不得发行、销售资产管理产品，国家另有规定的除外。

非金融机构违反上述规定，为扩大投资者范围、降低投资门槛，利用互联网平台等公开宣传、分拆销售具有投资门槛的投资标的、过度强调增信措施掩盖产品风险、设立产品二级交易市场等行为，按照国家规定进行规范清理，构成非法集资、非法吸收公众存款、非法发行证券的，依法追究法律责任。非金融机构违法违规开展资产管理业务的，依法予以处罚；同时承诺或进行刚性兑付的，依法从重处罚。

（十二）标准化债权类资产应当同时符合以下条件：等分化，可交易；信息披露充分；集中登记，独立托管；公允定价，流动性机制完善；在银行间市场、证券交易所市场等经国务院同意设立的交易市场交易。

标准化债权类资产的具体认定规则由中国人民银行会同金融监督管理部门另行制定。

标准化债权类资产之外的债权类资产均为非标准化债权类资产。金融机构发行资产管理产品投资于非标准化债权类资产的，应当遵守金融监督管理部门制定的有关限额管理、流动性管理等监管标准。金融监督管理部门未制定相关监管标准的，由中国人民银行督促根据意见要求制定监管标准并予以执行。

七、资产证券化业务

（一）定义

根据中国证监会《证券公司及基金管理公司子公司资产证券化业务管理规定》，资产证券化业务，是指以基础资产所产生的现金流为偿付支持，通过结构化等方式进行信用增级，在此基础上发行资产支持证券的业务活动。

基础资产，是指符合法律法规规定，权属明确，可以产生独立、可预测的现金流且可特定化的财产权利或者财产。前述财产权利或者财产，其交易基础应当真实，交易对价应当公允，现金流应当持续、稳定。基础资产可以是企业应收款、租赁债权、信贷资产、信托受益权等财产权利，基础设施、商业物业等不动产财产或不动产收益权，以及中国证监会认可的其他财产或财产权利。

原始权益人是指按照业务管理规定及约定向专项计划转移其合法拥有的基础资产以获得资金的主体。

管理人是指为资产支持证券持有人之利益，对专项计划进行管理及履行其他法定及约定职责的证券公司、基金管理公司子公司。

托管人是指为资产支持证券持有人之利益，按照规定或约定对专项计划相关资产进行保管，并监督专项计划运作的商业银行或其他机构。

特殊目的载体是指证券公司、基金管理公司子公司为开展资产证券化业务专门设立的资产支持专项计划（以下简称"专项计划"）或者中国证监会认可的其他特殊目的载体。

（二）基础资产的相关规定

法律法规规定基础资产转让应当办理批准、登记手续的，应当依法办理。法律法规没有要求办理登记或者暂时不具备办理登记条件的，管理人应当采取有效措施，维护基础资产安全。基础资产为债权的，应当按照有关法律规定将债权转让事项通知债务人。

基础资产不得附带抵押、质押等担保负担或者其他权利限制，但通过专项计划相关安排，在原始权益人向专项计划转移基础资产时能够解除相关担保负担和其他权利限制的除外。

以基础资产产生现金流循环购买新的同类基础资产方式组成专项计划资产的，专项计划的法律文件应当明确说明基础资产的购买条件、购买规模、流动性风险以及风险控制措施。

基础资产的规模、存续期限应当与资产支持证券的规模、存续期限相匹配。

（三）原始权益人、管理人及托管人的相关规定

1. 原始权益人

原始权益人不得侵占、损害专项计划资产，并应当履行下列职责：依照法律、行政法规、公司章程和相关协议的规定或者约定移交基础资产；配合并支持管理人、托管人以及其他为资产证券化业务提供服务的机构履行职责；专项计划法律文件约定的其他职责。

原始权益人向管理人等有关业务参与人所提交的文件应当真实、准确、完整，不存在虚假记载、误导性陈述或者重大遗漏；原始权益人应当确保基础资产真实、合法、有效，不存在虚假或欺诈性转移等任何影响专项计划设立的情形。

2. 管理人

管理人应当履行下列职责：对相关交易主体和基础资产进行全面的尽职调查，可聘请具有从事证券期货相关业务资格的会计师事务所、资产评估机构等相关中介机构出具专业意见；在专项计划存续期间，督促原始权益人以及为专项计划提供服务的有关机构，履行法律规定及合同约定的义务；办理资产支持证券发行事宜；按照约定及时将募集资金支付给原始权益人；为资产支持证券投资者的利益管理专项计划资产；建立相对封闭、独立的基础资产现金流归集机制，切实防范专项计划资产与其他资产混同以及被侵占、挪用等风险；监督、检查特定原始权益人持续经营情况和基础资产现金流状况，出现重大异常情况的，管理人应

当采取必要措施,维护专项计划资产安全;按照约定向资产支持证券投资者分配收益;履行信息披露义务;负责专项计划的终止清算;法律、行政法规和中国证监会规定以及计划说明书约定的其他职责。

管理人不得有下列行为:募集资金不入账或者进行其他任何形式的账外经营;超过计划说明书约定的规模募集资金;侵占、挪用专项计划资产;以专项计划资产设定担保或者形成其他或有负债;违反计划说明书的约定管理、运用专项计划资产;法律、行政法规和中国证监会禁止的其他行为。

管理人应当为专项计划单独记账、独立核算,不同的专项计划在账户设置、资金划拨、账簿记录等方面应当相互独立。

3. 托管人

专项计划资产应当由具有相关业务资格的商业银行、中国证券登记结算有限责任公司、具有托管业务资格的证券公司或者中国证监会认可的其他资产托管机构托管。

托管人办理专项计划的托管业务,应当履行下列职责:安全保管专项计划相关资产;监督管理人专项计划的运作,发现管理人的管理指令违反计划说明书或者托管协议约定的,应当要求改正;未能改正的,应当拒绝执行并及时向中国基金业协会报告,同时抄送对管理人有辖区监管权的中国证监会派出机构;出具资产托管报告;计划说明书以及相关法律文件约定的其他事项。

(四) 专项计划财产的相关规定

因专项计划资产的管理、运用、处分或者其他情形而取得的财产,归入专项计划资产。因处理专项计划事务所支出的费用、对第三人所负债务,以专项计划资产承担。专项计划的货币收支活动均应当通过专项计划账户进行。

专项计划资产独立于原始权益人、管理人、托管人及其他业务参与人的固有财产。原始权益人、管理人、托管人及其他业务参与人因依法解散、被依法撤销或者宣告破产等原因进行清算的,专项计划资产不属于其清算财产。

管理人管理、运用和处分专项计划资产所产生的债权,不得与原始权益人、管理人、托管人、资产支持证券投资者及其他业务参与人的固有财产产生的债务相抵销。管理人管理、运用和处分不同专项计划资产所产生的债权债务,不得相互抵销。

(五) 资产支持证券的发行

1. 发行对象

资产支持证券应当面向合格投资者发行,发行对象不得超过 200 人,单笔认购不少于 100 万元人民币发行面值或等值份额。发行资产支持证券，应当在计划说明书中约定资产支持证券持有人会议的召集程序及持有人会议规则，明确资产支持证券持有人通过持有人会议行使权利的范围、程序和其他重要事项。

2. 增信

专项计划可以通过内部或者外部信用增级方式提升资产支持证券信用等级。同一专项计划发行的资产支持证券可以划分为不同种类。同一种类的资产支持证券，享有同等权益，承担同等风险。对资产支持证券进行评级的，应当由取得中国证监会核准的证券市场资信评级业务资格的资信评级机构进行初始评级和跟踪评级。

3. 专项计划设立及备案

专项计划应当指定资产支持证券募集资金专用账户，用于资产支持证券认购资金的接收与划转。资产支持证券按照计划说明书约定的条件发行完毕，专项计划设立完成。

发行期结束时，资产支持证券发行规模未达到计划说明书约定的最低发行规模，或者专项计划未满足计划说明书约定的其他设立条件，专项计划设立失败。管理人应当自发行期结束之日起 10 个工作日内，向投资者退还认购资金，并加算银行同期活期存款利息。

管理人应当自专项计划成立日起 5 个工作日内将设立情况报中国基金业协会备案，同时抄送对管理人有辖区监管权的中国证监会派出机构。中国基金业协会根据备案规则，对备案实施自律管理。未按规定进行备案的，证券交易场所等不得为其提供转让服务。

（六）资产支持证券的挂牌、转让

资产支持证券可以按照规定在证券交易所、全国中小企业股份转让系统、机构间私募产品报价与服务系统、证券公司柜台市场以及中国证监会认可的其他证券交易场所进行挂牌、转让。资产支持证券仅限于在合格投资者范围内转让。转让后，持有资产支持证券的合格投资者合计不得超过 200 人。资产支持证券初始挂牌交易单位所对应的发行面值或等值份额应不少于 100 万元人民币。

资产支持证券的登记结算业务应当由中国证券登记结算有限责任公司或中国证监会认可的其他机构办理。

证券公司等机构可以为资产支持证券转让提供双边报价服务。

（七）资产支持证券信息披露

管理人、托管人应当在每年 4 月 30 日之前向资产支持证券合格投资者披露上年度资产管理报告、年度托管报告。每次收益分配前，管理人应当及时向资产支持证券合格投资者披露专项计划收益分配报告。年度资产管理报告、年度托管报告应当由管理人向中国基金业协会报告，同时抄送对管理人有辖区监管权的中国证监会派出机构。

发生可能对资产支持证券投资价值或价格有实质性影响的重大事件，管理人应当及时将有关该重大事件的情况向资产支持证券合格投资者披露，说明事件的起因、目前的状态和可能产生的法律后果，并向证券交易场所、中国基金业协会报告，同时抄送对管理人有辖区监管权的中国证监会派出机构。

（八）资产支持证券的投资者

1. 投资者的权利与义务

资产支持证券是投资者享有专项计划权益的证明，可以依法继承、交易、转让或出质。

资产支持证券投资者享有下列权利：分享专项计划收益；按照认购协议及计划说明书的约定参与分配清算后的专项计划剩余资产；按规定或约定的时间和方式获得资产管理报告等专项计划信息披露文件，查阅或者复制专项计划相关信息资料；依法以交易、转让或质押等方式处置资产支持证券；根据证券交易场所相关规则，通过回购进行融资；认购协议或者计划说明书约定的其他权利。

资产支持证券投资者不得主张分割专项计划资产，不得要求专项计划回购资产支持证券。

2. 适当性管理

专项计划的管理人以及资产支持证券的销售机构应当采取下列措施，保障投资者的投资决定是在充分知悉资产支持证券风险收益特点的情形下作出的审慎决定：了解投资者的财产与收入状况、风险承受能力和投资偏好等，推荐与其风险承受能力相匹配的资产支持证券；向投资者充分披露专项计划的基础资产情况、现金流预测情况以及对专项计划的影响、交易合同主要内容及资产支持证券的风险收益特点，告知投资资产支持证券的权利义务；制作风险揭示书充分揭示投资风险，在接受投资者认购资金前应当确保投资者已经知悉风险揭示书内容并在风险揭示书上签字。

（九）资产证券化基础资产负面清单

1. 以地方政府为直接或间接债务人的基础资产。但地方政府按照事先公开的收益约定规则，在政府与社会资本合作模式（PPP）下应当支付或承担的财政补贴除外。

2. 以地方融资平台公司为债务人的基础资产。地方融资平台公司是指根据国务院相关文件规定，由地方政府及其部门和机构等通过财政拨款或注入土地、股权等资产设立，承担政府投资项目融资功能，并拥有独立法人资格的经济实体。

3. 矿产资源开采收益权、土地出让收益权等产生现金流的能力具有较大不确定性的资产。

4. 有下列情形之一的与不动产相关的基础资产：

（1）因空置等原因不能产生稳定现金流的不动产租金债权；

（2）待开发或在建占比超过10%的基础设施、商业物业、居民住宅等不动产或相关不动产收益权。当地政府证明已列入国家保障房计划并已开工建设的项目除外。

5. 不能直接产生现金流、仅依托处置资产才能产生现金流的基础资产。如提单、仓单、产权证书等具有物权属性的权利凭证。

6. 法律界定及业务形态属于不同类型且缺乏相关性的资产组合，如基础资产中包含企业应收账款、高速公路收费权等两种或两种以上不同类型资产。

7. 违反相关法律法规或政策规定的资产。

8. 最终投资标的为上述资产的信托计划受益权等基础资产。

八、合格境外机构投资者境内证券投资业务

（一）定义及总体要求

根据《合格境外机构投资者境内证券投资管理办法》，合格境外机构投资者（本节简称"合格境外投资者"），是指符合该办法的规定，经中国证监会批准投资于中国证券市场，并取得国家外汇管理局额度批准的中国境外基金管理机构、保险公司、证券公司以及其他资产管理机构。

合格境外投资者应当委托境内商业银行作为托管人托管资产，委托境内证券公司办理在境内的证券交易活动。合格境外投资者必须遵守中国的法律法规和其他有关规定。中国证监会依法对合格境外投资者的境内证券投资实施监督管理，国家外汇管理局依法对合格境外投资者境内证券投资有关的投资额度、资金汇出入等实施外汇管理。

（二）合格境外投资者资格条件

合格境外投资者业务资格应经中国证监会审批，其应当具备下列条件：申请人的财务稳健，资信良好，达到中国证监会规定的资产规模等条件；申请人的从业人员符合所在国家或者地区的有关从业资格的要求；申请人有健全的治理结构和完善的内控制度，经营行为规范，近3年未受到监管机构的重大处罚；申请人所在国家或者地区有完善的法律和监管制度，其证券监管机构已与中国证监会签订监管合作谅解备忘录，并保持着有效的监管合作关系；中国证监会根据审慎监管原则规定的其他条件。合格境外投资者外汇投资额度，应经国家外汇管理局审批。

为鼓励中长期投资，对于符合办法规定的养老基金、保险基金、共同基金、慈善基金等长期资金管理机构，予以优先考虑。

（三）投资运作

合格境外投资者在经批准的投资额度内，可以投资于中国证监会批准的人民币金融工具。合格境外投资者可以委托在境内设立的证券公司等投资管理机构，进行境内证券投资管理。合格境外投资者的境内证券投资活动，应当遵守证券交易所、证券登记结算机构的有关规定。

合格境外投资者在经批准的投资额度内，可以投资于交易所交易或者转让的以下证券品种：股票，包括普通股、优先股和交易所认可的其他股票；债券，包括国债、国债预发行、地方政府债、公司债券、企业债券、可转换公司债券、分离交易可转换公司债券、可交换公司债券、中小企业私募债、政策性金融债、次级债和交易所认可的其他债券品种；基金，包括各类交易型开放式指数基金（ETF）、封闭式基金、开放式基金、货币市场基金和交易所认可的其他基金品种；权证；资产支持证券；中国证监会允许的其他证券品种。合格境外投资者可以参与新股发行、债券发行、股票增发和配股的申购。

合格境外投资者的境内证券投资，应当遵循下列持股比例限制：单个合格境外投资者对单个上市公司的持股比例不得超过该公司股份总数的10%；所有合格境外投资者对单个上市公司A股的持股比例总和，不超过该上市公司股份总数的30%。所有合格境外投资者持有同一上市公司A股数额合计达到或超过该公司股份总数的26%时，交易所于次一交易日开市前通过交易所网站公布境外投资者已持有该公司A股的总数及其占公司股份总数的比例。合格境外投资者履行信息披露义务时，应当合并计算其持有的同一上市公司的境内上市股和境外上市股，并遵守信息披露的有关法律法规。

（四）托管

托管人资格应经中国证监会和国家外汇管理局审批，其应当具备下列条件：设有专门的资产托管部；实收资本不少于 80 亿元人民币；有足够的熟悉托管业务的专职人员；具备安全保管合格投资者资产的条件；具备安全、高效的清算、交割能力；具备外汇指定银行资格和经营人民币业务资格；最近 3 年没有重大违反外汇管理规定的纪录。外资商业银行境内分行在境内持续经营 3 年以上的，可申请成为托管人，其实收资本数额条件按其境外总行的计算。

托管人应当履行下列职责：保管合格境外投资者托管的全部资产；办理合格境外投资者的有关结汇、售汇、收汇、付汇和人民币资金结算业务；监督合格境外投资者的投资运作，发现其投资指令违法、违规的，及时向中国证监会和国家外汇管理局报告；在合格境外投资者汇入本金、汇出本金或者收益 2 个工作日内，向国家外汇管理局报告合格境外投资者的资金汇入、汇出及结售汇情况；每月结束后 8 个工作日内，向国家外汇管理局报告合格境外投资者的外汇账户和人民币特殊账户的收支和资产配置情况，向中国证监会报告证券账户的投资和交易情况；每个会计年度结束后 3 个月内，编制关于合格境外投资者上一年度境内证券投资情况的年度财务报告，并报送中国证监会和国家外汇管理局；保存合格境外投资者的资金汇入、汇出、兑换、收汇、付汇和资金往来记录等相关资料，其保存的时间应当不少于 20 年；根据国家外汇管理规定进行国际收支统计申报；中国证监会、国家外汇管理局根据审慎监管原则规定的其他职责。

托管人必须将其自有资产和受托管理的资产严格分开，对受托管理的资产实行分账托管。每个合格境外投资者只能委托 1 个托管人，并可以更换托管人。

（五）登记和结算

合格境外投资者可以在证券登记结算机构申请开立证券账户。该证券账户可以是实名账户，也可以是名义持有人账户。名义持有人应当将其代理的实际投资者或基金的名称、注册地、资产配置、证券投资情况于每个季度结束后的 8 个工作日内，报告中国证监会和证券交易所。

合格境外投资者应当委托获得证券登记结算机构结算参与人资格的机构进行资金结算。该机构应在开立人民币结算资金账户 5 个工作日内将开户情况向国家外汇管理局备案。

（六）资金管理

合格境外投资者经国家外汇管理局批准，应当在托管人处开立外汇账户和人民币特殊账户，其收支范围应当符合国家外汇管理局的有关规定。

合格境外投资者应当在国家外汇管理局规定的时间内汇入本金，汇入的本金应当是国家外汇管理局批准的可兑换货币，金额以批准额度为限。合格境外投资者未在国家外汇管理局规定的时间内汇满本金的，应当向中国证监会和国家外汇管理局作出书面解释，并以实际汇入金额为批准额度，已批准额度和已实际汇入金额的差额，在未经国家外汇管理局批准之前不得汇入。合格境外投资者可以在国家外汇管理局规定的期限届满之日起向国家外汇管理局申请汇出资金，国家外汇管理局另有规定的除外。

国家外汇管理局可以根据我国经济金融形势、外汇市场供求关系和国际收支状况，按照中国人民银行的安排，对合格境外投资者本金的汇入汇出时间、金额以及汇出资金的期限予以调整。

（七）投资额度管理

国家对合格境外投资者的境内证券投资实行额度管理。国家外汇管理局对单家合格境外投资者投资额度实行备案和审批管理。合格境外投资者在取得证监会资格许可后，可通过备案的形式，获取不超过其资产规模或管理的证券资产规模一定比例的投资额度；超过基础额度的投资额度申请，须经国家外汇管理局批准。

境外主权基金、央行及货币当局等机构的投资额度不受资产规模比例限制，可根据其投资境内证券市场的需要获取相应的投资额度。

九、合格境内机构投资者境外证券投资业务

（一）定义及总体要求

根据《合格境内机构投资者境外证券投资管理试行办法》，合格境内机构投资者（本节简称"合格境内投资者"）是指符合该办法规定的条件，经中国证监会批准在中华人民共和国境内募集资金，运用所募集的部分或者全部资金以资产组合方式进行境外证券投资管理的境内基金管理公司和证券公司等证券经营机构。

合格境内投资者开展境外证券投资业务，应当由境内商业银行负责资产托管业务，可以委托境外证券服务机构代理买卖证券。

中国证监会和国家外汇管理局依法按照各自职能对合格境内投资者境外证券

投资实施监督管理。

(二) 合格境内投资者资格条件和审批程序

境内机构投资者资格应经中国证监会审批,其应当具备下列条件:申请人的财务稳健,资信良好,资产管理规模、经营年限等符合中国证监会的规定;拥有符合规定的具有境外投资管理相关经验的人员;具有健全的治理结构和完善的内控制度,经营行为规范;最近3年没有受到监管机构的重大处罚,没有重大事项正在接受司法部门、监管机构的立案调查;中国证监会根据审慎监管原则规定的其他条件。

合格境内投资者应当依照有关规定向国家外汇管理局申请经营外汇业务资格。

(三) 境外投资顾问

境外投资顾问是指符合该办法规定的条件,根据合同为合格境内投资者境外证券投资提供证券买卖建议或投资组合管理等服务并取得收入的境外金融机构。

合格境内投资者可以委托符合下列条件的投资顾问进行境外证券投资:在境外设立,经所在国家或地区监管机构批准从事投资管理业务;所在国家或地区证券监管机构已与中国证监会签订双边监管合作谅解备忘录,并保持着有效的监管合作关系;经营投资管理业务达5年以上,最近一个会计年度管理的证券资产不少于100亿美元或等值货币;有健全的治理结构和完善的内控制度,经营行为规范,最近5年没有受到所在国家或地区监管机构的重大处罚,没有重大事项正在接受司法部门、监管机构的立案调查。

合格境内投资者应当承担受信责任,在挑选、委托投资顾问过程中,履行尽职调查义务。投资顾问应当严格遵守境内有关法律法规、基金合同和集合资产管理合同的规定,始终将基金、集合计划持有人的利益置于首位,以合理的依据提出投资建议,寻求基金、集合计划的最佳交易执行,公平客观对待所有客户,始终按照基金、集合计划的投资目标、策略、政策、指引和限制实施投资决定,充分披露一切涉及利益冲突的重要事实,尊重客户信息的机密性。境内机构投资者授权投资顾问负责投资决策的,应当在协议中明确投资顾问由于本身差错、疏忽、未履行职责等原因而导致财产受损时应当承担相应责任。

(四) 资金募集

取得合格境内投资者资格的证券公司可以通过设立集合计划等方式募集资

金，运用所募集的资金投资于境外证券市场。集合计划应当投资于中国证监会规定的金融产品或工具。

（五）投资运作

合格境内投资者、投资顾问挑选、委托境外证券服务机构代理买卖证券的，应当严格履行受信责任，并按照有关规定对投资交易的流程、信息披露、记录保存进行管理。

合格境内投资者、投资顾问与境外证券服务机构之间的证券交易和研究服务安排，应当按照以下原则进行：交易佣金属于集合计划持有人的财产；境内机构投资者、投资顾问有责任代表持有人确保交易质量，包括但不限于：寻求最佳交易执行；力求交易成本最小化；使用持有人的交易佣金使持有人受益。

（六）额度和资金管理

合格境内投资者应当根据市场情况、产品特性等在募集方案中设定合理的额度规模上限，向国家外汇管理局备案，并按照有关规定到国家外汇管理局办理相关手续。境内机构投资者应当定期向国家外汇管理局报告其额度使用及资金汇出入情况。

国家外汇管理局依法批准单个合格境内投资者境外投资额度。国家外汇管理局对投资额度实行余额管理，合格境内投资者境外投资净汇出额（含外汇及人民币资金）不得超过经批准的投资额度。合格境内投资者汇出入非美元币种资金时，应参照汇出入资金当月国家外汇管理局公布的各种货币对美元折算率表，计算汇出入资金的等值美元投资额度。合格境内投资者不得转让或转卖投资额度。

（七）资产托管

合格境内投资者开展境外证券投资业务时，应当由具有证券投资基金托管资格的银行负责资产托管业务。

托管人可以委托符合下列条件的境外资产托管人负责境外资产托管业务：在中国境外的国家或地区设立，受当地政府、金融或证券监管机构的监管；最近一个会计年度实收资本不少于 10 亿美元或等值货币或托管资产规模不少于 1 000 亿美元或等值货币；有足够的熟悉境外托管业务的专职人员；具备安全保管资产的条件；具备安全、高效的清算、交割能力；最近 3 年没有受到监管机构的重大处罚，没有重大事项正在接受司法部门、监管机构的立案调查。

托管人应当按照有关法律法规履行下列受托人职责：保护持有人利益，按照规定对基金、集合计划日常投资行为和资金汇出入情况实施监督,如发现投资指令或资金汇出入违法、违规,应当及时向中国证监会、国家外汇管理局报告;安全保护基金、集合计划财产,准时将公司行为信息通知合格境内投资者,确保基金、集合计划及时收取所有应得收入;确保基金、集合计划按照有关法律法规、基金合同和集合资产管理合同约定的投资目标和限制进行管理;按照有关法律法规、基金合同和集合资产管理合同的约定执行合格境内投资者、投资顾问的指令,及时办理清算、交割事宜;确保基金、集合计划的份额净值按照有关法律法规、基金合同和集合资产管理合同规定的方法进行计算;确保基金、集合计划按照有关法律法规、基金合同和集合资产管理合同的规定进行申购、认购、赎回等日常交易;确保基金、集合计划根据有关法律法规、基金合同和集合资产管理合同确定并实施收益分配方案;按照有关法律法规、基金合同和集合资产管理合同的规定以受托人名义或其指定的代理人名义登记资产;每月结束后7个工作日内,向中国证监会和国家外汇管理局报告境内机构投资者境外投资情况,并按相关规定进行国际收支申报;中国证监会和国家外汇管理局根据审慎监管原则规定的其他职责。

十、监管措施及法律责任

(一) 资产管理业务的监管措施及法律责任

中国证监会及其派出机构对证券公司、资产托管机构从事客户资产管理业务的情况,进行定期或者不定期的检查,证券公司和资产托管机构应当予以配合。

证券公司、资产托管机构、推广机构违反规定的,中国证监会及其派出机构根据不同情况,依法采取责令改正、责令增加内部合规检查的次数、责令处分有关人员、暂停业务等行政监管措施。

证券公司、资产托管机构、推广机构及其高级管理人员、直接负责的主管人员和其他直接责任人员违反法律、法规规定的,按照《证券法》《证券投资基金法》《证券公司监督管理条例》的有关规定,进行行政处罚。

证券公司、资产托管机构、推广机构的高级管理人员、直接负责的主管人员和其他直接责任人员违反规定的,中国证监会及其派出机构根据不同情况,对其采取监管谈话、责令停止职权、认定为不适当人选等行政监管措施,损害客户合法权益的,应当依法承担民事责任,涉嫌犯罪的,依法移送司法机关,追究刑事责任。

证券公司集合或定向资产管理业务制度不健全，净资本或其他风险控制指标不符合规定，或者违规从事集合或定向资产管理业务的，中国证监会及其派出机构应当依法责令其限期改正，并可以采取下列监管措施：责令增加内部合规检查次数并提交合规检查报告；对公司高级管理人员、直接负责的主管人员和其他直接责任人员进行监管谈话，记入监管档案；责令处分或者更换有关责任人员，并报告结果；责令暂停证券公司集合或定向资产管理业务；法律、行政法规和中国证监会规定的其他监管措施。

证券公司被中国证监会暂停集合或定向资产管理业务的，暂停期间不得签订新的集合或定向资产管理合同。

（二）资产证券化业务的监管措施及法律责任

中国证监会及其派出机构依法对资产证券化业务实行监督管理，并根据监管需要对资产证券化业务开展情况进行检查。对于违反规定的，中国证监会及其派出机构可采取责令改正、监管谈话、出具警示函、责令公开说明、责令参加培训、责令定期报告、认定为不适当人选等监管措施；依法应予行政处罚的，依照《证券法》《证券投资基金法》等法律法规和中国证监会的有关规定进行处罚；涉嫌犯罪的，依法移送司法机关，追究其刑事责任。

中国证券业协会、中国基金业协会等证券自律组织应当根据规定及所附指引对证券公司、基金管理公司子公司开展资产证券化业务过程中的尽职调查、风险控制等环节实施自律管理。

（三）合格境外投资者境内证券投资业务的监管措施及法律责任

中国证监会、国家外汇管理局依法可以要求合格境外投资者、托管人、证券公司等机构提供合格境外投资者的有关资料，并进行必要的询问、检查。合格境外投资者所管理的证券账户发生重大违法、违规行为的，中国证监会可以依法采取限制相关证券账户的交易行为等措施，国家外汇管理局可以依法采取限制其资金汇出入等措施。托管人违法、违规行为严重的，中国证监会、国家外汇管理局将依法联合作出取消其托管人资格的决定。合格境外投资者、托管人、证券公司等违反《合格境外机构投资者境内证券投资管理办法》的，由中国证监会、国家外汇管理局依法进行相应的行政处罚。

（四）合格境内投资者境外证券投资业务的监管措施及法律责任

中国证监会和国家外汇管理局可以要求合格境内投资者、托管人提供合格境内投资者境外投资活动有关资料；必要时，可以进行现场检查。合格境内投资者运用基金、集合计划财产进行证券投资，发生重大违法、违规行为的，中国证监会可以依法采取限制交易行为等措施，国家外汇管理局可以依法采取限制其资金汇出入等措施。托管人违法、违规严重的，中国证监会可以依法作出限制其托管业务的决定。合格境内投资者、托管人等违反《合格境内机构投资者境外证券投资管理试行办法》的，由中国证监会、国家外汇管理局依法进行相应的行政处罚。

（五）证券公司开展资产管理业务违规举例

A 证券公司同时成立 2 只集合资管产品，投资者人数分别为 128 人和 101 人，2 只产品均投向同一只基金子公司一对多专户，最终投向为某并购基金有限合伙份额。2 只集合资管产品成立时间、投资标的相同，产品之间不存在明显差异，参与的投资者人数合计超过 200 人。

根据《证券公司客户资产管理业务管理办法》《证券公司集合资产管理业务实施细则》及《证券期货经营机构私募资产管理业务运作管理暂行规定》的要求，单个私募产品的投资者人数不得超过 200 人。证券公司进行资管产品结构设计时，不应通过"名为多个产品、实为同一标的"的方式规避监管要求，变相突破 200 人的限制。

第七节　证券公司信用业务

本节重点梳理、解释、总结与证券公司融资融券、转融通、股票质押式回购、约定式购回、质押式报价回购等信用业务相关的法律法规和准则，主要包括《证券公司监督管理条例》《证券公司融资融券业务管理办法》《转融通业务监督管理试行办法》《股票质押式回购交易及登记结算业务办法》等。

一、法规概述

（一）法律、行政法规

《证券法》第六章"证券公司"明确经国务院证券监督管理机构批准，证公司可以为客户买卖证券提供融资融券服务,《证券公司监督管理条例》则在其第四章"业务规则与风险控制"的第五节专门对证券公司融资融券业务作出一般性规定。上述法律及行政法规是中国证监会等监管机构制定信用业务相关监管政策、实施监督管理的重要法律依据。

(二) 部门规章及规范性文件

除上述法律及行政法规外,证券公司信用业务涉及的主要部门规章、规范性文件包括《证券公司融资融券业务管理办法》《证券公司融资融券业务内部控制指引》《转融通业务监督管理试行办法》《上海证券交易所融资融券交易实施细则》《深圳证券交易所融资融券交易实施细则》《上海证券交易所转融通证券出借交易实施办法(试行)》《深圳证券交易所转融通证券出借交易实施办法(试行)》《中国证券登记结算有限责任公司证券出借及转融通登记结算业务规则(试行)》《股票质押式回购交易及登记结算业务办法》《约定购回式证券交易及登记结算业务办法》及《质押式报价回购交易及登记结算业务办法》等。

二、融资融券业务

(一) 融资融券业务的基本概念

融资融券业务是指在证券交易所或者国务院批准的其他证券交易场所进行的证券交易中,证券公司向客户出借资金供其买入证券或者出借证券供其卖出,并由客户交存相应担保物的经营活动。

(二) 融资融券业务管理的基本原则

1. 合法合规性原则

证券公司开展融资融券业务,应当遵守法律法规和准则的规定,加强内部控制,严格防范和控制风险,切实维护客户合法权益。

证券公司开展融资融券业务,必须经中国证监会批准。未经中国证监会批准,任何证券公司不得向客户融资、融券,也不得为客户与客户、客户与他人之间的融资融券活动提供任何便利和服务。

中国证监会及其派出机构依照法律、行政法规和《证券公司融资融券业务管理办法》的规定,对证券公司融资融券业务活动进行监督管理。

2. 集中管理原则

证券公司应当对融资融券业务实行集中统一管理。

融资融券业务的决策和主要管理职责应当由证券公司总部承担，并应加强对分支机构融资融券业务活动的控制，禁止分支机构未经总部批准向客户融资、融券，禁止分支机构自行决定签约、开户、授信、保证金收取等应当由总部决定的事项。

3. 业务隔离原则

证券公司应当健全业务隔离制度，融资融券业务的前、中、后台应当相互分离、相互制约，各主要环节应当分别由不同的部门和岗位负责，负责风险监控和业务稽核的部门和岗位应当独立于其他部门和岗位，分管融资融券业务的高级管理人员不得兼管风险监控部门和业务稽核部门。

证券公司应确保融资融券业务与证券资产管理、证券自营、投资银行等业务在机构、人员、信息、账户等方面相互分离。

4. 了解客户原则

证券公司开展融资融券业务应加强客户适当性管理，充分了解客户，不得诱导不适当的客户开展融资融券业务。

（三）证券公司融资融券业务资格的取得

1. 证券公司申请融资融券业务资格应具备的条件

（1）具有证券经纪业务资格；

（2）公司治理健全，内部控制有效，能有效识别、控制和防范业务经营风险和内部管理风险；

（3）公司最近 2 年内不存在因涉嫌违法违规正被中国证监会立案调查或者正处于整改期间的情形；

（4）财务状况良好，最近 2 年各项风险控制指标持续符合规定，注册资本和净资本符合增加融资融券业务后的规定；

（5）客户资产安全、完整，客户交易结算资金第三方存管有效实施，客户资料完整真实；

（6）已建立完善的客户投诉处理机制，能够及时、妥善处理与客户之间的纠纷；

（7）已建立符合监管规定和自律要求的客户适当性制度，实现客户与产品的适当性匹配管理；

（8）信息系统安全稳定运行，最近 1 年未发生因公司管理问题导致的重大事件，融资融券业务技术系统已通过证券交易所、证券登记结算机构组织的测试；

（9）有拟负责融资融券业务的高级管理人员和适当数量的专业人员；

（10）中国证监会规定的其他条件。

2. 证券公司申请融资融券业务资格的程序要求

证券公司申请融资融券业务资格，应当向中国证监会提交下列材料，同时抄报住所地证监会派出机构：

（1）融资融券业务资格申请书；

（2）股东会（股东大会）关于经营融资融券业务的决议；

（3）融资融券业务方案、内部管理制度文本和按照《证券公司融资融券业务管理办法》第十二条制定的选择客户的标准；

（4）负责融资融券业务的高级管理人员与业务人员的名册及资格证明文件；

（5）证券交易所、证券登记结算机构出具的关于融资融券业务技术系统已通过测试的证明文件；

（6）中国证监会要求提交的其他文件。

获得批准的证券公司应当按照规定，向公司登记机关申请业务范围变更登记，向中国证监会申请换发经营证券业务许可证。取得中国证监会换发的经营证券业务许可证后，证券公司方可开展融资融券业务。

（四）融资融券业务的决策授权体系

证券公司应当建立融资融券业务的决策与授权体系。融资融券业务的决策与授权体系原则上按照"董事会—业务决策机构—业务执行部门—分支机构"的架构设立和运行。

1. 董事会负责制定融资融券业务的基本管理制度，决定与融资融券业务有关的部门设置及各部门职责，确定融资融券业务的总规模。

2. 业务决策机构由有关高级管理人员及部门负责人组成，负责制定融资融券业务操作流程，选择可从事融资融券业务的分支机构，确定对单一客户和单一证券的授信额度、融资融券的期限和利率（费率）、保证金比例和最低维持担保比例、可充抵保证金的证券种类及折算率、客户可融资买入和融券卖出的证券种类。

3. 业务执行部门负责融资融券业务的具体管理和运作，制订融资融券合同的标准文本，确定对具体客户的授信额度，对分支机构的业务操作进行审批、复核和监督。

4. 分支机构在公司总部的集中监控下，按照公司的统一规定和决定，具体负责客户征信、签约、开户、保证金收取和交易执行等业务操作。

(五) 融资融券业务的账户体系

1. 证券公司信用业务账户体系

(1) 证券公司在证券登记结算机构开设的信用账户 (见图 3-1)

证券公司经营融资融券业务, 应当以自己的名义, 在证券登记结算机构分别开立融券专用证券账户、客户信用交易担保证券账户、信用交易证券交收账户和信用交易资金交收账户。

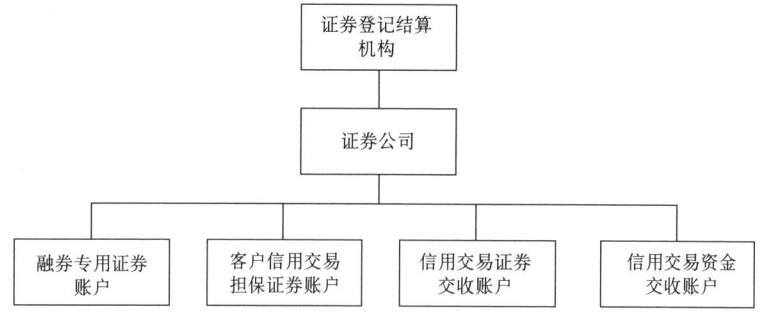

图 3-1 证券公司在证券登记结算机构开设的信用账户

融券专用证券账户: 用于记录证券公司持有的拟向客户融出的证券和客户归还的证券, 不得用于证券买卖。

客户信用交易担保证券账户: 用于记录客户委托证券公司持有、担保证券公司因向客户融资融券所生债权的证券。

信用交易证券交收账户: 用于客户融资融券交易的证券结算。

信用交易资金交收账户: 用于客户融资融券交易的资金结算。

(2) 证券公司在商业银行开设的信用账户 (见图 3-2)

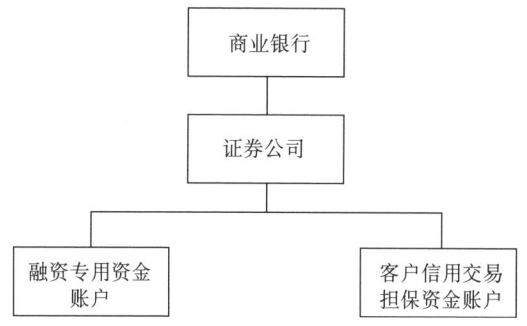

图 3-2 证券公司在商业银行开设的信用账户

证券公司经营融资融券业务，应当以自己的名义，在商业银行分别开立融资专用资金账户和客户信用交易担保资金账户。

融资专用资金账户：用于存放证券公司拟向客户融出的资金及客户归还的资金。

客户信用交易担保资金账户：用于存放客户交存的、担保证券公司因向客户融资融券所生债权的资金。

根据沪、深证券交易所"融资融券交易实施细则"，证券公司按照相关规定开立融券专用证券账户、客户信用交易担保证券账户、融资专用资金账户及客户信用交易担保资金账户后，应在开户后3个交易日内报交易所备案。

2. 客户信用账户

客户通过证券公司开展融资融券业务，应当在证券公司开立实名信用资金台账和信用证券账户，在指定的商业银行开立实名信用资金账户。

（1）客户信用资金台账：客户在证券公司开立的用于记载客户交存的担保资金及融资融券负债明细数据的账户。

（2）客户信用证券账户：是证券公司客户信用交易担保证券账户的二级账户，用于记录客户委托证券公司持有的担保证券的明细数据。客户用于一家证券交易所上市证券交易的信用证券账户只能有一个。

（3）客户信用资金账户：是客户在指定的商业银行开立的用于记载客户交存的担保资金的明细数据的账户。该账户是证券公司客户信用交易担保资金账户的二级账户。

（六）融资融券业务的客户

1. 融资融券业务客户的申请

客户向证券公司申请开展融资融券业务，应当由客户本人向证券公司营业部提出申请，并应根据证券公司营业部的要求提供相应的书面申请材料，一般包括有效身份证明文件、融资融券业务申请表、客户已开设相关账户的基本信息、客户财务状况证明、担保品证明等相关材料。

机构客户除提交以上基本信息外，还需提交公司章程、法人代表授权文件、法人代表身份证明、法人代表身份证件及经办人身份证明等文件。

2. 融资融券业务客户的征信调查

（1）客户基本情况：个人客户一般包括但不限于姓名、性别、出生年月、联系方式、居住地址、文化程度、婚姻状况、家庭成员、职业、职务等；机构客户一般包括但不限于单位名称、成立时间、企业性质、所属行业、经营范围、注册地址、经营期限、高管人员情况、实际控制人及受益人等。

（2）财产与收入状况：个人客户一般应提供其收入来源及数额、金融资产、非金融资产、债务情况及用作担保品的资金或证券资产情况等；机构客户一般应提供资产及负债情况、偿债能力、盈利能力、成长性说明等。

（3）证券投资经验及风险偏好：应包括但不限于客户的投资期限、投资规模、投资收益、投资风格及风险偏好等。

（4）诚信合规记录：客户近几年证券投资交易清算履约情况、商业银行信用记录、其他信用记录等。

（5）融资融券需求：客户对融资融券业务规则、相关风险的认知情况及融资融券需求，如融资融券授信方式、额度、期限、利率及费率等。

3. 证券公司不得为客户开立信用业务账户的情形

（1）未按照要求提供有关情况。

（2）从事证券交易时间不足半年。

（3）缺乏风险承担能力。

（4）最近20个交易日日均证券类资产低于50万元或者有重大违约记录的客户。

（5）本公司的股东（不包括仅持有上市证券公司5%以下流通股份的股东）、关联人。

4. 客户的选择标准

证券公司应当按《证券公司融资融券业务管理办法》规定的有关条件和征信要求制定选择客户的具体标准，一般主要包括以下几个方面：

（1）从事证券交易的时间：客户申请开立信用业务证券账户前，应当已经在申请开展融资融券业务的证券公司所属营业部及与其具有控制关系的其他证券公司营业部开设普通证券账户且从事证券交易的时间满半年以上。

（2）账户状态：客户开户手续齐全、资料完备，资金账户与证券账户对应关系清晰，交易结算状态正常。

（3）信誉状况：要求客户信誉良好，无重大违约记录。

（4）资产状况：最近20个交易日日均证券类资产不低于50万元，具有符合要求的担保品及较强的还款能力。

（5）投资风格：具有较强的风险承受能力，符合适当性相关规定。

（6）关联关系：不属于本公司的股东（持有上市证券公司5%以下流通股份的股东除外）或关联人。

专业机构投资者参与融资、融券，可不受前款从事证券交易时间及证券类资产条件限制。

（七）融资融券业务合同的基本内容

根据中国证券业协会发布的《融资融券合同必备条款》，融资融券业务合同的基本内容应包含：

1. 当事人姓名、住所等相关信息。

2. 订立合同的目的和依据。

3. 对融资融券交易所涉及的信用账户、融资与融券交易、担保物、保证金比例、维持担保比例、强制平仓等专业术语进行解释或定义。合同还应当对《证券公司监督管理条例》中的"客户证券担保账户""客户资金担保账户""授信账户"与《证券公司融资融券业务管理办法》中的"客户信用交易担保证券账户""客户信用交易担保资金账户""客户信用证券账户和客户信用资金账户"之间的对应关系作出解释和说明。

4. 合同应载明甲乙双方对主体资格、交易资产来源、身份证明材料的真实性等方面的声明与保证。

5. 合同应载明开立信用业务相关账户的有关内容。

6. 合同应约定融资融券特定的财产信托关系，即信托目的、信托财产范围、信托的成立和生效、信托财产的管理、信托财产的处分及信托的终止。

7. 合同应约定甲方从事融资融券交易的保证金比例及计算公式、保证金可用余额计算公式、可充抵保证金的证券范围和折算率、标的证券范围等。

8. 合同应约定甲方从事融资融券交易的信用额度、融资融券期限、融资利率和融券费用的确定方式及相应的计算公式等事项。

9. 合同应对融资融券交易的主要业务操作环节加以约定。

10. 合同应约定甲方从事融资融券交易的维持担保比例和计公式、补仓时间、补仓期限、补仓后应达到的维持担保比例以及乙方要求甲方补仓的通知方式。约定内容应当符合证券交易所的有关规定。

11. 合同应约定乙方强制平仓的各类情形、平仓开始与停止条件、平仓顺序等事项。合同还可以约定，如甲方逾期偿还债务的，乙方将收取违约金，并明确违约金的计算方式。

12. 合同应约定甲方清偿债务的范围、方式、期限以及债务清偿后信用账户的处理方式等有关事项。

13. 合同应约定在融资融券交易期间，当出现可充抵保证金证券范围和折算率调整；保证金比例与维持担保比例调整；标的证券范围调整；标的证券暂停交易或终止上市；乙方被取消或限制融资融券交易权限；司法机关对甲方信用证券账户记载的权益采取财产保全或强制执行措施；甲方信用证券账户记载的权益被继承、财产细分或无偿转让等特殊情况时，对尚未了结的融资融券交易的处理方式。

14. 约定融资融券交易所涉及的权益处理事项。

15. 合同应载明通知与送达的有关事项。

16. 合同应明确载入因火灾、地震等不可抗力；非因乙方自身原因导致的技术系统异常事故；政策法规修改；法律法规规定的其他情形等因素，导致合同任何一方不能及时或完全履行合同，免除其相应责任的条款。

17. 合同应约定导致合同终止的各种具体情形。

18. 合同应约定适用的法律和争议处理方式（仲裁或诉讼方式选择一种）。

19. 合同应明确约定合同成立与生效条件、合同期限、合同份数等事项。

20. 合同应明确载明"乙方确认已向甲方说明融资融券交易的风险，不保证甲方获得投资收益或承担甲方投资损失；甲方确认，已充分理解本合同内容，自行承担风险和损失。"

合同还应规定，合同应由甲方本人签署，当甲方为机构投资者时，应由法定代表人或其授权代表人签署。

（八）融资融券业务交易风险揭示书的基本内容

证券公司与客户签订融资融券合同前，应将融资融券交易风险揭示书交由客户书面确认。根据中国证券业协会发布的《融资融券业务交易风险揭示书必备条款》，融资融券业务交易风险揭示书的基本内容应包含：

1. 提示客户注意融资融券交易具有普通证券交易所具有的政策风险、市场风险、违约风险、系统风险等各种风险，以及其特有的投资风险放大等风险。

2. 提示客户在开户从事融资融券交易前，必须了解所在的证券公司是否具有开展融资融券业务的资格。

3. 提示客户在从事融资融券交易期间，如果不能按照约定的期限清偿债务，或上市证券价格波动导致担保物价值与其融资融券债务之间的比例低于维持担保比例，且不能按照约定的时间、数量追加担保物时，将面临担保物被证券公司强制平仓的风险。

4. 提示客户在从事融资融券交易期间，如果其信用资质状况降低，证券公司会相应降低对其的授信额度，或者证券公司提高相关警戒指标、平仓指标所产生的风险，可能会给客户造成经济损失。

5. 提示客户在从事融资融券交易期间，如果中国人民银行规定的同期金融机构贷款基准利率调高，证券公司将相应调高融资利率或融券费率，客户将面临融资融券成本增加的风险。

6. 提示客户在从事融资融券交易期间，如果因自身原因导致其资产被司法机关采取财产保全或强制执行措施，或者出现丧失民事行为能力、破产、解散等情况时，客户将面临被证券公司提前了结融资融券交易的风险，可能会给客户造成经济损失。

7. 提示客户在从事融资融券交易期间，如果发生融资融券标的证券范围调整、标的证券暂停交易或终止上市等情况，客户将可能面临被证券公司提前了结融资融券交易的风险，可能会给客户造成经济损失。

8. 提示客户在从事融资融券交易期间，证券公司将以《融资融券合同》约定的通知与送达方式及通讯地址，向客户发送通知。通知发出并经过约定的时间后，将视作证券公司已经履行对客户的通知义务。客户无论因何种原因没有及时收到有关通知，都会面临担保物被证券公司强制平仓的风险，可能会给客户造成经济损失。

9. 提示客户应妥善保管信用账户卡、身份证件和交易密码等资料，如客户将信用账户、身份证件、交易密码等出借给他人使用，由此造成的后果由客户承担。

10. 除上述九项风险提示外，各证券公司还可以根据具体情况在其制订的《融资融券交易风险揭示书》中对融资融券交易存在的风险进一步列举。

（九）融资融券业务所涉债权担保的基本规定

证券公司向客户融资、融券，应当向客户收取一定比例的保证金。保证金除现金形式外还可以证券充抵。

证券公司应当将收取的保证金以及客户融资买入的全部证券和融券卖出所得全部价款，分别存放在客户信用交易担保证券账户和客户信用交易担保资金账户，作为对该客户融资融券所生债权的担保物。

证券公司应当在符合证券交易所规定的前提下，根据客户信用状况、担保物质量等情况，与客户约定最低维持担保比例、补足担保物的期限以及违约处置方式等。

证券公司应当逐日计算客户交存的担保物价值与其所欠债务的比例。当该比例低于约定的维持担保比例时，应当通知客户在约定的期限内补交担保物，客户经证券公司认可后，可以提交除可充抵保证金证券以外的其他证券、不动产、股权等资产。

客户未能按期交足担保物或者到期未偿还债务的，证券公司可以按照约定处分其担保物。

保证金比例和可充抵保证金的证券的种类、折算率，最低维持担保比例和客户补交担保物的期限，由证券交易所规定，且证券交易所应当对可充抵保证金的各类证券制定不同的折算率要求。

（十）融资融券业务相关交易要素

1. 标的证券

在交易所上市交易的并经交易所认可的可作为融资买入或融券卖出的证券统称为标的证券，标的证券涵盖四大类证券，主要包括股票、证券投资基金、债券、其他证券。

（1）标的证券为股票的，应当符合下列条件：

①在交易所上市交易超过3个月；

②融资买入标的股票的流通股本不少于1亿股或流通市值不低于5亿元，融券卖出标的股票的流通股本不少于2亿股或流通市值不低于8亿元；

③股东人数不少于4 000人；

④在最近3个月内没有出现下列情形之一：

日均换手率低于基准指数日均换手率的15%，且日均成交金额小于5 000万元；日均涨跌幅平均值与基准指数涨跌幅平均值的偏离值超过4%；波动幅度达到基准指数波动幅度的5倍以上。

⑤股票发行公司已完成股权分置改革；

⑥股票交易未被交易所实施风险警示；

⑦交易所规定的其他条件。

（2）标的证券为交易型开放式指数基金（ETF）的，应当符合下列条件：

①上市交易超过5个交易日；

②最近5个交易日内的日平均资产规模不低于5亿元；

③基金持有户数不少于2 000户；

④交易所规定的其他条件。

（3）标的证券为上市开放式基金的，应当符合下列条件：

①上市交易超过5个交易日；

②最近5个交易日内的日平均资产规模不低于5亿元；

③基金持有户数不少于2 000户；

④基金份额不存在分拆、合并等分级转换情形；
⑤交易所规定的其他条件。
（4）标的证券为债券的，应当符合下列条件：
①债券托管面值在 1 亿元以上；
②债券剩余期限在 1 年以上；
③债券信用评级达到 AA 级（含）以上；
④交易所规定的其他条件。

交易所按照从严到宽、从少到多、逐步扩大的原则，从满足上述规定的证券范围内选取和确定标的证券的名单，并向市场公布。

交易所可根据市场情况调整标的证券的选择标准和名单，证券公司向其客户公布的标的证券名单，不得超出交易所公布的标的证券范围。

标的证券暂停交易的，证券公司与其客户可以根据双方约定了结相关融资融券合约。如恢复交易日在融资融券债务到期日之后的，融资融券的期限可以顺延，顺延的具体期限由证券公司与其客户自行约定。

标的股票交易被实施风险警示的，交易所自该股票被实施风险警示当日起将其调整出标的证券范围。标的证券进入终止上市程序的，交易所自发行人作出相关公告当日起将其调整出标的证券范围。

证券被调整出标的证券范围的，在调整实施前未了结的融资融券合同仍然有效。证券公司与其客户可以根据双方约定提前了结相关融资融券合约。

2. 保证金和担保物管理

证券公司向客户融资、融券，应当向客户收取一定比例的保证金，除现金外，保证金可以证券充抵。

证券公司向客户收取的保证金以及客户融资买入的全部证券和融券卖出所得全部资金，整体作为客户对证券公司融资融券所生债务的担保物。

（1）可充抵保证金的证券的折算率

可充抵保证金的证券，在计算保证金金额时应当以证券市值或净值按下列折算率进行折算：

①上证 180 指数成分股股票及深证 100 指数成分股股票的折算率最高不超过 70%，其他股票折算率最高不超过 65%；
②交易型开放式指数基金折算率最高不超过 90%；
③证券公司现金管理产品、货币市场基金、国债折算率最高不超过 95%；
④被实施风险警示、暂停上市、进入退市整理期的证券，静态市盈率在 300 倍以上或者为负数的 A 股股票，以及权证的折算率为 0。

⑤其他上市证券投资基金和债券折算率最高不超过80%。

交易所可以根据市场情况调整可充抵保证金证券的名单和折算率。证券公司公布的可充抵保证金证券的名单，不得超出交易所公布的可充抵保证金证券范围。公布的可充抵保证金证券的折算率，不得高于交易所规定的标准。

（2）融资融券保证金比例及计算

投资者融资买入证券时，融资保证金比例不得低于100%。融资保证金比例是指投资者融资买入时交付的保证金与融资交易金额的比例，计算公式为：

融资保证金比例＝保证金／（融资买入证券数量×买入价格）×100%。

投资者融券卖出时，融券保证金比例不得低于50%。融券保证金比例是指投资者融券卖出时交付的保证金与融券交易金额的比例，计算公式为：

融券保证金比例＝保证金／（融券卖出证券数量×卖出价格）×100%。

（3）保证金可用余额及计算

保证金可用余额是指投资者用于充抵保证金的现金、证券市值及融资融券交易产生的浮盈经折算后形成的保证金总额，减去投资者未了结融资融券交易已占用保证金和相关利息、费用的余额。其计算公式为：

保证金可用余额 ＝ 现金 ＋ $\sum$（可充抵保证金的证券市值 × 折算率）＋ $\sum$[（融资买入证券市值 － 融资买入金额）× 折算率] ＋ $\sum$[（融券卖出金额 － 融券卖出证券市值）× 折算率] － $\sum$ 融券卖出金额 － $\sum$ 融资买入证券金额 × 融资保证金比例 － $\sum$ 融券卖出证券市值 × 融券保证金比例 － 利息及费用。

公式中，融券卖出金额＝融券卖出证券的数量×卖出价格，融券卖出证券市值＝融券卖出证券数量×市价，融券卖出证券数量指融券卖出后尚未偿还的证券数量；$\sum$[（融资买入证券市值 － 融资买入金额）× 折算率]、$\sum$[（融券卖出金额 － 融券卖出证券市值）× 折算率]中的折算率是指融资买入、融券卖出证券对应的折算率，当融资买入证券市值低于融资买入金额或融券卖出证券市值高于融券卖出金额时，折算率按100%计算。

（4）客户担保物的监控

证券公司应当对客户提交的担保物进行整体监控，并计算其维持担保比例。维持担保比例是指客户担保物价值与其融资融券债务之间的比例。

维持担保比例＝（现金＋信用证券账户内证券市值总和）／（融资买入金额＋融券卖出证券数量×当前市价＋利息及费用总和）

证券公司信用证券账户内的证券，出现被调出可充抵保证金证券范围、被暂停交易、被实施风险警示等特殊情形或者因权益处理等产生尚未到账的在途证券，证券公司在计算客户维持担保比例时，可以根据与客户的约定按照公允价格或其他定价方式计算其市值。

客户维持担保比例不得低于130%。当客户维持担保比例低于130%时，证券公司应当通知客户在约定的期限内追加担保物，客户经证券公司认可后，可以提交除可充抵保证金证券外的其他证券、不动产、股权等资产。

维持担保比例超过300%时，客户可以提取保证金可用余额中的现金或充抵保证金的证券，但提取后维持担保比例不得低于300%。交易所另有规定的除外。

证券交易所认为必要时，可以调整融资、融券保证金比例及维持担保比例的标准，并向市场公布。证券公司公布的融资保证金比例、融券保证金比例及维持担保比例，不得低于交易所规定的标准。

客户不得将已设定担保或其他第三方权利及被采取查封、冻结等司法强制措施的证券提交为担保物，证券公司不得向客户借出此类证券。

客户担保物中单一证券市值占比达到一定比例时，证券公司应当按照与客户的约定，暂停接受其融资买入该证券的委托或采取其他风险控制措施。

根据《证券公司融资融券业务管理办法》的规定，除下列情形外，任何人不得动用证券公司客户信用交易担保证券账户内的证券和客户信用交易担保资金账户内的资金：

①为客户进行融资融券交易的结算；
②收取客户应当归还的资金、证券；
③收取客户应当支付的利息、费用、税款；
④按照该办法的规定以及与客户的约定处分担保物；
⑤收取客户应当支付的违约金；
⑥客户提取还本付息、支付税费及违约金后的剩余证券和资金；
⑦法律、行政法规和该办法规定的其他情形。

客户交存的担保物价值与其债务的比例，超过证券交易所规定水平的，客户可以按照证券交易所的规定和融资融券合同的约定，提取担保物。

司法机关依法对客户信用证券账户或者信用资金账户记载的权益采取财产保全或者强制执行措施的，证券公司应当处分担保物，实现因向客户融资融券所生债权，并协助司法机关执行。

(十一）权益处理

1. 对证券发行人权利的行使

根据《证券公司融资融券业务管理办法》，证券发行人的权利，是指请求召开证券持有人会议、参加证券持有人会议、提案、表决、配售股份的认购、请求分配投资收益等因持有证券而产生的权利。

证券登记结算机构依据证券公司客户信用交易担保证券账户内的记录，确认证券公司受托持有证券的事实，并以证券公司为名义持有人，登记于证券持有人名册。

对客户信用交易担保证券账户记录的证券，由证券公司以自己的名义，为客户的利益，行使对证券发行人的权利。证券公司行使对证券发行人的权利，应当事先征求客户的意见，并按照其意见办理。客户未表达意见的，证券公司不得行使对发行人的权利。

2. 证券发行人分派投资收益的处理

证券登记结算机构受证券发行人委托以证券形式分派投资收益的，应当将分派的证券记录在证券公司客户信用交易担保证券账户内，并相应变更客户信用证券账户的明细数据。

证券登记结算机构受证券发行人委托以现金形式分派投资收益的，应当将分派的资金划入证券公司信用交易资金交收账户。证券公司应当在资金到账后，通知商业银行对客户信用资金账户的明细数据进行变更。

3. 融券交易期间权益的处理

客户融入证券后、归还证券前，证券发行人分配投资收益、向证券持有人配售或者无偿派发证券、发行证券持有人有优先认购权的证券的，客户应当按照融资融券合同的约定，在偿还债务时，向证券公司支付与所融入证券可得利益相等的证券或者资金。

三、转融通业务

（一）转融通业务的基本概念

转融通业务是指证券金融公司将自有或者依法筹集的资金和证券出借给证券公司，以供其办理融资融券业务的经营活动。

证券金融公司是中国证监会根据国务院的决定，批准设立专司转融通业务的股份有限公司，证券金融公司不以营利为目的，履行下列职责：

第一，为证券公司融资融券业务提供资金和证券的转融通服务。

第二，对证券公司融资融券业务运行情况进行监控。

第三，监测分析全市场融资融券交易情况，运用市场化手段防控风险。

第四，中国证监会确定的其他职责。

（二）转融通业务规则

1. 专用证券账户

证券金融公司开展转融通业务，应当以自己的名义，在证券登记结算机构分别开立转融通专用证券账户、转融通担保证券账户和转融通证券交收账户。

转融通专用证券账户用于记录证券金融公司持有的拟向证券公司融出的证券和证券公司归还的证券；转融通担保证券账户用于记录证券公司委托证券金融公司持有、担保证券金融公司因向证券公司转融通所生债权的证券；转融通证券交收账户用于办理证券金融公司与转融通业务有关的证券结算。

2. 专用资金账户

证券金融公司开展转融通业务，应当以自己的名义，在商业银行开立转融通专用资金账户，在证券登记结算机构分别开立转融通担保资金账户和转融通资金交收账户。

转融通专用资金账户用于存放证券金融公司拟向证券公司融出的资金及证券公司归还的资金；转融通担保资金账户用于记录证券公司交存的、担保证券金融公司因向证券公司转融通所生债权的资金；转融通资金交收账户用于办理证券金融公司与转融通业务有关的资金结算。

3. 了解客户及信用评估

证券金融公司开展转融通业务，应当了解证券公司的基本情况、业务范围、财务状况、违约记录、风险控制能力等，并以书面和电子的方式予以记录和保存。

证券金融公司应当建立客户信用评估机制，对证券公司的信用状况进行评估，并根据评估结果确定和调整对证券公司的授信额度。

4. 转融通业务合同

证券金融公司应当制定转融通业务合同标准格式，报中国证监会备案。合同应约定转融通的资金数额、标的证券的种类和数量、期限、费率、保证金的比例、证券权益处理办法、违约责任等事项。

5. 转融通期限

证券金融公司向证券公司转融通的期限不得超过 6 个月。转融通的期限，自资金或者证券实际交付之日起算。

6. 证券公司担保账户

证券金融公司与证券公司签订转融通业务合同后，应当根据证券公司的申请，以证券公司的名义，为其开立转融通担保证券明细账户和转融通担保资金明细账户。

转融通担保证券明细账户是转融通担保证券账户的二级账户，用于记载证券公司委托证券金融公司持有的担保证券的明细数据。转融通担保资金明细账户是转融通担保资金账户的二级账户，用于记载证券公司交存的担保资金的明细数据。

证券金融公司可以委托证券登记结算机构根据清算、交收结果等，对证券公司转融通担保证券明细账户和转融通担保资金明细账户内的数据进行变更。

7. 转融通保证金

证券金融公司开展转融通业务，应当向证券公司收取一定比例的保证金。保证金可以证券充抵，但货币资金占应收取保证金的比例不得低于 15%。可充抵保证金证券的种类和折算率由证券金融公司确定并公布。

证券公司向证券金融公司交存保证金，采取设立信托的方式。保证金中的证券应当记入转融通担保证券账户，保证金中的资金应当记入转融通担保资金账户。转融通担保证券账户内的证券和转融通担保资金账户内的资金，均为担保证券金融公司因向证券公司转融通所生债权的信托财产。

证券金融公司应当逐日计算证券公司交存的保证金价值与其所欠债务的比例。当该比例低于约定的维持保证金比例时，应当通知证券公司在一定的期限内补交差额，直至达到约定的初始保证金比例。

证券公司违约的，证券金融公司可以按照约定处分保证金，以实现对证券公司的债权；处分保证金不足以完全实现对证券公司的债权的，证券金融公司应当依法向证券公司追偿。

经证券公司书面同意，证券金融公司可以有偿使用证券公司交存的保证金。证券金融公司使用保证金的用途、期限、对价等具体事项，由双方通过转融通业务合同约定。

8. 转融通互保基金

证券金融公司可以根据化解证券公司违约风险的需要，建立转融通互保基金。转融通互保基金的管理办法，由证券金融公司制定，报中国证监会备案后实施。

9. 转融通的暂停

市场交易活动出现异常，已经或者可能危及市场稳定，有必要暂停转融通业务的，证券金融公司可以按照业务规则和合同约定，暂停全部或者部分转融通业务并公告。

10. 转融通业务涉及的证券和资金的划转

证券登记结算机构根据证券账户和资金账户持有人发出或者认可的指令，办理转融通业务涉及的证券和资金的划转。

11. 协助司法强制执行

司法机关依法对证券公司转融通担保证券明细账户或者转融通担保资金明细账户记载的权益采取财产保全或者强制执行措施的，证券金融公司应当处分保证金，在实现因向证券公司转融通所生债权后，协助司法机关执行。

（三）资金和证券的来源

证券金融公司开展转融通业务，可以使用下列资金和证券：

第一，自有资金和证券；

第二，通过证券交易所的业务平台融入的资金和证券；

第三，通过证券金融公司的业务平台融入的资金；

第四，依法筹集的其他资金和证券。

（四）权益处理

1. 对证券发行人权利的行使

证券发行人的权利，是指请求召开证券持有人会议、参加证券持有人会议、提案、表决、配售股份的认购、请求分配投资收益等因持有证券而产生的权利。

证券登记结算机构根据转融通担保证券账户内的记录，确认证券金融公司受托持有证券的事实，并以证券金融公司为名义持有人，登记于证券持有人名册。

对转融通担保证券账户内记录的证券，由证券金融公司以自己的名义，行使对证券发行人的权利。证券金融公司行使对证券发行人的权利，应当事先征求委托其持有该证券的证券公司意见，并按照其意见办理。

2. 证券持有人的收益权利

证券登记结算机构受证券发行人委托以证券或者现金形式分派投资收益的，应当分别将分派的证券或者现金记录在转融通担保证券账户或者转融通担保资金账户内，并相应变更证券公司转融通担保证券明细账户或者转融通担保资金明细账户的数据。

证券金融公司融入证券后、归还证券前，或者证券公司向证券金融公司融入证券后、归还证券前，证券发行人分配投资收益、向证券持有人配售或者无偿派发证券、发行证券持有人有优先认购权的证券的，证券金融公司或者证券公司应当按照约定向融出方支付与所融入证券可得利益相等的证券或者资金。

3. 证券持有人的信息报告与披露义务

证券金融公司通过转融通担保证券账户持有的证券不计入其自有证券，证券金融公司无须因该账户内证券数量的变动而履行信息报告、披露或者要约收购义务。

证券公司通过其自营证券账户、融券专用证券账户和转融通担保证券明细账户合计持有一家上市公司股票及其权益的数量或者其增减变动达到规定的比例时，应当依法履行信息报告、披露或者要约收购义务。有一致行动人的，一致行动人与证券公司持有的股票及其权益的数量合并计算。

（五）其他主要规定

1. 制定业务规则

证券金融公司应当依照办法的规定制定转融通业务规则，明确账户管理、授信管理、标的证券管理、保证金管理、费率管理、信息披露等事项，报中国证监会备案后实施。

2. 公布信息

证券金融公司应当每个交易日公布转融资余额、转融券余额、转融通成交数据及转融通费率。

3. 建立合规管理与风险控制机制

证券金融公司应当建立合规管理机制，保证公司的经营管理及工作人员的执业行为合法合规。

证券金融公司应当建立风险控制机制，有效识别、评估、控制公司经营管理中的各类风险。

证券金融公司应当遵守以下风险控制指标规定：

（1）净资本与各项风险资本准备之和的比例不得低于100%；

（2）对单一证券公司转融通的余额，不得超过证券金融公司净资本的50%；

（3）融出的每种证券余额不得超过该证券上市可流通市值的10%；

（4）充抵保证金的每种证券余额不得超过该证券总市值的15%。

证券金融公司净资本、风险资本准备的计算，参照中国证监会对证券公司的有关规定执行，中国证监会另有规定的除外。

证券金融公司不得为他人的债务提供担保。

证券金融公司应当每年按照税后利润的10%提取风险准备金。中国证监会可以根据防范证券金融公司风险的需要，对提取比例进行调整。

4. 资金用途

证券金融公司的资金，除用于履行相关法规的规定职责和维持公司正常运转外，只能用于购买银行存款；购买国债、证券投资基金份额等经中国证监会认可的高流动性金融产品；购置自用不动产及中国证监会认可的其他用途。

5. 信息系统安全管理

证券金融公司应当建立信息系统安全管理机制，保障公司信息系统安全、稳定运行。

6. 报告制度

证券金融公司应当按时向中国证监会报送年度报告、月度报告。年度报告应当包含按照规定编制并经具有证券相关业务资格的会计师事务所审计的财务会计报告。月度报告应当包含各项风险控制指标和转融通业务专项报表，以及中国证监会要求报送的其他信息。

发生影响或者可能影响公司经营管理的重大事件的，证券金融公司应当立即向中国证监会报送临时报告，说明事件的起因、目前的状态、可能产生的后果和应对措施。

7. 信息共享与保密机制

证券交易所、证券登记结算机构、证券金融公司应当建立融资融券信息共享机制。

证券金融公司及其工作人员应当对因履行职责而获悉的信息保密。法律、行政法规和中国证监会另有规定的除外。

证券金融公司应当妥善保存履行中国证监会有关规定职责所形成的各类文件、资料，保存期限不少于20年。

8. 违规处罚

证券金融公司或者证券公司违反中国证监会规定的，由中国证监会视具体情形，采取责令改正、出具警示函、责令公开说明、责令定期报告等监管措施；应当给予行政处罚的，由中国证监会对公司及其有关责任人员单处或者并处警告、罚款。

四、股票质押式回购、约定式购回、质押式报价回购业务

(一) 业务的主要规则

1. 股票质押式回购业务

(1) 基本概念

股票质押式回购业务是符合条件的资金融入方以所持有的股票或其他证券质押,向符合条件的资金融出方融入资金,并约定在未来返还资金、解除质押的交易。

资金融出方一般为证券公司、证券公司管理的集合资产管理计划或定向资产管理客户、证券公司资产管理子公司管理的集合资产管理计划或定向资产管理客户。

(2) 其他主要规则

①证券公司应当建立健全股票质押回购风险控制机制,根据相关规定和自身风险承受能力确定业务规模。证券交易所据此对证券公司股票质押回购交易规模进行前端控制。

证券公司根据融入方和融出方的委托向交易所的股票质押回购交易系统进行交易申报。交易系统对交易申报按相关规则予以确认,并将成交结果发送中国结算。中国结算依据交易所确认的成交结果为股票质押回购提供相应的证券质押登记和清算交收等业务处理服务。

②融入方、融出方、证券公司各方根据相关法律法规、部门规章及《股票质押式回购交易及登记结算业务办法》的规定,签署《股票质押回购交易业务协议》(本节简称《业务协议》)。

证券公司代理进行股票质押回购交易申报的,应当依据所签署的《业务协议》、基于交易双方的真实委托进行,未经委托进行虚假交易申报,或者擅自伪造、篡改交易委托进行申报的,证券公司应承担全部法律责任,并赔偿由此造成的损失。

③证券公司应当建立健全融入方资质审查制度,对融入方进行尽职调查,调查内容包括融入方的身份、财务状况、经营状况、信用状况、担保状况、融资投向、风险承受能力等。

融入方不得为金融机构或者从事贷款、私募证券投资或私募股权投资、个人借贷等业务的其他机构,或者前述机构发行的产品。符合一定政策支持的创业投

资基金及其他上交所认可的情形除外。

④证券公司及其资产管理子公司管理的公开募集集合资产管理计划不得作为融出方参与股票质押回购。

⑤《业务协议》应明确约定融入方融入资金存放于其在证券公司指定银行开立的专用账户，并用于实体经济生产经营，不得直接或者间接用于下列用途：投资于被列入国家相关部委发布的淘汰类产业目录，或者违反国家宏观调控政策、环境保护政策的项目；进行新股申购；通过竞价交易或者大宗交易方式买入上市交易的股票；法律法规、中国证监会相关部门规章和规范性文件禁止的其他用途。

融入资金违反前款规定使用的，《业务协议》应明确约定改正措施和相应后果。

2. 约定购回式证券交易

（1）基本概念

约定购回式证券交易，是指符合条件的客户以约定价格向其指定交易的证券公司卖出标的证券，并约定在未来某一日期由客户按照另一约定价格从证券公司购回标的证券，证券公司根据与客户签署的协议将待购回期间标的证券产生的相关孳息返还给客户的交易。

（2）其他主要规则

①证券公司应当建立健全约定购回式证券交易风险控制机制，根据相关规定和自身风险承受能力确定业务规模。

②证券公司应当按照相关规定和与客户的协议约定基于客户的真实委托向交易所交易系统进行申报，由交易系统予以确认。中国结算依据交易所确认的成交结果为约定购回式证券交易提供证券登记和资金划付服务。

③证券公司与客户之间的纠纷，不影响中国结算依据交易所成交结果已经办理或正在办理的证券登记和资金划付等业务。

3. 质押式报价回购业务

（1）基本概念

质押式报价回购是指证券公司将符合沪、深证券交易所《质押式报价回购交易及登记结算业务办法》规定的自有资产作为质押券，以质押券折算后的标准券总额为融资额度，向其指定交易客户以证券公司报价、客户接受报价的方式融入资金，在约定的购回日客户收回融出资金并获得相应收益的交易。

（2）其他主要规则

①证券公司应当建立健全报价回购业务风险控制机制，对质押券价值进行管理。

证券公司应当合理确定和控制报价回购业务规模,并向交易所报备。交易所据此对证券公司的报价回购业务规模实行总量控制。

②证券公司应当按照规定的格式向交易所交易系统申报报价,并代客户申报接受报价的委托。交易系统对双方的申报按相关规则予以成交确认,并将成交结果发送中国结算。中国结算依据交易所确认的成交结果为报价回购的初始交易与购回交易提供相关登记结算服务。

③证券公司应遵循诚实信用原则,如实向交易所交易系统申报其与客户已经达成的真实交易意向,不得擅自伪造、篡改或进行虚假申报。

④证券公司与客户之间的纠纷,不影响中国结算依据交易所成交结果已经办理或正在办理的相关登记结算业务。

(二) 业务风险管理、违约处置及异常情况处理一般规定

1. 股票质押式回购业务

(1) 风险管理

①证券公司应当对股票质押回购实行集中统一管理,并建立完备的管理制度、操作流程和风险识别、评估与控制体系,确保风险可测、可控、可承受。

②证券公司应当健全业务隔离制度,确保股票质押回购与有可能形成冲突的业务在机构、人员、信息、账户等方面相互隔离。

证券公司及其资产管理子公司应当健全利益冲突防范机制,以公平参与为原则,防范证券公司自营业务、客户资产管理业务在参与股票质押回购时可能发生的利益冲突。

③证券公司应当建立标的证券的管理制度,在交易所规定的标的证券范围内确定和调整标的证券范围,合理确定用于质押的单一标的证券数量占其发行在外证券数量的最大比例,确保选择的标的证券合法合规、风险可控。以有限售条件股份作为标的证券的,解除限售日应当早于回购到期日。

④证券公司作为融出方的,单一证券公司接受单只A股股票质押的数量不得超过该股票A股股本的30%。集合资产管理计划或定向资产管理客户作为融出方的,单一集合资产管理计划或定向资产管理客户接受单只A股股票质押的数量不得超过该股票A股股本的15%。因履约保障比例达到或低于约定数值,补充质押导致超过上述比例或超过上述比例后继续补充质押的情况除外。单只A股股票市场整体质押比例不得超过50%。市场整体质押比例,是指单只A股股票质押数量与其A股股本的比值。

⑤融入方所持有股票涉及业绩承诺股份补偿协议的,在相关业绩承诺履行完

毕前，证券公司不得允许集合资产管理计划或者定向资产管理客户作为融出方参与相应股票质押回购；证券公司作为融出方参与相应股票质押回购的，应当切实防范因融入方履行业绩承诺股份补偿协议可能产生的风险。

⑥股票质押率上限不得超过60%。以有限售条件股份作为标的证券的质押率原则上低于同等条件下无限售条件股份的质押率。证券交易所可以根据市场情况，对质押率上限进行调整，并向市场公布。

⑦证券公司应当建立以净资本为核心的股票质押回购规模监控和调整机制，建立、健全待购回期间融入方跟踪监测机制，建立、健全盯市机制，持续跟踪质押标的证券价格波动和可能对质押标的证券产生重大影响的风险事件，建立融入方融入资金跟踪管理制度，采取措施对融入资金的使用情况进行跟踪并按照交易所要求报送股票质押回购相关数据信息。

⑧融出方为集合资产管理计划的，可通过证券公司或其他第三方的信用增级措施保障融出方权益。证券交易所可以根据市场情况暂停或恢复单一标的证券用于股票质押回购。

持有上市公司股份5%以上的股东，将其持有的该上市公司股票进行股票质押回购的，不得违反有关信息披露的规定。

（2）违约处置

融入方违约，根据《业务协议》的约定须处置质押标的证券的，对于无限售条件股份，通过交易所进行处置的，证券公司按以下程序处理：

①证券公司应及时通知交易双方并报告证券交易所；

②T日证券公司根据《业务协议》约定，向证券交易所交易系统提交违约处置申报；

③T日违约处置申报处理成功后，T+1日起证券公司即可根据《业务协议》的约定处置标的证券，卖出成交后，证券公司应当在当日根据中国结算的要求提交申报数据，处置所得优先偿付融出方；证券公司应当根据《业务协议》的约定将偿付资金划付到融出方对应的账户；

④违约处置后，证券公司应向交易所提交终止购回申报。质押标的证券及相应孳息如有剩余的，中国结算相应解除剩余标的证券及相应孳息的质押登记；

⑤违约处置完成后，证券公司向交易所、中国结算和中国证券投资者保护基金有限责任公司提交违约处置结果报告。

对于仍处于限售期的有限售条件股份，证券公司应当按照《业务协议》的约定处理。

（3）异常情况处理

异常情况一般包括以下情形：

①质押标的证券、证券账户或资金账户被司法等机关冻结或强制执行；

②质押标的证券被作出终止上市决定；

③集合资产管理计划提前终止；

④证券公司被暂停或终止股票质押回购交易权限；

⑤证券公司进入风险处置或破产程序；

⑥交易所认定的其他情形。

发生异常情况的，交易各方可以按《业务协议》中约定的提前购回、延期购回、终止购回及交易所认可的其他约定方式等处理。

2. 约定购回式证券交易

（1）风险管理

证券公司开展约定购回式证券交易，应当建立完备的管理制度、操作流程和风险识别、评估与控制体系，确保风险可测、可控、可承受。

证券公司应当健全业务隔离制度，确保约定购回式证券交易与有可能形成业务冲突的证券资产管理、证券自营、投资银行等业务在机构、人员、信息、账户等方面相互隔离。

证券公司应当对约定购回式证券交易实行集中统一管理。

证券公司应当确定标的证券筛选标准，建立标的证券的管理制度，确保选择的标的证券合法合规、风险可控。

证券公司应当建立以净资本为核心的约定购回式证券交易规模监控和调整机制，根据监管要求和自身财务状况，合理确定总体规模、单一客户、单一证券的金额占净资本的比例等风险控制指标。

证券公司应当对约定购回式证券交易进行盯市管理，监控标的证券的市场风险。

（2）违约处置

因客户原因导致购回交易或证券、资金划付无法完成的，证券公司应当于次一交易日报告交易所，并按以下程序处理：

①证券公司应当及时向交易所申请终止购回，并告知客户；

②证券公司应当向交易所提交处置申请、承诺书和合规意见书等相关材料；

③证券公司提交的违约处置申请及相关材料形式完备的，交易所向中国结算发出终止约定购回交易的书面通知。证券公司可在标的证券划转至自营账户的下一交易日起按照《客户协议》约定处置购回交易所涉全部标的证券，以抵偿客户应付金额，剩余金额按照多退少补的原则处理；

④违约处置完成后，证券公司应当将违约处置结果向交易所备案。

因证券公司原因导致购回交易或证券、资金划付无法完成的，应当于次一交易日报告交易所，并与客户协商延期购回。证券公司无法延期购回或客户不同意延期购回的，按以下程序处理：

①证券公司应当及时向交易所申报终止购回；

②证券公司应当及时通知客户，并与其按照《客户协议》的约定处理；

③违约处置完成后，证券公司应当将违约处置结果向交易所备案。

（3）异常情况处理

异常情况一般包括以下几种情形：

①证券公司专用证券账户或其中的证券被司法等机关冻结或强制执行；

②证券公司被暂停或终止约定购回式证券交易权限；

③证券公司进入风险处置或破产程序；

④客户资金账户或证券账户被司法等机关冻结或强制执行；

⑤标的证券暂停上市或终止上市；

⑥交易所认定的其他情形。

发生异常情况的，交易各方可以按《业务协议》中约定的提前购回、延期购回、证券公司向交易所申报终止购回并与客户协商处理及交易所认可的其他约定方式等处理。

证券公司与客户应当在《客户协议》中约定，待购回期间标的证券涉及吸收合并、要约收购、权证发行、债转股、公司缩股或公司分立等事件，客户应当提前购回。

3. 质押式报价回购交易

（1）风险管理

证券公司开展报价回购业务，应当建立完备的管理制度、操作流程和风险识别、评估与控制体系，确保风险可测、可控、可承受。

证券公司应建立运行高效、控制严密的内部控制机制，制定科学合理、切实有效的内部控制制度。

证券公司应当对报价回购业务实行集中统一管理。

证券公司应当对报价回购业务进行盯市管理，监控市场风险及提前做好当日资金划付安排。

（2）违约处置

因客户原因或证券公司原因导致初始交易、到期购回或提前购回的交易或资金划付无法完成的，违约方按《客户协议》承担违约责任，并由证券公司与客户按照约定自行办理资金结算。

（3）异常情况处理

异常情况一般包括以下几种情形：

①证券公司质押专用账户中质押券或质押现金被司法等机关冻结或强制执行的；

②证券公司被暂停或终止报价回购业务权限的；

③证券公司进入风险处置或破产程序的；

④客户资金账户被司法等机关冻结或强制执行的；

⑤质押券中的债券到期的。

发生前三项情形的，证券公司应及时通知客户。其中，证券公司被暂停报价回购交易权限的，应在权限暂停之日开市前，通过其网络或系统公告。证券公司因违约导致异常情况发生的，应向受影响的客户承担违约责任。

五、信用业务的监管措施及法律责任

（一）信用业务的相关监管措施及法律责任

1.《证券公司监督管理条例》的有关规定

（1）证券公司违反条例的规定，有下列情形之一的，责令改正，给予警告，没收违法所得，并处以违法所得1倍以上5倍以下的罚款；没有违法所得或者违法所得不足3万元的，处以3万元以上30万元以下的罚款。对直接负责的主管人员和其他直接责任人员单处或者并处警告、3万元以上10万元以下的罚款；情节严重的，撤销任职资格或者证券从业资格：

①未按照规定程序了解客户的身份、财产与收入状况、证券投资经验和风险偏好；

②推荐的产品或者服务与所了解的客户情况不相适应；

③未按照规定指定专人向客户讲解有关业务规则和合同内容，并以书面方式向其揭示投资风险；

④未按照规定与客户签订业务合同，或者未在与客户签订的业务合同中载入规定的必备条款；

⑤未按照规定编制并向客户送交对账单，或者未按照规定建立并有效执行信息查询制度；

⑥未按照规定存放、管理客户的交易结算资金、委托资金和客户担保账户内

的资金、证券。

（2）证券公司未按照规定为客户开立账户的，责令改正；情节严重的，处以 20 万元以上 50 万元以下的罚款，并对直接负责的董事、高级管理人员和其他直接责任人员，处以 1 万元以上 5 万元以下的罚款。

（3）证券公司违反条例的规定，有下列情形之一的，责令改正，给予警告，没收违法所得，并处以违法所得 1 倍以上 5 倍以下的罚款；没有违法所得或者违法所得不足 10 万元的，处以 10 万元以上 60 万元以下的罚款；情节严重的，撤销相关业务许可。对直接负责的主管人员和其他直接责任人员给予警告，撤销任职资格或者证券从业资格，并处以 3 万元以上 30 万元以下的罚款：

①证券公司、资产托管机构、证券登记结算机构违反规定动用客户的交易结算资金、委托资金和客户担保账户内的资金、证券；

②资产托管机构、证券登记结算机构对违反规定动用委托资金和客户担保账户内的资金、证券的申请、指令予以同意、执行；

③资产托管机构、证券登记结算机构发现委托资金和客户担保账户内的资金、证券被违法动用而未向国务院证券监督管理机构报告。

2.《证券公司融资融券业务管理办法》的有关规定

（1）证券公司或其分支机构违反《证券公司融资融券业务管理办法》，中国证监会或者其派出机构可采取责令改正、监管谈话、出具警示函、责令公开说明、责令参加培训、责令定期报告、暂不受理与行政许可有关的文件、暂停部分或者全部业务、撤销业务许可等相关监管措施；

（2）依法应予行政处罚的，依照《证券法》《行政处罚法》等法律法规和中国证监会的有关规定进行处罚；涉嫌犯罪的，依法移送司法机关，追究其刑事责任。

3.《转融通业务监督管理试行办法》的有关规定

证券金融公司或者证券公司违反《转融通业务监督管理试行办法》规定的，由中国证监会视具体情形，采取责令改正、出具警示函、责令公开说明、责令定期报告等监管措施；应当给予行政处罚的，由中国证监会对公司及其有关责任人员单处或者并处警告、罚款。

（二）证券公司开展信用业务违规案例

某证券公司在融资融券业务开展过程中，存在向多位不符合条件的客户融资融券、违规为到期融资融券合约展期问题，违规情节较重，被监管机构采取责令限期改正的行政监管措施。

另有某证券公司向风险承担能力不足的客户融资融券、未按照规定方式为部分客户开立融资融券信用账户，违规情节较重，被监管机构采取责令限期改正的行政监管措施。

根据《证券公司融资融券业务管理办法》的规定，证券公司在向客户融资、融券前，应当办理客户征信，了解客户的身份、财产与收入状况、证券投资经验和风险偏好、诚信合规记录等情况，做好客户适当性管理工作。《证券公司融资融券业务管理办法》第十六条规定，证券公司与客户签订融资融券合同后，应当根据客户的申请，按照证券登记结算机构的规定，为其开立实名信用证券账户。

同时交易所"融资融券交易实施细则"规定，融资、融券期限最长不得超过6个月。合约到期前，客户可申请展期，每次展期的期限不得超过6个月，且证券公司应对客户的信用状况、维持担保比例予以评估。而证券公司的上述行为显然违背以上规定，并最终被采取行政监管措施。

第八节　证券公司场外业务

本节重点梳理、总结证券公司场外业务的基本概念、业务范围、主要法律法规、部门规章、规范性文件等。本节所述的证券公司场外业务是指证券公司在全国中小企业股份转让系统、柜台市场以及区域性股权市场所开展或参与的相关业务。

一、法律法规概述

证券公司在全国中小企业股份转让系统（本节简称"全国股份转让系统"）开展业务涉及的主要规定包括《非上市公众公司监督管理办法》《全国中小企业股份转让系统有限责任公司管理暂行办法》《全国中小企业股份转让系统业务规则（试行）》（本节简称《业务规则》）、《全国中小企业股份转让系统主办券商管理细则（试行）》（本节简称《管理细则》）等。

证券公司柜台市场业务涉及的主要规定包括《证券公司柜台交易业务规范》《证券公司柜台市场管理办法（试行）》等。

证券公司参与区域性股权市场涉及的主要规定包括《区域性股权市场自律管理与服务规范（试行）》（本节简称《规范》）等。

二、证券公司全国股份转让系统业务

(一)全国股份转让系统的性质、服务对象及主要功能

1. 全国股份转让系统的性质

根据《国务院关于全国中小企业股份转让系统有关问题的决定》(国发〔2013〕49号),全国股份转让系统是经国务院批准,依据《证券法》设立的全国性证券交易场所,2012年9月正式注册成立,是继上海证券交易所、深圳证券交易所之后第三家全国性证券交易场所。在场所性质和法律定位上,全国股份转让系统与证券交易所是相同的,都是多层次资本市场体系的重要组成部分。全国中小企业股份转让系统有限责任公司(本节简称"全国股份转让系统公司")为其运营机构。

2. 服务对象及主要功能

全国股份转让系统主要为创新型、创业型、成长型中小微企业发展服务。境内符合条件的股份公司均可通过主办券商申请在全国股份转让系统挂牌,公开转让股份,进行股权融资、债权融资、资产重组等。申请挂牌的公司应当业务明确、产权清晰、依法规范经营、公司治理健全,可以尚未盈利,但须履行信息披露义务,所披露的信息应当真实、准确、完整。

全国股份转让系统是中小微企业与产业资本的服务媒介,主要是为企业发展、资本投入与退出服务,不以交易为主要目的。

(二)全国股份转让系统一般业务规则

为规范全国股份转让系统运行,维护市场正常秩序,保护投资者合法权益,根据《公司法》《证券法》《国务院关于全国中小企业股份转让系统有关问题的决定》以及《非上市公众公司监督管理办法》《全国中小企业股份转让系统有限责任公司管理暂行办法》等法律、行政法规、部门规章,全国股份转让系统公司制定《业务规则》。

《业务规则》和中国证监会发布的《非上市公众公司监督管理办法》《全国中小企业股份转让系统有限责任公司管理暂行办法》一起构成了全国场外市场运行管理的基本制度框架。《业务规则》等规定的制定,主要目的是发挥全国场外市场服务实体经济结构转型、支持中小企业创新创业的功能,同时适应扩大试点后法律基础、参与主体和市场定位等方面的变化。

1. 挂牌准入方面

《业务规则》对企业挂牌不设财务指标；依法设立且存续满两年、业务明确且具有持续经营能力、公司治理机制健全、合法规范经营、股权明晰、股票发行和转让行为合法合规、有主办券商推荐并持续督导的企业，均可到全国股份转让系统申请挂牌。对于挂牌企业，全国股份转让系统公司不对其主营业务情况作出实质判断，仅要求企业能够清晰描述其产品或服务、生产或服务方式、业务规模、关键资源要素和商业模式等情况，并如实披露过往经营业绩，便于市场和投资者自主判断。为增强全国场外市场服务实体经济发展的深度和广度，规定申请挂牌公司不受股东所有制性质的限制，也不限于高新技术企业。

2. 交易制度方面

全国股份转让系统在保留协议转让方式的基础上，将降低最低申报股份数量要求，并实施竞争性传统做市商制度，同时提供集合竞价转让服务，以完善市场交易功能，为中小企业合理"定价"。为改善市场流通股不足的现状，《业务规则》将放宽股票限售规定，同时允许公司在申请挂牌时即可定向发行融资。考虑到挂牌公司是经证监会核准的非上市公众公司，《业务规则》明确挂牌公司股东人数可以超过200人。《业务规则》还为可转换公司债券及其他证券品种预留了空间，以拓宽融资渠道。按照证监会统一安排，全国股份转让系统将为"两网"公司及退市公司设置单独交易板块，以维护市场秩序，实现平稳过渡。

3. 投资者准入方面

针对创新创业型中小企业风险较高的特征，全国股份转让系统实行严格的投资者适当性管理制度，并设定较高的投资者准入标准；对自然人投资者从财务状况、投资经验、专业知识三个维度设置准入要求。

4. 主办券商管理方面

取消对主办券商业务资格的事前审批，凡具有证监会批准的相应业务资格并在人员、技术上符合有关要求的证券公司均可向全国股份转让系统提交业务申请，在全国股份转让系统备案后即可开展相关业务。减少审批的同时，《业务规则》等规定加强了对主办券商的持续管理和信息披露，强化过程监管与行为监管，明确主办券商尽职调查、持续督导、落实投资者适当性管理制度、异常交易处理等义务的要求；督促主办券商勤勉执业、归位尽责。

5. 公司监管方面

《业务规则》要求规范挂牌公司治理和持续信息披露。允许挂牌公司实施股权激励计划，要求主办券商持续督导所推荐挂牌公司诚实守信、完善公司治理机制。对于信息披露，《业务规则》等规定考虑中小企业的特点，在强调真实性和透明度的基础上，降低企业披露成本，实行适度信息披露原则；明确全国股份转让系统对已披露的信息进行事后审查。

《业务规则》实施后，市场运作平台由证券公司代办股份转让系统转换为全国股份转让系统，市场自律管理主体由中国证券业协会转换为全国股份转让系统公司，市场运行适用的规则从中国证券业协会发布的规定转换为全国股份转让系统公司发布的《业务规则》及相关细则、指引等。

（三）主办券商在全国股份转让系统开展业务的主要业务类别、业务申请条件及业务管理要求

1. 主要业务类别

为规范证券公司在全国股份转让系统从事相关业务，维护市场正常秩序，保护投资者合法权益，根据《业务规则》等相关规定，全国股份转让系统公司制定《管理细则》。

根据《业务规则》等规定，主办券商是指在全国股份转让系统从事下列部分或全部业务的证券公司：

（1）推荐业务：推荐申请挂牌公司股票挂牌，持续督导挂牌公司，为挂牌公司股票发行、并购重组等提供相关服务；

（2）经纪业务：代理开立证券账户、代理买卖股票等业务；

（3）做市业务；

（4）全国股份转让系统公司规定的其他业务。

从事第（1）项业务的，应当具有证券承销与保荐业务资格；从事第（2）项业务的，应当具有证券经纪业务资格；从事第（3）项业务的，应当具有证券自营业务资格。

根据《管理细则》等规定，证券公司在全国股份转让系统开展相关业务前，应当向全国股份转让系统公司申请备案，成为主办券商。

未经备案的证券公司不得在全国股份转让系统开展相关业务。

2. 业务申请条件

主办券商可在全国股份转让系统从事以下部分或全部业务：推荐业务、经纪业务、做市业务，以及全国股份转让系统公司规定的其他业务。相关业务申请条件如下：

（1）证券公司申请在全国股份转让系统从事推荐业务应具备下列条件：具备证券承销与保荐业务资格；设立推荐业务专门部门，配备合格专业人员；建立尽职调查制度、工作底稿制度、内核工作制度、持续督导制度及其他推荐业务管理制度；全国股份转让系统公司规定的其他条件。

证券公司的子公司具备证券承销与保荐业务资格的，证券公司可以申请从事推荐业务，但不得与子公司同时在全国股份转让系统从事推荐业务。

(2)证券公司申请在全国股份转让系统从事经纪业务应具备下列条件：具备证券经纪业务资格；配备开展经纪业务必要人员；建立投资者适当性管理工作制度、交易结算管理制度及其他经纪业务管理制度；具备符合全国股份转让系统公司要求的交易技术系统；全国股份转让系统公司规定的其他条件。

(3)证券公司申请在全国股份转让系统从事做市业务应具备下列条件：具备证券自营业务资格；设立做市业务专门部门，配备开展做市业务必要人员；建立做市股票报价管理制度、库存股管理制度、做市风险监控制度及其他做市业务管理制度；具备符合全国股份转让系统公司要求的做市交易技术系统；全国股份转让系统公司规定的其他条件。

证券公司在全国股份转让系统开展业务前，应向全国股份转让系统公司申请备案，提交下列文件：(1)申请书；(2)公司设立的批准文件；(3)公司基本情况申报表；(4)经营证券业务许可证（副本）复印件；(5)企业法人营业执照（副本）复印件；(6)申请从事的业务及业务实施方案，包括部门设置、人员配备与分工情况说明，内部控制体系的说明，主要业务管理制度，技术系统说明等；(7)最近年度经审计财务报表和净资本计算表；(8)公司章程；(9)全国股份转让系统公司要求提交的其他文件。

证券公司应当按照全国股份转让系统公司规定的方式和要求，提交上述文件。

证券公司申请文件齐备的，全国股份转让系统公司予以受理。全国股份转让系统公司同意备案的，自受理之日起10个转让日内与证券公司签订《证券公司参与全国中小企业股份转让系统业务协议书》（本节简称《协议书》），向其出具主办券商业务备案函（本节简称"业务备案函"），并予以公告。公告后，主办券商可在公告业务范围内开展业务。

主办券商应在取得业务备案函后5个转让日内，在全国股份转让系统指定信息披露平台（www.neeq.com.cn或www.neeq.cc）披露公司基本情况、主要业务人员情况及全国股份转让系统公司要求披露的其他信息。主办券商所披露信息内容发生变更的，应自变更之日起5个转让日内报告全国股份转让系统公司并进行更新。

主办券商名称发生变更的，应当办理名称变更备案，向全国股份转让系统公司提交下列文件：(1)申请书；(2)机构名称变更的批准文件；(3)变更后的经营证券业务许可证（副本）复印件和企业法人营业执照（副本）复印件；（4）变更后的公司章程；（5）原业务备案函；（6）全国股份转让系统公司要求提交的其他文件。

主办券商名称变更备案文件齐备的，全国股份转让系统公司自收到变更备案申请之日起 5 个转让日内与主办券商重新签订《协议书》，换发业务备案函，并予以公告。

主办券商申请新增业务的，应当向全国股份转让系统公司提交（1）（4）（6）项文件及全国股份转让系统公司要求的其他文件。

全国股份转让系统公司同意主办券商新增业务备案的，自受理申请文件之日起 10 个转让日内与申请主办券商签订补充协议，出具业务备案函，并予以公告。

主办券商申请终止从事全国股份转让系统相关业务或不再具备相关业务备案条件的，全国股份转让系统公司终止其从事全国股份转让系统相关业务，书面通知该主办券商并公告。主办券商终止从事全国股份转让系统相关业务的，应制定业务处置方案，做好业务终止后续处置工作，并将处置方案、处置情况及时报告全国股份转让系统公司。

主办券商被中国证监会依法指定托管、接管的，托管方或者其他相关机构对所托管的主办券商业务行使经营管理权时，应当确保其遵守全国股份转让系统规定，承担相关义务。

3. 业务管理要求

根据《管理细则》等规定，主办券商开展全国股份转让系统相关业务的管理要求如下：

（1）主办券商开展全国股份转让系统相关业务，应当建立健全合规管理、内部风险控制与管理机制，严格防范和控制风险。

（2）主办券商及其业务人员应当对开展全国股份转让系统业务中获取的非公开信息履行保密义务，不得利用该信息谋取不正当利益。

（3）主办券商应当加强业务人员的职业道德和诚信教育，强化业务人员的勤勉尽责意识、合规操作意识、风险控制意识和保密意识。

（4）主办券商应按全国股份转让系统公司要求在全国股份转让系统指定信息披露平台披露其执业情况、接受全国股份转让系统公司处分等信息。

（5）主办券商应当根据全国股份转让系统公司要求，调查或协助调查指定事项，并将调查结果及时报告全国股份转让系统公司。

（6）主办券商应按要求组织相关人员参加全国股份转让系统公司举办的业务和技术培训。未按规定参加培训的，全国股份转让系统公司可暂不受理主办券商及其相关人员出具的文件。

主办券商首次推荐公司挂牌前,应接受全国股份转让系统公司的业务培训。

(7)主办券商应当按照全国股份转让系统公司要求建立开展相关业务所需的技术系统,包括交易系统、做市报价系统、行情系统和通信系统及其备份系统等,并制定相应的安全运行管理制度。

(8)主办券商应遵守全国股份转让系统公司有关转让信息管理的规定,按要求使用全国股份转让系统转让信息。

未经全国股份转让系统公司许可,主办券商不得将转让信息提供给客户从事自身股票转让以外的其他活动,不得将转让信息提供给客户以外的其他机构和个人,不得在营业场所外使用转让信息。

(四)主办券商在全国股份转让系统开展业务的主要规则

根据《管理细则》等规定,主办券商在全国股份转让系统开展业务的主要规则如下:

1. 推荐业务

(1)主办券商推荐股份公司股票挂牌,应与申请挂牌公司签订推荐挂牌并持续督导协议,约定双方权利和义务,并对申请挂牌公司董事、监事、高级管理人员及其他信息披露义务人进行培训,使其了解相关法律、法规、规则、协议所规定的权利和义务。

(2)主办券商应对申请挂牌公司进行尽职调查,并在全面、真实、客观、准确调查的基础上出具尽职调查报告。

(3)主办券商应设立内核机构,负责审核股份公司股票挂牌申请,并在审核基础上出具内核意见。

(4)主办券商应根据内核意见决定是否推荐股份公司股票挂牌。同意推荐的,出具推荐报告。

主办券商可以根据申请挂牌公司委托,组织编制申请文件。

(5)主办券商应持续督导所推荐挂牌公司诚实守信、规范履行信息披露义务、完善公司治理机制。

主办券商应配备合格专业人员,建立健全持续督导工作制度,勤勉履行审查挂牌公司拟披露的信息披露文件、对挂牌公司进行现场检查、发布风险警示公告等督导职责。

2. 经纪业务

(1)主办券商代理投资者买卖挂牌公司股票,应当与投资者签订证券买卖委托代理协议，并按照全国股份转让系统的股票转让制度要求接受投资者的买卖委托。

（2）主办券商应当按照全国股份转让系统公司要求，建立健全投资者适当性管理制度。主办券商代理投资者买卖挂牌公司股票前，应当充分了解投资者的身份、财务状况、证券投资经验等情况，评估投资者的风险承受能力和风险识别能力。

主办券商不得为不符合投资者适当性要求的投资者提供代理买卖服务，全国股份转让系统公司另有规定的除外。

（3）主办券商在与投资者签订证券买卖委托代理协议前，应着重向投资者说明投资风险自担的原则，详细讲解风险揭示书的内容，要求投资者认真阅读并签署风险揭示书。

（4）主办券商应利用各种方式告知投资者全国股份转让系统业务规则及相关信息，持续揭示投资风险。

（5）主办券商不得欺骗和误导投资者，不得利用自身的技术、设备及人员等业务优势侵害投资者合法权益。

（6）主办券商接受客户股票买卖委托时，应当查验客户股票和资金是否足额，法律、行政法规、部门规章另有规定的除外。

（7）主办券商应设立交易监控系统，对自身及客户转让行为进行有效监督，防范违规转让行为。

（8）主办券商对客户的资金、股票以及委托、成交数据应当有完整、准确、详实的记录或者凭证，按户分账管理，并向客户提供对账与查询服务。

主办券商应当采取有效措施，妥善保存上述文件资料，保存期限不得少于二十年。

（9）主办券商应当加强证券账户管理，不得为他人违法违规使用证券账户进行股票转让提供便利。

（10）主办券商应当在营业场所及时准确地公布转让信息，供从事股票转让的客户使用。

主办券商应当告知客户不得将转让信息用于自身股票转让以外的其他活动，并对客户使用转让信息的行为进行有效管理。

3. 做市业务

（1）主办券商开展做市业务，应通过专用证券账户、专用交易单元进行。做市业务专用证券账户应向中国证券登记结算有限责任公司和全国股份转让系统公司报备。

（2）主办券商应建立做市资金的管理制度，明确做市资金的审批、调拨、使用流程，确保做市资金安全。

（3）主办券商应建立做市股票的管理制度，明确做市股票获取、处置的决策程序以及库存股票头寸管理制度。

（4）主办券商应当建立以净资本为核心的做市业务规模监控和调整机制，根据自身财务状况和中国证监会关于证券公司风险监控指标规定等要求，合理确定做市业务规模。

（5）主办券商应建立做市业务内部报告制度，明确业务运作、风险监控、业务稽核及其他有关信息的报告路径和反馈机制。

（6）主办券商应当建立健全做市业务动态风险监控机制，监控做市业务风险的动态变化，提高动态监控效率。

（7）主办券商开展做市业务，不得利用信息优势和资金优势，单独或者通过合谋，以串通报价或相互买卖等方式制造异常价格波动，损害投资者利益。

（8）主办券商开展做市业务，不得干预挂牌公司日常经营，其业务人员不得在挂牌公司兼职。

（9）主办券商开展做市业务，对报价和成交数据等应有完整、准确、详实的记录或者凭证，并采取有效措施妥善保存，保存期限不得少于二十年。

（10）主办券商应按全国股份转让系统公司要求报告其做市股票库存、做市业务盈亏及相关风险监控指标等信息。

（五）自律管理

1. 对主办券商自律监管内容

根据《全国中小企业股份转让系统主办券商管理细则（试行）》等规定，主办券商及其董事、监事、高级管理人员和相关业务人员，应当遵守法律法规和全国股份转让系统相关规定，勤勉尽责、诚实守信，接受全国股份转让系统公司的自律管理。全国股份转让系统公司对主办券商的自律监管内容如下：

（1）全国股份转让系统公司可根据监管需要，对主办券商业务活动中的风险管理、技术系统运行、做市义务履行、推荐挂牌及持续督导等情况进行监督检查。

（2）主办券商应当积极配合全国股份转让系统公司监管，按照全国股份转让系统公司要求及时说明情况，提供相关文件、资料，不得拒绝或者拖延提供有关资料，不得提供虚假、误导性或者不完整的资料。

（3）全国股份转让系统公司对主办券商及从业人员执业情况进行持续记录，

并可将记录信息予以公开。

（4）主办券商及相关业务人员违反《管理细则》的，全国股份转让系统公司可依据《业务规则》采取相应的监管措施或纪律处分。

主办券商因违反细则被终止从事相关业务的，全国股份转让系统公司将在终止其从事相关业务之日起12个月内不再受理其申请。

2. 全国股份转让系统自律监管措施

（1）全国股份转让系统公司可以对《业务规则》规定的监管对象（申请挂牌公司、挂牌公司及其董事、监事、高级管理人员、股东、实际控制人、主办券商、会计师事务所、律师事务所、其他证券服务机构及其相关人员，投资者等）采取下列自律监管措施：

①要求申请挂牌公司、挂牌公司及其他信息披露义务人或者其董事（会）、监事（会）和高级管理人员、主办券商、证券服务机构及其相关人员对有关问题作出解释、说明和披露；

②要求申请挂牌公司、挂牌公司聘请中介机构对公司存在的问题进行核查并发表意见；

③约见谈话；

④要求提交书面承诺；

⑤出具警示函；

⑥责令改正；

⑦暂不受理相关主办券商、证券服务机构或其相关人员出具的文件；

⑧暂停解除挂牌公司控股股东、实际控制人的股票限售；

⑨限制证券账户交易；

⑩向中国证监会报告有关违法违规行为；

⑪其他自律监管措施。

监管对象应当积极配合全国股份转让系统公司的日常监管，在规定期限内回答问询，按照全国股份转让系统公司的要求提交说明，或者披露相应的更正或补充公告。

（2）申请挂牌公司、挂牌公司、相关信息披露义务人违反《业务规则》、全国股份转让系统公司其他相关业务规定的，全国股份转让系统公司视情节轻重给予以下处分，并记入证券期货市场诚信档案数据库（本节简称"诚信档案"）：

① 通报批评；

② 公开谴责。

（3）申请挂牌公司、挂牌公司的董事、监事、高级管理人员违反《业务规则》、全国股份转让系统公司其他相关业务规定的，全国股份转让系统公司视情节轻重给予以下处分，并记入诚信档案：

① 通报批评；

② 公开谴责；

③ 认定其不适合担任公司董事、监事、高级管理人员。

（4）主办券商违反《业务规则》、全国股份转让系统公司其他相关业务规定的，全国股份转让系统公司视情节轻重给予以下处分，并记入诚信档案：

① 通报批评；

② 公开谴责；

③ 限制、暂停直至终止其从事相关业务。

（5）主办券商的相关业务人员违反《业务规则》、全国股份转让系统公司其他相关业务规定的，全国股份转让系统公司视情节轻重给予以下处分，并记入诚信档案：

① 通报批评；

② 公开谴责。

（6）会计师事务所、律师事务所、其他证券服务机构及其工作人员违反《业务规则》、全国股份转让系统公司其他相关业务规定的，全国股份转让系统公司视情节轻重给予以下处分，记入诚信档案并向相关行业自律组织通报：

① 通报批评；

② 公开谴责。

（7）全国股份转让系统公司设立纪律处分委员会对《业务规则》规定的纪律处分事项进行审核，作出独立的专业判断并形成审核意见。全国股份转让系统公司根据纪律处分委员会的审核意见，作出是否给予纪律处分的决定。

监管对象不服全国股份转让系统公司作出的纪律处分决定的，可自收到处分通知之日起15个工作日内向全国股份转让系统公司申请复核，复核期间该处分决定不停止执行。

（六）案例

Z证券公司为推荐A股份有限公司挂牌的主办券商。主办券商在推荐×股份有限公司挂牌过程中存在以下违规事实：201×年×月，A股份有限公司与H经贸有限公司、Y机电技术服务有限公司、T实业有限公司三家公司签订《WSH股权转让协议》，约定A股份有限公司以X万元的价格收购WSH的100%股权。201×年×月，A股份有限公司合计向三家公司支付了X万元的股权转让对价。

上述事实未及时履行信息披露义务，未在公开转让说明书中及时披露。

主办券商未对公开转让说明书的完整性进行核查，违反了在公开转让说明书中不存在重大遗漏的相关声明，并违反了全国股份转让系统公司《全国中小企业股份转让系统主办券商推荐业务规定》第十六条、《业务规则》第 1.7 条、《全国中小企业股份转让系统公开转让说明书内容与格式指引》第四十二条以及《关于申请挂牌期间公司信息披露相关问题的通知》的规定，构成信息披露不完整的违规情形。

鉴于上述违规事实和情节，根据《业务规则》第 6.1 条、《全国中小企业股份转让系统主办券商推荐业务规定》第四十六条的规定，全国股份转让系统公司作出如下决定：对 Z 证券公司采取要求提交书面承诺的自律监管措施。全国股份转让系统公司要求 Z 证券公司在收到决定书之日起 5 个转让日内提交书面承诺。承诺应当包括但不限于以下内容：对违规事实和性质的深刻认识、对相关规则的正确理解、整改措施和行为保证。

三、证券公司柜台市场业务

（一）证券公司柜台交易、柜台市场概念

证券公司柜台交易是指证券公司与特定交易对手方在集中交易场所之外进行的交易或为投资者在集中交易场所之外进行交易提供服务的行为。

证券公司柜台市场是指证券公司为与特定交易对手方在集中交易场所之外进行交易或为投资者在集中交易场所之外进行交易提供服务的场所或平台。

（二）证券公司开展柜台市场业务的总体要求

根据中国证券业协会《证券公司柜台交易业务规范》《证券公司柜台市场管理办法（试行）》，证券公司开展柜台市场业务，应当遵守以下要求：

1. 具备从业资格

证券公司进行柜台交易，应当具备中国证监会批准的与所开展业务相适应的资格条件，即证券公司为投资者交易提供服务的，应经证监会批准可从事证券经纪业务；证券公司与特定交易对手方进行柜台交易的，应经证监会批准可从事证券自营业务。

2. 遵守法律法规，遵循诚实信用、公平自愿原则

证券公司在柜台市场开展业务，应当遵守有关法律法规，遵循诚实信用、公

平自愿的原则，不得欺诈、误导投资者，不得侵害投资者合法权益，不得挪用客户资产，不得利用非公开信息谋取不正当利益。

（三）柜台市场发行、销售与转让

1. 柜台市场发行、销售与转让的产品种类

在柜台市场发行、销售与转让的产品包括但不限于以下私募产品：

（1）证券公司及其子公司以非公开募集方式设立或者承销的资产管理计划、公司债务融资工具等产品；

（2）银行、保险公司、信托公司等其他机构设立并通过证券公司发行、销售与转让的产品；

（3）金融衍生品及中国证监会、中国证券业协会认可的产品。

除金融监管部门明确规定必须事前审批、备案的私募产品外，证券公司在柜台市场发行、销售与转让的私募产品，直接实行事后备案。

在柜台市场发行、销售与转让的私募产品应当依法合规，资金投向应当符合法律法规和国家有关政策规定。

2. 发行人资料审核及保存

证券公司为其他机构发行的私募产品提供柜台市场发行、销售与转让服务的，应当与发行人签订协议，对发行人提供的资料进行审核并妥善保管，不得隐匿、伪造或者毁损相关资料。证券公司应当督促发行人保证其提供的资料真实、准确、完整。

3. 柜台市场发行、销售与转让产品可采取的方式

证券公司可以采取协议、报价、做市、拍卖竞价、标购竞价等方式发行、销售与转让私募产品，不得采用集中竞价方式，法律法规有明确规定的除外。

4. 告知投资者事项

证券公司应当根据相关约定组织私募产品在柜台市场发行、销售与转让。因发生可能影响私募产品价值、投资者利益、诱发私募产品或者证券公司风险等的重大事项，证券公司拟暂停、终止、恢复发行、销售与转让的，应当事前公告或者以其他方式告知投资者。

5. 收费管理

证券公司在柜台市场为投资者进行私募产品发行、销售与转让提供服务并向投资者或者产品发行人收取费用的，应当在相关协议中约定或者在证券公司网站公布收费标准。

(四)柜台交易合同签订、财产担保

1. 合同签订

证券公司进行柜台交易,应当与特定交易对手方或投资者以书面或电子方式签订柜台交易合同,约定双方的权利义务。

金融衍生产品的柜台交易合同应符合协会对金融衍生产品主协议及配套文件的相关规定。

2. 财产担保

证券公司与投资者约定抵押、质押等财产担保的,应当依法办理担保设定手续;向投资者收取履约保证金的,应当在双方约定的金融机构开立专门账户存放,不得违约动用。

(五)账户、登记、托管与结算

开展柜台市场业务的证券公司可以为在其柜台市场发行、销售与转让的私募产品提供登记、托管与结算服务。

1. 产品账户

(1) 产品账户开立

投资者在柜台市场交易私募产品,证券公司应当为其开立产品账户。

证券公司代理投资者在柜台市场交易由其他合法登记机构登记的私募产品时,可以采取名义持有模式,以证券公司名义在该产品登记机构开立产品账户,享有产品持有人权利。证券公司与投资者应当签署名义持有协议,明确双方的权利义务关系;证券公司应当根据约定行使产品持有人相关权利,不得损害投资者权益。证券公司应当为每个投资者开立产品账户,分别记录每个投资者拥有的权益数据,并向该产品登记机构报送投资者权益明细数据等资料。

(2) 柜台市场自有产品专用账户

证券公司应当在产品登记机构开立柜台市场自有产品专用账户,并与其他自有产品账户相互隔离。证券公司应当将柜台市场自有产品专用账户和参与柜台市场交易的自有资金专用存款账户向中国证券业协会报备。

(3) 柜台市场客户资金专用存款账户

证券公司应当在商业银行开立柜台市场客户资金专用存款账户,用于存放柜台市场客户的非第三方存管资金、第三方存管客户与非第三方存管客户的待交收资金,并与其他账户相互隔离。证券公司应当将该账户向中国证监会证券市场交易结算资金监控系统报备。

2. 登记

（1）投资者柜台交易产品的登记管理

证券公司进行柜台交易的，应当记录投资者柜台交易产品的持有及变动状况，及时、准确、完整地记载与柜台交易有关的信息，并按照《证券法》的规定予以妥善保存。证券公司为在柜台市场发行、销售与转让的私募产品提供登记服务的，应当保证产品持有人名册和登记过户记录真实、准确、完整，不得隐匿、伪造或者毁损相关资料。

同时，证券公司应当采取有效措施，确保投资者可以在营业时间内查询其与证券公司签订的柜台交易合同的内容、持有基础金融产品和金融衍生产品的状况。

（2）为其他发行人发行的私募产品提供登记服务

证券公司为其他发行人发行的私募产品提供登记服务的，应当与私募产品发行人签订协议。

（3）其他登记机构提供登记服务

中国证监会认可的其他登记机构接受发行人委托，为在柜台市场发行、销售与转让的私募产品提供登记服务的，证券公司应当与其签订协议，对相关事项进行约定。

（4）柜台市场产品账户代码管理

证券公司柜台市场产品账户代码由 12 位字符组成，前 3 位为机构代码，由报价系统自动分配；后 9 位由阿拉伯数字和英文字母组成，优先使用阿拉伯数字，由报价系统、证券公司或者中国证监会认可的其他登记机构分配并管理。

3. 托管

证券公司可以接受委托，为客户依法持有或者管理的在其柜台市场发行、销售与转让的私募产品提供保管、清算交割、估值核算、投资监督、风险监控、出具托管报告等服务。

证券公司开展托管业务，应当采取有效措施，保证其托管的私募产品的安全，禁止挪用客户资产。

4. 结算

（1）自主约定结算模式

为柜台市场提供结算服务的机构应当按照约定为投资者办理交易结算。

柜台市场私募产品的登记、结算可以由证券公司自行办理，也可以由中国证监会认可的其他机构办理。

（2）结算管理

收付双方的结算账户都是同一证券公司第三方存管账户的，证券公司可以根据结算需要在收付双方资金账户之间进行资金划转。

收付双方的结算账户均不是第三方存管账户的，开展结算业务的机构可以通过报价系统或者中国证监会认可的其他机构为收付双方办理资金结算业务。

付款方或者收款方的结算账户是证券公司第三方管账户、对方结算账户不是该证券公司第三方存管账户的，证券公司应当将柜台市场客户资金专用存款账户作为过渡账户，进行客户交易结算资金专用存款账户与对方结算账户资金划付。

证券公司与其第三方存管客户发生交易的，应当通过参与柜台市场的自有资金专用存款账户与柜台市场客户资金专用存款账户进行资金结算，相关资金划转应当符合客户交易结算资金存管的规定。

5. 登记、结算服务的自律管理措施

（1）为柜台市场提供登记、结算服务的机构应当按照中国证券业协会规定报送柜台市场交易、登记、结算数据。

（2）协会与中国结算应当建立交易、登记、结算数据集中存储和共享机制。

（3）柜台市场产品账户应当与中国结算统一的全国投资者证券账户建立关联关系。

（4）柜台市场交易、登记、结算应当遵守或者优先采用中国证监会、中国证券业协会、证券交易所、中国结算及其他有权机构制定的业务技术规范。

（六）柜台市场内控制度建设

证券公司在柜台市场开展业务，应当建立健全柜台市场产品管理、业务管理、合规管理和风险管理等制度，保障柜台市场安全、有序运行。

1. 建立健全柜台市场产品管理制度

证券公司应当建立健全柜台市场产品管理制度，对产品进行集中管理，并对产品合规性和风险等级进行内部审查。

2. 建立健全柜台交易管理制度

证券公司进行柜台交易，应当建立柜台交易管理制度，对交易产品和投资者的选择、交易的决策与执行、与交易有关的登记结算、交易的记录与信息披露等事项作出明确规定。

3. 健全柜台交易合规管理制度

证券公司应当健全合规管理制度，对柜台交易实施有效的合规管理，保障柜台交易依法合规进行，切实防范不当利用非公开信息进行交易的行为以及柜台交易与公司其他业务之间的利益冲突。

4. 健全柜台交易风险管理制度

证券公司应当健全风险管理制度，持续评估因柜台交易而持有的各类金融产品的市场风险和投资者的信用状况，采取有效的风险管理措施，将持有的风险敞口控制在可承受范围内。

（七）投资者适当性管理

证券公司在柜台市场开展业务，应当按照法律、行政法规、中国证监会规定、行业自律规则等建立投资者适当性管理制度，做好投资者准入、投资者教育等工作，不得诱导投资者参与与其风险承受能力不相适应的交易。

1. 了解客户

参与柜台交易的投资者应当是合格投资者。证券公司在进行柜台交易前，应当采取有效措施了解投资者的身份、财产与收入状况、信用状况、金融知识、投资经验、风险承受能力等情况。

2. 风险揭示

证券公司进行基础金融产品柜台交易，应当遵守销售、交易基础金融产品的有关规定。

证券公司进行金融衍生产品柜台交易，应当向非金融机构投资者客观、全面地介绍该项交易的性质、风险收益特征及相关基础金融资产的状况，充分披露其与基础金融资产发行人等相关当事人之间是否存在关联关系等可能影响投资者决策的信息。

3. 私募产品持有人数量管理

证券公司应当采取有效措施确保在柜台市场交易的私募产品持有人数量符合相关规定，并要求私募产品发行人承诺私募产品的持有人数量符合相关规定。《证券投资基金法》规定，非公开募集基金应当向合格投资者募集，合格投资者累计不得超过200人。

（八）信息披露

证券公司应当制定明确的柜台市场信息披露规则，信息披露义务人应当对所披露信息的真实性、准确性、完整性负责。

1. 信息披露的类型

证券公司应当督促信息披露义务人按照约定向投资者披露信息，并根据信息性质及私募业务相关规定分类披露，包括公开披露和向特定对象披露。

法律法规、自律规则要求公开披露的信息，应当面向公众进行披露；法律法规、自律规则或者合同约定定向披露的信息，应当向特定对象披露。

2. 不得向公众披露的私募业务信息

下列私募业务信息不得向公众披露：

（1）涉及证券公司客户隐私的信息；

（2）涉及第三方商业秘密的信息；

（3）合同约定不得向公众公开的信息；

（4）法律法规和自律规则禁止向公众公开的信息。

3. 信息披露的途径

证券公司应当通过本公司网站、机构间私募产品报价与服务系统或者中国证券业协会认可的其他信息披露平台，披露私募产品相关信息。

（九）自律管理

根据《证券公司柜台交易业务规范》《证券公司柜台市场管理办法（试行）》，中国证券业协会对证券公司柜台交易活动进行自律管理和日常监控。同时，中国证券业协会委托中证资本市场发展监测中心有限责任公司（本节简称"市场监测中心"）建立机构间私募产品报价与服务系统（本节简称"报价系统"），为柜台市场提供互联互通服务。

1. 协会备案

证券公司进行柜台交易，应当报中国证券业协会备案，其柜台交易管理制度和实施方案应当通过中国证券业协会组织的专业评价。

2. 定期报告及重大事项报告

证券公司应当向中国证券业协会报送柜台市场业务年度报告以及重大事项报告。

（1）定期报告

证券公司应于每月结束后 5 个工作日内按要求向中国证券业协会报送柜台交易月度报表；每年结束后规定时间报送柜台市场业务年度报告，内容包括但不限于：柜台市场业务总体情况、交易、登记结算、投资者适当性管理、风险及合规管理等。

（2）重大事项报告

柜台市场发生对业务开展、客户权益、证券公司风险等产生重大影响的事项，或者可能影响柜台交易顺利进行、投资者利益或可能诱发证券公司风险的重大事件时，证券公司应当在该事项发生后 1 个交易日内向中国证券业协会报告，并于 3 个交易日内提交重大事项报告,内容包括:事项基本情况、产生原因、影响、应对措施等。

3. 业务信息互联互通

证券公司应当通过与报价系统联网的方式实现业务信息的互联互通,信息范围包括但不限于私募产品基本情况、交易信息和登记结算信息等。

4. 现场或非现场检查

中国证券业协会可以对证券公司柜台市场进行现场检查或者非现场检查;证券公司及其相关人员应当予以配合,并按照要求提供有关文件和资料、接受问询。

5. 自律惩戒

证券公司及其相关业务人员违反《证券公司柜台交易业务规范》《证券公司柜台市场管理办法(试行)》的,中国证券业协会将视情节轻重采取相关自律惩戒措施,并记入诚信信息管理系统;存在违反法律、法规行为的,将移交证监会或其他有权机关依法查处。

四、证券公司区域性股权市场业务

为了探索拓展中小微企业股本融资渠道,各地陆续批设了一批区域性股权市场,区域性股权市场已成为多层次资本市场体系的"塔基"。2017 年 1 月国务院常务会议审议了规范发展区域性股权市场的政策措施,明确了规范发展区域性股权市场的总体原则,即处理好监管与发展的关系,按照既有利于规范、又有利于发展的要求,积极稳妥推进区域性股权市场规范发展,防范和化解金融风险,有序扩大和更加便利中小微企业融资。

(一)证券公司参与区域性股权市场的业务范围

为了贯彻落实国务院有关方针政策和中国证券监督管理委员会相关工作部署,履行中国证券业协会自律组织职责,促进区域性股权市场规范发展,更好地服务实体经济,防控金融风险,根据《国务院办公厅关于规范发展区域性股权市场的通知》《区域性股权市场监督管理试行办法》《中国证券业协会章程》等规定,中国证券业协会制定了《区域性股权市场自律管理与服务规范(试行)》(本节简称《规范》)。

根据《规范》相关规定,证券公司参与区域性股权市场的业务范围如下:

1. 证券公司可以参股、控股区域性股权市场运营机构。

证券公司分支机构可以经证券公司批准并在授权范围内开展区域性股权市场相关业务。

2. 证券公司可以在区域性股权市场开展以下业务：

（1）推荐企业挂牌；

（2）承销可转换为股票的公司债券，推荐本公司承销的可转换为股票的公司债券在区域性股权市场挂牌转让；

（3）代理开立区域性股权市场证券账户；

（4）为在区域性股权市场开户的合格投资者买卖证券提供居间介绍服务；

（5）利用自有资金或依法管理的资产管理等产品投资区域性股权市场的证券；

（6）为证券的非公开发行组织合格投资者进行路演推介或其他促成投融资需求对接的活动；

（7）为合格投资者提供企业研究报告和尽职调查信息；

（8）与商业银行、小额贷款公司等开展业务合作，为企业提供融资服务；

（9）改制辅导、管理培训、管理咨询、财务顾问等相关服务；

（10）推荐企业展示；

（11）中国证监会或证券业协会规定的其他业务。

证券公司作为运营机构股东或者在区域性股权市场开展上述业务，应当遵守证券行业监管和自律规则以及区域性股权市场相关的管理规定。

（二）证券公司在区域性股权市场提供业务服务的相关规定

根据《规范》相关规定，证券公司在区域性股权市场提供业务服务的相关规定如下：

1. 证券公司开展区域性股权市场业务，应当建立健全相关风险管理制度，加强业务开展过程中的风险管理和防范。

2. 证券公司开展区域性股权市场业务，应当建立健全相关合规管理制度，明确内部职责分工，建立健全隔离制度，防范开展区域性股权市场业务过程中可能存在的内幕交易和利益冲突。

证券公司入股区域性股权市场运营机构，应当采取必要措施与区域性股权市场运营机构保持业务独立，不得利用股东身份谋取不正当利益。

3. 证券公司及其从业人员应当勤勉尽责，严格遵守执业规范和职业道德，按规定和约定履行义务。

4. 证券公司应当于下列行为发生之日起一个月内将相关情况报送至中国证

券业协会：

(1) 入股区域性股权市场运营机构；

(2) 取得区域性股权市场中介机构资格；

(3) 持股情况、中介机构资格发生变化；

(4) 中国证监会和中国证券业协会要求报送的其他信息。

5. 证券公司开展区域性股权市场业务，应当在每个月的前 10 个工作日内将上个月度业务开展情况报送至中国证券业协会。

在每年四月三十日前将上一年度参与区域性股权市场情况报送至中国证券业协会。

6. 证券公司子公司参照执行上述相关规定，以及"证券公司参与区域性股权市场的业务范围"章节相关内容。

(三) 证券公司参与区域性股权市场的自律管理要求

根据《规范》相关规定，证券公司参与区域性股权市场的自律管理要求如下：

1. 证券公司作为运营机构股东或者在区域性股权市场开展相关业务，应当遵守证券行业监管和自律规则以及区域性股权市场相关的管理规定。

2. 区域性股权市场运营机构、证券公司及其从业人员应当配合中国证券业协会对落实《规范》及相关自律要求情况的监督检查。

3. 区域性股权市场运营机构、证券公司及其从业人员违反《规范》，中国证券业协会将视情节轻重采取相关自律惩戒措施；存在违反法律、法规行为的，将移交中国证监会及其派出机构或其他有权机关依法查处。

第九节 其他业务

本节重点梳理、解释、总结与代销金融产品、中间介绍业务、另类投资业务、私募投资基金业务、托管业务、股票期权业务以及场外衍生品业务的相关法律法规与业务规则。

一、代销金融产品业务

（一）法规概述

1. 法律、行政法规

《证券公司监督管理条例》在第一章"总则"中规定"证券公司按照国家规定，可以发行、交易、销售证券类金融产品"，上述行政法规是中国证监会等监管机构制定金融产品代销业务相关监管政策、实施监督管理的重要法律依据。

2. 部门规章及规范性文件

除上述法律及行政法规外，证券公司代销业务涉及的主要部门规章及规范性文件包括《证券投资基金销售管理办法》《证券公司代销金融产品管理规定》《证券投资基金销售适用性指导意见》《证券投资基金销售机构内部控制指导意见》《证券期货经营机构私募资产管理业务运作管理暂行规定》等。

（二）证券公司代销金融产品的相关规定

1. 政策背景

2004 年，中国证监会在综合治理和加强监管的同时，逐步支持证券公司开始各项创新探索，允许证券公司代销公募基金。经过多年实践，证券公司已积累了一定的管控代销风险的能力，初步具备扩大证券公司代销金融产品范围的条件，为此中国证监会于 2012 年制定并发布了《证券公司代销金融产品管理规定》，明确了代销活动中各方的权利、义务和责任，着重强调了证券公司的适当性管理和信息披露义务，对证券公司代销金融产品的行为规范以及监督管理等事项作出了较为全面的规定。本节将描述代销金融产品的法律关系，委托人资格审查和金融产品尽职调查，证券公司的适当性管理义务、证券公司的信息披露义务、禁止行为。

2. 定义及原则

（1）代销金融产品，是指接受金融产品发行人的委托，为其销售金融产品或者介绍金融产品购买人的行为。

（2）基本原则。

①避免利益冲突。证券公司代销金融产品应遵循平等、自愿、公平、诚实信用和适当性原则，避免利益冲突，不得损害客户合法权益。证券公司在代销金融产品中需避免利益冲突，既要避免证券公司与客户之间的利益冲突，也要避免代

销活动中证券公司不同部门、不同人员之间的利益冲突等。

②集中统一管理。证券公司应当对代销金融产品活动实行集中统一管理，明确内设部门和分支机构在代销金融产品活动中的职责，防止分支机构擅自代销金融产品。证券公司应当集中进行委托人资格审查、金融产品审慎调查、风险评估，统一与委托人签署合同，统一制作产品宣传推介材料。

3. 基本要求

（1）代销合同必备内容

证券公司应与委托人通过签署书面代销合同明确双方的权利义务以及在信息披露、风险揭示、咨询查询、投诉处理、违约方面应急预案和后续处理机制等方面的分工，因金融产品设计、运营和委托人提供的信息不真实、不准确、不完整而产生的责任由委托人承担，证券公司不承担任何担保责任。

（2）委托人资格审查和产品尽职调查

为保护投资者权益，证券公司应在代销金融产品前进行必要的委托人资格审查和产品尽职调查。

①委托人资格审查。证券公司审查确认委托人依法设立并可以发行金融产品后方可接受其委托；委托人明确约定购买人范围的，证券公司不得超出委托人确定的购买人范围销售金融产品。

②产品尽职调查。证券公司应当审慎选择代销的金融产品，充分了解金融产品的发行依据、基本性质、投资安排、风险收益特征、管理费用等信息。证券公司确认金融产品依法发行、有明确的投资安排和风险管控措施，风险收益特征清晰且可以对其风险状况作出合理判断的，方可代销。

（3）资金支付

客户购买金融产品的资金，既可以由客户直接向委托人支付，也可通过证券公司支付。在通过证券公司支付时，证券公司不得使用除证券公司客户交易结算资金专用存款账户外的其他账户，代委托人接收客户购买金融产品的资金。

（4）资格要求

①业务资格。证券公司代销金融产品，应当按照《证券公司监督管理条例》的规定取得代销金融产品业务资格。此外，《证券投资基金销售管理办法》中还规定，办理基金销售业务或者办理基金销售相关业务，并向基金销售机构收取以基金交易（含开户）为基础的相关佣金的机构应当向中国证监会派出机构进行注册或者经中国证监会认定。未经注册或者未经中国证监会认定的机构，不得办理基金的销售或者相关业务，任何个人不得以个人名义办理基金的销售或者相关业务。

②从业人员资格。证券公司从事代销金融产品活动的人员，应当具有证券从业资格，从事基金销售业务的人员还应当取得基金销售业务资格。

4. 金融产品销售中的宣传推介

根据《证券投资基金销售管理办法》《证券期货经营机构私募资产管理业务运作管理暂行规定》《私募投资基金募集行为管理办法》的相关规定，对证券公司在销售公募基金和私募金融产品中分别提出如下中要求：

（1）公募基金

①公募基金宣传推介材料。基金销售机构制作的基金宣传推介材料，应当事先经基金销售机构负责基金销售业务和合规管理的高级管理人员审查，出具合规意见书，并自向公众分发或者发布之日起 5 个工作日内报工商注册登记所在地中国证监会派出机构机构备案。基金宣传推介材料必须真实、准确，与基金合同、基金招募说明书相符，不得有下列情形：

虚假记载、误导性陈述或者重大遗漏，预测基金的证券投资业绩；违规承诺收益或者承担损失，诋毁其他基金管理人、基金托管人或者基金销售机构，或者其他基金管理人募集或者管理的基金，夸大或者片面宣传基金，违规使用安全、保证、承诺、保险、避险、有保障、高收益、无风险等可能使投资人认为没有风险的或者片面强调集中营销时间限制的表述，登载单位或者个人的推荐性文字。

②公募基金宣传推介规范。基金销售机构应制定客户服务标准，对服务对象、服务内容、服务程序等业务进行规范：

宣传推介活动应遵循诚实信用原则，不得欺诈、误导投资人。

遵循销售适用性原则，关注投资者风险承受能力和基金产品风险收益特征的匹配性。

及时准确地为投资人办理各类基金销售业务手续，识别客户有效身份，严格管理投资人账户。

在投资人开立基金交易账户时，向投资人提供《投资人权益须知》。

为基金份额持有人提供良好的持续服务，保障基金份额持有人有效了解所投资基金的相关信息。

基金代销机构同时销售多只基金时，不得有歧视性宣传推介活动和销售政策。

（2）私募类金融产品

①私募类金融产品宣传推介材料。根据《私募投资基金募集行为管理办法》的规定，私募基金推介材料应由私募基金管理人制作并使用，私募基金管理人应对其基金推介材料内容的真实性、完整性、准确性负责。除私募基金管理人委托

募集的基金销售机构可以使用推介材料向特定对象宣传推介外，其他任何机构或个人不得使用、更改、变相使用私募基金推介材料。募集机构应当采取合理方式向投资者披露私募基金信息，揭示投资风险，确保推介材料中的相关内容清晰、醒目。其中，募集机构包括向投资者销售其所发行私募基金产品的私募基金管理人，以及在中国证监会注册取得基金销售业务资格并已成为中国基金业协会会员的机构，以下统称募集机构。

②私募类金融产品宣传推介规范。公开宣传信息：募集机构仅可以通过合法途径公开宣传私募基金管理人的品牌、发展战略、投资策略、管理团队、高管信息以及由中国基金业协会公示的已备案私募基金的基本信息。

特定对象确定：募集机构应当向特定对象宣传推介私募基金，未经特定对象确定程序，不得向任何人宣传推介私募基金。在向投资者推介私募基金之前，募集机构应当采取问卷调查等方式履行特定对象确定程序，对投资者风险识别能力和风险承担能力进行评估。投资者应当以书面形式承诺其符合合格投资者标准。

在线特定对象确定程序：募集机构通过互联网媒介在线向投资者推介私募基金之前应设置在线特定对象确定程序，投资者应承诺其符合合格投资者标准，在线特定对象确定程序至少应包括如下环节：投资者如实填报真实身份信息及联系方式；募集机构应通过验证码等有效方式核实用户的注册信息；投资者阅读并同意募集机构的网络服务协议；投资者阅读并主动确认其自身符合合格投资者的要求；投资者在线填报风险识别能力和风险承担能力的问卷调查。

不得公开宣传：募集机构及其从业人员推介私募基金时，禁止有以下行为公开推介或者变相公开推介：公开出版资料；面向社会公众的宣传单、布告、手册、信函、传真；海报、户外广告；电视、电影、电台及其他音像等公共传播媒体；公共、门户网站链接广告、博客等；未设置特定对象确定程序的募集机构官方网站、微信朋友圈等互联网媒介；未设置特定对象确定程序的讲座、报告会、分析会；未设置特定对象确定程序的电话、短信和电子邮件等通讯媒介。

风险揭示：在投资者签署基金合同之前，募集机构应当向投资者说明有关法律法规，说明投资冷静期、回访确认等程序性安排以及投资者的相关权利，重点揭示私募基金风险，并与投资者签署风险揭示书。

合格投资者确认：在风险揭示后，募集机构应当要求投资者提供必要的资产证明文件或收入证明，合理审慎地审查投资者是否符合私募基金合格投资者标准，依法履行反洗钱义务，并确保单只私募基金的投资者人数累计不得超过《证券投资基金法》《公司法》《合伙企业法》等法律规定的特定数量。

冷静期：各方应当在完成合格投资者确认程序后签署私募基金合同。基金合同应当约定给投资者设置不少于 24 小时的投资冷静期，募集机构在投资冷静期内不得主动联系投资者。私募证券投资基金合同应当约定，投资冷静期自基金合同签署完毕且投资者交纳认购基金的款项后起算；私募股权投资基金、创业投资基金等其他私募基金合同关于投资冷静期的约定可自行约定。

回访：募集机构应当在投资冷静期满后，指令本机构从事基金销售推介业务以外的人员进行投资回访，回访过程不得出现诱导性陈述，募集机构在投资冷静期内进行的回访确认无效。

5. 信息披露义务

为保障客户的知情权，以便于其作出风险判断和投资决策，须要求证券公司在代销活动中切实履行信息披露义务，并针对具有较高风险的产品进行特别说明，具体要求如下：

（1）向委托人的信息披露

①证券公司应当采取适当方式，向客户披露由委托人提供的金融产品合同当事人情况介绍、金融产品说明书等材料，全面、公正、准确地介绍金融产品有关信息，并披露其与金融合同当事人之间是否存在关联关系。

②向客户推介的金融产品流动性较低、透明度较低、损失可能超过购买支出或者不易理解的，证券公司应当以简明、易懂的文字，向客户作出有针对性的书面说明，同时详细披露判断该金融产品适合该客户购买的依据，并要求客户签字确认。

③在金融产品存续期间，客户要求了解金融产品相关信息的，证券公司应当向客户告知委托人提供的金融产品相关信息，或者协助客户向委托人查询有关信息。

（2）向监管机构的信息披露

证券公司应当在代销合同签署后 5 个工作日内，向证券公司住所地证监会派出机构报备金融产品说明书、宣传推介材料和拟向客户提供的其他文件、资料。

（三）代销金融产品的禁止性规定

1. 一般禁止性规定

根据《证券公司代销金融产品管理规定》，证券公司及其从事金融产品代销业务的人员在代销金融产品过程中不得有下列行为：

（1）采取夸大宣传、虚假宣传等方式误导客户购买金融产品。

（2）采取抽奖、回扣、赠送实物等方式诱导客户购买金融产品。

（3）与客户分享投资收益、分担投资损失。

（4）使用除证券公司客户交易结算资金专用存款账户外的其他账户，代委托人接收客户购买金融产品的资金。

（5）证券公司从事代销金融产品活动的人员不得接受委托人给予的财物或其他利益。

（6）其他可能损害客户合法权益的行为。

2. 公募基金的禁止性规定

根据《证券投资基金销售管理办法》的规定，证券公司代销公募基金时不得存在如下情形：

（1）以排挤竞争对手为目的，压低基金的收费水平。

（2）采取抽奖、回扣或者送实物、保险、基金份额等方式销售基金。

（3）以低于成本的销售费用销售基金。

（4）承诺利用基金资产进行利益输送。

（5）进行预约认购或者预约申购（基金定期定额投资业务除外），未按规定公告擅自变更基金的发售日期。

（6）挪用基金销售结算资金。

3. 私募类产品的禁止性规定

根据《证券期货经营机构私募资产管理业务运作管理暂行规定》，证券经营机构在销售中不得存在如下行为：

（1）资产管理合同及销售材料中存在包含保本保收益内涵的表述，如零风险、收益有保障、本金无忧等。

（2）资产管理计划名称中含有"保本"字样。

（3）与投资者私下签订回购协议或承诺函等文件，直接或间接承诺保本保收益；向投资者口头或者通过短信、微信等各种方式承诺保本保收益。

（4）向非合格投资者销售资产管理计划，明知投资者实质不符合合格投资者标准，仍予以销售确认，或者通过拆分转让资产管理计划份额或其收益权、为投资者直接或间接提供短期借贷等方式，变相突破合格投资者标准。

（5）单一资产管理计划的投资者人数超过200人，或者同一资产管理人为单一融资项目设立多个资产管理计划，变相突破投资者人数限制。

（6）通过报刊、电台、电视、互联网等公众传播媒体，讲座、报告会、分析会等方式，布告、传单、短信、微信、博客和电子邮件等载体，向不特定对象宣传具体产品，但证券期货经营机构和销售机构通过设置特定对象确定程序的官网、客户端等互联网媒介向已注册特定对象进行宣传推介的除外。

（7）向投资者宣传资产管理计划预期收益率。

（8）夸大或者片面宣传产品，夸大或者片面宣传资产管理计划管理人及其管理的产品、投资经理等的过往业绩，未充分揭示产品风险，投资者认购资产管理计划时未签订风险揭示书和资产管理合同。

（四）监督管理和法律责任

1. 《证券投资基金销售管理办法》的相关规定

（1）基金销售机构应当根据中国证监会的要求履行信息报送义务。中国证监会及其派出机构对基金销售机构从事基金销售活动的情况进行定期或者不定期检查。

（2）基金销售机构违反相关规定的，中国证监会及其派出机构可以责令改正，出具警示函暂停办理相关业务；对直接负责的主管人员和其他直接责任人员，可以采取监管谈话、出具警示函、暂停履行职务、认定为不适宜担任相关职务者等行政监管措施。

2. 《私募投资基金募集行为管理办法》的相关规定

募集机构在开展私募基金募集业务过程中违反规定的，中国基金业协会可以视情节轻重对募集机构采取要求限期改正、行业内谴责、加入黑名单、公开谴责、暂停受理或办理相关业务、撤销管理人登记等纪律处分；对相关工作人员采取要求参加强制培训、行业内谴责、加入黑名单、公开谴责、认定为不适当人选、暂停基金从业资格、取消基金从业资格等纪律处分。

3. 《证券公司代销金融产品管理规定》的相关规定

证券公司及其从业人员违反规定的，证监会及其派出机构依法采取监管措施或者给予行政处罚。

二、证券公司中间介绍业务

（一）证券公司中间介绍业务的概念

证券公司中间介绍业务，是指证券公司接受期货公司委托，为期货公司介绍客户参与期货交易并提供其他相关服务的业务活动。

（二）法规概述

证券公司中间介绍业务主要涉及的部门规章有《证券公司为期货公司提供中间介绍业务试行办法》及《关于进一步加强证券公司为期货公司提供中间介绍

业务管理的通知》。

（三）证券公司中间介绍业务的业务范围

1. 证券公司中间介绍业务的业务范围

根据《证券公司为期货公司提供中间介绍业务试行办法》第九条的规定，证券公司受期货公司委托从事介绍业务，应当提供下列服务：

（1）协助办理开户手续；

（2）提供期货行情信息、交易设施；

（3）中国证监会规定的其他服务。

证券公司不得代理客户进行期货交易、结算或者交割，不得代期货公司、客户收付期货保证金，不得利用证券资金账户为客户存取、划转期货保证金。

2. 与期货公司签订书面委托协议

根据《证券公司为期货公司提供中间介绍业务试行办法》第十条的规定，证券公司从事介绍业务，应当与期货公司签订书面委托协议。委托协议应当载明下列事项：

（1）介绍业务的范围；

（2）执行期货保证金安全存管制度的措施；

（3）介绍业务对接规则；

（4）客户投诉的接待处理方式；

（5）报酬支付及相关费用的分担方式；

（6）违约责任；

（7）中国证监会规定的其他事项。

双方可以在委托协议中约定前款规定以外的其他事项，但不得违反法律、行政法规和办法的规定，不得损害客户的合法权益。

证券公司按照委托协议对期货公司承担介绍业务受托责任。基于期货经纪合同的责任由期货公司直接对客户承担。

3. 备案义务

证券公司与期货公司签订、变更或者终止委托协议的，双方应当在5个工作日内报各自所在地的中国证监会派出机构备案。

（四）证券公司开展中间介绍业务的业务规则与禁止行为

《证券公司为期货公司提供中间介绍业务试行办法》第十二条至二十六条对证券公司开展中间介绍业务的业务规则与禁止行为进行了说明：

1. 限定委托中间介绍业务的期货公司

证券公司只能接受其全资拥有或者控股的，或者被同一机构控制的期货公司的委托从事介绍业务，不能接受其他期货公司的委托从事介绍业务。

2. 建立并执行相关制度

证券公司应当按照合规、审慎经营的原则，制定并有效执行介绍业务规则、内部控制、合规检查等制度，确保有效防范和隔离介绍业务与其他业务的风险。

期货公司与证券公司应当建立介绍业务的对接规则，明确办理开户、行情和交易系统的安装维护、客户投诉的接待处理等业务的协作程序和规则。

证券公司应当建立并有效执行介绍业务的合规检查制度。

证券公司应当定期对介绍业务规则、内部控制、风险隔离等制度的执行情况和营业部介绍业务的开展情况进行检查，每半年向中国证监会派出机构报送合规检查报告。

发生重大事项的，证券公司应当在 2 个工作日内向所在地中国证监会派出机构报告。

3. 隔离

证券公司与期货公司应当独立经营，保持财务、人员、经营场所等分开隔离。

证券公司应当配备足够的具有期货从业人员资格的业务人员，不得任用不具有期货从业人员资格的业务人员从事介绍业务。

证券公司从事介绍业务的工作人员不得进行期货交易。

4. 信息公开

证券公司应当在其经营场所显著位置或者其网站，公开下列信息：

（1）受托从事的介绍业务范围；

（2）从事介绍业务的管理人员和业务人员的名单和照片；

（3）期货公司期货保证金账户信息、期货保证金安全存管方式；

（4）客户开户和交易流程、出入金流程；

（5）交易结算结果查询方式；

（6）中国证监会规定的其他信息。

5. 中间介绍业务中证券公司的协助及禁止事项

（1）证券公司的协助事项

证券公司应当建立完备的协助开户制度，对客户的开户资料和身份真实性等进行审查，向客户充分揭示期货交易风险，解释期货公司、客户、证券公司三者之间的权利义务关系，告知期货保证金安全存管要求。

证券公司应当及时将客户开户资料提交期货公司，期货公司应当复核后与客户签订期货经纪合同，办理开户手续。

期货、现货市场行情发生重大变化或者客户可能出现风险时，证券公司及其营业部可以协助期货公司向客户提示风险。

证券公司应当协助维护期货交易系统的稳定运行，保证期货交易数据传送的安全和独立。

（2）证券公司的禁止事项

证券公司为期货公司介绍客户时，应当向客户明示其与期货公司的介绍业务委托关系，解释期货交易的方式、流程及风险，不得作获利保证、共担风险等承诺，不得虚假宣传，误导客户。

证券公司不得代客户下达交易指令，不得利用客户的交易编码、资金账号或者期货结算账户进行期货交易，不得代客户接收、保管或者修改交易密码。

证券公司不得直接或者间接为客户从事期货交易提供融资或者担保。

6. 资料保存

证券公司应当在营业场所妥善保存有关介绍业务的凭证、单据、账簿、报表、合同、数据信息等资料。

证券公司保存上述文件资料的期限不得少于 5 年。

（五）对中间介绍业务监管措施

《证券公司为期货公司提供中间介绍业务试行办法》第二十七条至三十二条对证券公司开展中间介绍业务的监管措施进行了说明：

1. 中国证监会及其派出机构按照审慎监管原则，对证券公司从事的介绍业务进行现场检查和非现场检查。

2. 证券公司应当按照中国证监会的规定披露介绍业务的相关信息，报送介绍业务的相关文件、资料及数据信息。

3. 证券公司取得介绍业务资格后不符合《证券公司为期货公司提供中间介绍业务试行办法》第五条、第六条规定条件的，中国证监会及其派出机构责令其限期整改；经限期整改仍不符合条件的，中国证监会依法撤销其介绍业务资格。

4. 证券公司违反《证券公司为期货公司提供中间介绍业务试行办法》第三章业务规则的，中国证监会及其派出机构可以采取责令限期整改、监管谈话、出具警示函等监管措施；逾期未改正，其行为可能危及期货公司的稳健运行、损害客户合法权益的，中国证监会可以责令期货公司终止与该证券公司的介绍业务关系。

5. 证券公司因其他业务涉嫌违法违规或者出现重大风险被暂停、限制业务或者撤销业务资格的，中国证监会可以责令期货公司终止与该证券公司的介绍业务关系。

6. 证券公司有下列行为之一的，按照《期货交易管理条例》第七十条进行处罚：

（1）未经许可擅自开展介绍业务；

（2）对客户未充分揭示期货交易风险，进行虚假宣传，误导客户；

（3）代理客户进行期货交易、结算或者交割；

（4）收付、存取或者划转期货保证金；

（5）为客户从事期货交易提供融资或者担保；

（6）未按规定审查客户的开户资料和身份真实性；

（7）代客户下达交易指令；

（8）利用客户的交易编码、资金账号或者期货结算账户进行期货交易；

（9）未将介绍业务与其他经营业务分开或者有效隔离；

（10）未将财务、人员、经营场所与期货公司分开隔离；

（11）拒绝、阻碍中国证监会及其派出机构依法履行职责。

三、另类投资业务

（一）法规概述

另类投资业务涉及的规范性文件主要为《证券公司另类投资子公司管理规范》（本节简称《管理规范》）。

（二）另类投资业务的概念及范围

1. 另类投资业务的概念

另类投资业务，是指证券公司设立另类投资子公司（本节简称"另类子公司"），按照法律法规、监管要求和《管理规范》规定，从事《证券公司证券自营投资品种清单》所列品种以外的金融产品、股权等投资业务。

2. 另类子公司的业务范围

《管理规范》第二条规定了另类子公司的业务范围，即"证券公司另类子公司从事《证券公司证券自营投资品种清单》所列品种以外的金融产品、股权等另类投资业务，应当符合法律法规、监管要求和规范规定。另类子公司不得从事投资业务之外的业务。"这应当从以下几方面进行理解：

（1）另类子公司只能以自有资金进行投资。

（2）投资范围包括《证券公司证券自营投资品种清单》所列品种以外的金融产品等。

（3）以自有资金投资非上市股权或新三板挂牌公司股票由另类子公司负责。

（4）另类子公司不得从事投资业务之外的业务。

（5）证券公司应当清晰划分证券公司与另类子公司及另类子公司与其他子公司之间的业务范围，避免利益冲突和利益输送。

（三）另类投资业务的总体要求

1. 审慎设立另类子公司

证券公司应当突出主业，充分考虑自身发展需要、财务实力和管理能力，审慎设立另类子公司，另类子公司不得再下设任何机构。

2. 另类投资业务的基本原则

另类子公司开展业务，应当遵循稳健经营、诚实守信、勤勉尽责的原则，坚持专业化投资原则，防范利益冲突，不得损害国家利益、社会公共利益和他人合法权益。

3. 建立完善有效的内控机制

证券公司应当建立完善有效的内部控制机制，切实履行母公司的管理责任，对子公司统一实施管控，增强自我约束能力。

4. 合规与风险管理全覆盖

证券公司应当将另类子公司的合规与风险管理纳入公司统一体系，加强对另类子公司的资本约束，实现对子公司合规与风险管理全覆盖，防范利益冲突和利益输送。

（四）另类投资子公司的设立

1. 另类子公司的设立要求

证券公司设立另类子公司，应当符合以下要求：

（1）具有健全的公司治理结构、完善有效的内部控制机制、风险管理制度和合规管理制度，防范与另类子公司之间出现风险传递和利益冲突；

（2）具备中国证监会核准的证券自营业务资格；

（3）最近六个月内各项风险控制指标符合中国证监会及协会的相关要求，且设立另类子公司后，各项风险控制指标仍持续符合规定；

(4) 最近一年未因重大违法违规行为受到刑事或行政处罚，且不存在因涉嫌重大违法违规正受到监管部门和有关机关调查的情形；

(5) 公司章程有关条款中明确规定公司可以设立另类子公司，并经注册地中国证监会派出机构审批；

(6) 以自有资金全资设立另类子公司，不得采用股份代持等其他方式变相与其他投资者共同出资设立另类子公司；

(7) 中国证监会及协会规定的其他条件。

证券公司未能做到突出主业、稳健经营、诚实守信、勤勉尽责、资本约束或内控有力的，不得设立另类子公司。

2. 信息披露

另类子公司应当在完成工商登记后5个工作日内在本公司及证券公司网站上披露另类子公司的名称、注册地、注册资本、业务范围、法定代表人、高级管理人员以及防范风险传递、利益冲突的制度安排等事项，并及时更新。

（五）另类子公司的业务规则

1. 合理运作

另类子公司应该审慎考虑偿付能力和流动性要求，根据业务特点、资金结构、负债匹配管理需要及有关监管规定，合理运用资金，多元配置资产，分散投资风险。

2. 证券投资特别规定

另类子公司投资境内证券交易所上市交易和转让的证券的，应当将另类子公司与母公司自营持有同一只证券的市值合并计算，合并计算后的市值应当符合《证券公司风险控制指标管理办法》的规定。

3. 投资管理制度和流程

另类子公司应当建立投资管理制度，设立专门的投资决策机构，明确决策权限和决策程序；健全公司组织架构，明确各组织机构职责和权限；完善投资论证、立项、尽职调查、投后管理等业务流程，有效防范投资风险。

4. 融资及对外担保禁止

另类子公司不得融资，不得对外提供担保和贷款，不得成为对所投资企业的债务承担连带责任的出资人。

5. 保荐与投资互斥

证券公司担任拟上市企业首次公开发行股票的辅导机构、财务顾问、保荐机构、主承销商或担任拟挂牌企业股票挂牌并公开转让的主办券商的，应当按照签订有关协议或者实质开展相关业务两个时点孰早的原则,在该时点后另类子公司不得对该企业进行投资。

前款所称有关协议,是指证券公司与拟上市企业签订含有确定证券公司担任拟上市企业首次公开发行股票的辅导机构、财务顾问、保荐机构、主承销商或担任拟挂牌企业股票挂牌并公开转让的主办券商条款的协议,包括辅导协议、财务顾问协议、保荐及承销协议、推荐挂牌并持续督导协议等。

6. 业务底线

为了防范另类子公司变相或绕道开展有关业务,避免风险传递,另类子公司不得存在下列行为:

(1) 向投资者募集资金开展基金业务;
(2) 从事或变相从事实体业务,财务投资的除外;
(3) 下设任何机构;
(4) 投资违背国家宏观政策和产业政策;
(5) 以商业贿赂等非法手段获得投资机会,或者违法违规进行交易;
(6) 以拟投资企业聘请母公司或母公司的承销保荐子公司担任保荐机构或主办券商作为对企业进行投资的前提;
(7) 为他人从事场外配资活动或非法证券活动提供便利;
(8) 从事融资类收益互换业务;
(9) 投资于高杠杆的结构化资产管理产品;
(10) 违反法律法规规定或合同约定的保密义务;
(11) 中国证监会和协会禁止的其他行为。

(六) 另类子公司的内部控制

1. 统一管理

证券公司应当将另类子公司纳入统一管理。证券公司应当对自营、另类投资等自有资金投资的业务实施统一管理,管理的尺度和标准应当基本一致。

2. 确保管理控制力

证券公司应当通过任命或者委派董事、监事,推荐高级管理人员或者关键岗位人选,确保对另类子公司的管理控制力,维护投资决策和经营管理的有效性。

3. 合规与风险管理

证券公司应当将另类子公司的合规与风险管理纳入公司全面风险管理体系,防范另类子公司相关业务的合规风险、流动性风险、市场风险、信用风险、操作风险等各项风险。

另类子公司应当指定高级管理人员担任合规及风险管理负责人。前述合规及风险管理负责人应当由证券公司推荐，向证券公司合规、风险管理负责人报告并由其考核，且不得兼任与其合规或风险管理职责相冲突的职务。

4. 内控制度、合规风控制度的有效性评估机制和内部责任追究机制

证券公司应当督促另类子公司建立健全内部控制制度、风险管理制度和合规管理制度，建立并落实对上述制度的有效性评估机制和内部责任追究机制，构建对另类子公司业务风险的监测模型、压力测试制度和风险处置制度。

5. 利益冲突识别和管理

（1）利益冲突识别管理机制

证券公司应当建立健全利益冲突识别和管理机制，及时、准确地识别证券公司的投资银行、自营、资产管理、投资咨询、私募基金等业务与另类投资业务之间可能存在的利益冲突，评估其影响范围和程度，并采取有效措施管理利益冲突风险。

（2）人员岗位的利益冲突防范

①证券公司及其他子公司与另类子公司存在利益冲突的人员不得兼任另类子公司的董事、监事、高级管理人员、投资决策机构成员；其他人员兼任上述职务的，证券公司应当建立严格有效的内部控制机制，防范可能产生的利益冲突和道德风险。

②证券公司从业人员不得在另类子公司兼任除前款规定外的职务。

③证券公司同一高级管理人员不得同时分管投资银行业务和另类投资业务。另类子公司同一高级管理人员不得同时分管股权投资业务和上市证券投资业务；同一人不得兼任上述两类业务的部门负责人；同一投资管理团队不得同时从事上述两类业务。

6. 信息隔离

另类子公司与证券公司其他子公司之间，应当在人员、机构、资产、经营管理、业务运作、办公场所等方面相互独立、有效隔离。

证券公司与另类子公司及其他子公司之间应当建立有效的信息隔离机制，加强对敏感信息的隔离、监控和管理，防止敏感信息在各业务之间的不当流动和使用，防范内幕交易和利益输送风险。

另类子公司同时开展股权投资业务和上市证券投资业务的，应当参照《证券公司信息隔离墙制度指引》等相关规定，建立严格的隔离墙制度体系。

7. 人员、岗位管理

（1）忠实义务

证券公司及另类子公司应当加强人员管理，防范道德风险。另类子公司的工作人员应当遵守所在机构的规章制度以及行业公认的职业道德和行为规范，勤勉尽责，忠于职守。

（2）禁止行为

另类子公司的工作人员开展业务不得从事以下行为：

①单独或协同他人从事欺诈、内幕交易等违法违规行为，或从事与其履行职责有利益冲突的业务；

②贬损同行或以其他不正当竞争手段争揽业务；

③接受利益相关方的贿赂或对其进行贿赂；

④违规向客户提供资金；

⑤私自泄漏投资信息，或利用客户的相关信息为本人或者他人谋取不当利益；

⑥隐匿、伪造、篡改或者毁损投资信息；

⑦从事损害所在公司利益的不当交易行为；

⑧进行不当利益输送；

⑨中国证监会和协会禁止的其他行为。

（3）前中后台相互制衡

另类子公司负责投资决策、投资操作和风险监控机构及其职能应当互相独立，账户管理、资金清算、合规风控等应当由区别于投资运作部门的独立部门负责，形成前中后台相互制衡的机制。

8. 风险监控

（1）投资风险监控

另类子公司应当建立投资风险监控机制。保证风险监控部门能够正常履职，确保风险监控部门可以获得投资业务的信息和有关数据。

另类子公司应当采用信息系统等手段，监控投出资金的使用和盈亏情况，并建立有效的风险监控报告机制；发现业务运作或资金使用不合规或出现重大风险时，应当及时处理并报告证券公司。

（2）交易行为日常监控

证券公司应当对另类子公司的交易行为进行日常监控，对另类子公司、证券公司及其他子公司各账户之间依法开展的相互交易、同向交易、反向交易及关联交易进行监控，防范内幕交易、操纵市场和利益输送。

（3）风险监控指标

证券公司及其另类子公司应当健全风险监控指标的监控机制，对另类子公司的各类投资的风险敞口和公司整体损益情况进行联动分析和监控，并定期进行压力测试。

9. 文档管理

另类子公司应当建立健全文档管理制度，妥善保管尽职调查报告、投资项目评估材料、投资决策记录等重要投资文件。

10. 考核激励

另类子公司应当建立合理有效的业绩考核和薪酬激励机制。按照投资项目发放奖金的，奖金发放应当与项目实际完成进度相匹配，并与项目风险挂钩。防范因不当激励导致工作人员忽视风险、片面追求短期业绩，损害公司利益或扰乱市场秩序。

11. 后台支持

证券公司可以根据合同约定，为另类子公司的合规管理、风险控制、稽核审计、人力资源管理、财务管理、信息技术、研究和运营等方面提供支持和服务。

12. 风险处置

证券公司应当承担对另类子公司风险处置的责任，督促另类子公司建立舆论监测及市场质疑快速反应机制，及时分析判断与另类投资业务相关的舆论反映和市场质疑，并进行自我检查。自我检查发现存在问题或者不足的，证券公司及另类子公司应当及时采取有效措施予以纠正、整改，必要时向社会公开作出说明。

（七）自律管理措施

1. 定期报告

另类子公司应当于每月结束后 10 个工作日内编制并向中国证券业协会报送另类投资业务月度报表；在每年结束之日起 4 个月内，编制并向协会报送另类投资业务年度报告。

前款所称月度报表应当包括已投资品种或项目的名称、投资金额、期限、持股比例（如有）、交易对手方（如有）、投资模式或交易结构（如有）、财务信息等。年度报告除了上述信息外，还应当包括投资品种或项目的运行和损益情况、另类子公司合规管理和风险管理情况等。

2. 工作人员基本信息报送

另类子公司应当向中国证券业协会报送工作人员的基本信息。工作人员发生离职等情况的，应当及时报送协会。

3. 定期评估

证券公司应当每年对其股东责任履行情况和另类子公司的公司治理、内部控制、业务情况、风险状况、工作人员活动等进行评估，形成报告并归档备查。评估发现存在问题或者不足的，证券公司应当及时采取有效措施予以纠正、整改。

4. 执业检查

协会依据《管理规范》对证券公司的股东责任履行情况、另类子公司的公司治理、内部控制、业务情况、风险状况等进行执业检查。

5. 自律惩戒

证券公司及其另类子公司违反《管理规范》的，中国证券业协会视情况对证券公司、另类子公司采取谈话提醒、警示、责令整改、行业内通报批评、公开谴责等自律管理措施或纪律处分并记入诚信档案。情节严重的，移交并建议中国证监会责令证券公司撤销或关闭另类子公司。

另类子公司工作人员违反《管理规范》的，协会视情况对其采取谈话提醒、警示、行业内通报批评、公开谴责等自律管理措施或纪律处分并记入诚信档案。

协会建立与中国证监会及其派出机构、相关自律组织报告信息共享机制。

四、私募投资基金业务

（一）法规概述

私募投资基金业务涉及的主要部门规章及其他规范性文件包括《私募投资基金监督管理暂行办法》《证券公司私募投资基金子公司管理规范》等。

（二）私募投资基金的概念及范围

私募投资基金（以下简称"私募基金"），是指在中华人民共和国境内，以非公开方式向投资者募集资金设立的投资基金。

私募基金财产的投资包括买卖股票、股权、债券、期货、期权、基金份额及投资合同约定的其他投资标的。

（三）私募基金业务的总体要求

1. 基本原则

从事私募基金业务，应当遵循自愿、公平、诚实信用原则，维护投资者合法权益，不得损害国家利益和社会公共利益。

2. 遵纪守法、恪尽职守

私募基金管理人和从事私募基金托管业务的机构（以下简称"私募基金托

管人")管理、运用私募基金财产，从事私募基金销售业务的机构（以下简称"私募基金销售机构"）及其他私募服务机构从事私募基金服务活动，应当恪尽职守，履行诚实信用、谨慎勤勉的义务。

私募基金从业人员应当遵守法律、行政法规，恪守职业道德和行为规范。

（四）登记备案

1. 私募基金管理人登记备案

各类私募基金管理人应当根据中国基金业协会的规定，向中国基金业协会申请登记，报送基本信息。

中国基金业协会应当在私募基金管理人登记材料齐备后的 20 个工作日内，通过网站公告私募基金管理人名单及其基本情况的方式，为私募基金管理人办结登记手续。

2. 私募基金登记备案

各类私募基金募集完毕，私募基金管理人应当根据中国基金业协会的规定，办理基金备案手续，报送基本信息。

中国基金业协会应当在私募基金备案材料齐备后的 20 个工作日内，通过网站公告私募基金名单及其基本情况的方式，为私募基金办结备案手续。

3. 登记备案的效力

为防止机构利用登记备案信息进行增信，中国基金业协会为私募基金管理人和私募基金办理登记备案不构成对私募基金管理人投资能力、持续合规情况的认可；不作为对基金财产安全的保证。

4. 私募基金管理人注销登记

为便于社会公众及时获悉丧失主体资格的基金管理人的信息，私募基金管理人依法解散、被依法撤销，或者被依法宣告破产的，其法定代表人或者普通合伙人应当在 20 个工作日内向中国基金业协会报告，中国基金业协会应当及时注销基金管理人登记并通过网站公告。

（五）合格投资者

1. 合格投资者标准

私募基金的合格投资者是指具备相应风险识别能力和风险承担能力，投资于单只私募基金的金额不低于 100 万元且符合下列相关标准的单位和个人：

（1）净资产不低于 1 000 万元的单位；

（2）金融资产不低于 300 万元或者最近 3 年个人年均收入不低于 50 万元的

个人。前述金融资产包括银行存款、股票、债券、基金份额、资产管理计划、银行理财产品、信托计划、保险产品、期货权益等。

此外，考虑到一些机构投资者和管理人的内部关系人等具备专业能力，并能够识别和承担风险，将下列四类投资者视为合格投资者：

（1）社会保障基金、企业年金等养老基金，慈善基金等社会公益基金；

（2）依法设立并在中国基金业协会备案的投资计划；

（3）投资于所管理私募基金的私募基金管理人及其从业人员；

（4）中国证监会规定的其他投资者。

以合伙企业、契约等非法人形式，通过汇集多数投资者的资金直接或者间接投资于私募基金的，私募基金管理人或者私募基金销售机构应当穿透核查最终投资者是否为合格投资者，并合并计算投资者人数。但是，符合上述第（1）（2）（4）项规定的投资者投资私募基金的，不再穿透核查最终投资者是否为合格投资者和合并计算投资者人数。

2. 向合格投资者募集

私募基金应当向合格投资者募集，单只私募基金的投资者人数累计不得超过《证券投资基金法》《公司法》《合伙企业法》等法律规定的特定数量。《证券投资基金法》规定，非公开募集基金应当向合格投资者募集，合格投资者累计不得超过200人。

投资者转让基金份额的，受让人应当为合格投资者且基金份额受让后投资者人数应当符合前款规定。

（六）资金募集

1. 不得向合格投资者之外的单位和个人募集资金；不得向不特定对象宣传推介

私募基金管理人、私募基金销售机构不得向合格投资者之外的单位和个人募集资金，不得通过报刊、电台、电视、互联网等公众传播媒体或者讲座、报告会、分析会和布告、传单、手机短信、微信、博客和电子邮件等方式，向不特定对象宣传推介。

2. 不得承诺收益或不受损失

私募基金管理人、私募基金销售机构不得向投资者承诺投资本金不受损失或者承诺最低收益。

3. 投资者适当性管理

（1）评估投资者风险识别能力和风险承担能力

私募基金管理人自行销售私募基金的，应当采取问卷调查等方式，对投资者的风险识别能力和风险承担能力进行评估，由投资者书面承诺符合合格投资者条件；应当制作风险揭示书，由投资者签字确认。

私募基金管理人委托销售机构销售私募基金的，私募基金销售机构应当采取前款规定的评估、确认等措施。

投资者风险识别能力和承担能力问卷及风险揭示书的内容与格式指引，由中国基金业协会按照不同类别私募基金的特点制定。

（2）对私募基金进行风险评级

私募基金管理人自行销售或者委托销售机构销售私募基金，应当自行或者委托第三方机构对私募基金进行风险评级，向风险识别能力和风险承担能力相匹配的投资者推介私募基金。

4. 投资者如实提供信息并确保投资资金来源合法

投资者应当如实填写风险识别能力和承担能力问卷，如实承诺资产或者收入情况，并对其真实性、准确性和完整性负责。填写虚假信息或者提供虚假承诺文件的，应当承担相应责任。

投资者应当确保投资资金来源合法，不得非法汇集他人资金投资私募基金。

（七）投资运作

1. 签订基金合同、公司章程或者合伙协议

募集私募证券基金，应当制定并签订基金合同、公司章程或者合伙协议（以下统称基金合同）。募集其他种类私募基金，基金合同应当参照《证券投资基金法》规定，明确约定各方当事人的权利、义务和相关事宜。

2. 基金托管

除基金合同另有约定外，私募基金应当由基金托管人托管。基金合同约定私募基金不进行托管的，应当在基金合同中明确保障私募基金财产安全的制度措施和纠纷解决机制。

3. 建立防范利益输送和利益冲突机制

同一私募基金管理人管理不同类别私募基金的，应当坚持专业化管理原则；管理可能导致利益输送或者利益冲突的不同私募基金的，应当建立防范利益输送和利益冲突的机制。

4. 私募基金业务禁止行为

为切实保护投资者权益，私募基金管理人、私募基金托管人、私募基金销售机构及其他私募服务机构及其从业人员从事私募基金业务，不得有以下行为：

（1）将其固有财产或者他人财产混同于基金财产从事投资活动；

（2）不公平地对待其管理的不同基金财产；

（3）利用基金财产或者职务之便，为本人或者投资者以外的人牟取利益，进行利益输送；

（4）侵占、挪用基金财产；

（5）泄露因职务便利获取的未公开信息，利用该信息从事或者明示、暗示他人从事相关的交易活动；

（6）从事损害基金财产和投资者利益的投资活动；

（7）玩忽职守，不按照规定履行职责；

（8）从事内幕交易、操纵交易价格及其他不正当交易活动；

（9）法律、行政法规和中国证监会规定禁止的其他行为。

5. 信息披露

私募基金管理人、私募基金托管人应当按照合同约定，如实向投资者披露基金投资、资产负债、投资收益分配、基金承担的费用和业绩报酬、可能存在的利益冲突情况以及可能影响投资者合法权益的其他重大信息，不得隐瞒或者提供虚假信息。信息披露规则由中国基金业协会另行制定。

6. 信息报送

私募基金管理人应当根据中国基金业协会的规定，及时填报并定期更新管理人及其从业人员的有关信息、所管理私募基金的投资运作情况和杠杆运用情况，保证所填报内容真实、准确、完整。发生重大事项的，应当在 10 个工作日内向中国基金业协会报告。

私募基金管理人应当于每个会计年度结束后的 4 个月内，向中国基金业协会报送经会计师事务所审计的年度财务报告和所管理私募基金年度投资运作基本情况。

7. 重要资料保存

私募基金管理人、私募基金托管人及私募基金销售机构应当妥善保存私募基金投资决策、交易和投资者适当性管理等方面的记录及其他相关资料，保存期限自基金清算终止之日起不得少于 10 年。

（八）关于创业投资基金的特别规定

《私募投资基金监督管理暂行办法》对创业投资基金作了特别规定：

1. 创业投资基金的概念

创业投资基金，是指主要投资于未上市创业企业普通股或者依法可转换为普通股的优先股、可转换债券等权益的股权投资基金。

2. 鼓励和引导投资创业早期的小微企业

鼓励和引导创业投资基金投资创业早期的小微企业。同时，从衔接已经建立的创业投资政策扶持机制考虑，享受国家财政税收扶持政策的创业投资基金，其投资范围应当符合国家相关规定。

3. 差异化自律管理

中国基金业协会在基金管理人登记、基金备案、投资情况报告要求和会员管理等环节，对创业投资基金采取区别于其他私募基金的差异化行业自律，并提供差异化会员服务。

4. 差异化监督管理

中国证监会及其派出机构对创业投资基金在投资方向检查等环节，采取区别于其他私募基金的差异化监督管理；在账户开立、发行交易和投资退出等方面，为创业投资基金提供便利服务。

（九）证券公司私募投资基金子公司管理规范

1. 私募基金子公司的总体要求

（1）符合法律法规、监管要求、自律规范

私募基金子公司从事私募基金业务，应当符合法律法规、监管要求和《证券公司私募投资基金子分司管理规范》规定。私募基金子公司不得从事与私募基金无关的业务。

（2）审慎设立私募基金子公司

证券公司应当突出主业，充分考虑自身发展需要、财务实力和管理能力，审慎设立私募基金子公司。每家证券公司设立的私募基金子公司原则上不超过一家。

（3）私募基金业务的基本原则

私募基金子公司开展业务，应当遵循稳健经营、诚实守信、勤勉尽责的原则。

（4）建立完善有效的内控机制

证券公司应当建立完善有效的内部控制机制，切实履行母公司的管理责任，对子公司统一实施管控，增强自我约束能力。

（5）合规与风险管理全覆盖

证券公司应当将私募基金子公司的合规与风险管理纳入公司统一体系，加强对私募基金子公司的资本约束，实现对子公司合规与风险管理全覆盖，防范利益冲突和利益输送。

（6）划分业务范围

证券公司应当清晰划分证券公司与私募基金子公司及私募基金子公司与其他子公司之间的业务范围，避免利益冲突和同业竞争。

2. 私募基金子公司的设立

（1）私募基金子公司的设立要求

证券公司设立私募基金子公司，应当符合以下要求：

①具有健全的公司治理结构，完善有效的内部控制机制、风险管理制度和合规管理制度，防范与私募基金子公司之间出现风险传递和利益冲突。

②最近六个月各项风险控制指标符合中国证监会及协会的相关要求，且设立私募基金子公司后，各项风险控制指标仍持续符合规定。

③最近一年未因重大违法违规行为受到刑事或行政处罚，且不存在因涉嫌重大违法违规正受到监管部门和有关机关调查的情形。

④公司章程有关对外投资条款中明确规定公司可以设立私募基金子公司，并经注册地中国证监会派出机构审批。

⑤证券公司应当以自有资金全资设立私募基金子公司，不得采用股份代持等其他方式变相与其他投资者共同出资设立私募基金子公司。

⑥中国证监会及协会规定的其他条件。

证券公司未能做到突出主业、稳健经营、诚实守信、勤勉尽责、资本约束或内控有力的，不得设立私募基金子公司。

（2）信息披露

私募基金子公司应当在完成工商登记后5个工作日内在本公司及证券公司网站上披露私募基金子公司的名称、注册地、注册资本、业务范围、法定代表人、高级管理人员以及防范风险传递、利益冲突的制度安排等事项，并及时更新。

3. 私募基金子公司的业务规则

（1）基金管理机构

私募基金子公司根据税收、政策、监管、合作方需求等需要下设基金管理机构等特殊目的机构的，应当持有该机构35%以上的股权或出资，且拥有管理控制权。

私募基金子公司下设的基金管理机构只能管理与本机构设立目的一致的私募股权基金，各下设基金管理机构的业务范围应当清晰明确，不得交叉重复。

（2）自有资金投资要求

私募基金子公司及其下设基金管理机构将自有资金投资于本机构设立的私募基金的，对单只基金的投资金额不得超过该只基金总额的20%。

(3) 闲置资金使用

私募基金子公司及其下设特殊目的机构可以以现金管理为目的管理闲置资金，但应当坚持有效控制风险、保持流动性的原则，且只能投资于依法公开发行的国债、央行票据、短期融资券、投资级公司债、货币市场基金及保本型银行理财产品等风险较低、流动性较强的证券。

(4) 对外担保禁止

私募基金子公司及其下设特殊目的机构不得对外提供担保和贷款，不得成为对所投资企业的债务承担连带责任的出资人。

(5) 保荐与投资互斥

证券公司担任拟上市企业首次公开发行股票的辅导机构、财务顾问、保荐机构、主承销商或担任拟挂牌企业股票挂牌并公开转让的主办券商的，应当按照签订有关协议或者实质开展相关业务两个时点孰早的原则，在该时点后私募基金子公司及其下设基金管理机构管理的私募基金不得对该企业进行投资。

前款所称有关协议，是指证券公司与拟上市企业签订含有确定证券公司担任拟上市公司首次公开发行股票的辅导机构、财务顾问、保荐机构、主承销商或担任拟挂牌企业股票挂牌并公开转让的主办券商条款的协议，包括辅导协议、财务顾问协议、保荐及承销协议、推荐挂牌并持续督导协议等。

(6) 禁止行为

私募基金子公司不得存在下列行为：

①以自有资金投资于除本机构设立的私募基金、依法公开发行的国债、央行票据、短期融资券、投资级公司债、货币市场基金及保本型银行理财产品等风险较低、流动性较强的证券以外的投资标的；

②从事或变相从事实体业务，财务投资的除外；

③在下设的基金管理机构等特殊目的机构之外设立其他机构；

④以拟投资企业聘请母公司或母公司的承销保荐子公司担任保荐机构或主办券商作为对企业进行投资的前提；

⑤中国证监会和协会禁止的其他行为。

私募基金子公司下设的特殊目的机构原则上不得再下设任何机构。

(7) 人员条件

私募基金子公司应当具备一定数量的高级管理人员和投资管理人员，具有5年以上投资管理或资产管理经验的高级管理人员不得少于2人；具有2年以上投资管理或资产管理经验的投资管理人员不得少于3人。

前款所称高级管理人员和投资管理人员最近1年应当无不良诚信记录，未受到行政、刑事处罚、被采取监管措施或自律处分，且不存在因涉嫌违法违规正在被有权机关调查的情形。

4. 私募基金子公司的内部控制

（1）统一管理

证券公司应当将私募基金子公司及其下设特殊目的机构纳入公司统一管理。

证券公司应当对本公司集合资产管理业务和私募证券投资基金业务实施统一管理，管理的尺度和标准应当基本一致。

（2）确保管理控制力

证券公司应当通过任命或者委派董事、监事，推荐高级管理人员或者关键岗位人选，确保对私募基金子公司的管理控制力，维护投资决策和经营管理的有效性。

（3）合规与风险管理

证券公司应当将私募基金子公司的合规与风险管理纳入公司全面风险管理体系，防范私募基金子公司相关业务的合规风险、流动性风险、市场风险、信用风险、操作风险等各类风险。

私募基金子公司及下设基金管理机构应当指定高级管理人员担任合规及风险管理负责人。前述合规及风险管理负责人应当由证券公司推荐，向证券公司合规、风险管理负责人报告并由其考核，且不得兼任与其合规或风险管理职责相冲突的职务。

（4）内控制度、合规风控制度的有效性评估机制和内部责任追究机制

证券公司应当督促私募基金子公司及其下设的特殊目的机构建立健全内部控制制度、风险管理制度和合规管理制度，建立并落实对上述制度的有效性评估机制和内部责任追究机制，构建对私募基金子公司业务风险的监测模型、压力测试制度和风险处置机制。

（5）利益冲突识别和管理

①利益冲突识别管理机制。证券公司应当建立健全利益冲突识别和管理机制，及时、准确地识别证券公司的投资银行、自营、资产管理、投资咨询、另类投资等业务与私募基金业务之间可能存在的利益冲突，评估其影响范围和程度，并采取有效措施管理利益冲突风险。

②人员岗位的利益冲突防范。证券公司应当加强人员管理，防范道德风险。

证券公司及其他子公司与私募基金子公司存在利益冲突的人员不得在私募基金子公司、下设的特殊目的机构和私募基金兼任董事、监事、高级管理人员、投资决策机构成员；其他人员兼任上述职务的，证券公司应当建立严格有效的内部

控制机制，防范可能产生的利益冲突和道德风险。

证券公司从业人员不得在私募基金子公司、下设的特殊目的机构和私募基金兼任除前款规定外的职务，不得违规从事私募基金业务。

证券公司同一高级管理人员不得同时分管投资银行业务和私募基金业务。私募基金子公司同一高级管理人员不得同时分管私募股权投资基金业务和其他私募基金业务；同一人员不得兼任上述两类业务的部门负责人；同一投资管理团队不得同时从事上述两类业务。

③利益冲突处理原则。私募基金子公司、下设的特殊目的机构及其从业人员在处理与客户之间的利益冲突时，应当遵循客户利益优先的原则；在处理不同客户之间的利益冲突时，应当遵循公平对待客户的原则。

（6）信息隔离

私募基金子公司及其下设的基金管理机构与证券公司其他子公司之间，应当在人员、机构、资产、经营管理、业务运作、办公场所等方面相互独立、有效隔离。

证券公司、私募基金子公司及其下设的特殊目的机构、私募基金及证券公司其他子公司之间应当建立有效的信息隔离机制，加强对敏感信息的隔离、监控和管理，防止敏感信息在各业务之间的不当流动和使用，防范内幕交易和利益输送风险。

私募基金子公司同时开展私募股权投资基金业务和私募证券投资基金业务的，应当参照《证券公司信息隔离墙制度指引》等相关规定，建立严格的隔离墙制度体系。

（7）交易行为日常监控

证券公司应当对私募基金子公司的交易行为进行日常监控，对私募基金子公司、证券公司及其他子公司各账户之间依法开展的相互交易、同向交易、反向交易及关联交易进行监控，防范内幕交易、操纵市场、利益输送和损害客户利益。

（8）证券投资行为管理

证券公司应当建立对私募基金子公司及其下设基金管理机构、私募基金董事、监事、高级管理人员及其他从业人员（统称"从业人员"）本人、配偶和利害关系人进行证券投资的申报、登记、审查、处置等管理制度，防范从业人员本人、配偶和利害关系人违规从事证券投资或者利用敏感信息谋取不当利益。

证券公司应当按照防范内幕交易和利益冲突的需要，根据法律法规的规定，明确前述从业人员本人、配偶和利害关系人可以买卖或者禁止买卖的证券和投资品种。

证券公司应当加强前述从业人员本人、配偶和利害关系人证券账户管理。从业人员本人、配偶和利害关系人开立证券账户的，应当要求其在本公司指定交易或托管，申报证券账户并定期提供交易记录。

证券公司应当对前述从业人员本人、配偶和利害关系人证券账户的交易情况进行监控，或对其提交的交易记录进行审查。发现涉嫌违规交易行为的，应及时调查处理。

（9）后台支持

证券公司可以根据合同约定，为私募基金子公司及其下设的特殊目的机构、私募基金的合规管理、风险管理、稽核审计、人力资源管理、财务管理、信息技术、研究、产品销售和运营服务等方面提供支持和服务。

（10）风险处置

证券公司应当承担对私募基金子公司风险处置的责任，督促私募基金子公司建立舆论监测及市场质疑快速反应机制，及时分析判断与私募基金业务相关的舆论反映和市场质疑，并进行自我检查。自我检查发现存在问题或者不足的，证券公司及私募基金子公司应当及时采取有效措施予以纠正、整改，必要时向社会公开作出说明。

5. 自律管理措施

私募基金子公司应当加入中国证券业协会，成为协会会员，接受协会的自律管理。

（1）设立报告

私募基金子公司按照《证券公司私募投资基金子公司管理规范》下设特殊目的机构的，应当在设立后 10 个工作日内向协会备案。

私募基金子公司应当在设立下列私募基金后 10 个工作日内向协会报告：

①将自有资金投资于本机构设立的私募基金；

②通过下设基金管理机构管理的私募股权基金；

③中国证监会或协会规定的其他情形。

（2）定期报告

私募基金子公司应当于每月结束后 10 个工作日内编制并向协会报送私募基金业务月度报表；在每年结束之日起 4 个月内，编制并向协会报送私募基金业务年度报告。

前款所称月度报表应当包括已投资品种或项目的名称、投资金额、持股比例、财务信息等。年度报告除了上述信息外，还应当包括投资品种或项目的运行和损益情况、私募基金子公司合规管理和风险管理情况等。

协会建立与中国证监会及其派出机构、相关自律组织备案和报告信息共享机制。

（3）合规风险管理评估

证券公司应当每年对其股东责任履行情况和私募基金子公司及下设特殊目的机构的公司治理、内部控制、业务运行的合规及风险管理情况等进行评估，形成报告后归档备查。评估发现存在问题或者不足的，证券公司应当及时采取有效措施予以纠正、整改。

（4）执业检查

协会依据《证券公司私募投资基金子公司管理规范》对证券公司的股东责任履行情况、私募基金子公司及下设特殊目的机构的公司治理、内部控制、业务情况、风险状况等进行执业检查。

（5）自律惩戒

证券公司、私募基金子公司及下设特殊目的机构违反《证券公司私募投资基金子公司管理规范》的，协会视情况对证券公司、私募基金子公司及其特殊目的机构采取谈话提醒、警示、责令整改、行业内通报批评、公开谴责等自律管理措施或纪律处分并记入诚信档案。情节严重的，移交并建议中国证监会责令证券公司撤销或关闭私募基金子公司。

（十）监管措施及法律责任

1. 行业自律管理

中国基金业协会依照《证券投资基金法》《私募投资基金监督管理暂行办法》、中国证监会其他有关规定和中国基金业协会自律规则，对私募基金业开展行业自律，协调行业关系，提供行业服务，促进行业发展。

（1）登记备案信息系统

中国基金业协会应当建立私募基金管理人登记、私募基金备案管理信息系统。

（2）私募基金信息严格保密

鉴于私募基金信息相对敏感，中国基金业协会应当对私募基金管理人和私募基金信息严格保密。除法律法规另有规定外，不得对外披露。

（3）信息共享机制

中国基金业协会应当建立与中国证监会及其派出机构和其他相关机构的信息共享机制，定期汇总分析私募基金情况，及时提供私募基金相关信息。

（4）制定规则、执业检查

中国基金业协会应当制定和实施私募基金行业自律规则，监督、检查会员及其从业人员的执业行为。

（5）自律惩戒

中国基金业协会会员及其从业人员违反法律、行政法规、《私募投资基金监督管理暂行办法》规定和中国基金业协会自律规则的，中国基金业协会可以视情节轻重，采取自律管理措施，并通过网站公开相关违法违规信息。会员及其从业人员涉嫌违法违规的，中国基金业协会应当及时报告中国证监会。

（6）投诉处理机制

中国基金业协会应当建立投诉处理机制，受理投资者投诉，进行纠纷调解。

2. 监督管理

中国证监会及其派出机构依照《证券投资基金法》《私募投资基金监督管理暂行办法》和中国证监会的其他有关规定，对私募基金业务活动实施监督管理，切实强化事中事后监管，依法严厉打击以私募基金为名的各类非法集资活动。

（1）监督检查

中国证监会及其派出机构依法对私募基金管理人、私募基金托管人、私募基金销售机构及其他私募服务机构开展私募基金业务情况进行统计监测和检查，依照《证券投资基金法》规定采取有关措施。

（2）诚信管理

中国证监会将私募基金管理人、私募基金托管人、私募基金销售机构及其他私募服务机构及其从业人员诚信信息记入证券期货市场诚信档案数据库；根据私募基金管理人的信用状况，实施差异化监管。

（3）行政监管措施

私募基金管理人、私募基金托管人、私募基金销售机构及其他私募服务机构及其从业人员违反法律、行政法规及《私募投资基金监督管理暂行办法》规定，中国证监会及其派出机构可以对其采取责令改正、监管谈话、出具警示函、公开谴责等行政监管措施。

3. 法律责任

对违反《私募投资基金监督管理暂行办法》规定，情节严重的，中国证监会可以对有关责任人员采取市场禁入措施。对于私募证券基金，鉴于《证券投资基金法》已规定了相关罚则，上述办法特别明确：私募证券基金管理人及其从业人员违反《证券投资基金法》有关规定的，按照《证券投资基金法》的有关规定进行处罚。

五、托管业务

(一) 法规概述

1. 法律、行政法规

《证券投资基金法》对基金托管从法律层面作出了规定，《证券公司监督管理条例》中也多处涉及"资产托管机构"。上述法律及行政法规是中国证券监督管理委员会等监管机构制定证券经纪业务相关监管政策、实施监督管理的重要法律依据。

2. 部门规章及其他规范性文件

除上述法律及行政法规外，证券公司托管业务涉及的主要部门规章及规范性文件包括《证券投资基金托管业务管理办法》《非银行金融机构开展证券投资基金托管业务暂行规定》等。

(二) 非银行金融机构开展基金托管业务的条件

1. 非银行金融机构开展基金托管业务的历史沿革

我国的基金强制托管制度于1998年建立，其初衷是为了维护基金财产安全和基金持有人权益，而商业银行在安全保管资产、办理结算、投资监督及风险管理等方面具有天然优势，因此我国早期的基金托管人限定于境内商业银行。

近年来，随着基金行业的创新与发展，对托管服务种类与服务质量提出了更高要求，商业银行以外的其他金融机构开展基金托管业务可行性日益明朗。因此，在保护基金持有人、防范重大利益冲突的前提下，允许商业银行以外的其他金融机构开展基金托管业务，2013年实施的《证券投资基金法》为非银行金融机构从事基金托管业务预留了法律空间，同年中国证监会颁布的《非银行金融机构开展证券投资基金托管业务暂行规定》正式打破了此前只有商业银行担任托管人的市场格局。

2. 非金融机构开展基金托管业务的条件

(1) 准入条件。《非银行金融机构开展证券投资基金托管业务暂行规定》在净资产指标、专门托管部门设置、系统配备、人员素质、制度建设等方面设置了准入条件，具体如下：

①净资产指标方面：需满足最近3个会计年度的年末净资产均不低于20亿元人民币。

②风控指标方面：要求其风险指标应持续符合监管规定。

③部门设置方面：需设有专门的基金托管部门。

④系统配备方面：部门有满足营业需要的固定场所，及具备安全高效的清算、交割系统。

⑤独立性要求与利益冲突防范：具备安全保管基金财产、确保基金财产完整与独立的条件，不从事与托管业务潜在重大利益冲突的其他业务。

（2）从业人员方面：

①基金托管部门拟任高级管理人员符合法定条件，基金托管部门取得基金从业资格的人员不低于部门员工人数的1/2。

②拟从事基金清算、核算、投资监督、信息披露、内部稽核监控等业务的执业人员不少于8人，并具有基金从业资格。其中，核算、监督等核心业务岗位人员应当具备2年以上托管业务从业经验。

（3）制度建设方面：需具备完善的内部稽核监控制度和风险控制制度。

（4）非银行金融机构需满足最近3年无重大违法违规记录，并符合其他法律、行政法规以及中国证监会规定的其他条件。

（5）审核程序。非银行金融机构申请开展基金托管业务，应当按照《证券投资基金法》的规定向中国证监会报送申请材料，中国证监会自收到申请材料之日起5个工作日内作出是否受理的决定，并自受理申请材料之日起20个工作日内作出批准或不予批准的决定。

（三）托管职责的履行和基金托管业务基本规范

1. 托管职责的履行

基金托管人应当安全保管基金财产，按照相关规定和基金托管协议约定履行下列职责：

（1）为所托管的不同基金财产分别设置资金账户、证券账户等投资交易必需的相关账户，确保基金财产的独立与完整。

（2）建立与基金管理人的对账机制，定期核对资金头寸、证券账目、资产净值等数据。

（3）对基金财产投资信息和相关资料负保密义务。

2. 基金托管业务基本规范

（1）资产独立

非银行金融机构开展基金托管业务，应当将所托管的基金财产与其固有财产及其受托管理的各类财产严格分开保管，不得将所托管的基金财产归入其固有财产或其受托管理的各类财产。

（2）业务隔离

非银行金融机构开展基金托管业务，应当与本机构其他业务运作保持独立，建立严格的防火墙制度，隔离业务风险，有效执行信息隔离等内部控制制度，切实防范利益冲突和利益输送。

（3）信息保密

非银行金融机构开展基金托管业务，应当对所托管基金财产投资运作的相关信息严格履行保密义务，不得向任何机构或个人泄露相关信息和资料，法律、行政法规和中国证监会另有规定或者基金合同另有约定的除外。

（4）资金存管

非银行金融机构开展基金托管业务，应当为其托管的基金选定具有基金托管资格的商业银行作为资金存管银行，并开立托管资金专门账户，用于托管基金现金资产的归集、存放与支付，该账户不得存放其他性质资金。

（5）结算职责

非银行金融机构开展基金托管业务，应当依法承担作为市场结算参与人的相关职责，为基金办理证券与资金的清算与交割。

（6）风险准备金计提

非银行金融机构开展公开募集基金托管业务，应当从托管费收入中计提风险准备金，用于弥补因其违法违规、违反基金合同、技术故障、操作错误等原因给基金财产或基金份额持有人造成的损失。

（7）估值复核

基金托管人与基金管理人应当按照《企业会计准则》及有关规定进行估值核算，对各类金融工具的估值方法予以定期评估。基金托管人发现基金份额净值计价出现错误的，应当提示基金管理人立即纠正，并采取合理措施防止损失进一步扩大；基金托管人发现基金份额净值计价出现重大错误或者估值出现重大偏离的，应当提示基金管理人依法履行披露和报告义务。

（8）投资监督

基金托管人应当根据基金合同及托管协议约定，制定基金投资监督标准与监督流程，对基金合同生效之后所托管基金的投资范围、投资比例、投资风格、投资限制、关联方交易等进行严格监督，及时提示基金管理人违规风险。

当发现基金管理人发出但未执行的投资指令或者已经生效的投资指令违反法律、行政法规和其他有关规定，或者基金合同约定，应当依法履行通知基金管理人等程序，并及时报告中国证监会，持续跟进基金管理人的后续处理，督促基金管理人依法履行披露义务。

(9) 配合管理人召集基金委托人大会

对于转换基金运作方式、更换基金管理人等需召开基金份额持有人大会审议的事项，基金托管人应当积极配合基金管理人召集基金份额持有人大会；基金管理人未按规定召集或者不能召集的，基金托管人应当按照规定召集基金份额持有人大会。

(四) 监督管理和法律责任

1. 监督管理

(1) 根据《证券投资基金托管业务管理办法》的相关规定：

①申请人在申请基金托管资格时，隐瞒有关情况或者提供虚假申请材料的，中国证监会、中国银监会不予受理或者不予核准，并给予警告；申请人在3年内不得再次申请基金托管资格。

②基金托管人应当根据中国证监会的要求，履行基金投资运作监督报告、基金托管业务运营情况报告、基金托管业务内部控制年度评估报告等材料的信息报送义务。

③当基金托管人发生重大下列情形的，应当自发生之日起5日内向中国证监会报告。

④中国证监会可以根据日常监管情况，对基金托管人的基金托管部门进行现场检查。

(2) 根据《非银行金融机构开展证券投资基金托管业务暂行规定》的相关规定：

①中国证监会依法对非银行金融机构开展基金托管业务情况进行非现场检查和现场检查。

②非银行金融机构开展基金托管业务违反相关法律法规以及中国证监会规定的，中国证监会依法对非银行金融机构及其直接负责的主管人员和其他直接责任人员采取行政监管措施；依法应予行政处罚的，依照有关规定进行行政处罚；涉嫌犯罪的，依法移送司法机关，追究刑事责任。

2. 法律责任

根据《证券投资基金法》的相关规定，国务院证券监督管理机构依法对基金托管人从事证券投资基金活动履行监督管理职责；有权对违反基金法的基金托管人采取责令改正、罚款、没收违法所得、撤销基金从业资格、警告等处罚。具体内容详见"第一章证券市场基本法律法规""第五节证券投资基金法"中的相关法律责任。

六、股票期权业务

股票期权交易，是指采用公开的集中交易方式或者中国证监会批准的其他方式进行的以股票期权合约为交易标的的交易活动。期权的买方在支付权利金后，有按照特定价格（行权价格）执行和不执行的权利而非义务；期权的卖方在收到权利金后，无论市场情况如何不利，一旦买方提出执行，则负有履行期权合约规定的义务而无权利。

作为股票期权的首个试点品种，上证50ETF期权于2015年2月9日在上海证券交易所上市交易。

（一）法规概述

股票期权业务主要涉及的部门规章有《股票期权交易试点管理办法》《证券期货经营机构参与股票期权交易试点指引》，涉及的规范性文件有《上海证券交易所股票期权试点规则》等。

（二）股票期权交易的主要制度安排

证券公司可以从事股票期权经纪业务、自营业务、做市业务，期货公司可以从事股票期权经纪业务、与股票期权备兑开仓以及行权相关的证券现货经纪业务。

中国证监会对股票期权市场实行集中统一的监督管理。证券交易所、证券登记结算机构、相关行业协会按照章程及业务规则，分别对股票期权交易活动及经营机构实行自律管理。

根据《股票期权交易试点管理办法》第二十八条的规定，股票期权交易相关用语含义如下：

1. 保证金安全存管监控机构，是指中国证券投资者保护基金公司、中国期货保证金监控中心或者中国证监会批准的其他保证金安全存管监控机构。

2. 股票期权经营机构，是指经中国证监会批准经营股票期权业务的证券公司、期货公司等金融机构。

3. 股票期权结算参与人，是指具有证券登记结算机构股票期权结算业务结算参与人资格的机构。

4. 做市商，是指经证券交易所认可、为其上市交易的股票期权合约提供双边持续报价或者双边回应报价等服务的机构。

5. 权利金，是指股票期权买方向卖方支付的用于购买股票期权合约的资金。

6. 保证金，是指用于结算和保证股票期权合约履行的现金或者证券。

7. 衍生品合约账户，是指经营机构按照证券登记结算机构业务规则，为投资者开立的用于股票期权合约交易、行权申报及记录投资者持有的股票期权合约及其变动情况的账户。

8. 股票期权买方，是指持有股票期权合约权利仓的投资者。权利仓指股票期权合约买入开仓形成的持仓头寸。

9. 股票期权卖方，是指持有股票期权合约义务仓的投资者。义务仓指股票期权合约卖出开仓形成的持仓头寸。

10. 行权，是指股票期权合约买方按照规定行使权利，以行权价格买入或者卖出约定标的证券，或者按照规定结算价格进行现金差价结算。

11. 协议行权，是指经营机构根据合同约定为投资者提供的行权申报及相关服务，具体服务内容和各自权利义务由经营机构与投资者在经纪合同中进行约定。

12. 行权价格，是指股票期权合约中约定的在行权时买入、卖出约定标的证券或者用于计算行权价差的价格。

13. 备兑开仓，是指投资者事先交存足额合约标的作为将来行权结算所应交付的证券，并据此卖出相应数量的认购期权。

14. 认购期权（又称为看涨期权），是指买方有权在将来特定时间以特定价格买入约定数量合约标的的期权合约。

15. 认沽期权（又称为看跌期权），是指买方有权在将来特定时间以特定价格卖出约定数量合约标的的期权合约。

（三）证券公司开展股票期权业务的条件

1. 基本条件

根据《证券期货经营机构参与股票期权交易试点指引》第三条的规定，证券公司从事股票期权经纪业务试点，应当符合下列基本条件：

（1）具有证券经纪业务资格。

（2）股票期权经纪业务制度健全，拟负责股票期权经纪业务的高级管理人员具备股票期权业务知识和相应的专业能力，配备3名同时取得证券和期货从业人员资格的专业人员。

（3）具有满足从事股票期权经纪业务相关要求的营业场所、经营设备、技术系统等软硬件设施；业务设施和技术系统符合相关技术规范且运行状况良好，股票期权经纪业务技术系统已通过相关证券交易所、中国证券登记结算有限责任公司（以下简称"登记结算公司"）组织的测试。

（4）公司及其董事、监事、高级管理人员最近1年内未因重大违法违规行为受到行政处罚或刑事处罚。

具有金融期货经纪业务资格的期货公司可以从事股票期权经纪业务，并开展与股票期权备兑开仓以及行权相关的证券现货经纪业务。

2. 备案义务

根据《证券期货经营机构参与股票期权交易试点指引》第四条的规定，证券公司从事股票期权经纪业务试点，应于实际开展业务后五个工作日内报公司住所地中国证监会派出机构备案，并提交备案材料。

3. 指定专门部门和人员

证券公司、期货公司应当指定专门部门、专人开展股票期权经纪业务，拟开展股票期权经纪业务的分支机构应当至少有1名同时具有证券和期货从业人员资格的业务人员。

4. 申请做市业务资格的材料要求

证券公司申请股票期权做市业务资格，应当向中国证监会提交下列申请材料：

（1）申请书；

（2）股东会（股东大会）或董事会关于开展股票期权做市业务的决议文件；

（3）股票期权做市业务方案、内部管理制度文本；

（4）负责股票期权做市业务的高级管理人员与业务人员的名册及资质证明文件；

（5）证券交易所出具的股票期权做市业务技术系统验收报告；

（6）中国证监会规定的其他申请材料。

（四）证券公司开展股票期权业务的主要业务规则

1. 与投资者相关的注意事项

证券公司、期货公司从事股票期权经纪业务，应当制定并严格执行股票期权经纪业务投资者适当性管理制度，全面介绍股票期权产品特征，充分揭示股票期权交易风险，准确评估投资者的风险承受能力，不得向客户作获利保证，不得在经纪业务中与客户约定分享利益或者共担风险，不得虚假宣传、误导客户。

投资者应当在证券公司、期货公司营业场所现场办理股票期权交易开户手续，并书面签署风险揭示书。

2. 以自有资金参与股票期权业务

证券公司以自有资金参与股票期权交易试点的，应当具备证券自营业务资格。不具备证券自营业务资格的证券公司，其自有资金只能以套期保值为目的，参与股票期权交易。除法律法规另有规定外，期货公司不得以自有资金参与股票期权交易试点。

3. 强化内控制度

证券期货经营机构从事股票期权相关业务的，应当强化内部控制制度，对股票期权相关业务制定严格的授权管理制度和投资决策流程，建立有效的岗位分工和制衡机制，确保研究分析、投资决策、交易执行等相关环节的独立运作。

4. 信息隔离

证券期货经营机构从事股票期权相关业务的，应当建立健全并有效执行信息隔离制度，对经纪、自营、做市、资产管理等业务进行有效隔离，防止敏感信息的不当流动和使用，严格防范利益冲突。

5. 风险管理制度

证券期货经营机构从事股票期权相关业务的，应当建立健全并有效执行风险管理制度，完善相应的风险管理系统，加强对市场风险、流动性风险、操作风险等的识别、监测和控制。

6. 交易规则概要

根据《股票期权交易试点管理办法》的规定，有关主要交易规则包括：

（1）证券公司、期货公司等股票期权经营机构从事股票期权经纪业务，接受投资者委托，以自己的名义为投资者进行股票期权交易，交易结果由投资者承担。

（2）证券登记结算机构负责投资者衍生品合约账户的统一管理。证券公司、期货公司等股票期权经营机构应当根据投资者的申请，按照证券登记结算机构业务规则为投资者开立衍生品合约账户。

证券登记结算机构负责统一为证券公司、期货公司等股票期权经营机构分配、发放投资者衍生品合约账户号码。

证券公司、期货公司等股票期权经营机构应当明确提示投资者如实提供开户信息。投资者应当如实申报开户材料，不得采用虚假申报等手段规避投资者适当性制度要求。投资者衍生品合约账户应当与其人民币普通股票账户的相关注册信息一致。

（3）股票期权买方应当支付权利金。股票期权卖方收取权利金，并应当根据证券交易所、证券登记结算机构的规定交纳保证金。

保证金以现金、证券交易所及证券登记结算机构认可的证券方式交纳。

证券公司、期货公司等股票期权经营机构向投资者收取的保证金以及投资者存放于经营机构的权利金、行权资金，属于投资者所有，除按照相关规定可划转的情形外，严禁挪作他用。

（4）证券公司应当在存管银行开设投资者股票期权保证金账户，用于存放投资者股票期权交易的权利金、行权资金、以现金形式提交的保证金。

（5）股票期权买方有权决定在合约规定期间内是否行权。股票期权买方提出行权时，股票期权卖方应当按照有关规定履行相应义务。

证券公司、期货公司等股票期权经营机构可以在经纪合同中与投资者约定为其提供协议行权服务。提供协议行权服务的，经营机构应当在经纪合同中对触发条件、行权数量、操作流程以及该项服务可能产生的风险等内容进行详细约定并向投资者作充分说明。

（6）股票期权交易实行当日无负债结算制度。

证券登记结算机构应当在当日及时将结算结果通知结算参与人，结算参与人据此对投资者进行结算，并应当将结算结果按照与投资者约定的方式及时通知投资者。

投资者应当及时查询并妥善处理自己的交易持仓。

七、场外衍生品

（一）法规概述

1. 法律、行政法规

《证券法》第二条第二款规定"证券衍生品种发行、交易的管理办法，由国务院依照本法的原则规定"。

2. 部门规章及其他规范性文件

除上述规定外，证券公司场外衍生品业务涉及的主要部门规章及规范性文件包括《关于证券公司证券自营业务投资范围及有关事项的规定》《证券公司柜台交易业务规范》《证券公司金融衍生品柜台交易业务规范》《证券公司金融衍生品柜台交易风险管理指引》《证券公司金融衍生品备案指引（试行）》《证券公司柜台市场管理办法》《场外证券业务备案管理办法》以及中国证券业协会颁布的《中国证券市场金融衍生品交易主协议》及补充协议，银行间市场交易商协会

《NAFMII 主协议》。

(二) 交易范围、种类

根据《关于证券公司自营投资范围及有关事项的规定》，具备证券自营业务资格的证券公司可以从事金融衍生产品交易。不具备证券自营业务资格的证券公司只能以对冲风险为目的，从事金融衍生产品交易。根据《证券公司金融衍生品柜台交易业务规范》，金融衍生品是指远期、互换、期权等价值取决于股权、债权、信用、基金、利率、汇率、指数、期货等标的物的金融协议，以及其中一种或多种产品的组合。本文衍生品交易指证券公司在集中交易场所以外，根据与交易对手方达成的协议，与交易对手方直接开展的交易。

目前，证券公司场外衍生品交易主要有通过签定《中国证券市场金融衍生品交易主协议》及补充协议开展的互换及场外期权交易，通过签署《NAFMII 主协议》及补充协议等开展的利率衍生品以及黄金衍生品等交易。

(三) 衍生品业务备案

1. 备案机构

中证机构间报价系统股份有限公司（本节简称"中证报价"）负责对证券公司金融衍生品备案和后续监测管理。

2. 备案性质

中国证券业协会根据公平、公正、简便、高效的原则开展场外证券业务备案工作。接受备案不代表协会对所备案场外证券业务的投资价值及投资风险作出保证和判断，不能免除备案机构真实、合规、准确、完整、及时地披露场外证券业务信息的法律责任。

3. 备案条件

备案机构开展场外衍生品业务应当符合下述要求：公司治理制度健全，决策与授权体系清晰，相关内部管理制度完整；具备与相关场外证券业务相适应的资本实力、专业人员和技术系统；具有能够有效防范利益输送、不公平交易、市场操纵等行为的风险控制机制；具有完善的投资者教育和投资者权益保护措施；协会的其他要求。

备案机构应当按照法律、法规、自律规则或者合同约定，督导信息披露义务人及时、充分、准确地披露场外证券业务信息与风险。严禁隐瞒相关信息，向投资者推介不适当的业务。备案机构及其从业人员应当严守职业道德，禁止以下行为：欺诈利益输送；操纵市场；不公平交易；不正当竞争；规避信息披露义务；

其他违法违规行为。

4. 备案程序

备案机构应当于首次开展业务之日起 1 个月内报送以下材料，完成该项业务首次备案：备案申请表和承诺函；场外衍生品业务说明书；场外衍生品业务相关内部管理制度，包括但不限于内部控制、风险控制、合规管理、投资者保护等制度；协会要求的其他材料。

备案材料应加盖备案机构公章或经备案机构法定代表人签字或签章。场外衍生品业务已在监管机构或其他自律组织完成备案的，备案机构仅需填报备案申请表中的基本信息。协会规则对某项业务备案有特殊规定的，从其规定。

备案信息变更的，备案机构应于变更事项发生后下一期月报中报送相关变更信息。

协会对备案材料齐备性、合规性进行审核。审核内容包括但不限于：备案材料是否齐备；场外证券业务是否存在违反中国证监会、其他相关政府部门及协会规定的情形。备案机构开展场外衍生品业务是否符合《场外证券业务备案管理办法》及法律、法规、相关自律规则规定的业务开展条件。

对首次业务备案，业务备案材料不完备的，协会在接收备案材料 5 个工作日内一次性告知备案机构补正。协会未在 5 个工作日内提出材料补正要求或其他问题的，视为接受备案。协会对完成备案的备案机构场外证券业务在协会网站予以公布。

备案机构开展场外衍生品业务期间应履行以下报告义务：备案机构应于每月 10 日前报送上一月场外衍生品业务开展规模、业务列表及基本信息，并应于每年 4 月 30 日前报送上一年场外证券业务年度报告，但相关内容已向监管机构或其他自律组织报送的除外。发生影响场外衍生品业务正常开展、可能造成投资者非正常重大损失事件的，备案机构应于事件发生后及时报送重大事项报告。场外衍生品业务发行、到期、到期日变更或展期的，应当于发生后 5 个工作日内，报送相关情况报告。进行变更或展期时，备案机构应当按有关规定作出合理安排，不得损害投资者合法权益。

证券公司应在金融衍生品初始交易确认书签订后 5 个工作日内报送初始交易备案明细表，并提交以下材料：金融衍生品业务方案备案确认函；交易确认书；其他需要报送的材料。

金融衍生品到期终止或非到期终止的，证券公司应在终止交易确认书或同等效力文件签订后 10 个工作日内报送终止交易备案明细表，同时提交终止交易确认书或同等效力文件，以及其他需要报送的材料。

5. 重大事项报告

金融衍生品存续期间发生重大业务风险、重大业务损失或影响持续运行等重大事件的，证券公司应立即采取有效措施，并于重大事件发生后 2 个工作日内向中证报价提交报告，说明重大事件的起因、处理措施和影响结果。

重大事件包括但不限于以下情况：证券公司或交易对手方破产的；证券公司被取消金融衍生品交易业务资格的；一方拒不履行约定义务或丧失履行能力的；履约保证金或履约保障品价值低于预警阀值且未能在 2 个工作日内补足的；标的产品集中度、波动率达到预警阀值，或者标的产品因违反法律法规被相关监管机构采取暂停、终止上市等重大措施的；金融衍生品交易系统出现重大技术故障，导致交易暂停超过 1 个工作日的；其他影响金融衍生品交易的重大情况。

第四章
证券市场典型违法违规行为及法律责任

■ 第一节 证券一级市场

本节重点介绍证券一级市场典型违法违规行为及其法律责任。涉及的内容主要包括擅自公开或变相公开发行证券的认定及其法律责任；欺诈发行股票、债券的认定及其法律责任；非法集资类犯罪的认定及其法律责任；违规披露、不披露重要信息的认定及其法律责任；擅自改变公开发行证券募集资金用途的认定及法律责任。依据的法律法规主要包括《刑法》《证券法》《最高人民法院关于审理非法集资刑事案件具体应用法律若干问题的解释》《最高人民检察院公、安部关于公安机关管辖的刑事案件立案追诉标准的规定（二）》《信息披露违法行为行政责任认定规则》等。

一、擅自公开或变相公开发行证券的认定及其法律责任

（一）擅自公开或变相公开发行证券的认定

1. 擅自公开或变相公开发行证券的行为特征

公开发行证券，必须符合法律、行政法规规定的条件，并依法报中国证监会核准；未经依法核准，任何单位和个人不得公开发行证券。

有下列情形之一的，为公开发行：

（1）向不特定对象发行证券的；

（2）向特定对象发行证券累计超过200人的；

（3）法律、行政法规规定的其他发行行为。

非公开发行证券，不得采用广告、公开劝诱和变相公开方式。

未经国家有关主管部门核准，向不特定对象发行证券或者向特定对象发行证券累计超过200人的为擅自公开发行证券。

变相公开发行包括但不限于以下几种情形：

（1）非公开发行股票及其股权转让，采用广告、公告、广播、电话、传真、信函、推介会、说明会、网络、短信、公开劝诱等公开方式或变相公开方式向社会公众发行；

（2）公司股东自行或委托他人以公开方式向社会公众转让股票，亦构成变相公开发行股票；

（3）向特定对象转让股票，未经中国证监会核准，转让后公司股东累计超过200人。

2. 擅自发行股票、公司、企业债券罪的认定

根据《最高人民法院关于审理非法集资刑事案件具体应用法律若干问题的解释》第六条规定，未经国家有关主管部门批准，向社会不特定对象发行、以转让股权等方式变相发行股票或者公司、企业债券，或者向特定对象发行、变相发行股票或者公司、企业债券累计超过200人的，应当认定为《刑法》第一百七十九条规定的"擅自发行股票、公司、企业债券"。构成犯罪的，以擅自发行股票、公司、企业债券罪定罪处罚（见表4-1）。

表4-1　擅自发行股票、公司、企业债券罪的犯罪构成

构成要件	具体内容
主体	本罪的主体是一般主体，既可以是自然人，也可以是单位
主观方面	本罪的主观方面是故意
客体	本罪的客体是国家对发行股票或者公司、企业债券的管理秩序
客观方面	（1）未经国家有关部门批准，擅自发行股票或者公司、企业债券。包括未经批准，不具有发行资格而擅自发行股票或者公司、企业债券，和具有合法发行资格但违反《证券法》等法律法规的规定发行股票或公司、企业债券； （2）数额巨大，后果严重或者有其他严重情节

（二）法律责任

1. 刑事责任

根据《刑法》第一百七十九条规定，未经国家有关主管部门批准，擅自发行股票或者公司、企业债券，数额巨大、后果严重或者有其他严重情节的，处5年以下有期徒刑或者拘役，并处或者单处非法募集资金金额1%以上5%以下罚金。

单位犯该罪的，对单位判处罚金，并对其直接负责的主管人员和其他直接责任人员，处5年以下有期徒刑或者拘役。

2. 行政责任

根据《证券法》第一百八十八条规定，未经法定机关核准，擅自公开或者变相公开发行证券的，责令停止发行，退还所募资金并加算银行同期存款利息，处以非法所募资金金额1%以上5%以下的罚款；对擅自公开或者变相公开发行证券设立的公司，由依法履行监督管理职责的机构或者部门会同县级以上地方人民政府予以取缔。对直接负责的主管人员和其他直接责任人员给予警告，并处以3万元以上30万元以下的罚款。

二、欺诈发行股票、债券的认定及法律责任

（一）欺诈发行股票、债券罪的认定

1. 欺诈发行股票、债券的概念

欺诈发行股票、债券是指发行人不符合发行条件，以欺骗手段骗取发行核准的行为。情节严重构成犯罪的，以欺诈发行股票、债券罪定罪处罚。

2. 欺诈发行股票、债券罪的犯罪构成（见表4－2）

表4－2　　　　　　　欺诈发行股票、债券罪的犯罪构成

构成要件	具体内容
主体	本罪的犯罪主体主要是单位。自然人在一定条件下也能成为犯罪主体
主观方面	本罪在主观上只能由故意构成，过失不构成本罪。即行为人明知自己所制作的招股说明书、认股书、债券募集办法等不是对本公司状况或本次股票、债券发行状况的真实、准确、完整反映，仍然积极为之。因而在本罪中行为人的罪过实质是欺诈募股或欺诈发行债券
客体	本罪侵犯的客体是复杂客体，即国家对证券市场的管理秩序以及投资者（即股东、债权人和公众）的合法权益

续表

构成要件	具体内容
客观方面	（1）行为人必须实施在招股说明书、认股书、公司、企业债券募集办法中隐瞒重要事实或者编造重大虚假内容的行为。 （2）行为人必须实施了发行股票或公司、企业债券的行为。如果行为人仅是制作了虚假的招股说明书、认股书、公司、企业债券募集办法，而未实施发行股票或者公司、企业债券的行为，不构成本罪。必须是既制作了虚假的上述文件，且已经发行股票和公司、企业债券的才构成本罪。 （3）行为人制作虚假的招股说明书、认股书、公司、企业债券募集办法发行股票或者公司、企业债券的行为，必须达到一定的严重程度，即达到"数额巨大、后果严重或者有其他严重情节的"，才构成犯罪

3. 欺诈发行股票、债券罪的刑事立案追诉标准

根据《最高人民检察院、公安部关于公安机关管辖的刑事案件立案追诉标准的规定（二）》第五条规定，在招股说明书、认股书、公司、企业债券募集办法中隐瞒重要事实或者编造重大虚假内容，发行股票或者公司、企业债券，涉嫌下列情形之一的，应予立案追诉：

（1）发行数额在500万元以上的；
（2）伪造、变造国家机关公文、有效证明文件或者相关凭证、单据的；
（3）利用募集的资金进行违法活动的；
（4）转移或者隐瞒所募集资金的；
（5）其他后果严重或者有其他严重情节的情形。

（二）法律责任

1. 刑事责任

根据《刑法》第一百六十条规定，在招股说明书、认股书、公司、企业债券募集办法中隐瞒重要事实或者编造重大虚假内容，发行股票或者公司、企业债券，数额巨大、后果严重或者有其他严重情节的，处5年以下有期徒刑或者拘役，并处或者单处非法募集资金金额1%以上5%以下罚金。

单位犯前款罪的，对单位判处罚金，并对其直接负责的主管人员和其他直接责任人员，处5年以下有期徒刑或者拘役。

2. 行政责任

根据《证券法》第一百八十九条规定，发行人不符合发行条件，以欺骗手段骗取发行核准，尚未发行证券的，处以30万元以上60万元以下的罚款；已经发行证券的，处以非法所募资金金额1%以上5%以下的罚款。对直接负责的主

管人员和其他直接责任人员处以 3 万元以上 30 万元以下的罚款。

发行人的控股股东、实际控制人指使从事前款违法行为的，依照前款的规定处罚。

根据《证券法》第一百九十二条规定，保荐人出具有虚假记载、误导性陈述或者重大遗漏的保荐书，或者不履行其他法定职责的，责令改正，给予警告，没收业务收入，并处以业务收入 1 倍以上 5 倍以下的罚款；情节严重的，暂停或者撤销相关业务许可。对直接负责的主管人员和其他直接责任人员给予警告，并处 3 万元以上 30 万元以下的罚款；情节严重的，撤销任职资格或者证券从业资格。

根据《证券法》第二百三十二条规定，违反该法规定，应当承担民事赔偿责任和缴纳罚款、罚金，其财产不足以同时支付时，先承担民事赔偿责任。

根据《证券法》第二百三十四条规定，依照该法收缴的罚款和没收的违法所得，全部上缴国库。

（三）典型案例

×年下半年，S 公司因资金紧张、经营困难，公司法定代表人甲某与公司高管研究决定发行私募债券融资，并安排财务负责人乙某具体负责。为顺利发行债券，甲某安排乙某对会计师事务所隐瞒 S 公司及甲某负债数千万元的重要事实，并提供虚假财务账表、凭证，通过虚构公司销售收入和应收款项、骗取审计询证等方式，致使会计师事务所的审计报告发生重大误差，并在募集说明书中引用审计报告。×年×月×日，S 公司在 Y 证券交易所骗取 X 万元中小企业私募债券发行备案，并在当年内分两期完成发行。S 公司获得募集资金后，未按约定用于公司生产经营，而是用于偿还公司及甲某所欠银行贷款、民间借贷等，致使债券本金及利息无法到期偿付，造成投资者重大经济损失。

×年×月，法院经开庭审理，以欺诈发行债券罪依法作出判决，分别判处甲某、乙某有期徒刑。

甲某及乙某的上述行为构成《刑法》第一百六十条规定的"在招股说明书、认股书、公司、企业债券募集办法中隐瞒重要事实或者编造重大虚假内容，发行股票或者公司、企业债券，数额巨大、后果严重或者有其他严重情节"的违法行为。甲某及乙某对会计师事务所隐瞒公司及甲某负债数千万元的重要事实，主观上具有欺诈发行私募债的故意；客观上实施了"向会计师事务所提供虚假财务账表、凭证，通过虚构公司销售收入和应收款项、骗取审计询证等方式，致使会计师事务所的审计报告发生重大误差，并在募集说明书中引用审计报告"的欺诈行为,并在 Y 证券交易所骗取中小企业私募债券发行备案且完成发行;犯罪客体方面,甲某及乙某的上述行为,侵犯了国家对证券市场的管理秩序,而后 S 公司未按约定将募集资金用于公司生产经营,而是用于偿还公司及甲某所欠银行贷款、民间借贷等,致使债券本金及利息无法到期偿付,造成投资者重大经济损失。

三、非法集资类犯罪的认定及法律责任

(一) 非法吸收公众存款罪

1. 非法吸收公众存款罪的认定

(1) 非法吸收公众存款的概念

非法吸收公众存款是指非法吸收公众存款或者变相吸收公众存款,扰乱金融秩序的行为。

(2) 非法吸收公众存款罪的犯罪构成(见表 4-3)

表 4-3　　　　　　　　非法吸收公众存款罪的犯罪构成

构成要件	具体内容
主体	本罪的犯罪主体为一般主体,包括自然人和单位
主观方面	本罪犯罪主观方面为故意
客体	本罪侵犯的客体是国家金融管理秩序
客观方面	本罪的客观方面表现为非法吸收或者变相吸收公众存款的行为

(3) 非法吸收公众存款罪的刑事立案追诉标准

根据《最高人民检察院、公安部关于公安机关管辖的刑事案件立案追诉标准的规定(二)》第二十八条规定,非法吸收公众存款或者变相吸收公众存款,扰乱金融秩序,涉嫌下列情形之一的,应予立案追诉:

①个人非法吸收或者变相吸收公众存款数额在 20 万元以上的,单位非法吸收或者变相吸收公众存款数额在 100 万元以上的;

②个人非法吸收或者变相吸收公众存款 30 户以上的,单位非法吸收或者变相吸收公众存款 150 户以上的;

③个人非法吸收或者变相吸收公众存款给存款人造成直接经济损失数额在 10 万元以上的,单位非法吸收或者变相吸收公众存款给存款人造成直接经济损失数额在 50 万元以上的;

④造成恶劣社会影响的;

⑤其他扰乱金融秩序情节严重的情形。

2. 非法吸收公众存款罪的法律责任

根据《刑法》第一百七十六条规定，非法吸收公众存款或者变相吸收公众存款，扰乱金融秩序的，处3年以下有期徒刑或者拘役，并处或者单处2万元以上20万元以下罚金；数额巨大或者有其他严重情节的，处3年以上10年以下有期徒刑，并处5万元以上50万元以下罚金。单位犯该罪的，对单位判处罚金，并对其直接负责的主管人员和其他直接责任人员，依照前述的规定处罚。

（二）集资诈骗罪

1. 集资诈骗罪的认定

（1）集资诈骗的概念

集资诈骗是指以非法占有为目的，使用诈骗方法非法集资的行为。

（2）集资诈骗罪的犯罪构成（见表4-4）

表4-4　　　　　　　　集资诈骗罪的犯罪构成

构成要件	具体内容
主体	该类罪的犯罪主体为一般主体，包括自然人和单位
主观方面	本罪犯罪主观方面是故意，且以非法占有为目的
客体	该罪犯罪客体是国家金融管理秩序及公私财产所有权
客观方面	该类罪的犯罪客观方面为使用诈骗手段实施非法集资，且数额较大的行为

（3）集资诈骗罪的刑事立案追诉标准

根据《最高人民检察院、公安部关于公安机关管辖的刑事案件立案追诉标准的规定（二）》第四十九条规定，以非法占有为目的，使用诈骗方法非法集资，涉嫌下列情形之一的，应予立案追诉：

①个人集资诈骗，数额在10万元以上的；

②单位集资诈骗，数额在50万元以上的。

2. 法律责任

根据《刑法》第一百九十二条规定，以非法占有为目的，使用诈骗方法非法集资，数额较大的，处5年以下有期徒刑或者拘役，并处2万元以上20万元以下罚金；数额巨大或者有其他严重情节的，处5年以上10年以下有期徒刑，并处5万元以上50万元以下罚金；数额特别巨大或者有其他特别严重情节的，处10年以上有期徒刑或者无期徒刑，并处5万元以上50万元以下罚金或者没收财产。

根据《刑法》第二百条规定，单位犯集资诈骗罪的，对单位判处罚金，并对其直接负责的主管人员和其他直接责任人员，处 5 年以下有期徒刑或者拘役，可以并处罚金；数额巨大或者有其他严重情节的，处 5 年以上 10 年以下有期徒刑，并处罚金；数额特别巨大或者有其他特别严重情节的，处 10 年以上有期徒刑或者无期徒刑，并处罚金。

四、违规披露、不披露重要信息的认定和法律责任

（一）违规披露、不披露重要信息罪的认定

1. 违规披露、不披露重要信息罪的概念

违规披露、不披露重要信息罪是指依法负有信息披露义务的公司、企业向股东和社会公众提供虚假的或者隐瞒重要事实的财务会计报告，或者对依法应当披露的其他重要信息不按照规定披露，严重损害股东或者其他人利益，或有其他严重情节的行为。

2. 违规披露、不披露重要信息罪的犯罪构成（见表 4-5）

表 4-5　　　　违规披露、不披露重要信息罪的犯罪构成

构成要件	具体内容
主体	本罪的犯罪主体为特殊主体，即依法负有信息披露义务的公司、企业及相关责任人员
主观方面	本罪犯罪主观方面只能由故意构成，过失不构成本罪
客体	本罪侵犯的客体是国家有关公司、企业的财会报告及其他重要信息的管理秩序和股东、社会公众和其他利害关系人的合法权益
客观方面	本罪在客观方面表现为公司向股东和社会公众提供虚假的或者隐瞒重要事实的财务会计报告，严重损害股东或者其他人利益的行为

3. 违规披露、不披露重要信息罪的刑事立案追诉标准

根据《最高人民检察院、公安部关于公安机关管辖的刑事案件立案追诉标准的规定（二）》第六条规定，依法负有信息披露义务的公司、企业向股东和社会公众提供虚假的或者隐瞒重要事实的财务会计报告，或者对依法应当披露的其他重要信息不按照规定披露，涉嫌下列情形之一的，应予立案追诉：

（1）造成股东、债权人或者其他人直接经济损失数额累计在 50 万元以上的；

（2）虚增或者虚减资产达到当期披露的资产总额 30% 以上的；

（3）虚增或者虚减利润达到当期披露的利润总额30%以上的；

（4）未按照规定披露的重大诉讼、仲裁、担保、关联交易或者其他重大事项所涉及的数额或者连续12个月的累计数额占净资产50%以上的；

（5）致使公司发行的股票、公司债券或者国务院依法认定的其他证券被终止上市交易或者多次被暂停上市交易的；

（6）致使不符合发行条件的公司、企业骗取发行核准并且上市交易的；

（7）在公司财务会计报告中将亏损披露为盈利，或者将盈利披露为亏损的；

（8）多次提供虚假的或者隐瞒重要事实的财务会计报告，或者多次对依法应当披露的其他重要信息不按照规定披露的；

（9）其他严重损害股东、债权人或者其他人利益，或者有其他严重情节的情形。

（二）法律责任

1. 刑事责任

根据《刑法》第一百六十一条规定，依法负有信息披露义务的公司、企业向股东和社会公众提供虚假的或者隐瞒重要事实的财务会计报告，或者对依法应当披露的其他重要信息不按照规定披露，严重损害股东或者其他人利益，或者有其他严重情节的，对其直接负责的主管人员和其他直接责任人员，处3年以下有期徒刑或者拘役，并处或者单处2万元以上20万元以下罚金。

2. 行政责任

中国证监会《信息披露违法行为行政责任认定规则》关于违规披露、不披露重要信息行政责任认定的相关规定如下：

（1）行政责任认定的一般性规定

根据第十五条规定，发生信息披露违法行为的，依照法律、行政法规、规章规定，对负有保证信息披露真实、准确、完整、及时和公平义务的董事、监事、高级管理人员，应当视情形认定其为直接负责的主管人员或者其他直接责任人员承担行政责任，但其能够证明已尽忠实、勤勉义务，没有过错的除外。

根据第十六条规定，信息披露违法行为的责任人员可以提交公司章程，载明职责分工和职责履行情况的材料，相关会议纪要或者会议记录以及其他证据来证明自身没有过错。

根据第十七条规定，董事、监事、高级管理人员之外的其他人员，确有证据证明其行为与信息披露违法行为具有直接因果关系，包括实际承担或者履行董事、监事或者高级管理人员的职责，组织、参与、实施了公司信息披露违法行为或者直接导致信息披露违法的，应当视情形认定其为直接负责的主管人员或者其他直接责任人员。

根据第十八条规定，有证据证明因信息披露义务人受控股股东、实际控制人指使，未按照规定披露信息，或者所披露的信息有虚假记载、误导性陈述或者重大遗漏的，在认定信息披露义务人责任的同时，应当认定信息披露义务人控股股东、实际控制人的信息披露违法责任。信息披露义务人的控股股东、实际控制人是法人的，其负责人应当认定为直接负责的主管人员。

控股股东、实际控制人直接授意、指挥从事信息披露违法行为，或者隐瞒应当披露信息、不告知应当披露信息的，应当认定控股股东、实际控制人指使从事信息披露违法行为。

根据第十九条规定，一般情形下，信息披露违法责任人员的责任大小，可以从以下方面考虑责任人员与案件中认定的信息披露违法的事实、性质、情节、社会危害后果的关系综合分析认定，详见表4-6。

表4-6 影响信息披露违法责任人员责任大小的因素

因素	内容
在信息披露违法行为发生过程中所起的作用	对于认定的信息披露违法事项是起主要作用还是次要作用，是否组织、策划、参与、实施信息披露违法行为，是积极参加还是被动参加
知情程度和态度	对于信息披露违法事项及其内容是否知情，是否反映、报告，是否采取措施有效避免或者减少损害后果，是否放任违法行为发生
职务、具体职责及履行职责情况	认定的信息披露违法事项是否与责任人员的职务、具体职责存在直接关系，责任人员是否忠实、勤勉履行职责，有无懈怠、放弃履行职责，是否履行职责预防、发现和阻止信息披露违法行为发生
专业背景	是否存在责任人员有专业背景，对于信息披露中与其专业背景有关违法事项应当发现而未予指出的情况，如专业会计人士对于会计问题、专业技术人员对于技术问题等未予指出

（2）从轻或者减轻处罚情形

根据第二十条规定，认定从轻或者减轻处罚考虑的情形如下：

①未直接参与信息披露违法行为；

②在信息披露违法行为被发现前，及时主动要求公司采取纠正措施或者向证券监管机构报告；

③在获悉公司信息披露违法后，向公司有关主管人员或者公司上级主管提出质疑并采取了适当措施；

④配合证券监管机构调查且有立功表现；

⑤受他人胁迫参与信息披露违法行为；

⑥其他需要考虑的情形。

（3）不予行政处罚情形

根据第二十一条规定，认定为不予行政处罚考虑的情形：

①当事人对认定的信息披露违法事项提出具体异议记载于董事会、监事会、公司办公会会议记录等，并在上述会议中投反对票的；

②当事人在信息披露违法事实所涉及期间，由于不可抗力、失去人身自由等无法正常履行职责的；

③对公司信息披露违法行为不负有主要责任的人员在公司信息披露违法行为发生后及时向公司和证券交易所、证券监管机构报告的；

④其他需要考虑的情形。

（4）不予豁免处罚情形

根据第二十二条规定，任何下列情形，不得单独作为不予处罚情形认定：

①不直接从事经营管理；

②能力不足、无相关职业背景；

③任职时间短、不了解情况；

④相信专业机构或者专业人员出具的意见和报告；

⑤受到股东、实际控制人控制或者其他外部干预。

（5）从重处罚情形

根据第二十三条规定，下列情形认定为应当从重处罚的情形：

①不配合证券监管机构监管，或者拒绝、阻碍证券监管机构及其工作人员执法，甚至以暴力、威胁及其他手段干扰执法；

②在信息披露违法案件中变造、隐瞒、毁灭证据，或者提供伪证，妨碍调查；

③两次以上违反信息披露规定并受到行政处罚或者证券交易所纪律处分；

④在信息披露上有不良诚信记录并记入证券期货诚信档案；

⑤中国证监会认定的其他情形。

《证券法》关于违规披露、不披露重要信息行政责任的具体承担方式的规定：

根据《证券法》第一百九十三条规定，发行人、上市公司或者其他信息披露义务人未按照规定披露信息，或者所披露的信息有虚假记载、误导性陈述或者重大遗漏的，责令改正，给予警告，并处以30万元以上60万元以下的罚款。对直接负责的主管人员和其他直接责任人员给予警告，并处以3万元以上30万元以下的罚款。

发行人、上市公司或者其他信息披露义务人未按照规定报送有关报告，或者报送的报告有虚假记载、误导性陈述或者重大遗漏的，责令改正，给予警告，并处以 30 万元以上 60 万元以下的罚款。对直接负责的主管人员和其他直接责任人员给予警告，并处以 3 万元以上 30 万元以下的罚款。

发行人、上市公司或者其他信息披露义务人的控股股东、实际控制人指使从事前述违法行为的，依照前两款的规定处罚。

根据《证券法》第二百一十三条规定，收购人未按照该法规定履行上市公司收购的公告、发出收购要约等义务的，责令改正，给予警告，并处以 10 万元以上 30 万元以下的罚款；在改正前，收购人对其收购或者通过协议、其他安排与他人共同收购的股份不得行使表决权。对直接负责的主管人员和其他直接责任人员给予警告，并处以 3 万元以上 30 万元以下的罚款。

（三）典型案例

×年×月×日，A 公司发布《关于股东权益变动暨公司控股股东、实际控制人变更的提示性公告》，称本次权益变动完成后，甲某为公司控股股东、实际控制人。甲某时任 A 公司董事长及法定代表人。同年×月×日，乙某与甲某会面商谈，达成股权转让意向。按照商谈结果，乙某实际控制的 B 公司与甲某签订《经营权和股份转让协议书》《表决权委托书》《借款协议》《股权转让备忘录》（下称"系列协议"），并通过 B 公司获得甲某及其一致行动人持有的 A 公司的表决权，掌握 A 公司印章、证照，并实际掌控 A 公司董事会，对 A 公司的信息披露、设立子公司扩展经营范围、向子公司增资等重大事项具有决策权，可实际支配 A 公司的行为，为 A 公司实际控制人。

上述系列协议签订后，A 公司应立即将实际控制人控制公司情况发生较大变化的相关事项予以披露，保障投资者的法定知情权，但 A 公司未予披露。A 公司未披露重大事件的行为违反《证券法》第六十三条、第六十七条、《上市公司信息披露管理办法》第三十一条第一款第（二）项、第（三）项的规定，构成《证券法》第一百九十三条所述的违法行为。

综上，监管机构依据《证券法》第一百九十三条第一款、第三款规定，决定对 A 公司责令改正，给予警告，并处 60 万元罚款；对甲给予警告，并处以 90 万元罚款，其中作为直接负责的主管人员罚款 30 万元，作为实际控制人罚款 60 万元。

A 公司的上述行为违反《证券法》相关条款的规定：第六十三条"发行人、

上市公司依法披露的信息，必须真实、准确、完整，不得有虚假记载、误导性陈述或者重大遗漏。"第六十七条第一款"发生可能对上市公司股票交易价格产生较大影响的重大事件，投资者尚未得知时，上市公司应当立即将有关该重大事件的情况向国务院证券监督管理机构和证券交易所报送临时报告，并予公告，说明事件的起因、目前的状态和可能产生的法律后果。"《上市公司信息披露管理办法》第三十一条第一款"上市公司应当在最先发生的以下任一时点，及时履行重大事件的信息披露义务：……（二）有关各方就该重大事件签署意向书或者协议时；（三）董事、监事或者高级管理人员知悉该重大事件发生并报告时。"构成《证券法》第一百九十三条第一款规定的"发行人、上市公司或者其他信息披露义务人及其未按照规定披露信息，或者所披露的信息有虚假记载、误导性陈述或者重大遗漏"的违法行为。

甲某时任 A 公司董事长、实际控制人，是上市公司信息披露工作的直接领导者，对未及时披露相关信息负有直接责任。甲某隐瞒其实际控制公司的情况发生较大变化的情况，根据《信息披露违法行为行政责任认定规则》第十八条第二款"实际控制人隐瞒应当披露的信息或者不告知应当披露的信息，应当认定为指使从事信息披露违法行为"的规定，甲某的行为已构成《证券法》第一百九十三条第三款规定的"发行人、上市公司或者其他信息披露义务人的控股股东、实际控制人指使从事前两款违法行为"的情形。

五、擅自改变公开发行证券募集资金用途的认定及法律责任

（一）擅自改变公开发行证券募集资金用途的认定

公司对公开发行股票所募集资金，必须按照招股说明书所列资金用途使用。改变招股说明书所列资金用途，必须经股东大会作出决议。擅自改变用途而未作纠正的，或者未经股东大会认可的，不得公开发行新股。

公开发行公司债券筹集的资金，必须用于核准的用途，不得用于弥补亏损和非生产性支出。违反该规定，不得再次公开发行公司债券。

（二）法律责任

根据《证券法》第一百九十四条规定，发行人、上市公司擅自改变公开发行证券所募集资金的用途的，责令改正，对直接负责的主管人员和其他直接责任人员给予警告，并处以 3 万元以上 30 万元以下的罚款。

发行人、上市公司的控股股东、实际控制人指使从事前款违法行为的,给予警告,并处以 30 万元以上 60 万元以下的罚款。对直接负责的主管人员和其他直接责任人员依照前款的规定处罚。

第二节　证券二级市场

本节重点介绍了证券二级市场的典型违法违规行为的认定及法律责任,涉及的内容主要包括诱骗投资者买卖证券、期货合约;利用未公开信息交易;内幕交易、泄露内幕信息;操纵证券期货市场;在证券交易活动中作出虚假陈述或者信息误导;背信运用受托财产等违法违规行为。依据的法律、行政法规、部门规章及其他规范性文件主要包括《刑法》《证券法》《证券投资基金法》《最高人民检察院、公安部关于公安机关管辖的刑事案件立案追诉标准的规定（二）》《期货交易管理条例》《证券市场禁入规定》等。

一、诱骗投资者买卖证券、期货合约的认定及法律责任

（一）诱骗投资者买卖证券、期货合约的认定

1. 诱骗投资者买卖证券、期货合约罪的概念

诱骗投资者买卖证券、期货合约,是指证券交易所、期货交易所、证券公司、期货经纪公司的从业人员,证券业协会、期货业协会或者证券期货监督管理部门的工作人员,故意提供虚假信息或者伪造、变造、销毁交易记录,诱骗投资者买卖证券、期货合约,造成严重后果的行为。

2. 诱骗投资者买卖证券、期货合约罪的犯罪构成（见表 4-7）

表 4-7　　　　诱骗投资者买卖证券、期货合约罪犯罪构成

构成要件	内容
主体	该罪的主体是特殊主体,主要包括两个方面: (1) 证券交易所、期货交易所、证券公司、期货经纪公司的从业人员; (2) 证券业协会、期货业协会或者证券期货监督管理部门的工作人员
主观方面	该罪的主观方面只能是故意,过失不构成本罪

续表

构成要件	内容
客体	该罪侵犯的客体是证券、期货交易市场的正常管理秩序和证券、期货投资人的合法利益
客观方面	该罪的客观要件表现为行为人故意提供虚假信息或者伪造、变造、销毁交易记录,诱骗投资者买卖证券、期货合约,造成严重后果的行为

3. 诱骗投资者买卖证券、期货合约的刑事立案追诉标准

根据《最高人民检察院、公安部关于公安机关管辖的刑事案件立案追诉标准的规定(二)》第三十八条规定,诱骗投资者买卖证券、期货合约案,涉嫌下列情形之一的,应予立案追诉:

(1) 获利或者避免损失数额累计在5万元以上的;
(2) 造成投资者直接经济损失数额在5万元以上的;
(3) 致使交易价格和交易量异常波动的;
(4) 其他造成严重后果的情形。

(二) 法律责任

1. 刑事责任

根据《刑法》第一百八十一条规定,证券交易所、期货交易所、证券公司、期货经纪公司的从业人员,证券业协会、期货业协会或者证券期货监督管理部门的工作人员,故意提供虚假信息或者伪造、变造、销毁交易记录,诱骗投资者买卖证券、期货合约,造成严重后果的,处5年以下有期徒刑或者拘役,并处或者单处1万元以上10万元以下罚金;情节特别恶劣的,处5年以上10年以下有期徒刑,并处2万元以上20万元以下罚金。单位犯前述罪的,对单位判处罚金,并对其直接负责的主管人员和其他直接责任人员,处5年以下有期徒刑或者拘役。

2. 行政责任

根据《证券法》第二百条规定,证券交易所、证券公司、证券登记结算机构、证券服务机构的从业人员或者证券业协会的工作人员,故意提供虚假资料,隐匿、伪造、篡改或者毁损交易记录,诱骗投资者买卖证券的,撤销证券从业资格,并处以3万元以上10万元以下的罚款;属于国家工作人员的,还应当依法给予行政处分。

根据《期货交易管理条例》第六十七条规定,期货公司有欺诈客户行为的,对其责令改正,给予警告,没收违法所得,并处违法所得1倍以上5倍以下的罚

款；没有违法所得或者违法所得不满 10 万元的，并处 10 万元以上 50 万元以下的罚款；情节严重的，责令停业整顿或者吊销期货业务许可证；对直接负责的主管人员和其他直接责任人员给予警告，并处 1 万元以上 10 万元以下的罚款；情节严重的，暂停或者撤销期货从业人员资格。

任何单位或者个人编造并且传播有关期货交易的虚假信息，扰乱期货交易市场的，依照上述规定处罚。

3. 民事责任

根据《证券法》第二百三十二条规定，若因诱骗投资者买卖证券、期货合约而应当承担民事赔偿责任和缴纳罚款、罚金，其财产不足以同时支付时，先承担民事赔偿责任。

二、利用未公开信息交易的认定及法律责任

（一）利用未公开信息交易的认定

1. 利用未公开信息交易罪的概念

利用未公开信息交易，是指证券交易所、期货交易所、证券公司、期货经纪公司、基金管理公司、商业银行、保险公司等金融机构的从业人员以及有关监管部门或者行业协会的工作人员，利用因职务便利获取的内幕信息以外的其他未公开的信息，违反规定，从事与该信息相关的证券、期货交易活动，或者明示、暗示他人从事相关交易活动，情节严重的行为。

2. 利用未公开信息交易罪的犯罪构成（见表 4-8）

表 4-8　　　　　　　　利用未公开信息交易罪犯罪构成

构成要件	内容
主体	该罪的主体是特殊主体，主要包括两个方面： （1）证券交易所、期货交易所、证券公司、期货经纪公司、基金管理公司、商业银行、保险公司等金融机构的从业人员； （2）有关监管部门或者行业协会的工作人员
主观方面	该罪的主观方面只能是故意，过失不构成本罪
客体	该罪侵犯的客体是证券、期货交易市场的正常管理秩序和证券、期货投资人的合法利益

续表

构成要件	内容
客观方面	该罪的客观要件表现为利用因职务便利获取的内幕信息以外的其他未公开信息,违反规定,从事与该信息相关的证券、期货交易活动,或者明示、暗示他人从事相关交易活动,情节严重的行为

3. 利用未公开信息交易的刑事立案标准

根据《最高人民检察院、公安部关于公安机关管辖的刑事案件立案追诉标准的规定（二）》第三十六条规定,利用未公开信息交易行为,涉嫌下列情形之一的,应予立案追诉：

（1）证券交易成交额累计在50万元以上的；
（2）期货交易占用保证金数额累计在30万元以上的；
（3）获利或者避免损失数额累计在15万元以上的；
（4）多次利用内幕信息以外的其他未公开信息进行交易活动的；
（5）其他情节严重的情形。

（二）法律责任

1. 刑事责任

根据《刑法》第一百八十条规定,证券交易所、期货交易所、证券公司、期货经纪公司、基金管理公司、商业银行、保险公司等金融机构的从业人员以及有关监管部门或者行业协会的工作人员,利用因职务便利获取的内幕信息以外的其他未公开的信息,违反规定,从事与该信息相关的证券、期货交易活动,或者明示、暗示他人从事相关交易活动,情节严重的,处5年以下有期徒刑或者拘役,并处或者单处违法所得1倍以上5倍以下罚金；情节特别严重的,处5年以上10年以下有期徒刑,并处违法所得1倍以上5倍以下罚金。

单位犯前款罪的,对单位判处罚金,并对其直接负责的主管人员和其他直接责任人员,处5年以下有期徒刑或者拘役。

2. 行政责任

根据《证券投资基金法》第二十条、第一百二十三条规定,公开募集基金的基金管理人及其董事、监事、高级管理人员和其他从业人员不得泄露因职务便利获取的未公开信息、利用该信息从事或者明示、暗示他人从事相关的交易活动。

基金管理人、基金托管人及其董事、监事、高级管理人员和其他从业人员有上述行为的,责令改正,没收违法所得,并处违法所得1倍以上5倍以下罚款；没有违法所得或者违法所得不足100万元的,并处10万元以上100万元以下罚款；基金管理人、基金托管人有上述行为的，还应当对其直接负责的主管人员和其他直接责任人员给予警告，暂停或者撤销基金从业资格，并处 3 万元以上 30 万元以下罚款。

(三) 典型案例

[案例 4-1] (刑事)

200×年 8 月至 201×年 7 月，Q 某在某证券公司证券投资业务总部担任高管，负责某证券自营账户的管理和股票投资决策等工作。200×年 3 月至 201×年 5 月，Q 某利用其负责某证券公司自营资金账户管理和股票投资决策的职务便利，掌握了上述账户股票投资决策、股票名称、交易时点、交易价格、交易数量等未公开信息，伙同其妻子 F 某控制并操作 S 某等三人证券账户，先于、同期于或稍晚于 Q 某管理的上述证券自营资金账户买卖相同股票 200 多只，成交金额累计达人民币 80 多亿元，非法获利金额累计 2 000 多万元。

法院经审理认为，Q 某作为证券公司的从业人员，利用因职务便利获取的内幕信息以外的其他未公开的信息，违反规定，伙同 F 某从事与该信息相关的证券交易活动，两人的行为已构成利用未公开信息交易罪，且情节特别严重。在共同犯罪中，Q 某起主要作用，是主犯；F 某起次要作用，是从犯，依法对 F 某减轻处罚。以利用未公开信息交易罪判处被告人 Q 某有期徒刑四年，判处 F 某有期徒刑三年，缓刑二年。

Q 某作为证券公司员工，其职务符合利用未公开信息交易罪的主体要求；利用其负责证券自营的资金账户管理和股票投资决策的职务便利，掌握了上述账户股票投资决策、股票名称、交易时点、交易价格、交易数量等未公开信息，符合利用未公开信息交易罪的客观要件；故意利用该信息谋求利益，符合利用未公开信息交易罪的主观要件；违反了市场交易制度，对市场造成了破坏，符合利用未公开信息交易罪的客体要求。股票 200 多只，成交金额累计达人民币 80 多亿元，非法获利金额累计 2 000 多万元，属于情节严重。故，Q 某的行为符合利用未公开信息交易罪的犯罪特征。

[案例 4-2] (行政)

G 某，时任某股票型证券投资基金经理。G 某于 201×年 4 月至 201×年 12 月，将因任职基金经理获取的基金未公开信息泄露给大学同学 C 某，并与 C 某共同向 C 某配偶 W 某账户出资，由 C 某操作，二人共同利用未公开信息从事相关证券交易活动。G 某、C 某的上述行为违反了《证券投资基金法》规定。

根据当事人违法行为的事实、性质、情节与社会危害程度，依据《证券法》

和《证券市场禁入规定》的规定，G某被采取4年证券市场禁入措施，自宣布决定之日起，在禁入期间，不得从事证券业务或者担任上市公司董事、监事、高级管理人员职务。

G某的职务是证券投资基金经理，符合利用未公开信息交易的主体要求；将因任职基金经理获取的基金未公开信息泄露给他人，符合利用未公开信息交易的客观要件；有意泄露信息符合利用未公开信息交易的主观要件；违反了市场交易制度，对市场造成了破坏，符合利用未公开信息交易的客体要求。但因未达到情节严重的程度，故不构成利用未公开信息交易罪，不需通过《刑法》进行调控，由行政部门依据相关行政法律依据进行行政处罚。

三、内幕交易、泄露内幕信息的认定及法律责任

（一）内幕交易、泄露内幕信息的认定

1. 内幕交易、泄露内幕信息罪的概念

内幕交易、泄露内幕信息，是指证券、期货交易内幕信息的知情人员或者非法获取证券、期货交易内幕信息的人员，在涉及证券的发行，证券、期货交易或者其他对证券、期货交易价格有重大影响的信息尚未公开前，买入或者卖出该证券，或者从事与该内幕信息有关的期货交易，或者泄露该信息，或者明示、暗示他人从事上述交易活动，情节严重的行为。

2. 内幕交易、泄露内幕信息罪的犯罪构成（表4-9）

表4-9　　　　　内幕交易、泄露内幕信息罪犯罪构成

构成要件	内容
主体	该罪的主体是特殊主体，主要包括两个方面。 （1）《证券法》中，证券、期货交易内幕信息的知情人员包括： ①发行人的董事、监事、高级管理人员； ②持有公司5%以上股份的股东及其董事、监事、高级管理人员，公司的实际控制人及其董事、监事、高级管理人员； ③发行人控股的公司及其董事、监事、高级管理人员； ④由于所任公司职务可以获取公司有关内幕信息的人员； ⑤证券监督管理机构工作人员以及由于法定职责对证券的发行、交易进行管理的其他人员； ⑥保荐人、承销的证券公司、证券交易所、证券登记结算机构、证券服务机构的有关人员； ⑦国务院证券监督管理机构规定的其他人。 （2）非法获取证券、期货交易内幕信息的人员

续表

构成要件	内容
主观方面	该罪的主观方面只能是故意，过失不构成本罪
客体	该罪侵犯的客体是证券、期货交易市场的正常管理秩序和证券、期货投资人的合法利益
客观方面	该罪的客观要件表现为行为人违反有关法规，在涉及证券发行，证券、期货交易或者其他对证券、期货交易价格有重大影响的信息尚未公开前，买卖该证券、期货，或者明示、暗示其他人买卖该证券、期货，或者泄露内幕信息，情节严重的行为

3. 内幕交易、泄露内幕信息罪的立案标准

根据《最高人民检察院、公安部关于公安机关管辖的刑事案件立案追诉标准的规定（二）》第三十五条规定，内幕交易、泄露内幕信息行为，涉嫌下列情形之一的，应予立案追诉：

（1）证券交易成交额累计在50万元以上的；

（2）期货交易占用保证金数额累计在30万元以上的；

（3）获利或者避免损失数额累计在15万元以上的；

（4）多次进行内幕交易、泄露内幕信息的；

（5）其他情节严重的情形。

（二）法律责任

1. 刑事责任

根据《刑法》第一百八十条规定，证券、期货交易内幕信息的知情人员或者非法获取证券、期货交易内幕信息的人员，在涉及证券的发行，证券、期货交易或者其他对证券、期货交易价格有重大影响的信息尚未公开前，买入或者卖出该证券，或者从事与该内幕信息有关的期货交易，或者泄露该信息，或者明示、暗示他人从事上述交易活动，情节严重的，处5年以下有期徒刑或者拘役，并处或者单处违法所得1倍以上5倍以下罚金；情节特别严重的，处5年以上10年以下有期徒刑，并处违法所得1倍以上5倍以下罚金。单位犯该罪的，对单位判处罚金，并对其直接负责的主管人员和其他直接责任人员，处5年以下有期徒刑或者拘役。

2. 行政责任

根据《证券法》第二百零二条规定，证券交易内幕信息的知情人或者非法获取内幕信息的人，在涉及证券的发行、交易或者其他对证券的价格有重大影响的信息公开前，买卖该证券，或者泄露该信息，或者建议他人买卖该证券的，责

令依法处理非法持有的证券，没收违法所得，并处以违法所得1倍以上5倍以下的罚款；没有违法所得或者违法所得不足3万元的，处以3万元以上60万元以下罚款。单位从事内幕交易的，还应当对直接负责的主管人员和其他直接责任人员给予警告，并处3万元以上30万元以下的罚款。证券监督管理机构工作人员进行内幕交易的，从重处罚。

3. 民事责任

根据《证券法》第七十六条规定，内幕交易行为给投资者造成损失的，行为人应当依法承担赔偿责任。

（三）典型案例

[案例4-3]（刑事）

A公司于201×年4月在某证券交易所公布B公司借壳A公司上市的重大重组事项，该内幕信息敏感期为201×年4月1日至4月26日。C公司为组织推动上述重组工作的第三方，时为C公司职员的甲于201×年2月获悉上述信息，系内幕信息知情人。

甲分别于201×年2月10日、3月8日向乙泄露上述内幕信息所涉重组事项的进展情况。201×年2月11日至4月20日期间，乙利用其控制的13个自然人证券账户，多次买入、卖出A公司股票，成交金额一千余万元。按A公司股票复牌日收盘价计算，乙操作的13个证券账户账面获利金额合计400余万元。

甲作为证券交易内幕信息的知情人员，符合泄露内幕信息罪的主体要求；向乙泄露内幕交易信息符合泄露内幕信息罪的客观要件；故意泄露内幕信息，符合泄露内幕信息罪的主观要件；破坏市场交易制度，符合泄露内幕信息罪的客体要求。涉案金额1 000余万元，情节属特别严重，已超过《刑法》"情节严重"要求。故，甲的行为符合泄露内幕信息罪的犯罪特征。

[案例4-4]（行政）

A公司拟通过公开发行股票筹集资金，200×年10月，A公司董事长与总经理甲就公开发行股票进行了讨论。200×年12月，甲与负责该股票发行事宜的B证券公司就股票发行方案进行了讨论。201×年1月，甲参与公司会议讨论了发行A公司股票的初步方案和募集资金投向。201×年3月，A公司公告正筹划非公开发行股票，股票自当日起停牌。201×年4月，A公司公告非公开发行股票预案并复牌。

在此期间，甲实际控制"X某某"账户于201×年2月买入A公司股票，并在A公司201×年4月复牌后，通过"符某某"账户将前期买入的A公司股票全部卖出,卖出金额 500 余万元,扣除交易税费亏损 20 余万元。

根据当事人违法行为的事实、性质、情节与社会危害程度,依据《证券法》第二百零二条的规定,甲被处以 60 万元罚款。

甲为内幕知情人士,其利用内幕信息,控制其他账户进行股票交易,违反相关法律规定,符合内幕交易的要求,但是因为交易金额不大,且处于亏损状态,没有达到情节严重,未达到入刑标准,不构成犯罪,但需要行政机关依据《证券法》等相关行政规定进行行政处罚。

四、操纵证券、期货市场的认定及法律责任

(一) 操纵证券、期货市场的认定

1. 操纵证券、期货市场罪的概念

(1) 单独或合谋,集中资金优势、持股或者持仓优势或者利用信息优势联合或者连续买卖;

(2) 与他人串通以事先约定的时间、价格和方式相互进行交易;

(3) 在自己实际控制的账户之间进行交易,或者以自己为交易对象,自买自卖等方式,操纵证券、期货市场(含交易价格、交易量等)的行为。

2. 操纵证券、期货市场罪的犯罪构成(见表 4 – 10)

表 4 – 10　　　　　　操纵证券、期货市场罪犯罪构成

构成要件	内容
主体	该罪的主体为一般主体。凡达到刑事责任年龄并且具有刑事责任能力的自然人均可成为本罪主体;单位亦能构成本罪
主观方面	该罪的主观方面由故意构成
客体	该罪的客体是侵犯国家证券、期货管理制度和投资者合法权益
客观方面	该罪的客观方面表现为利用其资金、信息等优势或者滥用职权操纵市场、制造市场假象,影响证券、期货市场

3. 操纵证券、期货市场的刑事立案标准

根据《最高人民检察院、公安部关于公安机关管辖的刑事案件立案追诉标准的规定(二)》第三十九条规定,涉嫌下列情形之一的,应予立案追诉:

(1) 单独或者合谋,持有或者实际控制证券的流通股份数达到该证券的实际流通股份总量 30% 以上,且在该证券连续 20 个交易日内联合或者连续买卖股

份数累计达到该证券同期总成交量 30% 以上的；

（2）单独或者合谋，持有或者实际控制期货合约的数量超过期货交易所业务规则限定的持仓量 50% 以上，且在该期货合约连续 20 个交易日内联合或者连续买卖期货合约数累计达到该期货合约同期总成交量 30% 以上的；

（3）与他人串通，以事先约定的时间、价格和方式相互进行证券或者期货合约交易，且在该证券或者期货合约连续 20 个交易日内成交量累计达到该证券或者期货合约同期总成交量 20% 以上的；

（4）在自己实际控制的账户之间进行证券交易，或者以自己为交易对象，自买自卖期货合约，且在该证券或者期货合约连续 20 个交易日内成交量累计达到该证券或者期货合约同期总成交量 20% 以上的；

（5）单独或者合谋，当日连续申报买入或者卖出同一证券、期货合约并在成交前撤回申报，撤回申报量占当日该种证券总申报量或者该种期货合约总申报量 50% 以上的；

（6）上市公司及其董事、监事、高级管理人员、实际控制人、控股股东或者其他关联人单独或者合谋，利用信息优势，操纵该公司证券交易价格或者证券交易量的；

（7）证券公司、证券投资咨询机构、专业中介机构或者从业人员，违背有关从业禁止的规定，买卖或者持有相关证券，通过对证券或者其发行人、上市公司公开作出评价、预测或者投资建议，在该证券的交易中谋取利益，情节严重的；

（8）其他情节严重的情形。

（二）法律责任

1. 刑事责任

根据《刑法》第一百八十二条规定，有下列情形之一，操纵证券、期货市场，情节严重的，处 5 年以下有期徒刑或者拘役，并处或者单处罚金；情节特别严重的，处 5 年以上 10 年以下有期徒刑，并处罚金：

（1）单独或者合谋，集中资金优势、持股或者持仓优势或者利用信息优势联合或者连续买卖，操纵证券、期货交易价格或者证券、期货交易量的；

（2）与他人串通，以事先约定的时间、价格和方式相互进行证券、期货交易，影响证券、期货交易价格或者证券、期货交易量的；

（3）在自己实际控制的账户之间进行证券交易，或者以自己为交易对象，自买自卖期货合约，影响证券、期货交易价格或者证券、期货交易量的；

（4）以其他方法操纵证券、期货市场的。

单位犯该罪的,对单位判处罚金,并对其直接负责的主管人员和其他直接责任人员,依照前述规定处罚。

2. 行政责任

根据《证券法》第二百零三条规定,违反本法规定,操纵证券市场的,责令依法处理非法持有的证券,没收违法所得,并处以违法所得1倍以上5倍以下的罚款;没有违法所得或者违法所得不足30万元的,处以30万元以上300万元以下的罚款。单位操纵证券市场的,还应当对直接负责的主管人员和其他直接责任人员给予警告,并处以10万元以上60万元以下的罚款。

根据《期货交易管理条例》第七十条规定,任何单位或者个人操纵期货交易价格的,责令改正,没收违法所得,并处违法所得1倍以上5倍以下的罚款;没有违法所得或者违法所得不满20万元的,处20万元以上100万元以下的罚款。单位操纵期货交易价格的,对直接负责的主管人员和其他直接责任人员给予警告,并处1万元以上10万元以下的罚款。

3. 民事责任

根据《证券法》第七十七条规定,操纵证券市场行为给投资者造成损失的,行为人应当依法承担赔偿责任。

(三) 典型案例

[案例4-5] (刑事)

甲系A证券公司副总经理,200×年,甲与A证券公司原总经理乙共谋并组织实施,通过操纵B公司股票交易,为公司谋取利益。

经安排,甲以C公司及其他单位、个人名义共开设1 000余个账户,并将A证券公司资金转存入上述账户,由甲实际控制上述账户,乙负责操作。

此后,甲、乙伙同同案人采取集中资金优势、持股优势,自买自卖、连续买卖等手段,通过上述账户大量买入、卖出B公司股票。201×年3月至201×年5月,甲控制的上述账户内B公司股票成交量多次占同期该股票连续20个交易日成交总量的30%以上,其中最高持有B公司股票占总流通股38%,且未公告持股情况,严重危害正常的股票交易秩序。

甲是A证券公司员工,符合操纵证券、期货市场罪的主体要件;甲安排他人实施作案,符合操纵证券、期货市场罪的主观故意要件;利用资金优势、持股和持仓优势进行连续买卖,同时在公司实际控制的账户之间进行证券交易,操纵证券交易量和交易价格,严重扰乱了证券交易秩序,也符合操纵证券、期货市场罪的客体和客观要件。

[案例 4-6]（行政）

200×年 4 月 1 日，甲利用资金优势，控制并操作本人证券账户，大笔、连续申报买入 A 公司股票，在涨停价大笔封单锁定 A 公司股票价格。200×年 5 月 10 日，甲将之前买入的 A 公司股票全部高价卖出，获利 300 余万元。在上述操纵时段内，甲分 10 笔连续大量申报买入 A 公司股票总计数百万股，占市场同期总申买量的 24%；成交量总计占市场同期总成交量的 28%。甲以涨停价申买 A 公司股票的股数为市场第一，占市场涨停价位申买总量的 26%。

经过前述操作后，A 公司股票价格从甲第一次申买前的市场价 17.40 元上涨至 17.77 元，涨幅约 2%。甲通过利用资金优势，以大量、连续申报，在涨停价大笔封单等方式影响 A 公司股票价格的行为，违反了《证券法》第七十七条第一款第四项关于禁止任何人以其他手段操纵证券市场的规定，构成了《证券法》第二百零三条所述操纵证券市场的行为。根据当事人违法行为的事实、性质、情节与社会危害程度，依据《证券法》第二百零三条的规定，甲被没收非法所得，并处以罚款。

甲利用自己的资金优势，连续买入特定 A 公司股票，其买入数量和申报数量达到了特定时间内成交量和申报数量的较高比例，导致该证券异常上涨约 2%，符合法律规范认定的操纵证券市场行为的要素，因此受到了行政处罚。

五、在证券交易活动中作出虚假陈述或者信息误导的认定及法律责任

（一）在证券交易活动中作出虚假陈述或者信息误导的认定

在证券交易活动中作出虚假陈述或者信息误导，是指证券交易所、证券公司、证券登记结算机构、证券服务机构及其从业人员，证券业协会、证券监督管理机构及其工作人员，在证券交易活动中作出虚假陈述或者信息误导。

（二）法律责任

根据《证券法》第二百零七条规定，在证券交易活动中作出虚假陈述或者信息误导的，责令改正，处以 3 万元以上 20 万元以下的罚款；属于国家工作人员的，还应当依法给予行政处分。

根据《证券法》第二百二十三条规定，证券服务机构未勤勉尽责，所制作、出具的文件有虚假记载、误导性陈述或者重大遗漏的，责令改正，没收业务收入，暂停或者撤销证券服务业务许可，并处以业务收入 1 倍以上 5 倍以下的罚

款。对直接负责的主管人员和其他直接责任人员给予警告，撤销证券从业资格，并处以3万元以上10万元以下的罚款。

（三）典型案例

甲证券公司为A公司重大资产重组项目独立财务顾问。甲证券公司在核查A公司的银行存款情况过程中未尽审慎义务，A公司多张股利分配银行进账单加盖印章的日期有明显涂改的痕迹，甲证券公司对该异常情况未予关注，未采取进一步的核查措施。甲证券公司向银行函证A公司基本存款账户的银行存款余额时，对差异金额也未采取进一步核查措施。最终导致未能发现A公司虚增银行存款。

201×年2月，甲证券公司走访A公司的客户B公司前，告知A公司要抽查B公司的凭证。在现场走访时，B公司事先已将相关资料准备完毕并已签章；201×年4月，甲证券公司在收到关于A公司财务造假的举报，且公司质控部对A公司主要客户进行暗访发现异常后，再次走访A公司的客户时，仍事先告知A公司访谈时需要查看对方的存货、收入账及凭证，未保持应有的职业谨慎。甲证券公司被责令改正违法行为，并处以罚款。

上述案例中，甲证券公司在担任独立财务顾问的过程中，对A公司财务数据的尽职调查不充分、未勤勉尽责，未发现A公司财务造假的问题，导致所制作、出具的文件具有虚假记载，因此受到了行政处罚。

六、背信运用受托财产的认定及法律责任

（一）背信运用受托财产的认定

1. 背信运用受托财产的概念

背信运用受托财产，是指商业银行、证券交易所、期货交易所、证券公司、期货经纪公司、保险公司或者其他金融机构，违背受托义务，擅自运用客户资金或者其他委托、信托的财产，情节严重的行为。

2. 背信运用受托财产罪的犯罪构成（见表4-11）

表4-11　　　　　　　背信运用受托财产罪犯罪构成

构成要件	内容
主体	该罪的主体是特殊主体，为商业银行、证券交易所、期货交易所、证券公司、期货经纪公司、保险公司或者其他金融机构

续表

构成要件	内容
主观方面	该罪的主观方面只能是故意，过失不构成本罪
客体	该罪侵犯的客体是金融管理秩序和客户的合法权益
客观方面	该罪的客观方面表现为金融机构违背受托义务，擅自运用客户资金或者其他委托、信托的财产的行为，情节严重的行为

3. 背信运用受托财产罪的刑事立案追诉标准

根据《最高人民检察院、公安部关于公安机关管辖的刑事案件立案追诉标准的规定（二）》第四十条规定，涉嫌下列情形之一的，应予立案追诉：

（1）擅自运用客户资金或者其他委托、信托的财产数额在 30 万元以上的；

（2）虽未达到上述数额标准，但多次擅自运用客户资金或者其他委托、信托的财产，或者擅自运用多个客户资金或者其他委托、信托的财产的；

（3）其他情节严重的情形。

（二）法律责任

根据《刑法》第一百八十五条之一规定，商业银行、证券交易所、期货交易所、证券公司、期货经纪公司、保险公司或者其他金融机构，违背受托义务，擅自运用客户资金或者其他委托、信托的财产，情节严重的，对单位判处罚金，并对其直接负责的主管人员和其他直接责任人员，处 3 年以下有期徒刑或者拘役，并处 3 万元以上 30 万元以下罚金；情节特别严重的，处 3 年以上 10 年以下有期徒刑，并处 5 万元以上 50 万元以下罚金。

后 记

《证券业从业人员一般从业资格考试统编教材（2018）》是由中国证券业协会组织编写的。具体编写工作分为两个编写专家组进行，王建业、李康同志分别主持了《证券市场基本法律法规》和《金融市场基础知识》的编写工作。参加《证券市场基本法律法规》编写工作的专家有王建业、陈刚、郑城美、康静、周陶、张卫东、武向阳、张凯、刘培灼、孙岩、符冰心、赵欢、林昀吉、顾雯婷、姜斓、孙昉、周桂鹏、桂瑜琪、刘冰、曲寅秋、马军华、张晓煜、高寒、李虹、赵建辉、杨茂艳、杜奔、张爱武、畅彤、王子铭、刘震、胡寅韬；参加《金融市场基础知识》编写工作的专家有李康、骆玉鼎、黄嵩、何青、杜书明、刘岱、张银旗。在本书审稿过程中，沙雁、谢世坤、涂斌华、袁姗玲、张辉、卢景琦、杨胜平、朱建新、蒋笑婷、刘悦、谢星、赵慧文、李体委、李莹、王哲远、王燕红、王伟、陈海楠、黄桂勇、王伟豪、张晛等同志提出了宝贵的修改意见和建议。

教材编写过程中得到了中国证监会证券基金机构监管部的大力支持；得到了北京大学、南开大学、上海财经大学、海通证券股份有限公司、湘财证券股份有限公司、中国国际金融股份有限公司、太平洋证券股份有限公司、兴业证券股份有限公司、中国银河证券股份有限公司的帮助。

在教材的编辑出版过程中，中国财政经济出版社做了大量工作，在此一并表示感谢！

中国证券业协会
2018 年 9 月